මහමෙව්නාවේ බෝධිඥාන ත්‍රිපිටක ග්‍රන්ථ මාලා 07

සූත්‍ර පිටකයට අයත්

ආශ්චර්යවත් ශ්‍රී සද්ධර්මය

සංයුත්ත නිකායේ

(පළමු කොටස)

සගාථ වර්ගය

(ගාථාවලින් සමන්විත කොටස)

පරිවර්තනය

පූජ්‍ය කිරිබත්ගොඩ ඤාණානන්ද ස්වාමීන් වහන්සේ

ප්‍රකාශනය

මහාමේඝ ප්‍රකාශකයෝ

වඩුවාව, යටිගල්ඔළුව, පොල්ගහවෙල.

දුර : 037 2053300, 076 8255703

ඊ-මේල් : mahameghapublishers@gmail.com

ශ්‍රී. බු.ව. 2547 ව්‍යවහාර වර්ෂ : 2003

මහමෙව්නාවේ බෝධිඥාන ත්‍රිපිටක ග්‍රන්ථ මාලාව - 07

සූත්‍ර පිටකයට අයත් ආශ්චර්යවත් ශ්‍රී සද්ධර්මය

සංයුත්ත නිකායේ පළමු කොටස

සගාථ වර්ගය

(ගාථාවලින් සමන්විත කොටස)

පරිවර්තනය : පූජ්‍ය කිරිබත්ගොඩ ඤාණානන්ද ස්වාමීන් වහන්සේ

ISBN : 978-955-687-112-8

ප්‍රථම මුද්‍රණය : ශ්‍රී බුද්ධ වර්ෂ 2547/ ව්‍යවහාරික වර්ෂ 2003

- පරිගණක අකුරු සැකසුම සහ ප්‍රකාශනය -

මහාමේඝ ප්‍රකාශකයෝ

වඩුවාව, යටිගල්ඔළුව, පොල්ගහවෙල.

දුර : (+94) 37 20 53 300, (+94) 76 82 55 703

ඊ-මේල් : mahameghapublishers@gmail.com

Mahamevnawa Bodhiñāna Tripitaka Series, Volume 07

The Wonderful Dhamma in the Suttantapitaka

SAMYUTTA NIKĀYA

(THE GROUPED DISCOURES OF THE TATHĀGATA SAMMĀSAMBUDDHA)

Part 01
SAGĀTAVAGGA

Translated
By

VEN. KIRIBATHGODA ÑĀNĀNANDA BHIKKHU

PUBLISHED BY:

Mahamegha Publishers
Waduwawa, Yatigal-oluwa, Polgahawela, Sri Lanka.
Tel : (+94) 37 20 53 300, (+94) 76 82 55 703

e-mail : mahameghapublishers@gmail.com

B. E. 2547   C.E. 2003

"ධම්මෝ හි වාසෙට්ඨා, සෙට්ඨෝ ජනේතස්මිං
දිට්ඨේ චේව ධම්මේ, අභිසම්පරායේ ච."

වාසෙට්ඨයෙනි, මෙලොවෙහි ත්, පරලොවෙහි ත් සත්වයන් අතර
ධර්මය ම ශ්‍රේෂ්ඨ වෙයි !

- අපගේ ශාස්තෘන් වහන්සේ

පටුන

සංයුත්ත නිකායේ සගාථ වර්ගය
(ගාථාවලින් සමන්විත සූත්‍ර දේශනා ඇතුළත් කොටස)

1. දේවතා සංයුත්තය

1. නළ වර්ගය

පළමුවෙනි නළ වර්ගය නිමා විය.

2. නන්දන වර්ගය

දෙවෙනි නන්දන වර්ගය නිමා විය.

3. සත්ති වර්ගය

තුන්වෙනි සත්ති වර්ගය නිමා විය.

4. සතුල්ලපකායික වර්ගය

හතරවෙනි සතුල්ලපකායික වර්ගය නිමා විය.

5. ආදිත්ත වර්ගය

පස්වෙනි ආදිත්ත වර්ගය නිමා විය.

6. ජරා වර්ගය

හයවෙනි ජරා වර්ගය නිමා විය.

7. අන්ධ වර්ගය

හත්වෙනි අන්ව වර්ගය නිමා විය.

8. ඣත්වා වර්ගය

අටවෙනි ඣත්වා වර්ගය නිමා විය.
දේවතා සංයුත්තය නිමා විය.

2. දේවපුත්ත සංයුත්තය

1. සූරිය වර්ගය

පළමුවෙනි සූරිය වර්ගය නිමා විය.

2. අනාථපිණ්ඩික වර්ගය

දෙවෙනි අනාථපිණ්ඩික වර්ගය නිමා විය.

3. නානාතිත්ථිය වර්ගය

තුන්වෙනි නානාතිත්ථිය වර්ගය නිමා විය.
දේවපුත්ත සංයුත්තය නිමා විය.

3. කෝසල සංයුත්තය

1. බන්ධන වර්ගය

පළමුවෙනි බන්ධන වර්ගය නිමා විය.

2. අපුත්තක වර්ගය

දෙවෙනි අපුත්තක වර්ගය නිමා විය.

3. කෝසල වර්ගය

තුන්වෙනි කෝසල වර්ගය නිමා විය.
කෝසල සංයුත්තය නිමා විය.

4. මාර සංයුත්තය

1. ආයු වර්ගය

පළමුවෙනි ආයු වර්ගය නිමා විය.

2. රජ්ජ වර්ගය

දෙවෙනි රජ්ජ වර්ගය නිමා විය.

3. මාර වර්ගය

තුන්වෙනි මාර වර්ගය නිමා විය.

මාර සංයුත්තය නිමා විය.

5. භික්ඛුනී සංයුත්තය

1. භික්ඛුනී වර්ගය

පළමුවෙනි භික්ඛුනී වර්ගය නිමා විය.

භික්ඛුනී සංයුත්තය නිමා විය.

6. බ්‍රහ්ම සංයුත්තය

1. කෝකාලික වර්ගය

පළමුවෙනි කෝකාලික වර්ගය නිමා විය.

2. පරිනිබ්බාණ වර්ගය

දෙවෙනි පරිනිබ්බාණ වර්ගය නිමා විය.
බ්‍රහ්ම සංයුත්තය නිමා විය.

7. බ්‍රාහ්මණ සංයුත්තය
1. අරහන්ත වර්ගය

පළමුවෙනි අරහන්ත වර්ගය නිමා විය.

2. උපාසක වර්ගය

දෙවෙනි උපාසක වර්ගය නිමා විය.
බ්‍රාහ්මණ සංයුත්තය නිමා විය.

8. වංගීස සංයුත්තය

1. වංගීස වර්ගය

පළමුවෙනි වංගීස වර්ගය නිමා විය.
වංගීස සංයුත්තය නිමා විය.

9. වන සංයුත්තය

1. වන වර්ගය

පළමුවෙනි වන වර්ගය නිමා විය.
වන සංයුත්තය නිමා විය.

10. යක්ඛ සංයුත්තය

1. ඉන්දක වර්ගය

පළමුවෙනි යක්ඛ වර්ගය නිමා විය.
යක්ඛ සංයුත්තය නිමා විය.

11. සක්ක සංයුත්තය

1. සුවීර වර්ගය

පළමුවෙනි සුවීර වර්ගය නිමා විය.

2. සත්තවත වර්ගය

දෙවෙනි සත්තවත වර්ගය නිමා විය.

3. සක්කපඤ්චකය

සක්කපඤ්චකය නිමා විය.
සක්ක සංයුත්තය නිමා විය.
සංයුත්ත නිකායේ සගාථ වර්ගය නිමා විය.

දසබලසේලප්පභවා නිබ්බානමහාසමුද්දපරියන්තා
අට්ඨංග මග්ගසලිලා ජිනවචනනදී චිරං වහතූති

දසබලයන් වහන්සේ නමැති ශෛලමය පර්වතයෙන් පැන නැගී
අමා මහ නිවන නම් වූ මහා සාගරය අවසන් කොට ඇති
ආර්ය අෂ්ටාංගික මාර්ගය නම් වූ සිහිල් දිය දහරින් හෙබි
උතුම් ශ්‍රී මුඛ බුද්ධ වචන ගංගාව (ලෝ සතුන්ගේ සසර දුක් නිවාලමින්)
බොහෝ කල් ගලාබස්නා සේක්වා !

(සළායතන සංයුත්තය - උද්දාන ගාථා)

සූත්‍ර පිටකයට අයත්

සංයුත්ත නිකාය

පළමු කොටස

සගාථ වර්ගය

(ගාථාවලින් සමන්විත කොටස)

නමෝ තස්ස භගවතෝ අරහතෝ සම්මාසම්බුද්ධස්ස
ඒ භාග්‍යවත් අරහත් සම්මා සම්බුදුරජාණන් වහන්සේට නමස්කාර වේවා!

සූත්‍ර පිටකයට අයත්

සංයුත්ත නිකාය
සගාථ වර්ගය

1. දේවතා සංයුත්තය

1. නළ වර්ගය

1.1.1.
ඕඝතරණ සූත්‍රය
සසර සැඩ පහර තරණය කිරීම ගැන වදාළ දෙසුම

01. මා හට අසන්නට ලැබුනේ මේ විදිහටයි. ඒ දිනවල භාග්‍යවතුන් වහන්සේ වැඩසිටියේ සැවැත් නුවර ජේතවනය නම් වූ අනේපිඬු සිටුතුමාගේ ආරාමයේ.

එදා රැය පහන් වෙද්දී එක්තරා දෙවි කෙනෙක් මුළු මහත් ජේතවනයම ඒකාලෝක කරගෙන භාග්‍යවතුන් වහන්සේව බැහැදකින්නට ආවා. ඇවිදින් භාග්‍යවතුන් වහන්සේට වන්දනා කරලා පැත්තකින් හිටගත්තා. පැත්තකින් හිටගත්තු ඒ දෙවියා භාග්‍යවතුන් වහන්සේගෙන් මෙහෙම ඇහුවා.

"පින්වත් නිදුකාණන් වහන්ස, ඔබවහන්සේ මේ සසර සැඩ පහර තරණය කළේ කොහොමද?"

(භාග්‍යවතුන් වහන්සේ)

"ප්‍රිය ආයුෂ්මත, මං පිහිටල හිටියෙත් නෑ. මං උත්සාහ කළෙත් නෑ. අන්න ඒ විදිහටයි සසර සැඩපහර තරණය කළේ."

(දෙවියා)

"පින්වත් නිදුකාණන් වහන්ස, ඔබවහන්සේ පිහිටා සිටින්නෙත් නැතුව, උත්සාහ කරන්නෙත් නැතුව, සසර සැඩපහර තරණය කළේ කොහොමද?"

(භාග්‍යවතුන් වහන්සේ)

"ප්‍රිය ආයුෂ්මත, යම් විටෙක මං පිහිටා සිටින්න හැදුවොත්, එතකොට මාව ගිලෙනවා. (මෙහි තේරුම කාමසුඛල්ලිකානුයෝගයේ පිහිටා නොසිටිය යුතු බවයි.) ඒ වගේම ප්‍රිය ආයුෂ්මත, මං යම් වෙලාවක උත්සාහ කරන්න ගියොත්, එතකොට මාව උඩට මතුවෙනවා විතරයි. (මෙහි තේරුම අත්තකිලමථානුයෝගය අත්හළ යුතු බවයි.) ඔය විදිහට ප්‍රිය ආයුෂ්මත, මං පිහිටන්නෙත් නැතුව, උත්සාහ කරන්නෙත් නැතුව සසර සැඩපහර තරණය කළා."

(දෙවියා)

"හා! පිහිටන්නෙත් නැතුව, උත්සාහ කරන්නෙත් නැතුව මේ ලෝකයේ විසත්තිකා නම් වූ තෘෂ්ණාවෙන් එතෙර වුන, පිරිනිවුන, ශ්‍රේෂ්ඨ මනුෂ්‍ය රත්නයක් කලාතුරකින් මට දැකගන්න ලැබුනේ."

ඒ දෙවියා ඔය විදිහට කිව්වා. ශාස්තෘන් වහන්සේ එය අනුමත කොට වදාළා. එතකොට ඒ දෙවියා 'ශාස්තෘන් වහන්සේ මාගේ අදහස අනුමත කොට වදාළ සේක'යි භාග්‍යවතුන් වහන්සේට වන්දනා කළා. පැදකුණු කළා. එතනම නොපෙනී ගියා.

සාදු! සාදු!! සාදු!!!

1.1.2.

නිමොක්ඛ සූත්‍රය

නිවන් මඟ ගැන වදාළ දෙසුම

02. මා හට අසන්නට ලැබුනේ මේ විදිහටයි. ඒ දිනවල භාග්‍යවතුන් වහන්සේ වැඩසිටියේ සැවැත් නුවර ජේතවනය නම් වූ අනේපිඬු සිටුතුමාගේ ආරාමයේ.

එදා රැය පහන්වෙද්දී, එක්තරා දෙවි කෙනෙක් මුළු මහත් ජේතවනාරාමයම ඒකාලෝක කරගෙන, භාග්‍යවතුන් වහන්සේව බැහැදකින්නට ආවා. ඇවිදින් භාග්‍යවතුන් වහන්සේට වන්දනා කරලා පැත්තකින් හිටගත්තා. පැත්තකින් හිටගත්තු ඒ දෙවියා, භාග්‍යවතුන් වහන්සේගෙන් මෙහෙම ඇහුවා.

"පින්වත් නිදුකාණන් වහන්ස, ඔබවහන්සේ මේ සත්වයන්ගේ නිවන් මඟත්, ඒ අවබෝධයත්, ඒ අමා නිවනත් ගැන දන්නා සේක්ද?"

(භාග්‍යවතුන් වහන්සේ)

"එසේය, ප්‍රිය ආයුෂ්මත, නිවන් මඟත්, ඒ අවබෝධයත්, ඒ අමා නිවනත් ගැන මං දන්නවා."

(දෙවියා)

"පින්වත් නිදුකාණන් වහන්ස, සත්වයන්ගේ නිවන් මඟත් ඒ අවබෝධයත්, ඒ අමා නිවනත් ගැන ඔබවහන්සේ දන්නෙ කොයි විදිහටද?"

(භාග්‍යවතුන් වහන්සේ)

"ප්‍රිය ආයුෂ්මත, තෘෂ්ණාවෙන් යුක්ත භව පැවැත්ම ක්ෂය වෙලා යන්න ඕන. සඤ්ඤා විඤ්ඤාණයේ පැවැත්ම ගෙවිල යන්න ඕන. විඳීම් ගැන තියෙන ඇල්ම නිරුද්ධ වීමෙන්, විඳීම් සංසිඳෙන්න ඕන. මං ඔන්න ඔය විදිහට සත්වයන්ගේ නිවන් මඟත්, අවබෝධයත්, ඒ අමා නිවනත් දන්නවා."

සාදු! සාදු!! සාදු!!!

1.1.3.
උපනීයති සූත්‍රය
මරණය කරා යන ජීවිතය ගැන වදාළ දෙසුම

03. සැවැත් නුවර ජේතවනාරාමයේදීය.

ඉතින් ඒ දෙවියා භාග්‍යවතුන් වහන්සේ සමීපයේ මේ ගාථාව පැවසුවා.

"ජීවිතය මරණය කරා ගෙන යනවා. ජීවත් වෙන්න තිබෙන්නෙ සුළු කාලයයි. ජරාව විසින්, මරණය කරා ගෙන යන සත්වයන්ට ආරක්ෂා වෙන්න තැනක් නෑ. මරණය අභියස ඇති මේ බිය දකින කෙනා සැප සැළසෙන පින්කම්ම යි කරන්න ඕන."

(භාග්‍යවතුන් වහන්සේ) :

"ජීවිතය මරණය කරා ගෙන යනවා. ජීවත් වෙන්න තිබෙන්නෙ සුළු කාලයයි. ජරාව විසින් මරණය කරා ගෙන යන සත්වයන්ට ආරක්ෂා වෙන්න තැනක් නෑ. මරණය අභිසය තියෙන මේ බිය දකින කෙනා ඒ අමා නිවන් සුව ලබනු කැමැත්තෙන්, ලෝකාමිසය අත්හරින්න ඕන."

සාදු! සාදු!! සාදු!!!

1.1.4.
අච්චෙන්ති සූත්‍රය
ඉක්මයාම ගැන වදාළ දෙසුම

04. සැවැත් නුවර ජේතවනාරාමයේදීය.

පැත්තකින් සිටි ඒ දෙවියා භාග්‍යවතුන් වහන්සේ සමීපයේ මේ ගාථාව පැවසුවා.

"කාලය වේගයෙන් ඉක්ම යනවා. රැය පහන් වෙන්නෙ ජීවිතය ගෙවාගෙනයි. ජීවත් වෙන්න තියෙන කාලය ටිකෙන් ටික අහිමි වෙනවා. මරණය අභියස තියෙන ඔය බිය දකින කෙනා, සැප සැළසෙන පින්මයි කරන්න ඕන."

(භාග්‍යවතුන් වහන්සේ) :

"කාලය වේගයෙන් ගෙවිල යනවා. රැය පහන් වෙන්නෙ ජීවිතය ගෙවාගෙනයි. ජීවත් වෙන්න තියෙන කාලය ටිකෙන් ටික අහිමි වෙනවා. මරණය අභියස තියෙන ඔය බිය දකින කෙනා, ඒ අමා නිවන් සුව ලබන්න කැමැත්තෙන් ලෝකාමිසය අත්හරින්න ඕන."

සාදු! සාදු!! සාදු!!!

1.1.5.
කතිඡින්ද සූත්‍රය
'කීයක් සිඳිය යුතුද්'යි වදාළ දෙසුම

05. සැවැත් නුවර ජේතවනාරාමයේදීය.........................

පැත්තකින් සිටි ඒ දෙවියා භාග්‍යවතුන් වහන්සේ සමීපයේ මේ ගාථාව පැවසුවා.

"කීයක්ද සිඳින්න තියෙන්නෙ? කීයක්ද අත්හරින්න තියෙන්නෙ? අමුතුවෙන් දියුණු කරගන්න කීයක් තියෙනවාද? සංග කීයක් ඉක්මවා ගිය භික්ෂුවටද සැඩපහර තරණය කළා කියන්නෙ?"

(භාග්‍යවතුන් වහන්සේ) :

"(සක්කාය දිට්ඨි, විචිකිච්ඡා, සීලබ්බත පරාමාස, කාමරාග, පටිඝ යන සංයෝජන) පහක් තමයි සිඳින්න තියෙන්නෙ. (රූප රාග, අරූප රාග, මාන උද්ධච්ච, අවිජ්ජා යන සංයෝජන) පහක් තමයි අත්හරින්න තියෙන්නෙ. (සද්ධා, වීරිය, සති, සමාධි, පඤ්ඤා යන ඉන්ද්‍රිය) පහක් තමයි අමුතුවෙන් දියුණු කරගන්න තියෙන්නෙ. (රාග, ද්වේෂ, මෝහ, මාන, දිට්ඨි යන සංග) පහ ඉක්මවා ගිය භික්ෂුවටයි සැඩපහර තරණය කළා කියන්නෙ."

සාදු! සාදු!! සාදු!!!

1.1.6.
ජාගර සූත්‍රය
නිදිවැරීම ගැන වදාළ දෙසුම

06. සැවැත් නුවර ජේතවනාරාමයේදීය........................

පැත්තකින් සිටි ඒ දෙවියා භාග්‍යවතුන් වහන්සේට මේ ගාථාව කිව්වා.

"කී දෙනෙක් නිදිවරද්දී, කී දෙනෙක් නිදියනවාද? කී දෙනෙක් නිදාග නිද්දී, කී දෙනෙක් නිදිවරනවාද? කෙලෙස් හැදෙන්නෙ කොච්චරකින්ද? පිරිසිදු වෙන්නෙ කොච්චරකින්ද?"

(භාග්‍යවතුන් වහන්සේ) :

"(සද්ධා, වීරිය, සති, සමාධි, ප්‍රඥා යන ඉන්ද්‍රිය ධර්ම) පහක් අවදිව සිටිද්දී, (කාමච්ඡන්ද, ව්‍යාපාද, ථීනමිද්ධ, උද්ධච්ච කුක්කුච්ච, විචිකිච්ඡා යන නීවරණ) පහක් නිදාගෙන ඉන්නවා. (කාමච්ඡන්ද, ව්‍යාපාද, ථීනමිද්ධ, උද්ධච්ච කුක්කුච්ච, විචිකිච්ඡා යන නීවරණ) පහක් නිදාගෙන ඉන්න කොට, (සද්ධා, වීරිය, සති, සමාධි, පඤ්ඤා යන ඉන්ද්‍රිය ධර්ම) පහක් අවදිව ඉන්නවා. (කාමච්ඡන්ද, ව්‍යාපාද, ථීනමිද්ධ, උද්ධච්ච කුක්කුච්ච, විචිකිච්ඡා කියන නීවරණ) පහක් තුළිනුයි කෙලෙස් හැදෙන්නෙ. (සද්ධා, විරිය, සති, සමාධි, පඤ්ඤා කියන ඉන්ද්‍රිය ධර්ම) පහක් තුළිනුයි පිරිසිදු වෙන්නෙ."

සාදු! සාදු!! සාදු!!!

1.1.7.
අප්පටිවිදිත සූත්‍රය
ආර්ය සත්‍ය අවබෝධ නොකිරීම මුල්කොට වදාළ දෙසුම

07. සැවැත් නුවර ජේතවනාරාමයේදීය ....

එකත්පසෙක සිටි ඒ දෙවියා, භාග්‍යවතුන් වහන්සේ සමීපයේ මේ ගාථාව පැවසුවා.

"චතුරාර්ය සත්‍යය අවබෝධ නොකරන උදවිය ඉන්නවා. අන්න ඒ

උදවිය තමයි අන්‍යාගමික ආක්‍රමණවලට හසුවෙන්නෙ. ඒ උදවිය නිදාගෙනයි ඉන්නෙ. නැගිටින්න ඕනකමක් නෑ. නමුත් දැන් ඒ උදවියට අවදිවෙන්න කල් ඇවිල්ලා."

(භාග්‍යවතුන් වහන්සේ) :

"චතුරාර්ය සත්‍යය අවබෝධ කරන බුද්ධිමතුන් ඉන්නවා. ඔවුන් කවදාවත් අන්‍යාගමික ආක්‍රමණවලට හසුවෙන්නෙ නෑ. සම්බුදුරජාණන් වහන්සේලා ඒ ගැන හොඳට දන්නවා. ඒ නිසා උන්වහන්සේලා මේ විෂම ලෝකයේ සමව හැසිරෙනවා."

සාදු! සාදු!! සාදු!!!

1.1.8.
සුසම්මුට්ඨ සූත්‍රය
ආර්ය සත්‍ය අවබෝධය නසා ගැනීම මුල්කොට වදාළ දෙසුම

08. සැවැත් නුවර ජේතවනාරාමයේදීය ....

එකත්පසෙක සිටි ඒ දෙවියා, භාග්‍යවතුන් වහන්සේ සමීපයේ මේ ගාථාව පැවසුවා.

"කෙනෙකුට ආර්ය සත්‍ය අවබෝධ කරන්න තියෙන අවස්ථාව නැසිලා ගියොත්, අන්න ඒ උදවිය තමයි අන්‍යාගමික ආක්‍රමණවලට හසුවෙන්නෙ. ඔවුන් නිදාගෙනයි ඉන්නෙ. ඔවුන්ට නැගිටින්න ඕනකමක් නෑ. නමුත් දැන් මේ ඔවුන්ට අවදිවෙන්න කාලයයි."

(භාග්‍යවතුන් වහන්සේ) :

"කෙනෙකුට ආර්ය සත්‍ය අවබෝධ කිරීමේ අවස්ථාව නැසුනෙ නැත්නම්, ඔවුන් කවදාවත් අන්‍යාගමික ආක්‍රමණවලට හසුවෙන්නෙ නෑ. මේ ගැන සම්බුදුරජාණන් වහන්සේලා හොඳට දන්නවා. ඒ නිසා උන්වහන්සේලා මේ විෂම ලෝකයේ සමව හැසිරෙනවා."

සාදු! සාදු!! සාදු!!!

1.1.9.
න මානකාම සූත්‍රය
මාන්නය අකමැති වීම මුල්කොට වදාළ දෙසුම

09.   සැවැත් නුවර ජේතවනාරාමයේදීය ....

එකත්පසෙක සිටි ඒ දෙවියා, භාග්‍යවතුන් වහන්සේ සමීපයේ මේ ගාථාව පැවසුවා.

"මේ ශාසනයේ මාන්නය කැමති කෙනෙකුට නම් දමනය වෙන්න බෑ. සිත අසමාහිත කෙනෙකුට නම් මුනිවරයෙක් වෙන්න බෑ. හුදෙකලාවේ අරණ්‍යයක වාසය කළත් එයා ප්‍රමාදී කෙනෙක් නම්, මාරයාගේ ග්‍රහණයෙන් මිදිලා එතෙර වෙන්නෙ නෑ."

(භාග්‍යවතුන් වහන්සේ) :

"(ඇත්ත!) මාන්නය අත්හරින්න ඕන. හිත හොඳට එකඟ කරගන්න ඕන. හැම අකුසලයෙන්ම නිදහස් වන සිතක් ඇති කරගන්න ඕන. හුදෙකලාවේ අරණ්‍යයේ වාසය කරන අප්‍රමාදී කෙනා තමයි මාරයාගේ ග්‍රහණයෙන් මිදිලා එතෙර යන්නෙ."

සාදු! සාදු!! සාදු!!!

1.1.10.
අරඤ්ඤ සූත්‍රය
අරණ්‍ය මුල්කොට වදාළ දෙසුම

10.   සැවැත් නුවර ජේතවනාරාමයේදීය ....

එකත්පසෙක සිටි ඒ දෙවියා, භාග්‍යවතුන් වහන්සේ සමීපයේ මේ ගාථාව පැවසුවා.

"අරණ්‍යයේ වාසය කරමින්, උදේ වරුවේ විතරක් දන් වළඳන, ශාන්ත විහරණ තියෙන මේ බ්‍රහ්මචාරීන් වහන්සේලාගේ හැඩරුව මෙච්චර ලස්සන මොකද?"

(භාග්‍යවතුන් වහන්සේ) :

"උන්වහන්සේලා අතීතය ගැන ශෝක කරන්නෙ නෑ. අනාගතේ ගැන ආශාවෙන් පතන්නෙ නෑ. වර්තමානයේ ලැබෙන දේකින් යැපෙනවා. ඒ නිසයි උන්වහන්සේලා එච්චර ලස්සන."

"අනාගතේ ගැන ආශාවෙන් පත පතා, අතීතය ගැන ශෝක වෙවී, දුක් විඳින බාල ජනයා මැලවිලා යන්නෙ ළපටි උණබට කපලා අව්වේ දැම්මා වගේ."

සාදු! සාදු!! සාදු!!!

පළමු වෙනි නළ වර්ගය අවසන් විය.

2. නන්දන වර්ගය

1.2.1.
නන්දන සූත්‍රය
නන්දන වනය මුල්කොට වදාළ දෙසුම

11. මා හට අසන්නට ලැබුනේ මේ විදිහටයි. ඒ දිනවල භාග්‍යවතුන් වහන්සේ වැඩසිටියේ සැවැත් නුවර ජේතවනය නම් වූ අනේපිඬු සිටුතුමාගේ ආරාමයේ. එදා භාග්‍යවතුන් වහන්සේ "පින්වත් මහණෙනි" කියල භික්ෂුසංඝයා ඇමතුවා. "පින්වතුන් වහන්ස" කියල භික්ෂූන් වහන්සේලාත් භාග්‍යවතුන් වහන්සේට පිළිතුරු දුන්නා. භාග්‍යවතුන් වහන්සේ මෙය වදාළා.

"පින්වත් මහණෙනි, ඉස්සර මෙහෙම දෙයක් සිද්ධ වුනා. තව්තිසා දිව්‍යලෝකයේ දෙව් කෙනෙක් හිටියා. එයා දිව්‍ය අප්සරාවන් පිරිවරාගෙන හිටියා. දිව්‍යමය වූ පංචකාම ගුණයෙන් සතුටු වෙමින්, ඉඳුරන් පිනවන්න පටන්ගත්තා. ඒ වෙලාවේ ඒ දෙවියා මෙන්න මේ ගාථාව කිව්වා.

'පිරිවර සම්පත් ඇති තව්තිසා දෙවියන්ගේ දිව්‍ය විමාන තියෙන ලස්සන නන්දන වනෝද්‍යානය කෙනෙක් දකින්නෙ නැත්නම්, ඇත්තෙන්ම ඔහු සැපය මොකක්ද කියල දන්නෙ නෑ.'

පින්වත් මහණෙනි, එතකොට වෙන දෙව් කෙනෙක් අර දෙවියාට ගාථාවෙන් උත්තර දුන්නා.

'අනේ, අනේ මෝඩයෝ! ඔහේ රහතුන් වහන්සේලාගේ වචන දන්නෙ නෑ නෙවද? හැම සංස්කාරයක්ම අනිත්‍යයි. ඇතිවෙලා, නැතිවෙලා යන ස්වභාවයෙන් යුක්තයි. සංස්කාර ඇතිවෙනවා. නැතිවෙනවා. ඔය ස්වභාවය සංසිඳී යෑමයි හැබෑම සැපය."

සාදු! සාදු!! සාදු!!!

1.2.2.
නන්දති සූත්‍රය
සතුටුවීම ගැන වදාළ දෙසුම

12. සැවැත් නුවර ජේතවනාරාමයේදීය ....

එකත්පසෙක සිටි ඒ දෙවියා, භාග්‍යවතුන් වහන්සේ සමීපයේ මේ ගාථාව පැවසුවා.

"දරුවො ඉන්න කෙනා සතුටු වෙන්නෙ දරුවන් නිසාමයි. ඒ වගේම ගවපට්ටි හිමියා සතුටු වෙන්නෙ ගවයන් නිසාමයි. මේ කෙලෙස් තියෙන නිසයි මිනිස්සුන්ට සතුටක් තියෙන්නෙ. යම් කෙනෙකුට කෙලෙස් නැත්නම්, එයාට ජීවිතේ සතුටක් නෑ."

(භාග්‍යවතුන් වහන්සේ) :

"නෑ! දරුවො ඉන්න කෙනා අන්තිමේදී දරුවො නිසාම ශෝක වෙනවා. ඒ වගේම ගවපට්ටි හිමියා ඒ ගවයන් නිසාම ශෝක වෙනවා. මේ කෙලෙස් නිසා මිනිසුන්ට තියෙන්නෙ ශෝකමයි. යම් කෙනෙකුට කෙලෙස් නැත්නම්, එයා ශෝක වෙන්නෙ නෑ."

සාදු! සාදු!! සාදු!!!

1.2.3.
නත්ථිපුත්තසම සූත්‍රය
'දරුවන්ට සමාන දෙයක් නැතැ'යි වදාළ දෙසුම

13. සැවැත් නුවර ජේතවනාරාමයේදීය ....

එකත්පසෙක සිටි ඒ දෙවියා, භාග්‍යවතුන් වහන්සේ සමීපයේ මේ ගාථාව පැවසුවා.

"දරු සෙනෙහසට සම කරන්න තරම් වෙන ආදරයක් නෑ. ගව සම්පතට සමාන වෙන ධනයක් නෑ. හිරු එළියට සමාන වෙන එළියක් නෑ. මහ සයුරට සමාන වෙන විලකුත් නෑ."

(භාග්‍යවතුන් වහන්සේ) :

"තමන්ට ආදරය කිරීම හා සමාන වෙන ආදරයක් නෑ. ධාන්‍යවලට සමාන වෙන ධනයක් නෑ. ප්‍රඥාවට සමාන වෙන එළියක් නෑ. ඇත්තෙන්ම වැස්සට සමාන විලකුත් නෑ."

සාදු! සාදු!! සාදු!!!

1.2.4.
ඛත්තිය සූත්‍රය
රජු මුල්කොට වදාළ දෙසුම

14. සැවැත් නුවර ජේතවනාරාමයේදීය ....

එකත්පසෙක සිටි ඒ දෙවියා, භාග්‍යවතුන් වහන්සේ සමීපයේ මේ ගාථාව පැවසුවා.

"දෙපා ඇති මිනිසුන් අතර ශ්‍රේෂ්ඨ වෙන්නෙ රජ්ජුරුවොයි. සිව්පාවුන් අතර ශ්‍රේෂ්ඨ වෙන්නෙ ගවයායි. බිරින්දෑවරුන් අතර ශ්‍රේෂ්ඨ වෙන්නෙ ළදරු ස්ත්‍රියයි. දරුවන් අතර ශ්‍රේෂ්ඨ වෙන්නෙ කුළුඳුල් දරුවායි."

(භාග්‍යවතුන් වහන්සේ) :

"දෙපා ඇති මිනිසුන් අතර ශ්‍රේෂ්ඨ වෙන්නේ සම්බුදුරජාණන් වහන්සේයි. සිව්පාවන් අතර ශ්‍රේෂ්ඨ වෙන්නේ ආජානීය අශ්වයායි. බිරින්දෑවරුන් අතර ශ්‍රේෂ්ඨ වෙන්නේ ස්වාමියාට සෙනෙහෙවන්ත බිරිඳයි. දරුවන් අතර ශ්‍රේෂ්ඨ වෙන්නේ කීකරු දරුවායි."

සාදු! සාදු!! සාදු!!!

1.2.5.
සනමාන සූත්‍රය
කුරුල්ලන් ගේ කෑ ගැසීම ගැන වදාළ දෙසුම

15. සැවැත් නුවර ජේතවනාරාමයේදීය ....

(දෙවියා)

"ගිනි මද්දහනෙ පක්ෂීන් රැස්වෙලා, එක හඬින් කෑ ගහන කොට, මහ වනන්තරේම ඒක නින්නාද වෙනවා. ඇත්තෙන්ම එතකොට මට භයයි."

(භාග්‍යවතුන් වහන්සේ)

"ගිනි මද්දහනෙ පක්ෂීන් රැස්වෙලා එක හඬින් කෑ ගහන කොට, වනාන්තරේම ඒක නින්නාද වෙනවා. ඇත්තෙන්ම එතකොට මට හරිම සතුටුයි."

සාදු! සාදු!! සාදු!!!

1.2.6.
නිද්දාතන්දි සූත්‍රය
නින්දත්, කම්මැලිකමත් ගැන වදාළ දෙසුම

16. සැවැත් නුවර ජේතවනාරාමයේදීය ....

(දෙවියා) :

"නිදාගැනීම, කම්මැලිකම, ඇඟමැලි කැඩීම, බණ භාවනාවට නොඇලීම, බත්මතය යන මේ දේවල් නිසා මෙලොව සත්වයින්ට නිවන් මඟ ප්‍රකට වෙන්නෙ නෑ."

(භාග්‍යවතුන් වහන්සේ) :

"නිදාගැනීමත්, කම්මැලිකමත්, ඇඟමැලි කැඩීමත්, බණ භාවනාවට නොඇලීමත්, බත්මතයත් කියන ඒ හැමදෙයක්ම වීරියෙන් දුරු කළාම, නිවන් මඟ ප්‍රකට වෙනවා."

සාදු! සාදු!! සාදු!!!

1.2.7.
දුක්කර සූත්‍රය
දුෂ්කරතාව ගැන වදාළ දෙසුම

17. සැවැත් නුවර ජේතවනාරාමයේදීය ....

(දෙවියා) :

"ඉවසන්න බැරි කෙනාටත්, මෝඩපහේ කෙනාටත් මහණකම කිරීම දුෂ්කරයි. එබඳු අඥාන පුද්ගලයාට හරියට බාධා තියෙනවා. ඔහු මහණකමින් පස්සට විසිවෙනවා."

(භාග්‍යවතුන් වහන්සේ) :

"ඉතින් එහෙම නම්, තමන්ගේ සිත පවින් වළකගන්නේ නැත්නම්, සැබෑ මහණකමක් කොච්චර දවසක් කරන්නද? පාපී අදහස්වලට වසඟ වුනාට පස්සෙ පියවරක්, පියවරක් පාසා පස්සට විසිවෙනවා.

ඉබ්බෙක් තමන්ගේ අවයව කටුව අස්සට ගන්නවා වගේ, භික්ෂුවත් තමන්ගේ මනෝ විතර්ක භාවනා අරමුණේ එකඟ කරන්න ඕන. පාපී අකුසල් ඇසුරු කරන්නෙ නැතුව, අනුන්ව වෙහෙසවන්නෙ නැතුව පිරිනිවී යන භික්ෂුව කාටවත් චෝදනා කරන්නේ නෑ."

සාදු! සාදු!! සාදු!!!

1.2.8.
හිරි සූත්‍රය
ලැජ්ජාව ගැන වදාළ දෙසුම

18. සැවැත් නුවර ජේතවනාරාමයේදීය ....

(දෙවියා) :

"ආජානීය අශ්වයාට කසපාර නොලබන විදිහට වැඩකරන්න පුළුවනි. ඒ විදිහටම නින්දා අපහාස නොලැබෙන විදිහට යම් කෙනෙක් කටයුතු කරනවා නම්, ලැජ්ජාවෙන් යුක්තව, පවින් වළකින එබඳු පුරුෂයෙක් ලෝකයේ ඉන්නවාද?"

(භාග්‍යවතුන් වහන්සේ) :

"ලැජ්ජාවෙන් යුක්තව පව්වලින් වැළකිලා, හැම තිස්සේම සිහියෙන් යුක්තව ඉන්න ස්වල්ප දෙනෙක් ඉන්නවා. ඒ පින්වතුන්ට දුක් අවසන් කරලා, මේ විෂම ලෝකයේ සම සිතින් හැසිරෙන්න පුළුවන්."

සාදු! සාදු!! සාදු!!!

1.2.9.
කුටිකා සූත්‍රය
කුටිය ගැන වදාළ දෙසුම

19. සැවැත් නුවර ජේතවනාරාමයේදීය ....

(දෙවියා) :

"ඇයි ඔබවහන්සේට කුටියක් නැද්ද? ඇයි කැදැල්ලක්වත් නැද්ද? ඇයි එතකොට කුල පරම්පරාවක් නැද්ද? ඇයි බන්ධනවලින් මිදිලද ඉන්නෙ?"

(භාග්‍යවතුන් වහන්සේ) :

"ඇත්තෙන්ම මට කුටියක් නෑ. ඇත්තෙන්ම මට කැදැල්ලකුත් නෑ. ඇත්තෙන්ම මට කුල පරම්පරාවකුත් නෑ. ඇත්තෙන්ම මං හැම බන්ධනයෙන්ම මිදිලයි ඉන්නෙ."

(දෙවියා) :

"මං ඔබවහන්සේගේ කුටිය කියල මොකක් ගැන කියන්නද? මං කැදැල්ල කියල මොකකට කියන්නද? ඔබවහන්සේගේ කුල පරම්පරාව කියල මොකකට කියන්නද? ඔබවහන්සේ නිදහස් වුනේ කොයි බන්ධනයෙන් කියල කියන්නද?"

(භාග්‍යවතුන් වහන්සේ) :

"මව්ට තමයි කුටිය කිව යුත්තේ. බිරිඳට තමයි කැදැල්ල කිව යුත්තේ. දරුවන්ට තමයි කුල පරපුර කිව යුත්තේ. තණ්හාවට තමයි බන්ධනය කිව යුත්තේ."

(දෙවියා) :

"ඔබවහන්සේට කුටියක් නැති එකමයි හොඳ. කැදැල්ලක් නැති එකමයි හොඳ. කුල පරම්පරාවක් නැති එකමයි හොඳ. ඔබවහන්සේ බන්ධනයෙන් මිදුන එකමයි හොඳ."

සාදු! සාදු!! සාදු!!!

1.2.10.
සමිද්ධි සූත්‍රය
සමිද්ධි තෙරුන් නිසා වදාළ දෙසුම

20. මා හට අසන්ට ලැබුනේ මේ විදිහටයි. ඒ දිනවල භාග්‍යවතුන් වහන්සේ වැඩසිටියේ රජගහ නුවර තපෝදාරාමයේ. එදා ආයුෂ්මත් සමිද්ධි තෙරුන් රෑ පාන්දර නැඟිටලා, ඇඟපත සෝදගන්න තපෝදා නදියට ගියා. තපෝදා නදියෙන් ඇඟපත සෝදගෙන, අඳන සිවුර විතරක් ඇතිව, ඇඟේ තෙත සිඳවමින් හිටියා.

ඒ වෙලාවේ ඒ රෑ පහන් වන වෙලාවෙ එක්තරා දෙව්දුවක් මුළු තපෝදාවම ඒකාලෝක කරගෙන, සමිද්ධි තෙරුන් ළඟට ආවා. ඇවිදින් අහසේ සිටගෙනම, ආයුෂ්මත් සමිද්ධි තෙරුන්ට මේ ගාථාව කිව්වා.

"පින්වත් භික්ෂුව, (කම් සැප) නොවළඳා, පිණ්ඩපාතෙ විතරක් වළඳනවා නේද? (කම් සැපත්) වළඳලා, පිණ්ඩපාතෙත් වළඳන එක නරක නැද්ද? පින්වත් භික්ෂුව (එහෙම නෙවෙයි, කම් සැපත්) වළඳගෙනම පිණ්ඩපාතෙත් වළඳන්න. ඔබට මේ වටිනා අවස්ථාව මඟ හැරෙන්න එපා!"

(සමිද්ධි තෙරුන්) :

"අවස්ථාව? මට ඒක තේරෙන්නෙ නෑ. කාලය ආශාවෙන් වැහුනාම, ඇත්ත පේන්නෙ නෑ. ඒ නිසා මං (කම් සැප) වළඳන්නෙ නැතුව, පිණ්ඩපාතෙ විතරක් වළඳනවා. මට මේ උතුම් අවස්ථාව ඉක්මයන්න එපා!"

එතකොට ඒ දෙව්දුව පොළොවට බැහැලා ආයුෂ්මත් සමිද්ධි තෙරුන්ට මෙහෙම කිව්වා.

"නෑ පින්වත් භික්ෂුව, ඔයා තාම තරුණයි. ලස්සන කළු කෙස් තියෙන සොඳුරු යොවුන් වයසේ නේද ඉන්නෙ? ජීවිතේ පළමු වයසේ කාම ක්‍රීඩා නොකර නේද ඉන්නෙ? පින්වත් භික්ෂුව, මේ මනුෂ්‍ය කාම සම්පත් වළඳන්න. මේ ජීවිතේදී ලබන්න තියෙන සැප අත්හැරලා, පරලොවදී ලැබෙන කාලයට අයිති සැප පස්සෙ දුවන්න එපා!"

(සමිද්ධි තෙරුන්) :

"නෑ, ආයුෂ්මත, මං මේ ජීවිතේදී ලබන්න තියෙන සැප අත්හැරලා,

කාලයට අයිති දෙයක් හොයාගෙන දුවනව නොවෙයි. ඇත්තෙන්ම, මම කාලයට අයිති දේ තමයි අත්හැරියේ. මේ ජීවිතේදී ලැබෙන සැපයක්මයි මේ හොයාගෙන දුවන්නෙ. ආයුෂ්මත, අපගේ භාග්‍යවතුන් වහන්සේ වදාළේ මේ කාමයන් කාලයට අයිතියි කියලා. බොහෝ දුක් සහිතයි කියලා. බොහෝ පීඩා සහිතයි කියලා. ඒ කාමය තුළ කරදර ගොඩාක් තියෙනවා කියලා. නමුත් මේ ශ්‍රී සද්ධර්මය මෙලොවදීම දකින්න පුළුවනි. හැම කාලයකම දකින්න පුළුවනි. ඇවිත් අවබෝධ කරගන්න කියල පෙන්වා දෙන්න පුළුවනි. තමන් තුළ ඇති කරගන්න පුළුවනි. බුද්ධිමත් උදවියට තම තමන් තුළින්ම ප්‍රත්‍යක්ෂ කරගන්න පුළුවනි."

(දෙව්දුව) :

"පින්වත් භික්ෂුව, මේ කාමයන් කාලයට අයිතියි කියලා, බොහෝ දුක් සහිතයි කියලා, බොහෝ පීඩා සහිතයි කියලා, මේ කාමයන් තුළ බොහෝ කරදර තියෙනවා කියල භාග්‍යවතුන් වහන්සේ දේශනා කළේ කොහොමද? ඒ වගේම මේ ශ්‍රී සද්ධර්මය මෙලොවදීම දකින්න පුළුවන් කියලා, ඕනම කාලෙක දකින්න පුළුවන් කියලා, ඇවිත් අවබෝධ කරගන්න කියලා පෙන්නල දෙන්න පුළුවන් කියලා, තමා තුළට පමුණුවාගන්න ඕන කියලා, බුද්ධිමත් උදවියට තම තමන් තුළින් අවබෝධ කරගන්න පුළුවන් කියලා දේශනා කළේ කොහොමද?

(සමිද්ධි තෙරුන්) :

"ආයුෂ්මත, ඇත්තෙන්ම මං ළඟදී පැවිදි වෙච්ච කෙනෙක්. මේ ශාසනේට අලුතින් පැමිණිච්ච අලුත් පැවිද්දෙක්. මට ඔය කාරණේ විස්තර වශයෙන් කියන්න පුළුවන්කමක් නෑ. ඒ භාග්‍යවත් අරහත්, සම්මා සම්බුදුරජාණන් වහන්සේ මේ රජගහ නුවර තපෝදාරාමයේ වැඩඉන්නවා. ඉතින් ඒ භාග්‍යවතුන් වහන්සේව බැහැදැකල, ඔය ප්‍රශ්නය අහන්න ඕන. භාග්‍යවතුන් වහන්සේ පිළිතුරු දෙන්නේ යම් ආකාරයකින්ද, අන්න ඒ විදිහට මතක තබාගන්න."

(දෙව් දුව):

"නෑ, පින්වත් භික්ෂුව, අපි වගේ උදවියට ඒ භාග්‍යවතුන් වහන්සේ කරා යන එක ලේසි වැඩක් නොවෙයි. අනිත් මහේශාක්‍ය දෙවිවරුන් විසින් පිරිවරාගෙන ඉන්නවා නෙව. එහෙම නෙවෙයි පින්වත් භික්ෂුව, භාග්‍යවතුන් වහන්සේව බැහැදකින්න ඔබවහන්සේම වඩින්න. ගිහින් ඒ කාරණේ විමසන්න. අපිත් බණ අහන්න එන්නම්."

"හොඳයි ආයුෂ්මත" කියල ආයුෂ්මත් සමිද්ධි තෙරුන් ඒ දෙව් දුවට පිළිතුරු දුන්නා. ඊට පස්සෙ භාග්‍යවතුන් වහන්සේ කරා ගියා. ගිහින් භාග්‍යවතුන්

වහන්සේට වන්දනා කළා. පැත්තකින් වාඩිවුනා. පැත්තකින් වාඩිවුන ආයුෂ්මත් සමිද්ධි තෙරුන් භාග්‍යවතුන් වහන්සේට මෙහෙම කිව්වා.

"ස්වාමීනි, මං රෑ පාන්දරින්ම නැගිටලා ඇඟ පත හෝදගන්න තපෝදා නදියට ගියා. තපෝදා නදියෙන් ඇඟ පත සෝදාගෙන, ගොඩට ඇවිත්, අඳන සිවුර විතරක් ඇඳගෙන, ඇඟේ තෙත සිඳවමින් හිටියා. ස්වාමීනි, ඒ වෙලාවෙ එක්තරා දෙව්දුවක්, ඒ රෑ පහන් වෙද්දි, මුළු තපෝදාවම ඒකාලෝක කරගෙන, මං ළඟට ආවා. ඇවිදින් අහසේ හිටගෙනම මට මේ ගාථාව කිව්වා.

'පින්වත් භික්ෂුව, නොවළඳා, පිණ්ඩපාතෙ විතරක් වළඳනවා නේද? වළඳලා, පිණ්ඩපාතෙත් වළඳන එක නරක නැද්ද? වළඳගෙනම, පිණ්ඩපාතෙත් වළඳන්න. ඔබට මේ වටිනා අවස්ථාව මඟහැරෙන්න එපා!'

එතකොට ස්වාමීනි, මං ඒ දෙව්දුවට ගාථාවකින් උත්තර දුන්නා.

'අවස්ථාව? මට ඒක තේරෙන්නෙ නෑ. කාලය ආශාවෙන් වැහුනාම ඇත්ත පේන්නෙ නෑ. ඒ නිසා මං වළඳන්නෙ නැතුව, පිණ්ඩපාතෙ විතරක් වළඳනවා. මට මේ උතුම් අවස්ථාව ඉක්මයන්න එපා!'

එතකොට ස්වාමීනි, ඒ දෙව්දුව පොළොවට බැහැල, මට මෙහෙම කිව්වා.

'නෑ පින්වත් භික්ෂුව, ඔයා තාම තරුණයි. ලස්සන කළු කෙස් තියෙන, සොඳුරු යොවුන් වයසේ නේද ඉන්නෙ? ජීවිතේ පළමු වයසේ කාම ක්‍රීඩා නොකර නේද ඉන්නෙ? පින්වත් භික්ෂුව, මේ මනුෂ්‍ය කාම සම්පත් වළඳන්න. මේ ජීවිතේදී ලබන්න තියෙන සැප අත්හැරලා, පරලොවදී ලැබෙන කාලයට අයිති සැප පස්සෙ දුවන්න එපා!'

එතකොට ස්වාමීනි, මං ඒ දෙව්දුවට මෙහෙම කිව්වා.

'නෑ ආයුෂ්මත. මං මේ ජීවිතේදී ලබන්න තියෙන සැප අත්හැරලා කාලයට අයිති දෙයක් සොයාගෙන දුවනවා නොවෙයි. ඇත්තෙන්ම මම කාලයට අයිති දේ තමයි අත්හැරියේ. මේ ජීවිතේදී ලැබෙන සැපයක්මයි මේ හොයාගෙන දුවන්නෙ. ආයුෂ්මත, අපගේ භාග්‍යවතුන් වහන්සේ වදාළේ මේ කාමයන් කාලයට අයිතියි කියලා. බොහෝ දුක් සහිතයි කියලා. බොහෝ පීඩා සහිතයි කියලා. ඒ කාමය තුළ කරදර ගොඩාක් තියෙනවා කියලා. නමුත් මේ ශ්‍රී සද්ධර්මය මෙලොවදීම දකින්න පුළුවනි. හැම කාලයකදීම දකින්න පුළුවනි. ඇවිත් අවබෝධ කරන්න කියල පෙන්නා දෙන්න පුළුවනි. තමන් තුළ ඇති කරගන්න පුළුවනි. බුද්ධිමත් උදවියට තම තමන් තුළින්ම ප්‍රත්‍යක්ෂ කරගන්න පුළුවනි.'

එතකොට ස්වාමීනි, ඒ දෙව්දුව මට මෙහෙම කිව්වා.

'පින්වත් භික්ෂුව, මේ කාමයන් කාලයට අයිතියි කියලා, බොහෝ දුක් සහිතයි කියලා, බොහෝ පීඩා සහිතයි කියලා, මේ කාමයන් තුළ බොහෝ කරදර තියෙනවයි කියල භාග්‍යවතුන් වහන්සේ දේශනා කළේ කොහොමද? ඒ වගේම, මේ ශ්‍රී සද්ධර්මය මෙලොවදීම දකින්න පුළුවන් කියලා, ඕනම කාලෙක දකින්න පුළුවන් කියලා, ඇවිත් අවබෝධ කරගන්න කියලා පෙන්වා දෙන්න පුළුවන් කියලා, තමා තුළම පමුණුවාගන්න ඕන කියලා, බුද්ධිමත් උදවියට තම තමන් තුළින් අවබෝධ කරගන්න කියලා දේශනා කළේ කොහොමද?'

ස්වාමීනි, මං එතකොට ඒ දෙව්දුවට මෙහෙම කිව්වා.

'ආයුෂ්මත, ඇත්තෙන්ම මං ළඟදී පැවිදි වෙච්ච කෙනෙක්. මේ ශාසනයට අලුතෙන් ආපු, අලුත් පැවිද්දෙක්. මට ඔය කාරණේ විස්තර වශයෙන් කියන්න පුළුවන්කමක් නෑ. ඒ භාග්‍යවත්, අරහත්, සම්මා සම්බුදුරජාණන් වහන්සේ මේ රජගහ නුවර තපෝදාරාමයේ වැඩඉන්නවා. ඉතින්, ඒ භාග්‍යවතුන් වහන්සේව බැහැදැකලා ඔය ප්‍රශ්නය අහන්න ඕන. භාග්‍යවතුන් වහන්සේ ඔබට පිළිතුරු දේවි. අන්න ඒ විදිහට මතක තබාගන්න.

එතකොට ස්වාමීනි, ඒ දෙව්දුව මෙහෙම කිව්වා.'නෑ, පින්වත් භික්ෂුව. අපි වගේ උදවියට ඒ භාග්‍යවතුන් වහන්සේ කරා යන එක ලේසි වැඩක් නොවෙයි. අනිත් මහේශාක්‍ය දෙවිවරුන් විසින් පිරිවරාගෙන ඉන්නවා නෙව. එහෙම නෙවෙයි පින්වත් භික්ෂුව, භාග්‍යවතුන් වහන්සේව බැහැදකින්න ඔබවහන්සේම වඩින්න. ගිහින් ඔය කාරණේ විමසන්න. අපිත් බණ අහන්න එන්නම්' කියලා. ඉතින් ස්වාමීනි, ඒ දෙව්දුව ඇත්තක් නම් කිව්වෙ, දැන් ඒ දෙව්දුව මේ ළඟම ඇති.

එතකොටම ඒ දෙව්දුව ආයුෂ්මත් සමිද්ධි තෙරුන්ට මෙහෙම කිව්වා.

"පින්වත් භික්ෂුව අහන්න. පින්වත් භික්ෂුව අහන්න. මේ මම ඇවිල්ලයි ඉන්නේ."

ඒ වෙලාවේ භාග්‍යවතුන් වහන්සේ ඒ දෙව්දුවට මේ ගාථාවන් වදාළා.

"මේ සත්වයන් හඳුනාගන්නේ පංච උපාදානස්කන්ධයයි. පිහිටල ඉන්නෙත් ඒ පංච උපාදානස්කන්ධයේමයි. මේ පංච උපාදානස්කන්ධයමයි අවබෝධ නොකළෙත්. ඒ නිසා මේ සත්වයා මාරයාට වසඟ වෙලා ඉන්නෙ.

ඒ පංච උපාදානස්කන්ධයේම යථාර්ථය අවබෝධ කළාට පස්සෙ, ඒ පංච උපාදානස්කන්ධය ගැන 'මමත්වයෙන් යුක්ත' හැඟීමක් ඇති කරගන්නෙ නෑ. ඔහුට ඒ හැඟීම් ඇති වෙන්නෙත් නෑ. යම් කරුණක් නිසා ඔහුට රාග, ද්වේෂ, ආදිය ඇතිවෙනවා කියනවා නම් එබඳු දෙයක් ඔහු තුළ නෑ. ඉතින් පින්වත් දෙවිඳුව, ඔබ එබඳු කෙනෙක් දකිනවා නම් කියන්න."

(දෙවිඳුව) :

"ස්වාමීනි, භාග්‍යවතුන් වහන්සේ විසින් සාරාංශ වශයෙන් වදාළ ධර්මය මට විස්තර වශයෙන් තේරෙන්නෙ නෑ. ස්වාමීනි, භාග්‍යවතුන් වහන්සේ විස්තර වශයෙන් මේ ධර්මය මට පවසන සේක්වා! එතකොට මට භාග්‍යවතුන් වහන්සේ විසින් සාරාංශ කොට වදාළ ධර්මය විස්තර වශයෙන් අවබෝධ කරන්න පුළුවනි!"

(භාග්‍යවතුන් වහන්සේ) :

"යම් කෙනෙක් හිතනවා නම්, අනිත් අයයි, මමයි ඔක්කොම එකයි කියලා, නැත්නම් අනිත් අයට වඩා මම ශ්‍රේෂ්ඨයි කියල හිතනවා නම්, අන්න ඒ නිසයි ඒ තැනැත්තා අනුන් හා වාද කරන්නේ. නමුත් යම් කෙනෙක් ඔය මාන තුන තුළ කම්පා වෙන්නෙ නැත්නම්, ඔහුට 'මම සමානයි, මම ශ්‍රේෂ්ඨයි, මම හීනයි' කියල හිතෙන්නෙ නෑ. ඉතින් පින්වත් දෙවිඳුව, එබඳු කෙනෙක් ගැන දන්නවා නම් කියන්න."

(දෙවිඳුව):

"අනේ ස්වාමීනි! භාග්‍යවතුන් වහන්සේ සාරාංශ කොට වදාළ ඔය කරුණේ අර්ථයත් විස්තර වශයෙන් මට තේරෙන්නෙ නෑ. ඉතින් ස්වාමීනි, භාග්‍යවතුන් වහන්සේ මේ ධර්මය මට විස්තර වශයෙන් කියා දෙන සේක්වා! එතකොට මට භාග්‍යවතුන් වහන්සේ සාරාංශ කොට වදාළ මේ ධර්මය විස්තර වශයෙන් මට දැනගන්න ලැබේවි."

(භාග්‍යවතුන් වහන්සේ) :

"සම්මුතියත් අත්හැරියා. විවිධාකාර වූ මාන්නයට පැමිණුනෙත් නෑ. මේ නාමරූපය කෙරෙහි තියෙන තණ්හාවත් නැති කළා. කෙලෙස් ගැටත් සිඳල දැම්මා. දුක් රහිත වුනා. ආශා රහිත වුනා. දෙවියොත්, මනුෂ්‍යයොත්, මෙලොව හරි, පරලොව හරි, ස්වර්ගයෙ හරි, ඕනෑම සත්ව සන්නිවාසයක කොච්චර හෙව්වත් එබඳු කෙනෙකුගේ උපතක් සොයන්න බෑ. පින්වත් දෙවිඳුව, ඔබට ඒ ගැන තේරුනා නම් කියන්න."

(දෙවිඳුව) :

"ස්වාමීනි, දැන් එය සාරාංශ කොට වදාළ කරුණු නම් මට විස්තර වශයෙන් මේ විදිහට තේරුනා."

"කයින්, වචනයෙන්, මනසින් පව් කරන්නෙ නෑ. මේ ලෝකයේ සියලු කාමයන් අත්හරිනවා. සිහි ඇතිව ඉන්නවා. නුවණින් යුතුව ඉන්නවා. අයහපත ඇතිකරන කිසි දෙයක් කරන්නෙ නෑ."

සාදු! සාදු!! සාදු!!!

දෙවෙනි නන්දන වර්ගය අවසන් විය.

3. සත්ති වර්ගය

1.3.1.
සත්ති සූත්‍රය
ආයුධය මුල්කොට වදාළ දෙසුම

21. සැවැත් නුවර ජේතවනාරාමයේදීය........................

එකත්පසක සිටි ඒ දෙවියා භාග්‍යවතුන් වහන්සේ සමීපයේ මේ ගාථාව පැවසුවා.

"ආයුධයකින් පහර කෑවා වගේ, හිස ගිනිගත්තා වගේ, ඒ භික්ෂුව කාමාශාව නැතිකරල දාන්න සිහි නුවණින් ඉන්න ඕන."

(භාග්‍යවතුන් වහන්සේ) :

"ආයුධයකින් පහර කෑවා වගේ, හිස ගිනිගත්තා වගේ, ඒ භික්ෂුව සක්කාය දිට්ඨිය නැතිකරල දාන්න සිහි නුවණින් ඉන්න ඕන."

සාදු! සාදු!! සාදු!!!

1.3.2.
ඵුසති සූත්‍රය
ස්පර්ශය මුල්කොට වදාළ දෙසුම

22. සැවැත් නුවර ජේතවනාරාමයේදීය ....

එකත්පසක සිටි ඒ දෙවියා භාග්‍යවතුන් වහන්සේ සමීපයේ මේ ගාථාව පැවසුවා.

"කර්මයක් ස්පර්ශ වෙන්නෙ නැත්නම්, ඒ ජීවිතේට විපාක ස්පර්ශ වෙන්නෙත් නෑ. කර්මය ස්පර්ශ වුනොත් තමයි ඒ හේතුවෙන් විපාක ස්පර්ශ වෙන්නෙ. ඒ නිසා නිදොස් උතුමන්ට දොස් කියන්න ගියොත්, කර්මය ස්පර්ශ වෙලා, විපාකත් ස්පර්ශ වේවි."

(භාග්‍යවතුන් වහන්සේ) :

"යම්කිසි කෙනෙක් පිරිසිදු ජීවිත ඇති, පාපී ආශාවන් හේතුවෙන් අකුසල් හැදෙන ගතිය නැති, නිදොස් වූ උතුමන්ට, ද්වේෂ කරන්න ගියොත්, ඒ පව අඥාන පුද්ගලයාව පීඩාවට පත් කරවනවා. උඩු සුළඟට දැමූ සියුම් දූවිල්ල ආයෙමත් තමන් කරාම එනවා වගේ."

සාදු! සාදු!! සාදු!!!

1.3.3.
ජටා සූත්‍රය
අවුල ගැන වදාළ දෙසුම

23. සැවැත් නුවර ජේතවනාරාමයේදීය ....

එකත්පසක සිටි ඒ දෙවියා භාග්‍යවතුන් වහන්සේ සමීපයේ මේ ගාථාව පැවසුවා.

"ජීවිතේ ඇතුළෙ තියෙන්නෙ අවුලක්. පිට තියෙන්නෙත් අවුලක්. මේ සත්ව ප්‍රජාව, අවුලෙන් අවුල් වෙලයි ඉන්නෙ. පින්වත් ගෞතමයන් වහන්ස, මං ඔබවහන්සේගෙන් විමසන්න කැමතියි, ඇත්තෙන්ම මේ අවුල ලිහාගන්නෙ කවුද?"

(භාග්‍යවතුන් වහන්සේ) :

"ප්‍රඥාවන්ත මනුස්සයෙක් සීලයක පිහිටලා, සමාධියත්, ප්‍රඥාවත් වඩන්න ඕන. අන්න ඒ කෙලෙස් තවන වීරිය තියෙන, තැනට සුදුසු නුවණ තියෙන භික්ෂුව මේ අවුල ලිහාගන්නවා.

යමෙක් තුළ රාගයත්, ද්වේෂයත්, අවිද්‍යාවත් නැත්නම්, ඒ උතුමන් ආශ්‍රව රහිතයි. ඒ උතුමන් තමයි රහතන් වහන්සේලා. ඔවුන් තමයි ඔය අවුල ලිහාගත්තේ.

යම් තැනක නාමයත් රූපයත්, එමෙන්ම මානසිකව ඇතිවෙන සඤ්ඤාවනුත්, රූප සඤ්ඤාවනුත්, ඉතිරි නැතිව නැතිවෙනවා නම්, අන්න එතන තමයි මේ අවුල සිඳිල යන්නේ."

සාදු! සාදු!! සාදු!!!

1.3.4.
මනෝ නිවාරණ සූත්‍රය
මනස වැළැක්වීම ගැන වදාළ දෙසුම

24. සැවැත් නුවර ජේතවනාරාමයේදීය ....

එකත්පසක සිටි ඒ දෙවියා, භාග්‍යවතුන් වහන්සේ සමීපයේ මේ ගාථාව පැවසුවා.

"යම් යම් අරමුණකින් මනස වළක්වා ගත්තොත්, ඒ ඒ අරමුණෙන් ඇතිවෙන දුක් ඇතිවෙන්නේ නෑ. ඉතින් ඔහු සියලු අරමුණින්ම මනස වළක්වා ගත්තොත්, එතකොට ඔහු සියලු දුකින් නිදහස් වෙනවා."

(භාග්‍යවතුන් වහන්සේ) :

"නෑ. හැම අරමුණින්ම මනස වළක්වන්න ඕන නෑ. කොටින්ම සංවර වෙච්ච මනසේ වළක්වන්න දෙයක් නෑ. යම් යම් අරමුණක් නිසා අකුසල් සිදුවෙනවා නම්, ඒ ඒ අරමුණිනුයි මනස වැළැක්විය යුත්තේ."

සාදු! සාදු!! සාදු!!!

1.3.5.
අරහන්ත සූත්‍රය
රහතන් වහන්සේ ගැන වදාළ දෙසුම

25. සැවැත් නුවර ජේතවනාරාමයේදීය ....

එකත්පසක සිටි ඒ දෙවියා, භාග්‍යවතුන් වහන්සේ සමීපයේ මේ ගාථාව පැවසුවා.

"යම් භික්ෂුවක් අරහත් කෙනෙක් වුනත්, නිවන් මග සම්පූර්ණ කළ කෙනෙක් වුනත්, ආශ්‍රවයන් ක්ෂය කරපු කෙනෙක් වුනත්, අන්තිම සිරුරු දරන කෙනෙක් වුනත්, ඒ වුනාට ඒ භික්ෂුව 'මම පවසමි' කියල කියනවානෙ. 'මට කියනවා' කියලත් කියනවනෙ? (ඒ මොකද?)"

(භාග්‍යවතුන් වහන්සේ):

"යම් භික්ෂුවක් අරහත් කෙනෙක් වෙලත්, නිවන් මග සම්පූර්ණ කරලත්, ආශ්‍රවයන් ක්ෂය කරලත්, අවසන් සිරුරු දරාගෙන ඉඳලත්, 'මම කියමි' කියල කියනවා තමයි. 'මට කියනවා' කියලත් කියනවා තමයි. ඔහු දක්ෂයි. ලෝක ව්‍යවහාරය හොඳට දන්නවා. ඒක ඔහුගේ ව්‍යවහාර මාත්‍රයක් විතරයි.

(දෙවියා) :

"යම් භික්ෂුවක් අරහත් කෙනෙක් වෙලත්, නිවන් මග සම්පූර්ණ කරලත්, ආශ්‍රවයන් ක්ෂය කරලත්, අන්තිම සිරුරු දරාගෙන ඉඳලත්, ඉතින් ඔහු 'මම කියමි' කියලත් කියනවා නම්, 'මට කියනවා' කියලත් කියනවා නම්, එතකොට ඒ භික්ෂුව යම්කිසි මාන්නයකට ඇවිල්ලා නේද ඉන්නෙ?"

(භාග්‍යවතුන් වහන්සේ) :

"නෑ. මාන්නය ප්‍රහාණය කළ කෙනෙකුට කෙලෙස් ගැට නෑ. ඒ මාන ගැට ඔක්කොම ඔහු නැතිකරලයි තියෙන්නෙ. ඔහු ප්‍රඥාවන්තයෙක්. මාන්නය ඇතිකරන හැඟීම් ඉක්මවා ගිහිල්ලයි ඉන්නේ. 'මම කියමි' කියල ඔහු කිව්වත්, 'මට කියනවා' කියල ඔහු කිව්වත්, ඇත්තෙන්ම ඔහු දක්ෂයි. ලෝක ව්‍යවහාරය හොඳට දන්නවා. ඒක ඔහුගේ ව්‍යවහාර මාත්‍රයක් විතරයි."

සාදු! සාදු!! සාදු!!!

1.3.6.
පජ්ජෝත සූත්‍රය
ආලෝක ගැන වදාළ දෙසුම

26. සැවැත් නුවර ජේතවනාරාමයේදීය ....

එකත්පසක සිටි ඒ දෙවියා, භාග්‍යවතුන් වහන්සේ සමීපයේ මේ ගාථාව පැවසුවා.

"මේ ලෝකයේ යමකින් එළිය විහිදෙනවා නම්, එබඳු එළිය විහිදෙන ආලෝක කීයක් තියෙනවාද? භාග්‍යවතුන් වහන්සේ ළඟට අපි ආවේ ඕකටමයි. ඉතින් අපි කොහොමද ඒක දැනගන්නේ?"

(භාග්‍යවතුන් වහන්සේ) :

"ආලෝක හතරක් තිබෙනවා. හැබැයි, පහක් නෑ. දවල්ට සූර්යයා බබලනවා. රාත්‍රියට සඳ බබලනවා. දිවා රාත්‍රී දෙකේම ඒ ඒ තැන ගින්න බබලනවා. මේ බබලන හැම දේකටම වඩා සම්බුදුරජාණන් වහන්සේ ශ්‍රේෂ්ඨයි. ඒ ආලෝකය අනුත්තරයි."

සාදු! සාදු!! සාදු!!!

1.3.7.
සර සූත්‍රය
වේගයෙන් ගලා යාම ගැන වදාළ දෙසුම

27.   සැවැත් නුවර ජේතවනාරාමයේදීය ....

එකත්පසක සිටි ඒ දෙවියා, භාග්‍යවතුන් වහන්සේ සමීපයේ මේ ගාථාව පැවසුවා.

"මේ වේගයෙන් ගලා යන සංසාරය නවතින්නේ කොතැනද? ඇවිද ඇවිද යන සසර ගමන නවතින්නේ කොතැනද? නාමයත්, රූපයත් ඉතිරි නැතුව නිරුද්ධ වෙන්නේ කොතැනද?"

(භාග්‍යවතුන් වහන්සේ) :

"යම් තැනක ආපෝ ධාතුවත්, පඨවි ධාතුවත්, තේජෝ ධාතුවත්, වායෝ   ධාතුවත් පිහිටන්නේ නැත්නම්, අන්න එතන තමයි වේගයෙන් ගලා බසින සංසාරය නවතින තැන. අන්න එතන තමයි ඇවිද ඇවිද යන සංසාර ගමන නවතින තැන. එතනම තමයි නාමයත්, රූපයත් ඉතිරි නැතිවම නිරුද්ධ වෙන්නේ."

සාදු! සාදු!! සාදු!!!

1.3.8.
මහද්ධන සූත්‍රය
මහා ධනය මුල්කොට වදාළ දෙසුම

28. සැවැත් නුවර ජේතවනාරාමයේදීය ....

එකත්පසක සිටි ඒ දෙවියා, භාග්‍යවතුන් වහන්සේ සමීපයේ මේ ගාථාව පැවසුවා.

"මහා ධනය තියෙන, මහා සැප සම්පත් තියෙන, රට රාජ්‍යවල් තියෙන. රජවරු පවා එකිනෙකාගේ දේට ආශා කර කර ඉන්නේ. ඔවුන් කාමයන් ගැන සෑහීමකට පත් වෙලා නෑ. සංසාරෙ සැඩපහරට අහු වෙලා සෑහීමකට පත් නොවී, කාමයම සොයා සොයා යන ජනතාව අතර, තණ්හාව දුරු කළේ කවුද? මේ ලෝකයේ කාමය හොයන උත්සාහය නැතුව ඉන්නෙ කවුද?"

(භාග්‍යවතුන් වහන්සේ) :

"ගිහි ජීවිතේ අත්හැර දාලා, අඹු දරුවන්, හරක බාන ආදී ප්‍රිය දේවල් අත්හැර දාලා, මේ ශාසනේ මහණ වෙන අය ඉන්නවා. ඔවුන් අවිද්‍යාව නැතිකරලා, රාගයත්, ද්වේෂයත් නැතිකරලා, ආශ්‍රව රහිත වෙනවා. ඒ තමයි රහතන් වහන්සේලා. ලෝකයේ කාමය සෙවීමේ කිසිම උත්සාහයක් ඔවුන් තුළ නෑ." (මෙහි තේරුම රහතන් වහන්සේලා පමණක් මේ ලෝකයෙහි සම්පූර්ණයෙන්ම තෘප්තිමත්ව වැඩවෙසෙන බවයි.)

සාදු! සාදු!! සාදු!!!

1.3.9.
චතු චක්ක සූත්‍රය
රෝද හතර මුල්කොට වදාළ දෙසුම

29. සැවැත් නුවර ජේතවනාරාමයේදීය ....

(දෙවියා) :

"මහා වීර වූ මුනිදාණනි, මේ වාහනේට රෝද හතරක් තියෙනවා. දොරටු නවයක් තියෙනවා. ඇතුළත පිරිල තියෙන්නෙ අසුචිවලින්. ආශාවෙන් එක්ක එකතු වෙලා තියෙන්නෙ. (මව් කුස නැමැති) මඩ වගුරේ ඉපදිලා තියෙන්නෙ. මේ වාහනයෙන් නිදහස් වෙන්නෙ කොහොමද?"

(භාග්‍යවතුන් වහන්සේ) :

"රැහැනයි, වරපටයි සිඳින්න ඕන. පාපී ආශාවයි, ලෝභයයි සිඳින්න ඕන. තණ්හාව මුළුමනින්ම උදුරලා වීසිකරන්න ඕන. අන්න එතකොට මේ වාහනයෙන් නිදහස් වෙන්න පුළුවනි."

සාදු! සාදු!! සාදු!!!

1.3.10.
ඒණිජංඝ සූත්‍රය
ඒණි මුවාගේ කෙණ්ඩා මුල්කොට වදාළ දෙසුම

30. සැවැත් නුවර ජේතවනාරාමයේදීය ....

(දෙවියා) :

"ආහාර චුට්ටක් වළඳන, කිසිවකට ආශා නැති, ඒණි මුවෙකුගේ බඳු කෙණ්ඩා ඇති, සිහින් සිරුරැති වීරයාණෙනි, සිංහ රාජයාණෙනි, හුදෙකලාවේ ඇවිද යන ඇත් රජාණෙනි, කාමයන් ගැන අපේක්‍ෂා නැති මුනිදාණෙනි, ඔබ වහන්සේ ළඟට පැමිණ අපි මේ ගැන අසන්න කැමතියි. දුකින් නිදහස් වෙන්නෙ කොහොමද?"

(භාග්‍යවතුන් වහන්සේ) :

"මනස හයවෙනි කොට තිබෙන මේ පංච කාමගුණ ලෝකය ගැන කියල දීලයි තියෙන්නේ. ඔය දේවල් කෙරෙහි තියෙන තණ්හාව දුරුකළාම දුකෙන් නිදහස් වෙලා යනවා."

සාදු! සාදු!! සාදු!!!

තුන්වෙනි සත්ති වර්ගය අවසන් විය.

4. සතුල්ලපකායික වර්ගය

1.4.1.
සබ්භි සූත්‍රය
සත්පුරුෂයන් ගැන වදාළ දෙසුම

31. මා හට අසන්නට ලැබුනේ මේ විදිහටයි. ඒ දිනවල භාග්‍යවතුන් වහන්සේ වැඩසිටියේ සැවැත් නුවර ජේතවනය නම් වූ අනේපිඬු සිටුතුමාගේ ආරාමයේ. එදා සතුල්ලපකායික නම් වූ බොහෝ දෙවිවරු, රැය පහන් වන වෙලාවේ මුළු ජේතවනයම ඒකාලෝක කරගෙන භාග්‍යවතුන් වහන්සේ ළඟට ආවා. ඇවිදින් භාග්‍යවතුන් වහන්සේට වන්දනා කළා. පැත්තකින් හිටගත්තා. පැත්තකින් හිටගත් එක් දෙවියෙක් භාග්‍යවතුන් වහන්සේ සමීපයේ මේ ගාථාව පැවසුවා.

"සත්පුරුෂයින් සමඟමයි ඉන්න ඕන. සත්පුරුෂයින් සමඟයි යාළුවෙන්න ඕන. සත්පුරුෂයින්ගේ ධර්මය දැනගත්තු කෙනාට දියුණුවක්මයි සිද්ධ වන්නේ. පිරිහීමක් නම් සිද්ධ වෙන්නේ නෑ."

එතකොට තව දෙවි කෙනෙක් භාග්‍යවතුන් වහන්සේ සමීපයේ මේ ගාථාව පැවසුවා.

"සත්පුරුෂයින් සමඟමයි ඉන්න ඕන. සත්පුරුෂයන් සමඟයි යාළුවෙන්නත් ඕන. සත්පුරුෂ ධර්මය දැනගත්තු කෙනාට ප්‍රඥාව ලැබෙනවා. වෙන දේකින් ප්‍රඥාව ලැබෙන්නේ නෑ."

එතකොට තව දෙවි කෙනෙක් භාග්‍යවතුන් වහන්සේට මේ ගාථාව පැවසුවා.

"සත්පුරුෂයන් සමඟමයි ඉන්න ඕන. සත්පුරුෂයන් සමඟයි යාළුවෙන්නත් ඕන. සත්පුරුෂ ධර්මය දැනගත්තු කෙනාට ශෝක වෙන ජනයා මැද, ශෝක නොවී ඉන්න පුළුවනි."

එතකොට වෙන දෙවි කෙනෙක් භාග්‍යවතුන් වහන්සේ සමීපයේ මේ ගාථාව පැවසුවා.

"සත්පුරුෂයන් සමඟමයි ඉන්න ඕන. සත්පුරුෂයන් සමඟමයි යාළුවෙන්නත් ඕන. සත්පුරුෂ ධර්මය දැනගත්තු කෙනා ඥාතීන් මැද බබලනවා."

එතකොට තව දෙවි කෙනෙක් භාග්‍යවතුන් වහන්සේ සමීපයේ මේ ගාථාව පැවසුවා.

"සත්පුරුෂයින් සමඟයි ඉන්න ඕන. සත්පුරුෂයින් සමඟයි යාළුවෙන්නත් ඕන. සත්පුරුෂ ධර්මය දැනගන්න උදවිය සුගතියේ උපදිනවා."

එතකොට තව දෙවි කෙනෙක් භාග්‍යවතුන් වහන්සේ සමීපයේ මේ ගාථාව පැවසුවා.

"සත්පුරුෂයන් සමඟයි ඉන්න ඕන. සත්පුරුෂයන් සමඟයි යාළුවෙන්නත් ඕන. සත්පුරුෂ ධර්මය දැනගන්න උදවිය, බොහෝ කල් සැපසේ ජීවත් වෙනවා."

එතකොට තව දෙවි කෙනෙක් භාග්‍යවතුන් වහන්සේගෙන් මෙහෙම ඇහුවා.

"භාග්‍යවතුන් වහන්ස, කවුරු විසින්ද ඉතාම හොඳට කිව්වේ?"

(භාග්‍යවතුන් වහන්සේ) :

ඔය හැමදෙනෙක්ම බොහෝම හොඳට කරුණු කිව්වා. එහෙනම් මගේ අදහසත් දැන් අහන්න.

"සත්පුරුෂයන් සමඟමයි ඉන්න ඕන. සත්පුරුෂයන් සමඟයි යාළුවෙන්නත් ඕන. සත්පුරුෂ ධර්මය දැනගැනීම නිසා, සියලු දුකින් නිදහස් වෙනවා."

භාග්‍යවතුන් වහන්සේ මෙය වදාළා. ඒ දෙව්වරු මේ ගැන ගොඩාක් සතුටු වුනා. භාග්‍යවතුන් වහන්සේට වන්දනා කළා. භාග්‍යවතුන් වහන්සේව පැදකුණු කළා. එතනම නොපෙනී ගියා.

සාදු! සාදු!! සාදු!!!

1.4.2.
මච්ඡරී සූත්‍රය
මසුරුබව මුල්කොට වදාළ දෙසුම

32. මා හට අසන්නට ලැබුනේ මේ විදිහටයි. ඒ දිනවල භාග්‍යවතුන් වහන්සේ වැඩසිටියේ සැවැත් නුවර ජේතවනය නම් වූ අනේපිඬු සිටුතුමාගේ ආරාමයේ.

එදා රැය පහන්වන වෙලාවෙ බොහෝ සතුල්ලපකායික දෙවිවරු මුළු ජේතවනයම ඒකාලෝක කරගෙන, භාග්‍යවතුන් වහන්සේ සමීපයට ආවා. ඇවිදින් භාග්‍යවතුන් වහන්සේට වන්දනා කළා. පැත්තකින් හිටගත්තා. පැත්තකින් හිටගත්තු එක් දෙවියෙක් භාග්‍යවතුන් වහන්සේට මේ ගාථාව පැවසුවා.

"මසුරුබවත්, ප්‍රමාදයත් තිබීමෙන් තමයි දාන මානයක්වත් දෙන්නෙ නැත්තේ. නමුත් පිං කැමති කෙනා ඒකෙ ආනිසංස දැනගෙන, දන් දෙන්න ඕන."

එතකොට තව දෙවි කෙනෙක් භාග්‍යවතුන් වහන්සේ සමීපයේ මේ ගථාව පැවසුවා.

"මසුරු පුද්ගලයා යම් දේකට බිය නිසයි දන් දෙන්නෙ නැත්තේ. නමුත්, දන් නොදෙන ඔහුට ඒ කාරණෙන්මයි බිය ඇතිවෙන්නෙ. බඩගින්නත්, පිපාසයත් යන යමක් ඇද්ද, ඒකටයි මසුරු පුද්ගලයා බියවන්නෙ. ඒ අඥාන පුද්ගලයාව ඒ කරුණින්ම මෙලොව, පරලොව දෙකේ තවනවා. ඒ නිසා මසුරුකම නැමැති මලකඩ මැඩගෙනයි දන් දෙන්න ඕන. පරලොවදී සත්වයින්ට පිහිට වෙන්නෙ පින් තමයි."

එතකොට වෙන දෙවි කෙනෙක් භාග්‍යවතුන් වහන්සේ සමීපයේ මේ ගාථාවන් පැවසුවා.

"යම් කෙනෙක් තමන් සමඟ මහමඟ යන උදවියත් එක්ක සුළු දෙයක් නමුත් බෙදාහදාගන්නවා නම්, ඔවුන් මළවුන් අතර මැරෙන්නෙ නෑ. මේක සනාතන ධර්මයක්.

සමහරුන් ටිකක් තියෙන කොටත් දෙනවා. සමහරු ගොඩක් සම්පත් තියාගෙනත් දෙන්නෙ නෑ. ටිකක් තියෙද්දි දීපු දානය ගොඩාක් තියාගෙන

දෙන දානෙට වඩා දහස් ගුණයක් වටිනවා."

එතකොට තව දෙවි කෙනෙක් භාග්‍යවතුන් වහන්සේ සමීපයේ මේ ගාථාවන් පැවසුවා.

"සත්පුරුෂයන් දුෂ්කර අවස්ථාවලත් දන් දෙනවා. දුෂ්කර අවස්ථාවලත් යහපත් දේවල් කරනවා. නමුත් අසත්පුරුෂයො ඒක අනුගමනය කරන්නෙ නෑ. ඔවුන්ට සත්පුරුෂ ධර්මය ගොඩාක් ඈතයි.

ඒ නිසා සත්පුරුෂයාත්, අසත්පුරුෂයාත් මෙලොවින් පරලොව යෑමේදී, එකිනෙකාට වෙනස් වෙනවා. අසත්පුරුෂයෝ නිරයට යනවා. සත්පුරුෂයෝ ස්වර්ගයට යනවා."

එතකොට තව දෙවි කෙනෙක් භාග්‍යවතුන් වහන්සේගෙන් මෙහෙම ඇහුවා.

"භාග්‍යවතුන් වහන්ස, කවුරුන් විසින්ද ඉතාම හොඳට කිව්වෙ?"

(භාග්‍යවතුන් වහන්සේ):

"ඔය සියලු දෙනාම ඉතා යහපත් කරුණු තමයි කිව්වේ. නමුත් මගේ අදහසත් අහන්න.

"ධර්මයේ හැසිරෙන කෙනෙක් දුකසේ ජීවත් වෙලා, අඹු දරුවන්වත් පෝෂණය කරගෙන, සුළු දෙයක් තියෙද්දිත් දන් දෙනවාද, දහස් ගණන් වියදම් කරලා කරන යාග ලක්ෂයක් කළත් දිළින්දාගේ දානෙන් සීයට එකක් තරම්වත් වටින්නේ නෑ."

එතකොට තව දෙවි කෙනෙක් භාග්‍යවතුන් වහන්සේට මේ ගාථාවෙන් පැවසුවා.

"මහා වියදම් කරලා, මහා ලොකුවට දෙන දානය අර ටිකක් තියෙද්දි දෙන දානෙ තරම් වටින්නේ නැත්තෙ ඇයි? දහස් ගණන් වියදම් කොට දෙන දානෙ ලක්ෂයක්, දිළින්දෙකු දෙන දානයේ සීයට එකක් තරම්වත් වටින්නෙ නැතිවෙන්නෙ කොහොමද?"

එතකොට භාග්‍යවතුන් වහන්සේ ඒ දෙවියාට ගාථාවකින් මෙහෙම පිළිතුරු දුන්නා.

"සමහරු දන් දෙන්නෙ වැරදි ක්‍රමයක පිහිටලයි. සතුන් මරලා, වද දීලා, ශෝකී කරවලයි දෙන්නේ. කඳුළු වැකුණු මුහුණු ඇතුව, දඬුමුගුරු ඇතිව

දෙන ඒ දානය දිළින්දාගේ දානෙ තරම් වටින්නෙ නෑ. එබඳු දාන දහස් ගණන් වියදම් කොට, ලක්ෂ ගණන් කළත් දිළින්දාගේ දානෙන් සීයට එකක් තරම්වත් වටින්නෙ නෑ."

සාදු! සාදු!! සාදු!!!

1.4.3.
සාධු සූත්‍රය
හොඳ දේ මුල්කොට වදාළ දෙසුම

33. සැවැත් නුවර ජේතවනාරාමයේදීය........................

එදා බොහෝ සතුල්ලපකායික දෙවිවරු මුළු ජේතවන ආරාමයම ඒකාලෝක කරගෙන භාග්‍යවතුන් වහන්සේ සමීපයට ආවා. ඇවිදින් භාග්‍යවතුන් වහන්සේට වන්දනා කළා. ඊට පස්සෙ පැත්තකින් හිටගත්තා. පැත්තකින් හිටගත් එක් දෙවියෙක් භාග්‍යවතුන් වහන්සේ සමීපයේ මේ ප්‍රීති වාක්‍ය පැවසුවා.

"නිදුකාණන් වහන්ස, දන්දීම කොයිතරම් හොඳ දෙයක්ද!

මසුරුකමත්, ප්‍රමාදයත් නිසා දන් දෙන්නෙ නෑ. නමුත් පින් කැමති කෙනා, පිනේ ආනිසංස දන්න කෙනා දන් දෙනවා."

එතකොට තව දෙවි කෙනෙක් භාග්‍යවතුන් වහන්සේ සමීපයේ මේ ප්‍රීති වාක්‍ය පැවසුවා.

"නිදුකාණන් වහන්ස, දන් දීම කොයිතරම් හොඳද! ටිකක් තියෙද්දී වුනත්, දන් දෙන එක තමයි හොඳ.

සමහරු ටිකක් තිබෙද්දිත් දන් දෙනවා. සමහරු ගොඩක් සැපසම්පත් තිබෙද්දිත් දන් දෙන්නෙ නෑ. ටිකක් තිබෙද්දි දෙන දානය, මහා දාන දාහක් තරම් වටිනවා."

එතකොට තව දෙවි කෙනෙක් භාග්‍යවතුන් වහන්සේ සමීපයේ මේ ප්‍රීති වාක්‍ය පැවසුවා.

"නිදුකාණන් වහන්ස, දන් දීම කොයිතරම් හොඳද! ටිකක් තිබෙද්දිත්, දන්

දෙන එක කොයිතරම් හොඳද. නමුත් ශ්‍රද්ධාවෙන්ම දෙන එක තමයි හොඳ.

දන් දීම යුද්ධයක් කරනවා වගේ වැඩක්. බොහෝ මසුරු පුද්ගලයන්ව පරදවා, සුළු දෙනෙක් තමයි මේක දිනන්නෙ. ශ්‍රද්ධාවෙන් දන් දෙන්නෙත් ටික දෙනෙක් තමයි. ඔවුන් ඒ නිසාම පරලොව සැප ලබනවා."

එතකොට තව දෙවි කෙනෙක් භාග්‍යවතුන් වහන්සේ සමීපයේ මේ ප්‍රීති වාක්‍ය පැවසුවා.

"නිදුකාණන් වහන්ස, දන් දීම කොයිතරම් හොඳද! ටිකක් තිබෙද්දිත්, දන් දීම කොයිතරම් හොඳද. ශ්‍රද්ධාවෙන් දන් දීම තමයි හොඳ. ඒ වගේම ධාර්මිකව උපයාසපයාගත්තු දෙයින් දන් දීම තමයි හොඳ.

යමෙක් උත්සාහයෙන්, වීරියෙන් හරි-හම්බකරගත්තු දේකින් ආර්යන් වහන්සේ නමකට දන් දෙනවා නම්, ඔහු යම රජුගේ 'වේතරණී' නිරය ඉක්මවාගෙන, දිව්‍ය ලෝකයට යනවා."

එතකොට තව දෙවි කෙනෙක් භාගවතුන් වහන්සේ සමීපයේ මේ ප්‍රීති වාක්‍ය පැවසුවා.

"නිදුකාණන් වහන්ස, දන් දෙන එක තමයි හොඳ. ටිකක් තිබෙද්දිත් නමුත් දෙන එක තමයි හොඳ. ශ්‍රද්ධාවෙන්ම දෙන එක තමයි හොඳ. ධාර්මිකව ලැබිච්ච දේකින් දෙන එක තමයි හොඳ. ඒ වගේම විමසා බලා දෙන එක තමයි හොඳ.

සුගතයන් වහන්සේ ප්‍රශංසා කොට වදාළේ නුවණින් විමසා දන් දීමයි. මේ සත්ව ලෝකයේ දන්පැන් ලැබීමට තරම් සුදුසු වූ උතුමන් සිටිත්ද, උන්වහන්සේලාට දෙන දානයෙන්, මහත් ප්‍රතිඵල ලැබෙනවා. ඒක හරියට සාරවත් කුඹුරක වී වැපිරීම වගෙයි."

එතකොට වෙන දෙවි කෙනෙක් භාග්‍යවතුන් වහන්සේ සමීපයේ මේ ප්‍රීති වාක්‍ය පැවසුවා.

"නිදුකාණන් වහන්ස, දන් දීම කොයිතරම් හොඳද! ටිකක් තිබෙද්දිත් දීම තමයි හොඳ. ශ්‍රද්ධාවෙන්ම දීම තමයි හොඳ. ධාර්මික දෙයින් දීම තමයි හොඳ. නුවණින් විමසා බලා දීම තමයි හොඳ. ඒ වගේම ප්‍රාණඝාතයෙන් වැළකීම තමයි හොඳ."

යමෙක් සතුන්ව වෙහෙසවන්නෙ නැත්නම්, අනුන්ගෙන් නින්දා ලැබෙන නිසා පව් කරන්නෙ නැත්නම්, ඒ පවට බිය ඇති කෙනාව සත්පුරුෂයන් විසින්

ප්‍රශංසා කරනවා. නමුත් පව් කිරීමේ බිය නැති කෙනා ඔහුට ප්‍රශංසා කරන්නෙ නෑ. නමුත් සත්පුරුෂයන් පව් කරන්නෙ නෑ."

එතකොට තව දෙවි කෙනෙක් භාග්‍යවතුන් වහන්සේගෙන් මෙහෙම ඇහුවා.

"භාග්‍යවතුන් වහන්ස, කවුරුන් විසින්ද ඉතාම හොඳ දේ කිව්වේ?"

(භාග්‍යවතුන් වහන්සේ) :

ඔය හැම කෙනෙක්ම කිව්වේ ඉතා හොඳ දේවල් තමයි. නමුත් මගේ අදහසත් අහන්න.

"ශ්‍රද්ධාවෙන් දන් දීම ගැන හැමවිටම ප්‍රශංසා ලැබෙනවා. නමුත් දානයට වඩා ඒ අමා නිවනම තමයි උතුම්. ඉස්සරත්, ගොඩාක් ඉස්සරත්, සත්පුරුෂයන්, නුවණැත්තන් ඒ අමා නිවනමයි අවබෝධ කළේ."

සාදු! සාදු!! සාදු!!!

1.4.4.
න සන්ති සූත්‍රය
නිත්‍ය නැති දේ මුල්කොට වදාළ දෙසුම

34. මා හට අසන්නට ලැබුනේ මේ විදිහටයි. එදා බොහෝ සතුල්ලපකායික දෙවිවරු රැය පහන්වෙන වෙලාවෙ, මුළු ජේතවන ආරාමයම ඒකාලෝක කරගෙන භාග්‍යවතුන් වහන්සේ සමීපයට ආවා. ඇවිදින් භාග්‍යවතුන් වහන්සේට වන්දනා කළා. ඊට පස්සෙ පැත්තකින් හිටගත්තා. පැත්තකින් හිටගත් එක් දෙවියෙක් භාග්‍යවතුන් වහන්සේ සමීපයේ මේ ගාථාවන් පැවසුවා.

"මිනිස්සු අතර තිබෙන මේ කාමයන් නිත්‍ය නෑ. නමුත් මෙහි තිබෙන කාම වස්තුවලට මිනිස්සු බැඳිල ඉන්නවා. කාමයන්ට බැඳුනට පස්සේ මේ සංසාරයට නොපැමිණීම නම් වූ නිවන කරා ඒ මිනිස්සු යන්නෙ නෑ. එබඳු කාමයන් තමයි මේ ලෝකෙ තිබෙන්නෙ. මේ දුක හටගන්නෙ ආශාව තුළින්මයි. මේ දුක හටගන්නෙ කැමැත්ත තුළින්මයි. කැමැත්ත දුරුකිරීමෙන්, දුක් දුරුකරන්න පුළුවන්. දුක් දුරුකළා කියන්නෙ සංසාර දුකම නැතිවුනා කියන එකයි.

මේ ලෝකෙ විචිත්‍ර වූ අරමුණු තියෙනවා. නමුත් ඒවා නෙවෙයි කාමයන් කියන්නෙ. කාමය කියන්නෙ මනුෂ්‍යයාගේ මනසේ සංකල්පීය වශයෙන් හටගන්න රාගයයි. මේ ලෝකෙ විචිත්‍ර දේවල් ඒ විදිහටම තියෙනවා. නමුත් ප්‍රඥාවන්තයින් ඒවා කෙරෙහි තියෙන ඇල්ම දුරුකරනවා.

ක්‍රෝධය දුරුකරන්න ඕන. මානය විශේෂයෙන්ම අත්හරින්න ඕන. හැම සංයෝජනයක්ම ඉක්මවා යන්න ඕන. නාමරූප දෙකේ නොඇලෙන, නිවනට පැමිණුන රහතන් වහන්සේ කරා දුක එන්නෙ නෑ.

උන්වහන්සේ සම්මුතිය ඉක්ම ගිහින් තියෙන්නෙ. කිසි මාන්නයකට පත්වෙන්නෙ නෑ. මේ නාමරූප කෙරෙහි ඇති තණ්හාව සිඳල දාලයි තියෙන්නෙ. කෙලෙස් ගැට සිඳල තියෙන්නෙ. දුක් රහිත වූ, ආශා රහිත වූ, ඒ රහතන් වහන්සේ උපදින තැනක් ගැන දෙවියොත්, මිනිස්සුත්, මෙලොව, පරලොව හෝ ස්වර්ගවල හෝ හැම සත්ව වාසස්ථානයක හෝ හෙව්වත්, කොතනකවත් හොයාගන්න නෑ."

(ආයුෂ්මත් මෝසරාජ තෙරණුවෝ):

"ඒ විදිහට විමුක්තියට පත් වුන බුදු සමිඳුන් ගැනත්, දෙව්මිනිස් කාටවත්, මෙලොව, පරලොව කොහේවත් හොයාගන්න බෑ. මිනිසුන්ගේ යහපත උදෙසා සැරිසරා වඩින, නරෝත්තම වූ, බුදු සමිඳාණන්ට කවුරු හෝ නමස්කාර කරනවා නම්, ඔවුනුත් ප්‍රශංසා ලැබිය යුතුයි නේද?"

(භාග්‍යවතුන් වහන්සේ):

"(පින්වත් මෝසරාජ) යම්කිසි කෙනෙක්, ඒ විදිහට දුකින් නිදහස් වුනු තථාගතයන් වහන්සේට නමස්කාර කරනවා නම්, ඒ භික්ෂූන් වහන්සේලාටත් ප්‍රශංසා කරන්ට ඕන තමයි. ඒ භික්ෂූන් වහන්සේලාත් ධර්මය දැනගෙන, සැකය අත්හැරල, කෙලෙස්වලින් නිදහස් වෙලා ඉන්නෙ."

සාධු! සාධු!! සාධු!!!

1.4.5.
උජ්ඣාන සඤ්ඤී සූත්‍රය
උජ්ඣාන සඤ්ඤී දෙවියන්ට වදාළ දෙසුම

35. මා හට අසන්නට ලැබුනේ මෙහෙමයි. ඒ දිනවල භාග්‍යවතුන් වහන්සේ වැඩසිටියේ සැවැත් නුවර අනේපිඬු සිටුතුමාගේ ආරාමයේ. එදා බොහෝ උජ්ඣාන සඤ්ඤික දෙවිවරු රැය පහන් වෙන වෙලාවේ, මුළු ජේතවන ආරාමයම ඒකාලෝක කරගෙන, භාග්‍යවතුන් වහන්සේ සමීපයට ආවා. ඇවිදින් අහසෙහි හිටියා. අහසෙහි හිටිය එක් දෙවියෙක් භාග්‍යවතුන් වහන්සේ සමීපයේ මේ ගාථාව පැවසුවා.

"යම් පැවිද්දෙක්, තමන් වෙන අයුරකින් ජීවත් වෙමින්, ඊට හාත්පසින්ම වෙනස් විදිහට කතාබස් කරනවා නම්, ඒක ලිහිණි වැද්දාගේ, ලිහිණි මස් කෑම වගේ දෙයක්. එයා සිව්පසය පාවිච්චි කරද්දී හොරකමට අහුවෙනවා."

(භාග්‍යවතුන් වහන්සේ) :

"යමක් කරනවා නම්, ඒ දේ තමයි කිවයුත්තෙ. යමක් කරන්නෙ නැත්නම්, ඒ නොකරන දේ කියන්න ඕන නෑ. කියන අය අතරින්, නොකරන අය ගැන නුවණැත්තෝ දන්නවා.

යම් ප්‍රතිපදාවකින් ප්‍රඥාවන්ත උදවිය ධ්‍යාන වඩමින්, මාර බන්ධනයෙන් නිදහස් වෙනවාද, ක්‍රමානුකූලව දැඩි වූ ප්‍රතිපදාවකිනුයි ඒක කළ යුත්තෙ. එහෙම නැතුව මේ ප්‍රතිපදාව හුදෙක් කතාබස් කළ පමණකින් හෝ, ශ්‍රවණය කළ පමණින් හෝ පිළිපදින්න බෑ.

ලෝක ස්වභාවය දන්න, ආර්ය සත්‍ය අවබෝධ කළ, ලෝකයේ ඇති තණ්හාවෙන් එතෙර වුන, නිවනට පත් වූ නුවණැත්තෝ කවදාවත් ඔය විදිහට නම් කරන්නෙ නෑ."

එතකොට ඒ දෙවිවරු පොළොවට බැහැල භාග්‍යවතුන් වහන්සේගේ සිරිපතුල් ළඟ වැඳ වැටිලා, භාග්‍යවතුන් වහන්සේට මෙහෙම කිව්වා.

"ස්වාමීනි, අපටයි වරද සිද්ධ වුනේ. අඥානයෙක් වගේ, මෝඩයෙක් වගේ, පව්කාරයෙක් වගේ, අපිත් භාග්‍යවතුන් වහන්සේ සමඟ හැප්පෙන්න කල්පනා කළා. ස්වාමීනි, භාග්‍යවතුන් වහන්සෙ, අපට ආයෙමත් සංවරවීම පිණිස, මේ සිද්ධ වෙච්ච වරද, වරදක් ලෙස පිළිගන්නා සේක්වා!"

ඒ වෙලාවෙ භාග්‍යවතුන් වහන්සේ සිනහවක් පහළ කළා. එතකොට ඒ දෙවිවරු බොහෝ දොස් කියමින් අහසට පැන නැග්ගා. එක් දෙවියෙක් භාග්‍යවතුන් වහන්සේට මේ ගාථාව පැවසුවා.

"තමන්ගේ වරද ගැන කියද්දිත්, යමෙක් ඉතින් ඒක පිළිගන්නෙ නැත්නම්, ඔහුගෙ සිත ඇතුළෙ කේන්තිය තියෙනවා. ඔහු ද්වේෂයට ගරු කරන කෙනෙක්. ඔහු වෛර බඳින කෙනෙක්."

(භාග්‍යවතුන් වහන්සේ) :

"ඇත්තෙන්ම මෙතන වරදක් සිදුවෙලා නෑ. වෙන අපරාධයක් සිද්ධ වෙලත් නෑ. වෛර ඔක්කොම සංසිඳිල තියෙන්නෙ. ඒ කාරණයෙන් මෙතනදී දක්ෂ වෙන්නයි ඕන."

(දෙවියා) :

"වැරදි නැත්තෙ කාගෙද? අපරාධ නැත්තෙ කාගෙද? මුළාවට පත්වෙන්නෙ නැත්තෙ කවුද? හැමවෙලාවෙම සිහියෙන් සිටින ඥානවන්තයා කියන්නෙ කවුද?"

(භාග්‍යවතුන් වහන්සේ) :

"සියලු සතුන් කෙරෙහි අනුකම්පා කරන, සම්බුදු වූ, තථාගතයන් වහන්සේ තුළ වැරදි නෑ. උන්වහන්සේ තුළ අපරාධ නෑ. උන්වහන්සේ මුළා වෙලා නෑ. හැමවෙලාවෙම සිහියෙන්ම ජීවත් වෙන, උන්වහන්සේ ඤාණවන්තයි.

කෙනෙකුගේ වරද පවසද්දිත්, ඒක පිළිගන්නෙ නැත්නම්, ඔහුගේ සිතේ කෝපය තියෙනවා. ඔහු ද්වේෂයට ගරු කරනවා. ඔහු වෛර බඳින කෙනෙක්. නමුත් මම වෛරය පිළිගන්න කෙනෙක් නෙවෙයි. ඒ නිසා මං ඔබේ වරද පිළිගන්නවා."

සාදු! සාදු!! සාදු!!!

1.4.6.
සද්ධා සූත්‍රය
ශ්‍රද්ධාව ගැන වදාළ දෙසුම

36. ඒ දිනවල භාග්‍යවතුන් වහන්සේ වැඩසිටියේ සැවැත් නුවර ජේතවනය

නම් වූ අනේපිඬු සිටුතුමාගේ ආරාමයේ. එදා බොහෝ සතුල්ලපකායික දෙවිවරු රැය පහන් වන වෙලාවේ මුළු ජේතවනයම ඒකාලෝක කරගෙන, භාග්‍යවතුන් වහන්සේ ළඟට පැමිණියා. ඇවිදින් භාග්‍යවතුන් වහන්සේට වන්දනා කළා. ඊට පස්සෙ පැත්තකින් හිටගත්තා. පැත්තකින් හිටගත් එක් දෙවියෙක් භාග්‍යවතුන් වහන්සේ සමීපයේ මේ ගාථාව පැවසුවා.

"ශ්‍රද්ධාව තමයි මනුෂ්‍යයාගේ දෙවැන්නා වෙන්නෙ. ඉතින් ශ්‍රද්ධාව නැතිබව යමෙක් තුළ පිහිටල නැත්නම්, ඔහු කීර්තියට පත්වෙනවා. පිරිවර සම්පත් ඇතිවෙනවා. ඔහු ශරීරය අත්හැරියාම ස්වර්ගයේ උපදිනවා."

එතකොට වෙන දෙවි කෙනෙක් භාග්‍යවතුන් වහන්සේ සමීපයේ මේ ගාථාවන් පැවසුවා.

"ක්‍රෝධය අත්හරින්න ඕන. මාන්නය විශේෂයෙන්ම දුරුකරන්න ඕන. හැම බන්ධනයක්ම ඉක්මවා යන්න ඕන. නාමරූප දෙකේ නොඇලෙන, කෙලෙස් රහිත ඒ රහතන් වහන්සේ තුළට, කෙලෙස් පැමිණෙන්නෙ නෑ.

බාල වූ, ප්‍රඥා රහිත වූ සාමාන්‍ය ජනතාව ඉන්නෙ ප්‍රමාදයෙන්මයි. නමුත්, ප්‍රඥාවන්ත කෙනා අප්‍රමාදී බව සුරකින්නෙ, ශ්‍රේෂ්ඨ ධනයක් රකිනවා වගේ.

ප්‍රමාද වෙන්න හොඳ නෑ. කාමාශාවේ ඇලී වෙසෙන්න හොඳ නෑ. අප්‍රමාදීව, ධ්‍යාන වඩන කොට, ඔහු පරම සැපයට පත්වෙනවා."

සාදු! සාදු!! සාදු!!!

1.4.7.
සමය සූත්‍රය
රැස්වීම ගැන වදාළ දෙසුම

37. මා හට අසන්නට ලැබුනේ මේ විදිහටයි. ඒ දිනවල භාග්‍යවතුන් වහන්සේ වැඩසිටියේ ශාක්‍ය ජනපදයේ කපිලවස්තු නුවර අසල මහාවනයේ. භාග්‍යවතුන් වහන්සේත් සමඟ සියල්ලන්ම රහත් වූ භික්ෂූන් පන්සීයක් පමණ වැඩසිටියා. එදා දස දහසක් ලෝකධාතුවලින් බොහෝ දෙවිවරු භාග්‍යවතුන් වහන්සේවත්, භික්ෂු සංඝයාවත් බැහැදකින්න ආවා.

එතකොට සුද්ධාවාස බඹලොව ඉන්න දෙවිවරුන් හතර දෙනෙකුට මෙහෙම හිතුනා. 'මේ භාග්‍යවතුන් වහන්සේ ශාක්‍ය ජනපදයේ කිඹුල්වත්පුර

අසල මහාවනයේ හැමදෙනාම රහත් වූ භික්ෂූන් වහන්සේලා සමඟ වැඩසිටිනවා. දස දහසක් සක්වලිනුත් බොහෝ දෙවිවරු, භාග්‍යවතුන් වහන්සේවත්, භික්ෂු සංඝයාවත් බැහැදකින්න පැමිණිල ඉන්නවා. ඉතින් අපිත්, භාග්‍යවතුන් වහන්සේව බැහැදකින්න යමු. ගිහින් අපි වෙන වෙනම භාග්‍යවතුන් වහන්සේ ළඟ ගාථාවන් කියමු.'

ඊට පස්සෙ ඒ දෙවිවරු බලවත් මිනිසෙක් හැකිලූ අතක් දිගහරිනවා වගේ, දික් කරපු අතක් හකුළගන්නවා වගේ, සුද්ධාවාස දෙවියන් කෙරෙන් අතුරුදහන් වෙලා, භාග්‍යවතුන් වහන්සේ ඉදිරියේ පහළ වුනා.

ඉතින් ඒ දෙවිවරු භාග්‍යවතුන් වහන්සේට වන්දනා කළා. පැත්තකින් හිටගත්තා. පැත්තකින් හිටගත්තු එක් දෙවියෙක් භාග්‍යවතුන් වහන්සේ සමීපයේ මේ ගාථාව පැවසුවා.

"මේ මහාවනයේ මහා රැස්වීමක්. දෙවිවරුන් රැස්වෙලා ඉන්නවා. අපරාජිත සඟරුවන බැහැදකින්න අපිත් මේ දහම් සභාවට ආවා."

ඊට පස්සේ තව දෙවියෙක් භාග්‍යවතුන් වහන්සේ සමීපයේ මේ ගාථාව පැවසුවා.

"එතන සිටින භික්ෂූන් වහන්සේලා තමන්ගේ සිත් සමාධිගත කරගත්තා. ඍජු කරගත්තා. උන්වහන්සේලා ප්‍රඥාවන්තයි. රැහැන්පට අල්ලගෙන, අශ්වයන් හික්මවගෙන යන දක්ෂ රියදුරන් වගෙයි තම ඉඳුරන් රැකගෙන ඉන්නේ."

එතකොට තව දෙවි කෙනෙක් භාග්‍යවතුන් වහන්සේ සමීපයේ මේ ගාථාව පැවසුවා.

"උන්වහන්සේලාට කෙලෙස් හුල් නෑ. අවිද්‍යා ආවරණය නෑ. කෙලෙස් නැමැති කණුව උදුරල දාලා, තෘෂ්ණා රහිතවයි ඉන්නෙ. සදහම් ඇස් ඇති බුදු සමිඳුන් විසින් මනාකොට දමනය කරන ලද උන්වහන්සේලා පිරිසිදු නිමල හැසිරීමෙන් යුක්තයි."

එතකොට තව දෙවි කෙනෙක් භාග්‍යවතුන් වහන්සේ සමීපයේ මේ ගාථාව පැවසුවා.

"යම්කිසි කෙනෙක් බුදු සමිඳුන්ව සරණ ගියා නම්, ඒ උදවිය අපායට යන්නෙ නෑ. මිනිස් සිරුර අත්හැරියට පස්සේ ඒ උදවියගෙන් දෙව්ලොව පිරෙනවා."

සාදු! සාදු!! සාදු!!!

1.4.8.
සකලික සූත්‍රය
ගල් පතුරක් නිසා වදාළ දෙසුම

38. මා හට අසන්නට ලැබුනේ මේ විදිහටයි. ඒ දිනවල භාග්‍යවතුන් වහන්සේ වැඩසිටියේ රජගහ නුවර මද්දකුච්ඡි කියන මුව වනයේ.

ඒ කාලෙ භාග්‍යවතුන් වහන්සේගේ සිරිපතුල ගල් පතුරකින් පහර වැදී තුවාල වෙලා තිබුනා. ඉතින් භාග්‍යවතුන් වහන්සේට ගොඩාක් ශාරීරික වේදනා තිබුනා. ඒ වේදනා දුක් සහිතයි. තියුණුයි. කර්කශයි. කටුකයි. අමිහිරියි. අමනාපයි. නමුත් භාග්‍යවතුන් වහන්සේ ඉතා හොඳ සිහි නුවණින් යුතුව ඒ නිසා පීඩා විඳින්නෙ නැතුව ඉවසනවා.

ඉතින් භාග්‍යවතුන් වහන්සේ සඟල සිවුර හතරට නවලා, ආසනයක් පණවාගෙන දකුණු සිරිපතුලෙන්, වම් සිරිපතුල මඳක් මෑත් කරලා, සිංහ සෙයියාවෙන් දකුණු පසට හැරිලා සැතපිලා හිටියා.

එතකොට හත්සීයක් සතුල්ලපකායික දෙවිවරු රැය පහන්වන වෙලාවෙ මුළු මහත් මද්දකුච්ඡි මිගදායම ඒකාලෝක කරගෙන භාග්‍යවතුන් වහන්සේ ළඟට පැමිණියා. පැමිණ භාග්‍යවතුන් වහන්සේට වන්දනා කළා. එකත්පසක හිටගත්තා. එකත්පසක හිටගත්තු එක් දෙවියෙක් භාග්‍යවතුන් වහන්සේ සමීපයේ මේ ප්‍රීති වාක්‍ය ප්‍රකාශ කළා.

"භවත්නි, ශ්‍රමණ ගෞතමයන් වහන්සේ ඒකාන්තයෙන්ම හස්ති රාජයෙක්. මේ තරම් දුක් වූ, තියුණු වූ, කර්කශ වූ, කටුක වූ, අමිහිරි වූ, අමනාප වූ ශාරීරික වේදනාවන් දැනෙද්දිත්, පීඩාවකට පත් නොවී සිහි නුවණින් ඉවසාගෙන වැඩඉන්නෙ මහ හස්ති රාජයෙක් නිසාමයි."

එතකොට තව දෙවි කෙනෙක් භාග්‍යවතුන් වහන්සේ සමීපයේ මේ ප්‍රීති වාක්‍ය ප්‍රකාශ කළා.

"භවත්නි, ඒකාන්තයෙන්ම ශ්‍රමණ ගෞතමයන් වහන්සේ සිංහ රාජයෙක්. මෙතරම් දුක් වූ, තියුණු වූ, කර්කශ වූ, කටුක වූ, අමිහිරි වූ, අමනාප වූ, ශාරීරික වේදනා තිබෙද්දිත්, ඒ නිසා පීඩා විඳින්නෙ නැතුව, සිහිනුවණින් ඉවසගෙන ඉන්නෙ සිංහ රාජයෙක් නිසාමයි."

එතකොට තව දෙවි කෙනෙක් භාග්‍යවතුන් වහන්සේ සමීපයේ මේ ප්‍රීති වාක්‍ය ප්‍රකාශ කළා.

"භවත්නි, ඒකාන්තයෙන්ම ශ්‍රමණ ගෞතමයන් වහන්සේ පරම ශ්‍රේෂ්ඨ කෙනෙක්. මෙතරම් දුක් වූ, තියුණු වූ, කර්කශ වූ, කටුක වූ, අමිහිරි වූ, අමනාප වූ, ශාරීරික වේදනා තිබෙද්දිත්, ඒ නිසා පීඩා විඳින්නෙ නැතුව, සිහිනුවණින් ඉවසාගෙන ඉන්නෙ පරම ශ්‍රේෂ්ඨත්වයට පත් වූ නිසාමයි."

එතකොට තව දෙවි කෙනෙක් භාග්‍යවතුන් වහන්සේ සමීපයේ මේ ප්‍රීති වාක්‍ය ප්‍රකාශ කළා.

"භවත්නි, ශ්‍රමණ ගෞතමයන් වහන්සේ ඒකාන්තයෙන්ම පුරුෂෝත්තමයෙක්. මෙතරම් තියුණු වූ, මෙ තරම් දුක් වූ, කර්කශ වූ, කටුක වූ, අමිහිරි වූ, අමනාප වූ, ශාරීරික වේදනා තිබෙද්දිත්, ඒ නිසා පීඩා විඳින්නෙ නැතුව, සිහිනුවණින් ඉවසගෙන ඉන්නෙ පුරුෂෝත්තමයෙක් නිසාමයි."

එතකොට තව දෙවි කෙනෙක් භාග්‍යවතුන් වහන්සේ සමීපයේ මේ ප්‍රීති වාක්‍ය ප්‍රකාශ කළා.

"භවත්නි, ශ්‍රමණ ගෞතමයන් වහන්සේ ඒකාන්තයෙන්ම වගකීම් උසුලන්න දක්ෂ කෙනෙක්. මෙතරම් දුක් වූ, තියුණු වූ, කර්කශ වූ, කටුක වූ, අමිහිරි වූ, අමනාප වූ, ශාරීරික දුක් වේදනා තිබෙද්දිත්, එයින් පීඩා විඳින්නෙ නැතුව, සිහිනුවණින් උසුලාගෙන ඉන්නෙ වගකීම් උසුලන්න දක්ෂ නිසාමයි."

එතකොට තව දෙවි කෙනෙක් භාග්‍යවතුන් වහන්සේ සමීපයේ මේ ප්‍රීති වාක්‍ය ප්‍රකාශ කළා.

"භවත්නි, ශ්‍රමණ ගෞතමයන් වහන්සේ ඒකාන්තයෙන්ම දමනය වූ කෙනෙක්. මෙතරම් දුක් වූ, තියුණු වූ, කර්කශ වූ, අමිහිරි වූ, අමනාප වූ, ශාරීරික දුක් වේදනා තිබෙද්දිත්, එයින් පීඩා විඳින්නෙ නැතුව, සිහිනුවණින් යුතුව ඉවසාගෙන ඉන්නෙ දමනයට පත් වූ නිසාමයි."

එතකොට තව දෙවි කෙනෙක් භාග්‍යවතුන් වහන්සේ සමීපයේ මේ ප්‍රීති වාක්‍ය ප්‍රකාශ කළා.

"බලනු මැනවි! කොතරම් හොඳට වැඩූ සමාධියක්ද. කොතරම් හොඳින් නිදහස් වූ සිතක්ද. රාගය පැත්තට නැමිලත් නෑ. ද්වේෂය පැත්තට නැමිලත් නෑ. උත්සාහයෙන්, වීරියෙන් කෙලෙස් වළක්වාගෙන ඉන්නවත් නොවෙයි. යම්කිසි කෙනෙක් මෙබඳු පුරුෂ හස්තියෙක්, මෙබඳු වූ පුරුෂ සිංහයෙක්, මෙබඳු වූ ආජානීය පුරුෂයෙක්, මෙබඳු වූ නරෝත්තම පුරුෂයෙක්, මෙබඳු වූ

වගකීම් ඉසිලීමෙහි දක්ෂ පුරුෂයෙක්, මෙබඳු වූ දමනය වූ පුරුෂයෙක් සමඟ හැප්පෙන්න කල්පනා කරනවා නම්, ඒක ඔහුගේ අනවබෝධය මිසක් වෙන මොකක්ද?

වේද පහම ඉගෙනගෙන, අවුරුදු සියයක් පුරා, බ්‍රාහ්මණයන් උතුම් තපසක හැසිරුනත්, ඔවුනගේ සිත මැනවින්ම දුකින් නිදහස් නෑ. බොළඳ ස්වභාවය ඇති ඔවුන් සසරින් එතෙර වෙන්නෙ නෑ.

සීලව්‍රතවලින් බැඳිලා, තණ්හාවට පත්වෙලා, අවුරුදු සියයක් තිස්සේ ඔවුන් රූක්ෂ තපස් රැක්කත්, ඔවුන්ගේ සිත මැනවින්ම දුකින් නිදහස් වෙන්නෙ නෑ. බොළඳ ස්වභාවය තියෙන ඔවුන් සසරින් එතෙර වෙන්නෙ නෑ.

මාන්නය කැමති කෙනාට නම් දමනය වීමක් නැහැ. එකඟ සිතක් නැති කෙනාට මුනිවරයෙකුගේ ස්වභාවය නෑ. තනියෙන්ම කැලෑවට වෙලා හිටියත්, ඔහු ප්‍රමාදී කෙනෙක් නම්, මාරයාගේ භූමිය වන මේ සසරෙන් නම් නිදහස් වෙන්නේ නෑ."

(භාග්‍යවතුන් වහන්සේ) :

"මාන්නය දුරු කරලා, ඉතා හොඳින් හිත එකඟ කරගෙන, සියලු කෙලෙස්වලින් මනාකොටම නිදහස් වූ, හුදෙකලාව වනයේ වාසය කරන අප්‍රමාදී කෙනා, මේ මාර විජිතය තරණය කරලා එතෙරට යනවා."

සාදු! සාදු!! සාදු!!!

1.4.9.
පජ්ජුන්න ධීතු සූත්‍රය
පර්ජන්‍ය දෙවියන්ගේ දියණිය නිසා වදාළ දෙසුම

39. මා හට අසන්නට ලැබුනේ මේ විදිහටයි. ඒ දිනවල භාග්‍යවතුන් වහන්සේ වැඩසිටියේ විශාලා මහනුවර මහවනයේ, කූටාගාර ශාලාවේ. එදා පර්ජන්‍ය දෙවියන්ගේ දියණිය වන, 'කෝකනදා' දෙව්දුව ඒ රැය පහන් වන වෙලාවේ, මුළු මහත් මහවනයම ඒකාලෝක කරගෙන, භාග්‍යවතුන් වහන්සේව බැහැදකින්න පැමිණුනා. පැමිණ භාග්‍යවතුන් වහන්සේට වන්දනා කළා. පැත්තකින් හිටගත්තා. පැත්තකින් හිටගත් කෝකනදා නම් වූ පර්ජන්‍ය දියණිය භාග්‍යවතුන් වහන්සේ සමීපයේ මේ ගාථාවන් පැවසුවා.

"(ස්වාමීනි, භාග්‍යවතුන් වහන්ස,) මං කෝකනදා. මං පර්ජන්‍ය දෙවියන්ගේ දියණිය වූ කෝකනදා. විසල්පුර මහාවනයේ වැඩසිටින, හැම සතුනට අග්‍ර වූ සම්බුදුරජාණන් වහන්සේට සාදරයෙන් වන්දනා කරමි.

සදහම් ඇස් ඇති බුදු සමිඳුන් විසින් අවබෝධ කරන ලද ධර්මය ගැන මං ඉස්සර ඇහුවා විතරයි. නමුත් දැන්, ඒ සදහම් දෙසන, සුගත වූ මුනිඳුන්ගේ ධර්මය මං ප්‍රත්‍යක්ෂ වශයෙන්ම දන්නවා.

යම්කිසි කෙනෙක් නුවණ නැතිකමින් මේ ශ්‍රේෂ්ඨ ධර්මයට ගරහමින් ගියොත්, ඔවුන්ට සිද්ධ වෙන්නෙ දරුණු වූ රෞරව නරකාදියේ ඉපදිලා, බොහෝ කලක් දුක් විඳින්නයි.

නමුත් යම් කෙනෙක් මේ ශ්‍රේෂ්ඨ ධර්මය තුළ ඉවසීමටත්, සංසිඳීමටත් පැමිණුනොත්, ඔවුන් මිනිස් සිරුරු අත්හැරියාට පස්සේ, ඔවුන්ගෙන් තමයි දිව්‍යලෝක පිරෙන්නෙ."

සාදු! සාදු!! සාදු!!!

1.4.10.
චුල්ල පජ්ජුන්න ධීතු සූත්‍රය
පර්ජන්‍ය දෙවියන්ගේ චූටි දියණිය නිසා වදාළ දෙසුම

40.   මා හට අසන්නට ලැබුනේ මේ විදිහටයි. ඒ දිනවල භාග්‍යවත් බුදුරජාණන් වහන්සේ වැඩසිටියේ විශාලා මහනුවර මහවනයේ, කූටාගාර ශාලාවේ. එදා චූටි කෝකනදා නම් වූ පර්ජන්‍ය දෙවියාගේ දියණිය, රෑ පහන් වන වෙලාවේ, මුලුමහත් මහාවනයම ඒකාලෝක කරගෙන, භාග්‍යවතුන් වහන්සේ ළඟට පැමිණුනා. පැමිණිලා භාග්‍යවතුන් වහන්සේට වන්දනා කළා. පැත්තකින් හිටගත්තා. පැත්තකින් හිටගත් චූටි කෝකනදා නම් වූ පර්ජන්‍ය දියණිය භාග්‍යවතුන් වහන්සේ සමීපයේ මේ ගාථාවන් පැවසුවා.

"පර්ජන්‍යගේ දියණිය වන, විදුලි එළි පැහැයෙන් දිලෙන කෝකනදා දැන් මෙහෙ ඇවිත් ඉන්නවා. බුදු සමිඳුන්වත්, ශ්‍රී සද්ධර්මයත් වඳිමින්, අර්ථවත් වූ මේ ගාථාවන් පැවසුවා.

මේ ශ්‍රී සද්ධර්මය බොහෝ ක්‍රමවලට විස්තර කරන්න පුළුවනි. මා විසින්

මේ ධර්මය මගේ මනසින් යම්තාක් පුරුදු කළාද, මං දැන් ඒක සාරාංශ වශයෙන් කියන්නම්.

වචනයෙන් හරි, මනසින් හරි, සිතින් හරි, හැමතැනදිම, කිසිම පවක් කරන්නෙ නෑ. කාමයන් අත්හැරලා, හොඳ සිහිනුවණින් යුතුව ඉන්නවා. අයහපත ඇතිකරන කිසි දුකක් පුරුදු කරන්නෙ නෑ."

සාදු! සාදු!! සාදු!!!

හතරවෙනි සතුල්ලපකායික වර්ගය අවසන් විය.

5. ආදිත්ත වර්ගය

1.5.1.
ආදිත්ත සූත්‍රය
ගිනි ගැනීම ගැන වදාළ දෙසුම

41. මා හට අසන්නට ලැබුනේ මේ විදිහටයි. ඒ දිනවල භාග්‍යවත් බුදුරජාණන් වහන්සේ වැඩසිටියේ සැවැත් නුවර ජේතවනය නම් වූ අනේපිඬු සිටුතුමාගේ ආරාමයේ.

එදා එක්තරා දෙවියෙක් රෑය පහන් වන වෙලාවේ, මුළු මහත් ජේතවනයම ඒකාලෝක කරගෙන, භාග්‍යවතුන් වහන්සේව බැහැදකින්න පැමිණුනා. පැමිණිලා භාග්‍යවතුන් වහන්සේට වන්දනා කළා. පැත්තකින් සිටගත්තා. පැත්තකින් සිටගත්තු ඒ දෙවියා භාග්‍යවතුන් වහන්සේ සමීපයේ මේ ගාථාවන් පැවසුවා.

"ගෙයක් ගිනිගනිද්දී, ඒ ගෙදරින් යම් භාජනයක් බැහැරට ගත්තොත්, ඔහුට ඒක ප්‍රයෝජනවත් වෙනවා. ඒ ගේ තුළ යමක් ගිනිගන්නවාද, ඒක ඔහුට ප්‍රයෝජනවත් වෙන්නෙ නැහැ.

ඔන්න ඔය විදිහමයි, ජරාවෙනුත්, මරණයෙනුත් ගිනිගත්ත ලෝකය. ඒ නිසා දන් දීමෙන්මයි බැහැර කරන්න ඕන. දෙන ලද දේ මැනවින් බැහැර කරපු දෙයක්මයි.

දීමෙන් ලැබෙන ඵලය සැපයයි. නොදීමෙන් එහෙම ලැබෙන්නෙ නෑ. නොදුන් දේ එක්කො හොරු ගන්නවා. එක්කො ආණ්ඩුව ගන්නවා. එක්කො ගින්නට අහුවෙනවා. එක්කො නැසිල යනවා. අන්තිමේදී, සැපසම්පත් එක්කම ශරීරයත් අත්හැරල දානවා.

මේ කාරණය අවබෝධ කරගන්න ප්‍රඥාවන්ත කෙනා තමාත් කන්න බොන්න ඕන. අනුන්ට දෙන්නත් ඕන. ශක්ති පමණින් දන් දීලා, අනුභව කරලා,

නින්දා රහිත වූ ස්වර්ගයේ උපදිනවා."

සාදු! සාදු!! සාදු!!!

1.5.2.
කිංදද සූත්‍රය
'කුමක් දුන්නාමද' යන කරුණ ගැන වදාළ දෙසුම

42. **(දෙවියා) :**

"කුමක් දුන්නාමද බලය දුන්නා වෙන්නෙ? කුමක් දුන්නාමද හැඩරුව දුන්නා වෙන්නෙ? කුමක් දුන්නාමද සැපය දුන්නා වෙන්නෙ? කුමක් දුන්නාමද ඇස් දුන්නා වෙන්නෙ? මේ ඔක්කොම දේවල් දෙන්නෙ කුමක් දීමෙන්ද? (පින්වතාණන් වහන්ස) මං මේ අසන කරුණ වදාළ මැනව."

(භාග්‍යවතුන් වහන්සේ) :

"දන්පැන් දුන්නොත් තමයි බලය දුන්නා වෙන්නෙ. වස්ත්‍ර දුන්නොත් තමයි හැඩරුව දුන්නා වෙන්නෙ. යානවාහන දුන්නොත් තමයි සැප දුන්නා වෙන්නෙ. ආලෝකය ලබා දුන්නොත් තමයි ඇස් දුන්නා වෙන්නෙ. යම්කිසි කෙනෙක් ගෙවල් දොරවල් දෙනවා නම්, ඔහු හැමදෙයක්ම දුන්නා වෙනවා. ඒ වගේම යමෙක් ශ්‍රී සද්ධර්මය පවසනවා නම් අන්න එයා තමයි අමෘතය දෙන්නේ."

සාදු! සාදු!! සාදු!!!

1.5.3.
අන්න සූත්‍රය
ආහාර ගැන වදාළ දෙසුම

43. **(දෙවියා) :**

"දෙව්මිනිස් කියන මේ කොටස් දෙකේ කවුරුත් ආහාරපාන සතුටින් පිළිගන්නවා. නමුත් යමෙක් ආහාරපාන පිළිගන්නේ නැත්නම්, ඒ කෙනා කවුද?"

(භාග්‍යවතුන් වහන්සේ) :

"යමෙක් ශ්‍රද්ධාවෙන්, ප්‍රසන්න සිතින් දන්පැන් පූජකරනවා නම්,

මෙලොවත්, පරලොවත් ඒ ආහාරපානවලින් ඔහුට අඩුවක් වෙන්නේ නෑ.

ඒ නිසා මසුරුකම අත්හැරලා, මසුරුකම නැමැති මළකඩ මැඩගෙනයි දන් දෙන්න ඕන. සත්වයන්ට පරලොවදී පිහිට පිණිස පවතින්නෙ පින විතරයි."

සාදු! සාදු!! සාදු!!!

1.5.4.
ඒකමූල සූත්‍රය
පටන් ගැනීම ගැන අනුමත කොට වදාළ දෙසුම

44. (දෙවියා) :

"කවදාවත් පිරෙන්නෙ නැති මහ සයුරක් තියෙනවා. ඒ සයුර පටන්ග න්නෙ අවිද්‍යාවෙන්. ඇත නැත කියන අන්ත දෙකෙන් හැදුන ලොකු වලවල් දෙකක් තියෙනවා. රාග, ද්වේෂ, මෝහයෙන් හැදුන කුණු ගොඩවල් තුනක් තියෙනවා. පංච කාම ගුණයෙන් හැදුන ගල්ගෙඩි පහක් තියෙනවා. ආධ්‍යාත්ම බාහිර කියන ආයතනවලින් හැදුන වලවල් දොළහක් තියෙනවා. පාතාලෙ වගේ ගැඹුරයි. මහ ඉසිවර වූ බුදු සමිඳුන් අන්න ඒ මහ සමුදුර තරණය කළා."

සාදු! සාදු!! සාදු!!!

1.5.5.
අනෝම සූත්‍රය
පරිපූර්ණත්වය ගැන අනුමත කොට වදාළ දෙසුම

45. (දෙවියා) :

"සර්ව සම්පූර්ණ වූ ජීවිතයක් ඇති, ඉතා සියුම් අර්ථ වැටහෙන, ප්‍රඥාව දන්දෙන, කාම අරමුණුවල නොඇලෙන, සියල්ල අවබෝධ කරගත්, ඒ අමා නිවන් මගේ වඩින, මනා නුවණැති මහා ඉසිවර බුදු සමිඳුන් දෙස බලන්න."

සාදු! සාදු!! සාදු!!!

1.5.6.
අච්ඡරා සූත්‍රය
අප්සරාවන් මුල් කොට වදාළ දෙසුම

46. **(දෙවියා) :**

"(අනේ ස්වාමීනි,) මේ අප්සරාවන් හරියට ඝෝෂා කරනවා. පිසාචයෝ ගොඩක් එකතු වුනා වගේ. මෝහයෙන් හැදිච්ච වනාන්තරයක් වගෙයි. මෙතනින් නිදහස් වෙන්නෙ කොහොමද?"

(භාග්‍යවතුන් වහන්සේ) :

"ආර්ය මාර්ගය නැමැති ඍජු මාර්ගයක් තියෙනවා. භය නැති තැන නැමැති දිශාවටයි ඒ මාර්ගය වැටිල තියෙන්නේ. කිසි සද්දයක් නැති රථයක් තියෙනවා. ඒ රථය කැරකෙන්නෙ දහම් රෝදවලින්.

ඒ රථයේ වාඩිවෙන ආසනේ තමයි ලැජ්ජා භය දෙක. ඒ රථය සරසවල තියෙන්නේ සිහිය නැමැති සැරසිල්ලෙන්. සම්මා දිට්ඨිය පෙරටු කරගත් ආධ්‍යාත්ම බලයෙන් යුතු ශ්‍රී සද්ධර්මය තමයි ඒ රථයේ රියදුරා.

යම්කිසි ස්ත්‍රියකට හරි, පුරුෂයෙකුට හරි, ඔය ජාතියෙ රථයක් තියෙනවා නම්, එයාට ඒ රථයෙන් අමා නිවනට ළං වෙන්න පුළුවනි."

සාදු! සාදු!! සාදු!!!

1.5.7.
වනරෝප සූත්‍රය
රුක් රෝපණය ගැන වදාළ දෙසුම

47. **(දෙවියා) :**

"දිවා රාත්‍රී දෙකේම හැම තිස්සේම පිං වැඩෙන්නේ කාටද? සද්ධර්මය තුළ පිහිටල ඉන්න සිල්වත් වූ කවුද සුගතියේ උපදින්නේ?"

(භාග්‍යවතුන් වහන්සේ) :

"ජනතාව උදෙසා මල් පළතුරු වවන, රුක් රෝපනය කරන, ඒදඬු

පාලම් හදන, ගිමන් හල්, පැන් පොකුණු කරවන, ගෙවල් දොරවල් දන් දෙන යමෙක් වෙයි නම්,

ඔවුන්ට දිවා රාත්‍රී දෙකේ හැම තිස්සේම පිං වැඩෙනවා. ධර්මය තුළ පිහිටි සිල්වත් වූ ජනතාව තමයි සුගතියෙ උපදින්නේ."

සාදු! සාදු!! සාදු!!!

1.5.8.
ජේතවන සූත්‍රය
ජේතවනාරාමය ගැන වදාළ දෙසුම

48. **(අනාථපිණ්ඩික දෙවියා) :**

"හැම තිස්සේම රහතන් වහන්සේලා නම් වූ, සෘෂිවරුන් පිරිවරාගත්, ධර්මරාජයාණන් වහන්සේ වැඩසිටින මේ ජේතවනය දකින විට, මා තුළ ප්‍රීතියක්මයි හටගන්නෙ.

තමන්ගේ ක්‍රියාකලාප, ජීවිත අවබෝධය, සමාධිය, සිල්වත් බව, උතුම් ජීවිතය යන මේවයින් තමයි සත්වයන් පිරිසිදු වෙන්නේ. උපන් කුල ගෝත්‍රයෙන් වත්, සල්ලිවලින් වත් සත්වයන් පිරිසිදු වෙන්නේ නෑ.

එම නිසා, බුද්ධිමත් මනුෂ්‍යයා තමන්ගේ ජීවිතය දියුණු කරගන්න හිතනවා නම්, නුවණින් යුක්තව, සද්ධර්මය රැස් කරගන්න ඕන. එතකොටයි ඔහු පිරිසිදු වෙන්නෙ.

ප්‍රඥාවෙනුත්, සීලයෙනුත්, සංසිඳීමෙනුත් යම් භික්ෂුවක් ඒ අමා නිවන කරා ගියා නම්, ඒ භික්ෂූන් අතර උතුම්ම භික්ෂුව වන්නේ පින්වත් සාරිපුත්තයන් වහන්සේයි."

සාදු! සාදු!! සාදු!!!

1.5.9.
මච්ඡරී සූත්‍රය
මසුරු පුද්ගලයා ගැන වදාළ දෙසුම

49. (දෙවියා) :

"මේ ලෝකෙ ඉන්නවා මසුරුකම් කරන උදවිය. එයාල හරිම ලෝභයි. අනුන්ට අපහාස කරනවා. දන් දෙන අයටත්, ඒ දන් දීම කරන්න දෙන්නෙ නෑ.

එවැනි උදවියට ලැබෙන විපාක මොනවාද? පරලොවදී මොකක් වේවිද? අපි භාග්‍යවතුන් වහන්සේ ළඟට ආවේ ඒ කරුණ කොහොමද කියල දැනගන්නයි."

(භාග්‍යවතුන් වහන්සේ) :

"මේ ලෝකෙ මසුරුකම් කරන උදවිය ඉන්නව තමයි. එයාල හරිම ලෝභ තමයි. අනුන්ට අපහසත් කරනවා තමයි. දන් දෙන උදවියට ඒ දන් දීම කරන්න දෙන්නෙත් නෑ තමයි.

ඉතින් ඒ උදවිය මැරුණට පස්සෙ නරකාදියෙ උපදිනවා. තිරිසන් යෝනියේ උපදිනවා. යම ලෝකෙට යනවා. ආයෙමත් මනුස්ස ලෝකෙ ඉපදුනොත්, ගොඩාක් දුප්පත් පවුල්වල තමයි උපදින්නෙ. එතකොට හරි හමං ඇඳුමක් නෑ. කෑම් බීම් නෑ. කිසි සතුටක් නෑ. දුකසේ තමයි ඉන්න වෙන්නෙ.

ඒ උදවිය අනුන්ගෙන් යමක් බලාපොරොත්තු වුනත්, ඔවුන්ට ඒක ලැබෙන්නෙ නෑ. ඒක තමයි මෙලොවදී ලැබෙන විපාකය. පරලොවදී ලැබෙන්නෙත් දුකම තමයි."

(දෙවියා) :

"පින්වත් ගෞතමයන් වහන්ස, ඒ කාරණය අපි දැන් දැනගත්තා. වෙන කාරණයක් අහන්න කැමතියි. මනුස්ස ලෝකෙට ආපු කෙනෙක් ඉන්නවා. එයාගෙන් යමක් ඉල්ලන්න සුදුසුයි. එයා මසුරුමල නැතිකරපු කෙනෙක්. ඒ වගේම බුදු සමිඳුන් ගැනත්, ශ්‍රී සද්ධර්මය ගැනත්, සඟරුවන ගැනත්, ආදර ගෞරවයක් තියෙනවා.

ඉතින්, එබඳු කෙනෙකුට මොන වගේ විපාකද ලැබෙන්නෙ?

පරලොවදී මොකක් වේවිද? අපි භාග්‍යවතුන් වහන්සේ ළඟට ආවේ ඔය කරුණ දැනගන්නමයි."

(භාග්‍යවතුන් වහන්සේ) :

"යමෙක් මනුස්ස ජීවිතේ ලබාගත්තා නම්, එයාගෙන් යමක් ඉල්ලන්න සුදුසු නම්, එයා තුළ මසුරුමල නැත්නම්, ඒ වගේම එයා බුදු සමිඳුන් ගැනත්, ශ්‍රී සද්ධර්මය ගැනත්, සඟරුවන ගැනත්, ආදරගෞරවයෙන් යුක්ත නම් ඒ වගේ අයට තමයි ස්වර්ගය තියෙන්නේ. ඔවුන් එහෙ උපදිනවා.

ඉතින් ඔවුන් මනුස්ස ලෝකෙට ආපසු ආවොත්, සැපසම්පත් තියෙන, ලොකු පවුල්වල උපදිනවා. එතකොට ඇඳුම් පැළඳුම්, කෑම් බීම්, කෙළි සෙල්ලම්, හැමදෙයක්ම පහසුවෙන් ලැබෙනවා.

අනුන් විසින් එකතු කරපු සැප සම්පත්වල අයිතිය ලැබෙන්නෙත් ඒ උදවියටමයි. ඒක තමයි මෙලොව ලැබෙන විපාකය. පරලොවදී සුගතිය ලැබෙනවා."

සාදු! සාදු!! සාදු!!!

1.5.10.
ඝටීකාර සූත්‍රය
ඝටීකාර බ්‍රහ්මයාට වදාළ දෙසුම

50. **(ඝටීකාර දෙවියා) :**

"භික්ෂූන් වහන්සේලා හත්නමක් හිටියා. උන්වහන්සේලා රාග, ද්වේෂ නැතිකරලා, ජීවිතේ නම් වූ ලෝකය කෙරෙහි තිබුණු තෘෂ්ණාවෙන් එතෙර වෙලා, විමුක්ති සිත් ඇතිව අවිහ බඹලොව උපන්නා.

එතෙර වෙන්න ඉතාම දුෂ්කර වූ, මේ කෙලෙස් සහිත මාර විජිතයෙන් එතෙර වුනේ කවුද? මිනිස් දේහය අත්හැරලා දැම්මට පස්සෙ ලැබිච්ච දිව්‍ය බන්ධනත් ඉක්මවා ගියේ කවුද?

උපක, පලගණ්ඩ, පුක්කුසාති යන තුන්දෙනාත්, භද්දිය, භද්දදේව, බාහුදන්ති, පිංගිය යන හතරදෙනාත්, මනුස්ස දේහය අත්හැරියට පස්සේ ලැබිච්ච දිව්‍ය බන්ධනත් ඉක්මවා ගියා."

(භාග්‍යවතුන් වහන්සේ) :

"මාරයාගේ බන්ධනයෙන් නිදහස් වෙච්ච, ඔවුන්ගේ දක්ෂකම ගැන ඔබ ප්‍රශංසා කරනවා නේද? ඔය සංසාර බන්ධනය ඔවුන් සිඳ දැම්මෙ කාගෙ ධර්මයක් අවබෝධ කරගෙනද?"

(ඝටීකාර දෙවියා) :

"භාග්‍යවතුන් වහන්සේගෙන් තොරව නොවෙයි. භාග්‍යවතුන් වහන්සේගේ ශාසනයෙන් බැහැරවත් නොවෙයි. භාග්‍යවතුන් වහන්සේ වදාළ ධර්මය අවබෝධ කරලයි ඔවුන් මේ භව බන්ධනය සිඳ දැම්මේ.

යම් නිවනක නාමරූප ඉතිරි නැතිව නිරුද්ධ වේ නම්, ඔවුන් ඒ නිවන මේ ශාසනයේදීම අවබෝධ කරලයි භවබන්ධන සිඳ දැම්මෙ."

(භාග්‍යවතුන් වහන්සේ) :

"අවබෝධයට දුෂ්කර වූ, දැනගැනීමට දුෂ්කර වූ, අතිශයෙන් ගම්භීර වචන නෙව කියන්නෙ. ඔබ කවරෙකුගේ ධර්මයක් දැනගෙනද ඔවැනි ගාම්භීර වචන කියන්නේ?"

(ඝටීකාර දෙවියා) :

"ඉස්සර මම වේහලිංග කියන ගමේ ඝටීකාර කියන කුඹල්කරුවා. මං අම්මා තාත්තට හොඳට සැළකුවා. මං කාශ්‍යප බුදුරජාණන් වහන්සේගේ උපාසක කෙනෙක්.

මං මෛථුන සේවනයෙන් සම්පූර්ණයෙන්ම වෙන්වෙලයි හිටියේ. මං කාමයන් රහිත බ්‍රහ්මචාරීව හිටියා. ඒ කාලෙ ඔබවහන්සේයි, මමයි එකම ගමෙයි හිටියේ. ඒ කාලෙ මම තමයි ඔබවහන්සේගේ හොඳම යාළුවා.

ඉතින් මම විමුක්තියට පත්වුන, රාග, ද්වේෂ, නැතිකළ, තෘෂ්ණාවෙන් එතෙර වුන ඒ භික්ෂූන් වහන්සේලා සත් නම ගැන දන්නවා."

(භාග්‍යවතුන් වහන්සේ) :

"පින්වත් භාර්ගව, දැන් ඔබ කියූ කරුණු එහෙමම තමයි. ඉස්සර වේහලිංග කියන ගමේ ඝටීකාර කියල කුඹල්කරුවෙක් හිටියා තමයි. එයා මව්පියන්ට උපස්ථාන කළා. කාශ්‍යප බුදුරජාණන් වහන්සේගේ උපාසක කෙනෙක්.

එයා මෛථුන්‍යයෙන් වෙන් වෙලා තමයි හිටියේ. කාමයෙන් තොරව, බ්‍රහ්මචාරීව හිටපු කෙනෙක්. මාත් එක්ක එක ගමේ තමයි හිටියේ. ඉස්සර මගේ යාළුවෙක් තමයි."

(ධර්ම සංගායනාව කළ රහතන් වහන්සේලා) :

"ඔන්න ඔය විදිහටයි පරණ යාළුවො දෙන්න මුණගැහුනේ. දෙදෙනාම සිත දියුණු කරලයි ඉන්නෙ. අන්තිම සිරුරු දරාගෙනයි ඉන්නෙ."

සාදු! සාදු!! සාදු!!!

පස්වෙනි ආදිත්ත වර්ගය අවසන් විය.

6. ජරා වර්ගය

1.6.1.
ජරා සූත්‍රය
ජරා ජීර්ණ වීම ගැන වදාළ දෙසුම

51. සැවැත් නුවර ජේතවනාරාමයේදී ....

(දෙවියා) :

"ජරාජීර්ණ වෙලා යනතාක්ම පුරුදු කරන්න හොඳ මොකක්ද? කුමක් මත පිහිටීමද හොඳ? මනුස්සයන්ට තිබෙන මාණික්‍යය කුමක්ද? හොරුන්ට පැහැරගන්න බැරි දේ මොකක්ද?"

(භාග්‍යවතුන් වහන්සේ) :

"ජරාජීර්ණ වෙලා යනතාක්ම හොඳ සිල් රැකීම තමයි. ශ්‍රද්ධාව මත පිහිටීම තමයි හොඳ. මිනිසුන්ගේ මාණික්‍යය කියන්නේ ප්‍රඥාවටයි. පින තමයි සොරුන්ට පැහැරගන්න බැරි."

සාදු! සාදු!! සාදු!!!

1.6.2.
අජරසා සූත්‍රය
දිරාපත් නොවීම ගැන වදාළ දෙසුම

52.   **(දෙවියා) :**

"නොදිරන දේවල් අතර හොඳ මොනවාද? හිතේ පිහිටුවාගන්න හොඳ මොකක්ද? මිනිසුන්ගේ මාණික්‍යය මොකක්ද? හොරුන්ට පැහැරගන්න බැරි දේ මොකක්ද?"

(භාග්‍යවතුන් වහන්සේ) :

"නොදිරන සීලය තමයි හොඳ. ශ්‍රද්ධාව හිතේ පිහිටුවා ගැනීම තමයි හොඳ. මනුෂ්‍යයන්ගේ මාණික්‍යය ප්‍රඥාවයි. පින තමයි සොරුන්ට පැහැරගන්න බැරි."

සාදු! සාදු!! සාදු!!!

1.6.3.
මිත්ත සූත්‍රය
යහළුවා ගැන වදාළ දෙසුම

53. **(දෙවියා) :**

"ගෙදරින් බැහැර ඉන්න යාළුවා කවුද? තමන්ගේ ගෙදර ඉන්න යහළුවා කවුද? හදිසි අවස්ථාවකදී ඉන්න යාළුවා කවුද? පරලොවදී ඉන්න යාළුවා කවුද?"

(භාග්‍යවතුන් වහන්සේ) :

"තවලම තමයි ගෙදරින් බැහැර ඉන්න යහළුවා. තමන්ගේ ගෙදර ඉන්න යාළුවා අම්මා තමයි. හදිසි අවස්ථාවකදී උපකාර කරන කෙනා තමයි නැවත නැවතත් යහළුවා වෙන්නෙ. පරලොවදී ඉන්න යාළුවා තමයි තමා විසින් රැස් කරන පින."

සාදු! සාදු!! සාදු!!!

1.6.4.
වත්ථු සූත්‍රය
උදව්වට තියෙන දේ ගැන වදාළ දෙසුම

54. **(දෙවියා) :**

"මනුස්සයන්ට උදව්වට තියෙන දේ මොකක්ද? මෙලොව ඉන්න උතුම්ම යහළුවා කවුද? මේ පොළොව ඇසුරු කරගෙන ඉන්න සත්වයන් කුමක් නිසාද ජීවත් වෙන්නේ?"

(භාග්‍යවතුන් වහන්සේ) :

"මිනිසුන්ගේ උදව්වට ඉන්නෙ දරුවො තමයි. උතුම්ම යහළුවා වෙන්නෙ බිරිඳමයි. පොළොව ඇසුරු කරගෙන ඉන්න සත්වයන් ජීවත් වෙන්නෙ වැස්ස නිසා."

සාදු! සාදු!! සාදු!!!

1.6.5.
පඨම ජනේති සූත්‍රය
උපද්දවන දේ ගැන වදාළ පළමුවන දෙසුම

55.   (දෙවියා) :

"මේ සත්වයාව උපද්දවන්නේ කවුද? ඔහු තුළ තිබෙන කවර දෙයක්ද එහෙ මෙහෙ දුවන්නෙ? සංසාරයට වැටුනෙ කවුද? ඔහුට තිබෙන ලොකුම භය මොකක්ද?"

(භාග්‍යවතුන් වහන්සේ) :

"තණ්හාව තමයි මේ සත්වයාව උපද්දවන්නෙ. ඔහු තුළ තිබෙන සිත තමයි එහෙ මෙහෙ දුවන්නෙ. සත්වයා තමයි සංසාරෙට වැටුනේ. ඔහුට තියෙන ලොකුම භය තමයි දුක."

සාදු! සාදු!! සාදු!!!

1.6.6.
දුතිය ජනේති සූත්‍රය
උපද්දවන දේ ගැන වදාළ දෙවෙනි දෙසුම

56.   (දෙවියා) :

"මේ සත්වයාව උපද්දවන්නේ කවුද? ඔහු තුළ තිබෙන කවර දෙයක්ද එහෙ මෙහෙ දුවන්නෙ? සංසාරයට වැටුනෙ කවුද? ඔහු නිදහස් වෙන්නෙ නැත්තේ මොකෙන්ද?"

(භාග්‍යවතුන් වහන්සේ) :

"තණ්හාව තමයි මේ සත්වයාව උපද්දවන්නෙ. ඔහු තුළ තිබෙන සිත තමයි එහෙ මෙහෙ දුවන්නෙ. සත්වයා තමයි සංසාරයට වැටුනෙ. ඔහු නිදහස් වෙන්නෙ නැත්තේ දුකෙනුයි."

සාදු! සාදු!! සාදු!!!

1.6.7.
තතිය ජනේති සූත්‍රය
උපද්දවන දේ ගැන වදාළ තෙවෙනි දෙසුම

57. (දෙවියා) :

"මේ සත්වයාව උපද්දන්නෙ කවුද? ඔහු තුළ තිබෙන කවර දෙයක්ද එහෙ මෙහෙ දුවන්නෙ? සංසාරෙට වැටුනෙ කවුද? ඔහුට පිහිට පිණිස පවතින්නෙ මොකක්ද?"

(භාග්‍යවතුන් වහන්සේ) :

"තණ්හාව තමයි මේ සත්වයාව උපද්දවන්නෙ. ඔහු තුළ තිබෙන සිත තමයි එහෙ මෙහෙ දුවන්නෙ. සත්වයා තමයි සංසාරෙට වැටුනෙ. කර්මය තමයි ඔහුට පිහිට පිණිස පවතින්නෙ."

සාදු! සාදු!! සාදු!!!

1.6.8.
උප්පථ සූත්‍රය
නොමඟ කුමක්දැයි පෙන්වා වදාළ දෙසුම

58. (දෙවියා) :

"නොමඟ කියල කියන්නෙ මොකක්ද? රෑ දවල් දෙකේදීම ගෙවිල යන්නෙ මොනවා? පිරිසිදු බඹසර ජීවිතයට කිලුට මොකක්ද? වතුර නැතුව නානවා කියන්නෙ මොකක්ද?"

(භාග්‍යවතුන් වහන්සේ)

"රාගය තමයි නොමඟ කියල කියන්නෙ. රෑ දවල් දෙකේම වයස තමයි ගෙවිල යන්නෙ. ස්ත්‍රීන් තමයි පිරිසිදු බඹසර ජීවිතයට කිලුට වෙන්නෙ. මේ සත්ව ප්‍රජාව ඇලෙන්නෙත් ස්ත්‍රියටමයි. කෙලෙස් තවන දිවි පැවැත්මත්, බ්‍රහ්මචරියාවත් තමයි වතුර නැතුව නානවා කියල කියන්නෙ."

සාදු! සාදු!! සාදු!!!

1.6.9.
දුතියා සූත්‍රය
දෙවෙනි වෙන්නේ කවුදැයි පෙන්වා වදාළ දෙසුම

59. **(දෙවියා) :**

"පුරුෂයෙකුට දෙවැන්නා වෙන්නෙ කවුද? ඔහුට අනුශාසනා කරන්නේ කවුද? මොන වගේ දේකට ඇලෙන අයද, සියලු දුකින් නිදහස් වෙන්නේ?"

(භාග්‍යවතුන් වහන්සේ) :

"ශ්‍රද්ධාව තමයි මනුෂ්‍යයාට දෙවැන්නා වෙන්නෙ. ප්‍රඥාව තමයි ඔහුට අනුශාසනා කරන්නෙ. නිවනේ ඇලෙන අය තමයි සියලු දුකින් නිදහස් වෙන්නෙ."

සාදු! සාදු!! සාදු!!!

1.6.10.
කවි සූත්‍රය
කවිය ගැන වදාළ දෙසුම

60. **(දෙවියා) :**

"කවිවලට මුල් වෙන්නෙ මොනවාද? කවිය පවසන්නෙ මොනවයින්ද? කවි පවතින්නෙ මොනවා ඇසුරු කරගෙනද? කවිවලට පිහිට වෙන්නෙ කවුද?"

(භාග්‍යවතුන් වහන්සේ) :

"කවිවල මුල තමයි තාලය. ඒ කවි පැවසෙන්නේ අකුරුවලින්. එක එක

දේවල් හැඳින්වීම ඇසුරු කරගෙනයි කවි පවතින්නෙ. කවියට පිහිට වන්නේ කවියාමයි."

සාදු! සාදු!! සාදු!!!

හයවෙනි ජරා වර්ගය අවසන් විය.

7. අන්ව වර්ගය

1.7.1.
නාම අන්වභවි සූත්‍රය
සියල්ලම යටපත් කරගෙන සිටින නාමය ගැන වදාළ දෙසුම

61. (දෙවියා) :

"සියල්ලම යටපත් කරගෙන තියෙන්නෙ මොකකින්ද? මොකකට වැඩියෙන් දෙයක්ද නැත්තෙ? හැමෝම වසඟයට ගිය එකම එක දේ මොකක්ද?"

(භාගවතුන් වහන්සේ) :

"නාමය තමයි හැමදේම යටපත් කළේ. නාමයට වඩා ලොකු දෙයක් නෑ. නාමය නම් වූ එකම දෙයට තමයි හැම කෙනෙක්ම වසඟ වුනේ."

සාදු! සාදු!! සාදු!!!

1.7.2.
චිත්ත සූත්‍රය
සිත ගැන වදාළ දෙසුම

62. (දෙවියා) :

"ලෝක සත්වයාව කැඳවගෙන යන්නෙ මොකෙන්ද? ලෝක සත්වයාව ඇඳගෙන යන්නෙ මොකෙන්ද? සියලු දෙනාම වසඟ වෙච්ච එකම එක දේ මොකක්ද?"

(භාග්‍යවතුන් වහන්සේ) :

"සිත විසිනුයි මේ සත්වයාව කැඳවගෙන යන්නෙ. සිතින්මයි ඇදගෙන යන්නෙ. හැමදෙනාම වසඟ වෙච්ච එකම එක දේත් සිතමයි."

සාදු! සාදු!! සාදු!!!

1.7.3.
තණ්හා සූත්‍රය
තණ්හාව ගැන වදාළ දෙසුම

63. **(දෙවියා) :**

"ලෝක සත්වයාව කැඳවගෙන යන්නෙ මොකෙන්ද? ලෝක සත්වයාව ඇදගෙන යන්නෙ මොකෙන්ද? සියලු දෙනාම වසඟ වෙච්ච එකම එක දේ මොකක්ද?"

(භාග්‍යවතුන් වහන්සේ) :

"ලෝක සත්වයාව කැඳවගෙන යන්නෙ තණ්හාවෙන්. ලෝක සත්වයාව ඇදගෙන යන්නෙත් තණ්හාවෙන්. සියලු දෙනාම වසඟ වෙච්ච එකම එක දේත් තණ්හාවම තමයි."

සාදු! සාදු!! සාදු!!!

1.7.4.
සංයෝජන සූත්‍රය
සසර දුකට බැඳීම ගැන වදාළ දෙසුම

64. **(දෙවියා) :**

"මේ ජීවිතය නම් වූ ලෝකය බැඳිලා තියෙන්නෙ මොකෙන්ද? එහි ඇවිද යන්නේ කුමකින්ද? නිවන යයි කියන්නේ කුමක් නැති කිරීමෙන් ලබන දෙයක්ද?"

(භාග්‍යවතුන් වහන්සේ) :

"ජීවිතය නම් වූ ලෝකය බැඳිල තියෙන්නෙ ආශාවෙන්. එහි ඇවිදගෙන යන්නෙ විතර්කවලින්. නිවන යයි කියන්නේ තණ්හාව නැතිකිරීමෙන් ලබන දෙයක්."

සාදු! සාදු!! සාදු!!!

1.7.5.
බන්ධන සූත්‍රය
බන්ධනය ගැන වදාළ දෙසුම

65. **(දෙවියා) :**

"ලෝකය බැඳිලා තියෙන්නෙ මොකෙන්ද? එහි ඇවිද යන්නේ කුමකින්ද? සියලු බන්ධන සිඳී බිඳී යන්නේ කුමක් නැතිකිරීමෙන්ද?"

(භාග්‍යවතුන් වහන්සේ) :

"ලෝකය බැඳිල තියෙන්නෙ ආශාවෙනුයි. එහි ඇවිද යන්නේ විතර්කවලින්. සියලු බන්ධන සිඳී බිඳී යන්නේ තණ්හාව නැතිකිරීමෙනුයි."

සාදු! සාදු!! සාදු!!!

1.7.6.
අබ්භාහත සූත්‍රය
ලුහුබැඳ යාම ගැන වදාළ දෙසුම

66. **(දෙවියා) :**

"මේ ලෝක සත්වයා පසුපසින් ලුහුබඳින්නේ කුමක්ද? ඔවුන් පිරිවරාගෙන සිටින්නේ කුමක්ද? ඔවුන්ගේ ජීවිත තුළ කිඳාබැස ඇති හුල මොකක්ද? හැම තිස්සේම ඒ ජීවිතවලින් නැගෙන්නේ කවර දුමක්ද?"

(භාග්‍යවතුන් වහන්සේ) :

"මේ ලෝක සත්වයා පසුපස ලුහුබඳින්නේ මරණයයි. ඔවුන්ගේ පිරිවර

නම් ජරාජීර්ණ වීමයි. ඔවුන්ගේ ජීවිත තුළ තෘෂ්ණාව කියන හුල තමයි කිඳාබැස තියෙන්නෙ. හැම තිස්සේම ඒ ජීවිතවලින් නැගෙන්නෙ ආශාව නැමැති දුමයි."

සාදු! සාදු!! සාදු!!!

1.7.7.
උඩ්ඩිත සූත්‍රය
දුකට ඔසවා දැමීම ගැන වදාළ දෙසුම

67. **(දෙවියා) :**

"ලෝක සත්වයාව දුකට උස්සල දමන්නෙ කුමකින්ද? ඔහුව පිරිවරාගෙන සිටින්නේ කුමකින්ද? ලෝක සත්වයා වහලා තියෙන්නෙ කුමකින්ද? ලෝකය පිහිටලා තියෙන්නෙ කුමක් මතද?"

(භාග්‍යවතුන් වහන්සේ) :

"ලෝක සත්වයා දුකට උස්සල දමන්නෙ තණ්හාව විසින්. ඔහුව පිරිවරාගෙන සිටින්නෙ ජරාජීර්ණ වීමයි. ඔහුව වහලා තියෙන්නෙ මරණයෙන්. ලෝක සත්වයා පිහිටලා ඉන්නෙ දුක මතයි."

සාදු! සාදු!! සාදු!!!

1.7.8.
පිහිත සූත්‍රය
වැසී තිබීම ගැන වදාළ දෙසුම

68. **(දෙවියා) :**

"ලෝක සත්වයා වැහිලා ඉන්නෙ කුමකින්ද? ඒ ලෝක සත්වයා පිහිටලා ඉන්නෙ කුමක් මතද? ඒ ලෝක සත්වයා දුකට ඔසවන්නේ කුමකින්ද? ඒ ලෝක සත්වයා පිරිවර කරගත්තේ කුමක්ද?"

(භාග්‍යවතුන් වහන්සේ) :

"ලෝක සත්වයා වැහිලා ඉන්නෙ මරණයෙනුයි. ලෝක සත්වයා පිහිටලා

ඉන්නෙ දුක මතයි. ලෝක සත්වයා දුකට ඔසවා තබන්නේ තෘෂ්ණාවෙනුයි. ජරාජීර්ණ වීම තමයි ලෝකයා පිරිවරාගෙන ඉන්නෙ."

සාදු! සාදු!! සාදු!!!

1.7.9.
ඉච්ඡා සූත්‍රය
වැසී තිබීම ගැන වදාළ දෙසුම

69. (දෙවියා) :

"ලෝකය බැඳිලා තියෙන්නෙ මොකෙන්ද? ලෝකයා නිදහස් වන්නේ කුමක් දුරුකිරීමෙන්ද? සියලු බන්ධන සිඳී බිඳී යන්නේ කුමක් ප්‍රහාණය කිරීමෙන්ද?"

(භාග්‍යවතුන් වහන්සේ) :

"ලෝකයා බැඳී සිටින්නේ ආශාවෙනුයි. ඒ ආශාවම දුරු කිරීමෙන් ලෝකයා නිදහස් වෙයි. සියලු බන්ධන සිඳී බිඳී යන්නේ තෘෂ්ණාව නැති කිරීමෙනුයි."

සාදු! සාදු!! සාදු!!!

1.7.10.
ලෝක සූත්‍රය
ලෝකය ගැන වදාළ දෙසුම

70. (දෙවියා) :

"ලෝක සත්වයා හටගන්නේ කුමක් හටගැනීමෙන්ද? ලෝක සත්වයා එක් වී වාසය කරන්නේ කුමක් තුළද? ලෝක සත්වයා දුක් විඳින්නේ කුමකට බැඳී යාම නිසාද?"

(භාග්‍යවතුන් වහන්සේ) :

"ලෝක සත්වයා හට ගන්නේ ඇස, කන, නාසය, දිව, කය, මනස යන

ආයතන හය හටගැනීමෙන් තමයි. ඔය ආයතන හය තුළම තමයි ලෝකයා ඇලී ගැලී ඉන්නෙ. ඔය ආයතන හයටම බැඳිලා, ඔය ආයතන හය නිසාමයි, ලෝකයා දුක් විඳින්නේ.”

සාදු! සාදු!! සාදු!!!

හත්වෙනි අන්ව වර්ගය අවසන් විය.

8. ඣත්වා වර්ගය

1.8.1.
ඣත්වා සූත්‍රය
නසා දැමීම ගැන වදාළ දෙසුම

71. සැවැත් නුවර ජේතවනාරාමයේදීය...................

එකත්පසක සිටි ඒ දෙවියා භාග්‍යවතුන් වහන්සේට ගාථාවකින් පැවසුවා.

"කුමක් නසා දැමීමෙන්ද සනීපෙට නින්ද යන්නේ? කුමක් නසා දැමීමෙන්ද ශෝක නොකරන්නේ? පින්වත් ගෞතමයන් වහන්ස, කවර නම් එකම එක දෙයක් නැසීමටද කැමති වන්නේ?"

(භාග්‍යවතුන් වහන්සේ) :

"ක්‍රෝධය නසා දැමීමෙනුයි සනීපෙට නින්ද යන්නේ. ක්‍රෝධය නසා දැමීමෙනුයි ශෝක නොකරන්නේ. පින්වත් දෙවිය, විස මුල් තියෙන (පළිගැනීම නම් වූ) මිහිරි අග ඇති, ක්‍රෝධය නැසීම ගැන ආර්යන් වහන්සේලා ප්‍රශංසා කරනවා. ඔය ක්‍රෝධයම නසා දැමූ කෙනා ශෝක කරන්නේ නෑ."

සාදු! සාදු!! සාදු!!!

1.8.2.
රථ සූත්‍රය
රථය ගැන වදාළ දෙසුම

72. (දෙවියා) :

"රථය හඳුනගන්න තියෙන ලකුණ මොකක්ද? ගින්නක් හඳුනගන්න

තියෙන ලකුණ මොකක්ද? රටක් හඳුනගන්න තියෙන ලකුණ මොකක්ද? ස්ත්‍රියක් හඳුනගන්න තියෙන ලකුණ මොකක්ද?"

(භාග්‍යවතුන් වහන්සේ) :

"රථයක් හඳුනගන්න තියෙන ලකුණ තමයි කොඩිය. ගින්නක් හඳුනගන්න තියෙන ලකුණ තමයි දුම. රටක් හඳුනගන්න තියෙන ලකුණ තමයි රජ්ජුරුවො. ස්ත්‍රියක් හඳුනගන්න තියෙන ලකුණ තමයි ස්වාමියා."

සාදු! සාදු!! සාදු!!!

1.8.3.
විත්ත සූත්‍රය
ධනය ගැන වදාළ දෙසුම

73. **(දෙවියා) :**

"මෙලොව සත්වයාට තියෙන ශ්‍රේෂ්ඨ ධනය කුමක්ද? මේ සත්වයා කුමක් පුරුදු කළොත්ද සැප ලබන්නෙ? ලෝකයේ රසවත් දේ අතර වඩාත්ම රසවත් දේ කුමක්ද? කොහොම ගතකරන ජීවිතේද ශ්‍රේෂ්ඨ එකක් වෙන්නෙ?"

(භාග්‍යවතුන් වහන්සේ) :

"මෙලොව සත්වයාට තිබෙන ශ්‍රේෂ්ඨ ධනය ශ්‍රද්ධාවයි. ධර්මය හොඳට පුරුදු කළොත් තමයි සැප ලැබෙන්නෙ. ලෝකයේ තියෙන රසවල් අතර වඩාත්ම රසවත් දේ තමයි සත්‍යය. ප්‍රඥාවෙන් යුතුව ගතකරන ජීවිතය තමයි ශ්‍රේෂ්ඨ ජීවිතය වන්නෙ."

සාදු! සාදු!! සාදු!!!

1.8.4.
වුට්ඨි සූත්‍රය
වැස්ස මුල් කොට වදාළ දෙසුම

74. **(දෙවියා) :**

"උඩට නැගෙන දේවල් අතරින් ශ්‍රේෂ්ඨ වෙන්නෙ මොනවාද? පහළට

වැටෙන දේවල් අතරින් ශ්‍රේෂ්ඨ වෙන්නෙ මොනවාද? ඇවිද යන අය අතරින් ශ්‍රේෂ්ඨ වන්නේ කවුද? කතා කරන අය අතරින් ශ්‍රේෂ්ඨ වෙන්නේ කවුද?"

(තව දෙවියෙක්) :

"උඩට නැගෙන දේවල් අතරින් ශ්‍රේෂ්ඨ වෙන්නේ පැළවෙන දේවල් තමයි. පහළට වැටෙන දේවල් අතරින් ශ්‍රේෂ්ඨ වෙන්නේ වැස්සයි. ඇවිද යන අය අතරින් ශ්‍රේෂ්ඨ වන්නේ ගවයායි. කතා කරන අය අතරින් ශ්‍රේෂ්ඨ වන්නේ පුත්‍රයායි."

(භාග්‍යවතුන් වහන්සේ) :

"උඩට නැගෙන දේවල් අතරින් ශ්‍රේෂ්ඨ වෙන්නේ, (චතුරාර්ය සත්‍ය අවබෝධය නම් වූ) විද්‍යාව තමයි. අවිද්‍යාව තමයි පහළට වැටෙන දේවල් අතරින් ශ්‍රේෂ්ඨ වන්නේ. ඇවිද යන අය අතුරින් ආර්ය සංඝයා තමයි ශ්‍රේෂ්ඨ වන්නේ. කතා කරන අය අතරින් ශ්‍රේෂ්ඨ වන්නේ බුදුරජුන්ය."

සාදු! සාදු!! සාදු!!!

1.8.5.
භීත සූත්‍රය
බිය ගැන වදාළ දෙසුම

75. **(දෙවියා) :**

"මේ ලෝකයේ නොයෙක් ජනතාව බිය වුනේ මොකකටද? ඒ නිසා ඒ උදවිය නොයෙක් ආකාර දේවලුත්, මාර්ගත් කියනවා. මහාප්‍රාඥ වූ පින්වත් ගෞතමයන් වහන්ස, මොන විදිහේ ධර්මයක පිහිටියොත්ද පරලොවට තියෙන භය නැතුව යන්නේ?"

(භාග්‍යවතුන් වහන්සේ) :

"සිතත්, වචනයත්, ඉතා යහපත් ලෙස ගුණධර්ම මත පිහිටුවාගෙන, කයිනුත් පව් කරන්නෙ නැත්නම්, ගිහිගෙයි ජීවත් වෙන, තෙරුවන් කෙරෙහි ශ්‍රද්ධාව පිහිටුවාගෙන ඉන්න, මෘදු ගතිගුණ තියෙන, බොහෝ ආහාරපාන ආදිය අනුන්ටත් බෙදා අනුභව කරන, අනුන්ගේ ඉල්ලීමට ඇහුම්කන් දෙන කෙනා, ඔය ගුණධර්ම හතරේ පිහිටියාම පරලොවට භයක් වෙන්න දෙයක් නෑ."

සාදු! සාදු!! සාදු!!!

1.8.6.
න ජීරති සූත්‍රය
දිරා නොයෑම ගැන වදාළ දෙසුම

76. **(දෙවියා) :**

"දිරන්නෙ මොනවාද? දිරන්නෙ නැත්තෙ මොනවාද? වැරදි මාර්ගය කියන්නෙ මොකක්ද? ගුණදහමේ හැසිරෙන්න තියෙන බාධකය මොකක්ද? දිවාරාත්‍රී දෙකේ ගෙවිල යන්නෙ මොකක්ද? බ්‍රහ්මචාරී ජීවිතයට තියෙන කිලුට මොකක්ද? වතුර නැතුව නානවා කියල කියන්නෙ මොකක්ද?

සිත දියුණු කරගන්න අමාරු වෙන විදිහේ සිදුරු කීයක් ලෝකෙ තියෙනවාද? අපි භාග්‍යවතුන් වහන්සේ ළඟට ආවෙ ඔය කාරණේ කොහොමද දැනගන්නෙ කියලයි."

(භාග්‍යවතුන් වහන්සේ) :

"සත්වයන්ගේ රූපයයි දිරල යන්නෙ. නමුත් ඔවුන්ගේ නම් ගොත් දිරල යන්නෙ නෑ. රාගයට තමයි වැරදි මාර්ගය කියල කියන්නෙ. ගුණධර්ම රකින්න තියෙන බාධාව ලෝභකමයි. දිවා-රාත්‍රී දෙකේම වයස තමයි ගෙවිල යන්නෙ. ස්ත්‍රිය තමයි බ්‍රහ්මචාරී ජීවිතයට බලපාන කිලුට කියල කියන්නෙ. මේ සත්ව ප්‍රජාවම ඇලෙන්නෙ ඔතන්ටමයි. කෙලෙස් තවන වැඩපිළිවෙලත්, බඹසර ජීවිතයත් තමයි 'වතුර නැතිව නෑම' කියල කියන්නෙ.

සිත දියුණු කරන්න අමාරු වෙන විදිහේ සිදුරු හයක් ලෝකය තුළ තියෙනවා. අලස බවද, ප්‍රමාදයද, වරදින් නැඟී නොසිටීමද, සංවර නොවීමද, නින්දද, බත් මතයද යන මේ සිදුරු හයයි. ඒ නිසා මේ සිදුරු හය සම්පූර්ණයෙන්ම දුරු කරන්න ඕන."

සාදු! සාදු!! සාදු!!!

1.8.7.
ඉස්සර සූත්‍රය
අධිපති බව ගැන වදාළ දෙසුම

77. (දෙවියා) :

"මේ ලෝකයට අධිපති කවුද? වටිනාකම් ලැබිච්ච දේවල් අතර උතුම් දේ මොකක්ද? ලෝකයේ මළකඩ බැඳිච්ච ආයුධය කියල කියන්නෙ මොකක්ද? ලෝකයේ තියෙන අර්බුදය මොකක්ද? ගෙනයන දේවල් වළක්වන්නේ කවුද? ගෙනියන දේවල් අතර ප්‍රිය වන්නේ කවුද? නුවණැත්තා තමන් වෙතට එන කවුරුන්වද යළි යළිත් පිළිගන්නෙ?"

(භාග්‍යවතුන් වහන්සේ) :

"ලෝකයේ අධිපති බව ලැබෙන්නේ ලොව වසඟ කරන කෙනාටයි. වටිනාකම් ලැබිච්ච දේවල් අතර උතුම් වන්නේ ස්ත්‍රියයි. ලෝකයේ මළ බැඳිච්ච ආයුධය තමයි ක්‍රෝධය. ලෝකයේ අර්බුදය තමයි සොරුන්."

"(මහමඟ) අරගෙන යන දේවල් හොරු තමයි වළක්වන්නෙ. (පාත්‍ර-සිවුරු) අරගෙන යන ශ්‍රමණයා ප්‍රිය මනාප කෙනෙකි. නුවණැත්තෝ තමන් වෙත වඩින ශ්‍රමණයාව යළි යළිත් පිළිගන්නවා."

සාධු! සාධු!! සාධු!!!

1.8.8.
කාම සූත්‍රය
කැමැත්ත ගැන වදාළ දෙසුම

78. (දෙවියා) :

"යහපත කැමති කෙනා නොදිය යුත්තේ කුමක්ද? ඔහු අත් නොහැරිය යුත්තේ කුමක්ද? ඔහු යහපත් ලෙස නිකුත් කළ යුත්තේ කුමක්ද? ලාමක වූ කවර දෙයක් නිකුත් නොකළ යුතුද?"

(භාග්‍යවතුන් වහන්සේ) :

"(අයහපතේ යොදවන්නට) සත්වයා තමාව නොදිය යුතුය. තමාව අත් නොහළ යුතුය. යහපත් ලෙස නිකුත් කළ යුත්තේ වචනයයි. නිකුත් නොකළ යුත්තේ පාපී වචනයි."

සාදු! සාදු!! සාදු!!!

1.8.9.
පාථෙය්‍ය සූත්‍රය
මඟ වියදම් ගැන වදාළ දෙසුම

79. **(දෙවියා) :**

"මඟ වියදමට බැඳගත යුත්තේ මොනවාද? භෝග සම්පත්වලට පිහිට මොනවාද? සත්වයාව අදින්නේ කුමකින්ද? ලොව අත්හැරීමට අමාරු දේ කුමක්ද? තොණ්ඩුවකට අහුවෙච්ච ලිහිණියෙක් වගේ බොහෝ සත්වයෝ බැඳුනේ කුමකටද?"

(භාග්‍යවතුන් වහන්සේ) :

"මඟ වියදමට බැඳගත යුත්තේ ශ්‍රද්ධාවයි. සැප සම්පත්වලට පිහිට වන්නේ ඉසුරුමත් බවයි. සත්වයාව ඇදගෙන යන්නේ තෘෂ්ණාවයි. ලෝකයේ අත්හරින්න අමාරු දෙයත් තෘෂ්ණාවයි. තොණ්ඩුවකට අහුවෙච්ච ලිහිණියෙක් වගේ බොහෝ සත්වයන් බැඳිල ඉන්නේ තෘෂ්ණාවටයි."

සාදු! සාදු!! සාදු!!!

1.8.10.
පජ්ජෝත සූත්‍රය
පහන ගැන වදාළ දෙසුම

80. **(දෙවියා) :**

"ලෝකයට තියෙන පහන කුමක්ද? ලෝකයෙහි නිදිවරන කෙනා කවුද?

එකට ජීවත්වෙන උදවියට වැඩකටයුතුවලදී උපකාර වෙන්නෙ කවුද? ඔහුගේ ජීවිත පැවැත්මට උපකාර වන්නේ කුමක්ද?

කම්මැලියාවත්, වීරියවන්තයාවත් අම්ම කෙනෙක් දරුවෙක්ව පෝෂණය කරනවා වගේ පෝෂණය කරන්නේ කවුද? පොළොව ඇසුරු කරගෙන ජීවත් වන සත්වයන් ජීවත් වෙන්නේ කුමක් උපකාර කරගෙනද?"

(භාග්‍යවතුන් වහන්සේ) :

"ලෝකයට තියෙන පහන තමයි ප්‍රඥාව. ලෝකයේ නිදිවරන්නේ සිහියයි. එකට ජීවත් වෙද්දී වැඩකටයුතුවලට උපකාර කරන්නේ ගවයන්ය. ඔහුගේ දිවි පැවැත්ම සී සෑමයි.

කම්මැලියාවත්, වීරියවන්තයාවත් අම්ම කෙනෙක් දරුවෙක්ව පෝෂණය කරනවා වගේ පෝෂණය කරන්නේ වැස්සයි. පොළොව ඇසුරු කරගෙන ඉන්න සත්වයන් ජීවත් වෙන්නෙ වැස්ස උපකාර කරගෙනයි."

සාදු! සාදු!! සාදු!!!

1.8.11.
අරණ සූත්‍රය
නිකෙලෙස් බව ගැන වදාළ දෙසුම

81. **(දෙවියා) :**

"මේ ලෝකයේ කෙලෙස් නැත්තෙ කාටද? කාගෙ වාසය කිරීමද අපතේ නොයන්නෙ? මේ ලෝකයේ තෘෂ්ණාව අවබෝධ කරන්නෙ කවුද? හැම තිස්සේම නිදහස් සිතින් ඉන්නෙ කවුද?

සීලයක පිහිටි කාටද, අම්මයි, තාත්තයි, සහෝදරයයි වඳින්නෙ? අඩු කුලේ උපන් කාටද රජවරුන් වඳින්නෙ?"

(භාග්‍යවතුන් වහන්සේ) :

"මේ ලෝකෙ කෙලෙස් නැත්තෙ ශ්‍රමණයන්ටයි. ශ්‍රමණයන්ගේ වාසය කිරීම අපතේ යන්නෙ නෑ. ශ්‍රමණයො තමයි තෘෂ්ණාව පිරිසිඳ දකින්නෙ. හැම තිස්සෙම නිදහස් සිතින් ඉන්නෙත් ශ්‍රමණයොම තමයි.

සීලයේ පිහිටි ශ්‍රමණයන්ටයි අම්මයි, තාත්තයි, සහෝදරයයි වඳින්නෙ.

අඩු කුලේ ඉපදුනත්, ශ්‍රමණයාටයි රජවරුන් වඳින්නෙ.”

සාදු! සාදු!! සාදු!!!

අටවෙනි ඣත්වා වර්ගය අවසන් විය.

දේවතා සංයුත්තය අවසන් විය.

නමෝ තස්ස භගවතෝ අරහතෝ සම්මාසම්බුද්ධස්ස
ඒ භාග්‍යවත් අරහත් සම්මා සම්බුදුරජාණන් වහන්සේට නමස්කාර වේවා!

2. දේවපුත්ත සංයුත්තය

1. සූරිය වර්ගය

2.1.1.
පඨම කස්සප සූත්‍රය
කස්සප දිව්‍යපුත්‍රයාගේ අදහස අනුමත කොට වදාළ පළමු දෙසුම

82. මා හට අසන්නට ලැබුනේ මේ විදිහටයි. ඒ දිනවල භාග්‍යවතුන් වහන්සේ වැඩසිටියේ සැවැත් නුවර ජේතවනය නම් වූ අනේපිඬු සිටුතුමාගේ ආරාමයේ.

එදා කස්සප කියන දිව්‍යපුත්‍රයා රැය පහන් වන වෙලාවේ මුළු මහත් ජේතවනයම ආලෝකමත් කරගෙන භාග්‍යවතුන් වහන්සේ ළඟට ආවා. ඇවිදින් භාග්‍යවතුන් වහන්සේට වන්දනා කළා. පැත්තකින් හිටගත්තා. පැත්තකින් හිටගත්ත කස්සප දිව්‍යපුත්‍රයා භාග්‍යවතුන් වහන්සේට මෙහෙම පැවසුවා.

"භාග්‍යවතුන් වහන්සේ භික්ෂුව සමඟ කතා කළ සේක් තමයි. නමුත් භික්ෂුවට අනුශාසනා නොකළ සේක."

(භාග්‍යවතුන් වහන්සේ) :

"එහෙනම් කස්සප, ඔබටම ඔය කරුණ වැටහේවා!"

(කස්සප දිව්‍යපුත්‍රයා) :

"යහපත් වචන පැවසීමට හික්මෙන්න ඕන. ශ්‍රමණයන්ට ගැලපෙන ජීවිතයක් ගෙවන්න ඕන. හුදෙකලාවේ තනියම ඉන්න ඕන. සිත සංසිඳවා ගන්න ඕන."

කස්සප දිව්‍යපුත්‍රයා ඔය කරුණු පැවසුවා. ශාස්තෘන් වහන්සේ ඒ අදහස අනුමත කළා. එතකොට කස්සප දිව්‍යපුත්‍රයා 'ශාස්තෘන් වහන්සේ මගේ අදහස අනුමත කළා' කියල භාග්‍යවතුන් වහන්සේට වන්දනා කරලා, ප්‍රදක්ෂිණා කරල එතනම නොපෙනී ගියා.

සාදු! සාදු!! සාදු!!!

2.1.2.
දුතිය කස්සප සූත්‍රය
කස්සප දිව්‍යපුත්‍රයාගේ අදහස අනුමත කොට වදාළ දෙවෙනි දෙසුම

83. සැවැත් නුවර ජේතවනාරාමයේදී ....

එකත්පස්ව සිටි කස්සප දිව්‍යපුත්‍රයා භාග්‍යවතුන් වහන්සේ සමීපයේ මේ ගාථාව පැවසුවා.

"ඉතින් භික්ෂුව තමන්ගේ හදවතේ ශාන්තිය ඇති කරවන උතුම් අරහත්වයට කැමති නම් ධ්‍යාන වඩන්න ඕන. විමුක්ති සිතක් ඇති කරගන්න ඕන. ලෝකයේ හටගැනීමත්, නැතිවීමත් අවබෝධ කරන්න ඕන. සිත මනාකොට පිහිටුවා ගන්න ඕන. 'මම, මාගේය' යන හැඟීමෙන් තොරව ඉන්න ඕන. එතකොට අරහත් ඵලය නැමැති ආනිසංසය ලබාගන්න පුළුවනි."

සාදු! සාදු!! සාදු!!!

2.1.3.
මාඝ සූත්‍රය
මාඝ දිව්‍යපුත්‍රයාට වදාළ දෙසුම

84. සැවැත් නුවර ජේතවනාරාමයේදී ....

එදා මාඝ දිව්‍යපුත්‍රයා රැය පහන් වන වෙලාවේ, මුළු මහත් ජේතවනයම ඒකාලෝක කරගෙන භාග්‍යවතුන් වහන්සේ ළඟට ආවා. ඇවිදින් භාග්‍යවතුන්

වහන්සේට වන්දනා කළා. පැත්තකින් හිටගත්තා. පැත්තකින් හිටගත් මාඝ දිව්‍යපුත්‍රයා භාග්‍යවතුන් වහන්සේට ගාථාවකින් පැවසුවා.

"කුමක් නැති කළාමද සනීපෙට නින්ද යන්නෙ? කුමක් නැති කළාමද ශෝක නොකරන්නෙ? පින්වත් ගෞතමයන් වහන්ස, කවර නම් එකම එක දෙයක් නැසීම ගැනද සතුටු වෙන්නෙ?"

(භාග්‍යවතුන් වහන්සේ) :

"ක්‍රෝධය නැති කළාම තමයි සනීපෙට නින්ද යන්නෙ. ක්‍රෝධය නැති කළාම තමයි ශෝකය නැතිවෙලා යන්නෙ. විෂ මුල් තියෙන (පළිගැනීම නම් වූ) මිහිරි අග ඇති ක්‍රෝධය නැසීම ගැන ආර්යන් වහන්සේලා ප්‍රශංසා කරනවා. ඒ ක්‍රෝධය නසා දැමීමෙන්මයි ශෝක නොකරන්නෙ."

සාදු! සාදු!! සාදු!!!

2.1.4.
මාගධ සූත්‍රය
මාගධ දිව්‍යපුත්‍රයාට වදාළ දෙසුම

85. සැවැත් නුවර ජේතවනාරාමයේදී ....

එකත්පසක සිටි මාගධ දිව්‍යපුත්‍රයා භාග්‍යවතුන් වහන්සේට ගාථාවකින් මේ විදිහට පැවසුවා.

"මේ ලෝකයේ යම් දෙයකින් බබලයි නම්, ඒ වගේ බැබලීම් කීයක් තියෙනවාද? භාග්‍යවතුන් වහන්සේ ළඟට පැමිණුන අපි ඒ කරුණ දැනගන්නෙ කොහොමද?"

(භාග්‍යවතුන් වහන්සේ) :

"ලෝකෙ තියෙන්නෙ බබලන දේවල් හතරයි. මෙහි පස්වෙනි දෙයක් නෑ. දවල්ට හිරු බබලනවා. රාත්‍රියට සඳ බබලනවා. දවල් රෑ දෙකේම ඒ ඒ තැන ගින්න බබලනවා. බබලන දේවල් අතර සම්බුදුරජාණන් වහන්සේ ශ්‍රේෂ්ඨයි. ඒ ආලෝකය උත්තරීතරයි."

සාදු! සාදු!! සාදු!!!

2.1.5.
දාමලී සූත්‍රය
දාමලී දිව්‍යපුත්‍රයාට වදාළ දෙසුම

86. සැවැත් නුවර ජේතවනාරාමයේදී ....

එදා දාමලී දිව්‍යපුත්‍රයා රැය පහන් වන වෙලාවේ මුලු මහත් ජේතවනයම ඒකාලෝක කරගෙන භාග්‍යවතුන් වහන්සේ හමුවීමට ආවා. ඇවිදින් භාග්‍යවතුන් වහන්සේට වන්දනා කළා. පැත්තකින් හිටගත්තා. පැත්තකින් හිටගත් දාමලී දිව්‍යපුත්‍රයා භගාග්‍යවතුන් වහන්සේ සමීපයේ මේ ගාථාව ප්‍රකාශ කළා.

"කම්මැලි නැති, වීරියවන්ත වූ, රහතන් වහන්සේ විසින් කළ යුත්තේ මේකයි. කාමයන් ප්‍රහාණය කිරීම නිසා කිසි භවයක් නොපතන එකයි."

භාග්‍යවතුන් වහන්සේ මෙහෙම වදාළා.

"දාමලී, කළ යුතු දේ කරලා අවසන් වුන රහතන් වහන්සේට අමුතුවෙන් කරන්න දෙයක් නෑ. ගොඩබිමක පිහිටක් නොලබනතාක් ගංගාවේ පිහිනද්දී තමන්ගේ සියලු අත් පාවලින් ඒ පුද්ගලයා වෑයම් කරනවා. ගොඩබිමේ පිහිට ලබාගෙන, පරතෙරට ගියාට පස්සෙ එයා කලින් වගේ වෑයම් කරන්නෙ නෑ.

දාමලී, ධ්‍යාන වඩන, ප්‍රඥාවන්ත, නිකෙලෙස් රහතන් වහන්සේ ගැනයි ඔය උපමාව. ඒ රහත් භික්ෂුව ඉපදෙන මැරෙන සසරෙ කෙළවරට ගිහින්, පරතෙරට ගියාට පස්සෙ වෑයම් කරන්නෙ නෑ."

සාදු! සාදු!! සාදු!!!

2.1.6.
කාමද සූත්‍රය
කාමද දිව්‍යපුත්‍රයාට වදාළ දෙසුම

87. සැවැත් නුවර ජේතවනාරාමයේදී ....

එකත්පසක සිටි කාමද දිව්‍යපුත්‍රයා භාග්‍යවතුන් වහන්සේට මෙහෙම කිව්වා.

"භාග්‍යවතුන් වහන්ස, (මේ බ්‍රහ්මචාරී ජීවිතය) දුෂ්කරයි. භාග්‍යවතුන් වහන්ස, ගොඩාක්ම දුෂ්කරයි."

(භාග්‍යවතුන් වහන්සේ) :

"කාමද, දුෂ්කර දේ වුනත් කරනවා. නිවන් මගට බැසගත්තු, සිල්වත් වූ, සමාහිත සිත් තියෙන අය තමයි එහෙම කරන්නෙ. ගිහි ගෙයින් වෙන් වෙලා, දහම තුළ පිහිටි සිත් තියෙන ඔවුන් සැපය ලබන සතුටින් තමයි ඉන්නෙ."

(කාමද දිව්‍යපුත්‍රයා) :

"භාග්‍යවතුන් වහන්ස, ඔය සතුට කියල කියන්නෙ දුර්ලභ දෙයක්."

(භාග්‍යවතුන් වහන්සේ) :

"කාමද, දුර්ලභ දේ වුනත් ලබනවා. සිත සංසිඳීමේ ඇලී ඉන්න කෙනා, දිවා රාත්‍රී දෙකේම භාවනාවේ සිත් අලවාගෙන ඉන්න කෙනා තමයි ඒ දුර්ලභ සතුට ලබන්නෙ."

(කාමද දිව්‍යපුත්‍රයා) :

"භාග්‍යවතුන් වහන්ස, මේ සිත කියන්නෙ එකග කරගන්න ගොඩාක් දුෂ්කර එකක්."

(භාග්‍යවතුන් වහන්සේ) :

"කාමද, එකග කරන්න ගොඩාක් දුෂ්කර වුනත් එකග කරගන්නවා. ඉඳුරන් දමනය කිරීමේ ඇලුණු අය ඉන්නවා. ඒ අය මාරයාගේ තෘෂ්ණා දැල සිඳගෙන, පින්වත් කාමද, ඒ ආර්යන් වහන්සේල නිවනටම යනවා."

(කාමද දිව්‍යපුත්‍රයා) :

"භාග්‍යවතුන් වහන්ස, විෂම මාර්ගයක් තියෙන්නෙ. ගමන දුෂ්කරයි."

(භාග්‍යවතුන් වහන්සේ) :

"කාමද, මාර්ගය විෂම වුනත්, මාර්ගය දුෂ්කර වුනත්, ආර්යන් වහන්සේලා ඒ මග යනවා. නමුත්, ආර්ය තත්වයට පත් නොවෙච්ච උදවිය විෂම මාර්ගයේ ගිහින් යටිකුරු වෙලා වැටෙනවා. ආර්යන් වහන්සේලාගේ මාර්ගය සමයි. ආර්යන් වහන්සේලා තමයි විෂම ලෝකයේ සමව සිටින්නෙ."

සාදු! සාදු!! සාදු!!!

2.1.7.
පඤ්චාල චණ්ඩ සූත්‍රය
පංචාල චණ්ඩ දිව්‍යපුත්‍රයාට වදාළ දෙසුම

88. සැවැත් නුවර ජේතවනාරාමයේදී ....

එකත්පසක සිටි පංචාල චණ්ඩ දිව්‍යපුත්‍රයා භාග්‍යවතුන් වහන්සේ සමීපයේ මේ ගාථාව පැවසුවා.

"ඇත්තෙන්ම කරදර පරිසරයේදී පවා මහා ප්‍රඥාවන්ත උතුමන් ධ්‍යාන සැප ලබනවා. ශ්‍රේෂ්ඨ මුනිඳුන් වූ, හුදෙකලාවේ වසන යම් බුදු සමිඳු කෙනෙක් වෙත් නම්, උන්වහන්සේ ඒ ධ්‍යානය ලබලයි තියෙන්නෙ."

(භාග්‍යවතුන් වහන්සේ) :

"පංචාල චණ්ඩ, නිවන් අවබෝධයට පැමිණෙන කෙනා කරදර පරිසරයක වුනත් ධ්‍යාන ලබනවා. යමෙක් මනාකොට සිහිය පිහිටුවාගන්නවා නම්, ඔවුන්ට මනාකොට සමාධිගත වෙන්න පුළුවනි."

සාදු! සාදු!! සාදු!!!

2.1.8.
තායන සූත්‍රය
තායන දිව්‍යපුත්‍රයාගේ අදහස අනුමත කොට වදාළ දෙසුම

89. සැවැත් නුවර ජේතවනාරාමයේදී ....

පැරණි තවුසෙක් වූ ඒ තායන දිව්‍යපුත්‍රයා එදා රැය පහන් වන වෙලාවේ, මුළු මහත් ජේතවනයම බබුලුවාගෙන, භාග්‍යවතුන් වහන්සේ ළඟට ආවා. ඇවිදින් භාග්‍යවතුන් වහන්සේට වන්දනා කළා. පැත්තකින් හිටගත්තා. පැත්තකින් හිටගත්තු තායන දිව්‍යපුත්‍රයා භාග්‍යවතුන් වහන්සේ ළඟ මේ ගාථාවන් පැවසුවා.

"පින්වත් බ්‍රාහ්මණය, තෘෂ්ණා සැඩ පහර වීරියෙන්ම යි සිඳින්න ඕන.

මේ කාමයන් දුරුකරන්න ඕන. කාමයන් ප්‍රහාණය නොකොට මුනිවරයා චිත්ත ඒකාග්‍රතාවය ලබන්නෙ නෑ.

ඉතින් කරනවා නම් වීරියෙන්මයි කරන්න තියෙන්නෙ. දැඩි වීරියක්, බලවත් වීරියක් ගන්න ඕන. පැවිදි ජීවිතේ බුරුලට ගත්තොත්, බොහෝ විට සිද්ධ වෙන්නෙ කෙලෙස් වැගිරෙන එක.

වැරදි දේ නොකරන එකම තමයි උතුම්. වැරදි දේ කිරීමෙන් අන්තිමේ දී පසුතැවෙන්න වෙනවා. යමක් කළාට පස්සෙ පසුතැවෙන්නෙ නැත්නම්, අන්න ඒ හොඳ දේවල් තමයි කිරීම උතුම් වන්නෙ.

කුසතණ ගහ වැරදි විදිහට ඇල්ලුවොත් ඒක අල්ලපු අතම තමයි කැපිල යන්නෙ. පැවිදි ජීවිතේ වැරදි විදිහට ගත කළොත්, නිරයට ඇදගෙන යනවා.

යම්කිසි ලිහිල් වැඩපිළිවෙලක් ඇද්ද, කිලුටු වෙච්ච ගුණදහමක් ඇද්ද, සැක ඇතිවෙන බ්‍රහ්මචාරී බවක් ඇද්ද, ඒවා මහත්ඵල වෙන්නෙ නෑ."

තායන දිව්‍යපුත්‍රයා ඔය කරුණ පැවසුවා. භාග්‍යවතුන් වහන්සේට වන්දනා කළා. ප්‍රදක්ෂිණා කළා. එතනම නොපෙනී ගියා.

භාග්‍යවතුන් වහන්සේ ඒ රාත්‍රිය ඉක්ම ගියාට පස්සෙ භික්ෂූන් වහන්සේලා ඇමතුවා. "පින්වත් මහණෙනි, පැරණි තාපසයෙක්ව සිටිය තායන නම් දිව්‍ය පුත්‍රයා මේ රාත්‍රිය ඉක්ම යද්දි, මුළු මහත් ජේතවනයම බබුලුවාගෙන ලස්සන පැහැයකින් මං ළඟට ආවා. ඇවිදින් මට වන්දනා කරලා පැත්තකින් හිටගත්තා. පින්වත් මහණෙනි, පැත්තකින් හිටගත්ත තායන දිව්‍යපුත්‍රයා මා ඉදිරියේ මේ ගාථාවන් පැවසුවා.

"පින්වත් බ්‍රාහ්මණය, තෘෂ්ණා සැඩ පහර වීරියෙන්මයි සිඳින්න ඕන. මේ කාමයන් දුරුකරන්න ඕන. කාමයන් ප්‍රහාණය නොකොට මුනිවරයා චිත්ත ඒකාග්‍රතාවය ලබන්නෙ නෑ.

ඉතින් කරනවා නම් වීරියෙන්මයි කරන්න තියෙන්නෙ. දැඩි වීරියක්, බලවත් වීරියක් ගන්න ඕන. පැවිදි ජීවිතේ බුරුලට ගත්තොත්, බොහෝ විට සිද්ධ වෙන්නෙ කෙලෙස් වැගිරෙන එක.

වැරදි දේ නොකරන එකම තමයි උතුම්. වැරදි දේ කිරීමෙන් අන්තිමේදී පසුතැවෙන්න වෙනවා. යමක් කළාට පස්සෙ පසුතැවෙන්නෙ නැත්නම්, අන්න ඒ හොඳ දේවල් තමයි කිරීම උතුම් වන්නෙ.

කුසතණ ගහ වැරදි විදිහට ඇල්លුවොත් ඒක අල්ලපු අතම තමයි කැපිල යන්නෙ. පැවිදි ජීවිතේ වැරදි විදිහට ගත කළොත්, නිරයට ඇදගෙන යනවා.

යම්කිසි ලිහිල් වැඩපිළිවෙලක් ඇද්ද, කිලුටු වෙච්ච ගුණදහමක් ඇද්ද, සැක ඇතිවෙන බ්‍රහ්මචාරී බවක් ඇද්ද, ඒවා මහත්ඵල වෙන්නෙ නෑ."

තායන දිව්‍යපුත්‍රයා ඔය කරුණ පැවසුවා. ඊළඟට මට වන්දනා කළා. ප්‍රදක්ෂිණා කළා. එතනම නොපෙනී ගියා.

පින්වත් මහණෙනි, තායන ගාථා ඉගෙනගන්න. තායන ගාථා කට පාඩම් කරගන්න. පින්වත් මහණෙනි, තායන ගාථා මතක තබාගන්න. පින්වත් මහණෙනි, තායන ගාථා හරිම අර්ථවත්. පින්වත් මහණෙනි, තායන ගාථා නිවන් මඟට මුල් වෙනවා.

සාදු! සාදු!! සාදු!!!

2.1.9.
චන්දිම සූත්‍රය
චන්දිම දිව්‍යපුත්‍රයා නිසා වදාළ දෙසුම

90. සැවැත් නුවර ජේතවනාරාමයේදී ....

ඒ දිනවල චන්දිම දිව්‍යපුත්‍රයාව රාහු අසුරිඳු විසින් අල්ලගෙනයි සිටියේ. ඉතින් එදා චන්දිම දිව්‍යපුත්‍රයා භාග්‍යවතුන් වහන්සේව සිහි කරගෙන, ඒ වෙලාවේ මේ ගාථාවල් පැවසුවා.

"බුද්ධ වීරයන් වහන්ස, ඔබවහන්සේට නමස්කාර වේවා! ඔබවහන්සේ හැමදෙයින්ම නිදහස් වුනු සේක. මං දැන් කරදරේක වැටිලයි ඉන්නෙ. මට පිහිට වන සේක්වා!"

එතකොට භාග්‍යවතුන් වහන්සේ චන්දිම දිව්‍යපුත්‍රයා වෙනුවෙන් රාහු අසුරිඳුට ගාථාවලින් මෙහෙම වදාළා.

"ඒයි රාහු, චන්දිම දිව්‍යපුත්‍රයා අරහත් වූ තථාගතයන් වහන්සේව සරණ ගියා. බුදුරජාණන් වහන්සේලා ලෝකයට අනුකම්පා කරනවා. ඔය චන්දිම දිව්‍යපුත්‍රයාව නිදහස් කරන්න."

එතකොට රාහු අසුරිඳු චන්දිම දිව්‍යපුත්‍රයාව නිදහස් කළා. තැති අරගෙන වේපචිත්ති අසුරිඳු ළඟට ගියා. එතනට ගිහින් සංවේගයෙන් යුක්තව, ඇගේ මවිල් කෙළින් කරගෙන එකත්පසක සිටියා. එකත්පසක සිටිය රාහු අසුරිඳුට, වේපචිත්ති අසුරිඳු මෙහෙම කිව්වා.

"ඒයි රාහු, මොකද භයවෙලා වගේ? සඳ නිදහස් කළා නේද? ඉතින් දැන් මේ තැති අරගෙන, භයවෙලා වගේ ඉන්නෙ මොකද?"

(රාහු) :
"බුදු සමිඳුන් මට ගාථාවක් වදාළා. යම් විදිහකින් මං සඳ නිදහස් නොකළා නම්, මගේ හිස හත්කඩකට පැලෙන්න තිබුනා. ජීවිතයට සැපයක් නම් ලැබෙන්නෙ නෑ."

සාදු! සාදු!! සාදු!!!

2.1.10.
සූරිය සූත්‍රය
සූරිය දිව්‍යපුත්‍රයා නිසා වදාළ දෙසුම

91. සැවැත් නුවර ජේතවනාරාමයේදී ....

ඒ දිනවල සූරිය දිව්‍යපුත්‍රයාව රාහු අසුරිඳු විසින් අල්ලගෙනයි සිටියේ. ඉතින් එදා සූරිය දිව්‍යපුත්‍රයා භාග්‍යවතුන් වහන්සේව සිහිකරමින් මේ ගාථාව සිහිකළා.

"බුද්ධ වීරයන් වහන්ස, ඔබවහන්සේට නමස්කාර වේවා! ඔබවහන්සේ හැමදේකින්ම නිදහස් වූ සේක. මං කරදරේක වැටිලයි ඉන්නෙ. මට පිහිට වන සේක්වා!"

එතකොට භාග්‍යවතුන් වහන්සේ සූරිය දිව්‍යපුත්‍රයා වෙනුවෙන් රාහු අසුරිඳුට ගාථාවලින් මෙහෙම වදාළා.

"ඒයි රාහු, සූරිය දිව්‍යපුත්‍රයා අරහත් වූ තථාගතයන් වහන්සේව සරණ ගියා. බුදුරජාණන් වහන්සේලා ලෝකයට අනුකම්පා කරනවා. ඒ නිසා සූරිය දිව්‍යපුත්‍රයාව නිදහස් කරන්න.

ඒයි රාහු, යම් කෙනෙක් ඝන අන්ධකාරය එළිය කරයිද, බබලවයිද, උග්‍ර තේජස් ඇති හිරු මඬලක් ඇත්තේද, අහසේ හැසිරෙන ඒ හිරු මඬල ගිලින්න එපා. ඒයි රාහු, මගේ දරුවෙක් වන සූරියපුත්‍රයාව නිදහස් කරන්න."

එතකොට රාහු අසුරිඳු සූරිය දිව්‍යපුත්‍රයාව නිදහස් කළා. බියෙන් වෙව්ලගෙන වේපචිත්ති අසුරිඳු ළඟට ගියා. ගිහින් තැති අරගෙන, මවිල් කෙලින් කරගෙන පැත්තකින් හිටගත්තා.

එකත්පසක සිටි රාහු අසුරිඳුට, වේපචිත්ති අසුරිඳු ගාථාවකින් මෙහෙම කිව්වා.

"ඒයි රාහු, මොකද ඔය භයවෙලා වගේ? හිරු නිදහස් කළා නේද? ඉතින් දැන් මේ තැති අරගෙන, භයවෙලා වගේ ඉන්නෙ මොකද?"

(රාහු) :

"බුදු සමිඳුන් මට ගාථාවන් වදාළා. යම් විදිහකින් මං හිරු නිදහස් නොකළා නම්, මගේ හිස හත් කඩකට පැලෙන්න ඉඩ තිබුනා. ජීවිතයට සැපක් නම් ලැබෙන්නෙ නෑ."

සාදු! සාදු!! සාදු!!!

පළවෙනි සූරිය වර්ගය අවසන් විය.

2. අනාථපිණ්ඩික වර්ගය

2.2.1.
චන්දිමස සූත්‍රය
චන්දිමස දිව්‍යපුත්‍රයාට වදාළ දෙසුම

92. සැවැත් නුවර ජේතවනාරාමයේදී ....

එදා චන්දිමස දිව්‍යපුත්‍රයා රැය පහන් වන වෙලාවේ සෝභා සම්පන්න සිරුරකින් යුතුව මුලු මහත් ජේතවනයම ඒකාලෝක කරගෙන භාග්‍යවතුන් වහන්සේ ළඟට ආවා. ඇවිදින් භාග්‍යවතුන් වහන්සේට වන්දනා කළා. පැත්තකින් හිටගත්තා. පැත්තකින් හිටිය චන්දිම දිව්‍යපුත්‍රයා භාග්‍යවතුන් වහන්සේ සමීපයේ මේ ගාථාව පැවසුවා.

"ධ්‍යාන ලබා සිටින, එකඟ සිත් තියෙන, තැනට සුදුසු ප්‍රඥා තියෙන, සිහි ඇති උන්වහන්සේලා යහපතට පැමිණෙන්නේ, මදුරුවන් නැති තැනක ඉන්න තරුණ මුවන් වගේ."

(භාග්‍යවතුන් වහන්සේ) :

"ධ්‍යානයන් ලබාගෙන ඉන්න, අප්‍රමාදීව කෙලෙස් දුරු කරන උන්වහන්සේලා සසරින් එතෙරට යන්නේ දැලක් සිඳගෙන යන මාළු රැලක් වගේ."

සාදු! සාදු!! සාදු!!!

2.2.2.
වෙණ්හු සූත්‍රය
වෙණ්හු දිව්‍යපුත්‍රයා නිසා වදාළ දෙසුම

93. සැවැත් නුවර ජේතවනාරාමයේදී ....

එකත්පසක සිටි වෙණ්හු දිව්‍යපුත්‍රයා භාග්‍යවතුන් වහන්සේ සමීපයේ මේ ගාථාව පැවසුවා.

"මනුෂ්‍යයන් සුගතයන් වහන්සේව ඇසුරු කරනවා. ඉතින් ඔවුන් අප්‍රමාදීව ගෞතම බුදු සසුනේ පුහුණු වෙනවා. ඇත්තෙන්ම ඔවුන් සුවපත් වෙනවා."

(භාග්‍යවතුන් වහන්සේ) :

"වෙණ්හු, යමෙක් මා පවසන විදිහට ඒ අනුශාසනාවට අනුව සුදුසු කල නොපමාව ධ්‍යාන වඩනවා නම්, ඔවුන් මරු වසඟයට යන්නේ නෑ."

සාදු! සාදු!! සාදු!!!

2.2.3.
දීඝලට්ඨි සූත්‍රය
දීඝලට්ඨි දිව්‍යපුත්‍රයාගේ අදහස අනුමත කොට වදාළ දෙසුම

94. මා හට අසන්නට ලැබුනේ මේ විදිහටයි. ඒ දිනවල භාග්‍යවතුන් වහන්සේ වැඩසිටියේ රජගහ නුවර කලන්දක නිවාප නම් වූ වේළුවනයේ.

එදා දීඝලට්ඨි දිව්‍යපුත්‍රයා රැය පහන් වන වෙලාවේ සෝභාමත් සිරුරකින් යුතුව, මුළු මහත් වේළුවනයම බබුළුවාගෙන භාග්‍යවතුන් වහන්සේ හමුවට ආවා. ඇවිදින් භාග්‍යවතුන් වහන්සේට වන්දනා කළා. පැත්තකින් හිටගත්තා. පැත්තකින් හිටගත්තු දීඝලට්ඨි දිව්‍යපුත්‍රයා භාග්‍යවතුන් වහන්සේට ගාථාවකින් පැවසුවා.

"ඉතින් භික්ෂුවක් හදවතේ ශාන්තිය ඇතිකරන අරහත්වය කැමති වෙනවා නම්, ඔහු ධ්‍යාන වඩන කෙනෙක් වෙන්න ඕන. විමුක්ති සිත් ඇති කෙනෙක් වෙන්න ඕන. ලෝකයේ හටගැනීමත්, නැතිවීමත් අවබෝධ කරන්න ඕන. සතිපට්ඨානයේ හොඳින් සිත පිහිටුවාගන්න ඕන. 'මමය, මාගේය' කියන අදහසින් වෙන්වෙන්න ඕන. එතකොටයි අරහත් ඵලය ආනිසංස වශයෙන් ඇතිවෙන්නේ."

සාදු! සාදු!! සාදු!!!

2.2.4.
නන්දන සූත්‍රය
නන්දන දිව්‍යපුත්‍රයාට වදාළ දෙසුම

95. සැවැත් නුවර ජේතවනාරාමයේදී ....

එකත්පසක සිටි නන්දන දිව්‍යපුත්‍රයා භාග්‍යවතුන් වහන්සේට ගාථාවකින් පැවසුවා.

"මහා ප්‍රාඥ වූ පින්වත් ගෞතමයන් වහන්ස, ඔබ වහන්සේගෙනුයි මං අහන්නෙ. භාග්‍යවතුන් වහන්සේගේ අවබෝධ ඥානය කිසිදේකින් වැහිලා නෑ. කොයි වගේ කෙනෙකුටද 'සිල්වතා' කියන්නේ? කොයි වගේ කෙනෙකුටද ප්‍රඥාවන්තයා කියන්නේ? කොයි වගේ කෙනෙක්ද දුක ඉක්මවා යන විදිහට ජීවිතේ ගෙවන්නේ? කොයි වගේ කෙනෙකුටද දෙවියන් පවා පුදපූජා කරන්නේ?"

(භාග්‍යවතුන් වහන්සේ) :

"යම් කෙනෙක් සිල්වත් නම්, ප්‍රඥාවන්ත නම්, සිත දියුණු කරලා නම්, සිත එකඟ කරලා නම්, ධ්‍යානයේ ඇලී වසනවා නම්, සිහි නුවණින් යුක්ත නම්, ඔහු තුළ හැම ශෝකයක්ම නැතිවෙලා, ප්‍රහාණය වෙලා නම්, ඔහු අවසන් සිරුර දරන රහතන් වහන්සේ නමක්.

ඒ වගේ අයටයි සිල්වතුන් කියන්නෙ. ඒ වගේ අයටයි ප්‍රඥාවන්තයින් කියන්නෙ. ඒ වගේ අය තමයි දුක ඉක්මවා යන ජීවිතයක් ඇතුව ඉන්නෙ. ඒ වගේ අයට තමයි දෙවියනුත් පුදන්නෙ."

සාදු! සාදු!! සාදු!!!

2.2.5.
චන්දන සූත්‍රය
චන්දන දිව්‍යපුත්‍රයාට වදාළ දෙසුම

96. සැවැත් නුවර ජේතවනාරාමයේදී ....

එකත්පසක සිටි චන්දන දිව්‍යපුත්‍රයා භාග්‍යවතුන් වහන්සේට ගාථාවකින් පැවසුවා.

"දිවාරාත්‍රී දෙකේම කම්මැලි නැතුව, මේ සසර සැඩපහර තරණය කරන්නෙ කවුද? පිහිටන්නෙ නැතුව, පාවෙන්නෙ නැතුව, ගැඹුරු සැඩපහරේ ගිලෙන්නෙ නැතුව එතෙර වෙන්නෙ කවුද?"

(භාග්‍යවතුන් වහන්සේ) :
"ඔහු හැමදාම සිල්වත් නම්, ප්‍රඥාවන්ත නම්, සිත එකඟ වෙලා නම්, පටන්ගත් වීරියෙන් යුක්ත නම්, ජීවිතේ දෙවෙනි කොට ධර්මයේ හැසිරෙනවා නම්, තරණය කිරීමට දුෂ්කර වූ මේ සසර සැඩපහරයි ඔහු තරණය කරන්නෙ.

කාම සඤ්ඤාවෙන් වැළකිලා, රූපයට තියෙන බැඳීමත් ඉක්ම ගිහින්, ආශාවෙන් ඇලෙන ගතිය නැතිකරල දාපු කෙනා, ගැඹුරු සැඩපහරෙ ගිලෙන්නෙ නෑ."

සාදු! සාදු!! සාදු!!!

2.2.6.
වසුදත්ත සූත්‍රය
වසුදත්ත දිව්‍යපුත්‍රයාට වදාළ දෙසුම

97. සැවැත් නුවර ජේතවනාරාමයේදී ....

එකත්පසක සිටි වසුදත්ත දිව්‍යපුත්‍රයා භාග්‍යවතුන් වහන්සේට මේ ගාථාව පැවසුවා.

"ආයුධයකින් පහර කාපු කෙනෙක් වගේ, හිස ගිනිගත්තු කෙනෙක්

වගේ භික්ෂුව කාමරාගය නැතිකිරීම පිණිස සිහිනුවණින් හැසිරෙන්න ඕන."

(භාග්‍යවතුන් වහන්සේ) :

"ආයුධයකින් පහර කාපු කෙනෙක් වගේ, හිස ගිනිගත්තු කෙනෙක් වගේ භික්ෂුව සක්කාය දිට්ඨිය නැතිකිරීම පිණිස සිහිනුවණින් හැසිරෙන්න ඕන."

සාදු! සාදු!! සාදු!!!

2.2.7.
සුබ්‍රහ්ම සූත්‍රය
සුබ්‍රහ්ම දිව්‍යපුත්‍රයාට වදාළ දෙසුම

98. සැවැත් නුවර ජේතවනාරාමයේදී ....

එකත්පසක සිටි සුබ්‍රහ්ම දිව්‍යපුත්‍රයා භාග්‍යවතුන් වහන්සේට ගාථාවකින් පැවසුවා.

"නූපන් කරදර ගැනත්, ඇතිවෙලා තියෙන කරදර ගැනත් මේ සිත නිතර තැතිගන්නවා. මේ සිත නිතර බියට පත් වෙනවා. මං මේ අසන කරුණු කියා දෙනු මැනවි. මේ හිතේ තැතිගැනීමක් නැත්නම්, ඒක ඇතිවන්නෙ කොහොමද?"

(භාග්‍යවතුන් වහන්සේ) :

"බොජ්ඣංග ධර්ම හැර, කෙලෙස් තවන ජීවිතය හැර, ඉන්ද්‍රිය සංවරය හැර, ඒ අමා නිවන හැර, සත්වයන්ට වෙන සෙතක් මං දකින්නෙ නෑ."

සාදු! සාදු!! සාදු!!!

2.2.8.
කකුධ සූත්‍රය
කකුධ දිව්‍යපුත්‍රයාට වදාළ දෙසුම

99. මා හට අසන්නට ලැබුනේ මේ විදිහටයි. ඒ දවස්වල භාග්‍යවතුන් වහන්සේ වැඩසිටියේ සාකේත නුවර අඤ්ජන වනය නම් වූ මිගදායේ.

එදා කකුධ දිව්‍යපුත්‍රයා රැය පහන්වන වෙලාවේ සෝභාමත් සිරුරකින් යුතුව, මුළු මහත් අඤ්ජන වනයම ඒකාලෝක කරගෙන භාග්‍යවතුන් වහන්සේ ළඟට පැමිණියා. ඇවිදින් භාග්‍යවතුන් වහන්සේට වන්දනා කළා. එකත්පසක සිටියා. එකත්පසක සිටිය කකුධ දිව්‍ය පුත්‍රයා භාග්‍යවතුන් වහන්සේගෙන් මෙහෙම ඇහුවා.

"ශ්‍රමණයන් වහන්ස, සතුටින්ද ඉන්නෙ?"

"ආයුෂ්මතුනි, කුමක් ලැබුනාටද?"

"එහෙම නම් ශ්‍රමණයන් වහන්ස, ශෝකයෙන්ද ඉන්නෙ?"

"ආයුෂ්මතුනි, කුමක් දිරුවාටද?"

"එහෙම නම් ශ්‍රමණයන් වහන්ස, සතුටු වෙන්නෙත් නෑ. ශෝක වෙන්නෙත් නෑ නේද?"

"ඔව් ආයුෂ්මතුනි,"

"ශ්‍රමණයන් වහන්ස, ඔබ දුක් නැතුවද ඉන්නෙ. ඔබ තුළ ඇල්මක් දකින්න නැත්තෙ ඇයි? හුදෙකලාවේ ඉන්න කොට, භාවනාවට ඇති ඇල්ම නැතිවෙලා ගිහින්, ඒ නොඇල්මෙන් පීඩා විඳින්නෙ නැද්ද?"

(භාග්‍යවතුන් වහන්සේ) :

"පින්වත් දෙවිඳ, ඇත්තෙන්ම මම ඉන්නෙ දුක් නැතුව. මා තුළ ඇල්මක් දකින්න නෑ. මං හුදෙකලාවෙ සිටිද්දි වුනත්, භාවනාවට නොඇලෙන ගතිය මාව පෙළන්නෙ නෑ."

(දිව්‍යපුත්‍රයා) :

"ශ්‍රමණයන් වහන්ස, ඔබ දුක් නැතුව ඉන්නෙ කොහොමද? ඔබ තුළ ඇල්මක් පෙනෙන්න නැත්තෙ කොහොමද? හුදෙකලාවේ ඉන්න ඔබවහන්සේව භාවනාවට තියෙන නොඇල්මෙන් යට නොකරගන්නෙ කොහොමද?"

(භාග්‍යවතුන් වහන්සේ) :

"දුක හටගත්තු කෙනා තුළයි ඇත්තෙන්ම ආශාව තියෙන්නෙ. ආශාව තියෙන කෙනා තුළයි ඇත්තෙන්ම දුක තියෙන්නෙ. ඒත් ආයුෂ්මතුනි, මේ භික්ෂුව තුළ ආශාව නැති බවත්, දුක නැති බවත් දැනගන්න."

(දිව්‍යපුත්‍රයා) :

"ඇත්තෙන්ම බොහෝ කාලෙකට පස්සෙ පිරිනිවී ගිය, නිකෙලෙස්

කෙනෙක් දැකගත්තා. ආශා නැති, දුක් නැති, ලෝකය ගැන තියෙන ආශාවෙන් එතෙර වෙච්ච භික්ෂුවක් දැකගත්තා.”

සාදු! සාදු!! සාදු!!!

2.2.9.
උත්තර සූත්‍රය
උත්තර දිව්‍යපුත්‍රයාට වදාළ දෙසුම

100. රජගහ නුවරදී ....

එකත්පසක සිටිය උත්තර දිව්‍යපුත්‍රයා භාග්‍යවතුන් වහන්සේ සමීපයේ මේ ගාථාව පැවසුවා.

“ජීවිතය මරණය කරා ගෙන යනවා. ආයුෂ තියෙන්නෙ ටිකයි. ජරාවෙන් මරණය කරා යන සත්වයාට ආරක්ෂා වෙන්න තැනක් නෑ. මරණය අභියස ඇති මේ බිය දකින කෙනා සැප ලැබෙන පින්කම් කරන්න ඕන.”

(භාග්‍යවතුන් වහන්සේ) :

“ජීවිතය මරණය කරා ගෙන යනවා. ආයුෂ තියෙන්නෙ ටිකයි. ජරාවෙන් මරණය කරා ගෙන යන කෙනාට ආරක්ෂා වෙන්න තැනක් නෑ. මරණය අභියස තියෙන මේ භය දකින කෙනා ශාන්ත වූ නිවන අපේක්ෂාවෙන් ලෝකාමිසය අත්හරින්න ඕන.”

සාදු! සාදු!! සාදු!!!

2.2.10.
අනාථපිණ්ඩික සූත්‍රය
අනාථපිණ්ඩික දිව්‍යපුත්‍රයා නිසා වදාළ දෙසුම

101. සැවැත් නුවර ජේතවනාරාමයේදී ....

එකත්පසක සිටි අනාථපිණ්ඩික දිව්‍යපුත්‍රයා භාග්‍යවතුන් වහන්සේ

සමීපයේ මේ ගාථාවන් පැවසුවා.

"මේ ජේතවන අසපුවේ ඉසිවරයන් වහන්සේලා, පිරී ඉතිරී වැඩඉන්නවා දැක්කහම, ධර්මරාජයන් වහන්සේත් වැඩඉන්නවා දැක්කහම මා තුළ පුදුම ප්‍රීතියක් ඇතිවෙනවා.

ක්‍රියාකලාපයත්, අවබෝධඥානයත්, ධර්මයත්, උතුම් සිල්වත් ජීවිතයත් කියන මෙයින් තමයි සත්වයන් පිරිසිදු වෙන්නේ. උපන් කුලයෙන්වත්, ධනයෙන්වත්, සත්වයන් පිරිසිදු වෙන්නේ නෑ.

ඒ නිසා නුවණැති පුද්ගලයා තමන්ගේ යහපත කැමති නම්, නුවණින් යුක්තව ශ්‍රී සද්ධර්මය විමසා බලන්න ඕන. එතකොට තමයි කෙනෙක් පිරිසිදු වෙන්නේ.

ප්‍රඥාවෙනුත්, සීලයෙනුත්, සංසිඳීමෙනුත්, උතුම් වන්නේ මේ සැරියුත් තෙරුන් වහන්සේමයි. සසරෙන් එතෙරට වැඩි යම් භික්ෂුවක් වේ නම්, උන්වහන්සේලා අතුරින් සාරිපුත්තයන් වහන්සේම ශ්‍රේෂ්ඨයි."

අනාථපිණ්ඩික දිව්‍යපුත්‍රයා මෙසේ පැවසුවා. ඊට පස්සෙ භාග්‍යවතුන් වහන්සේට වන්දනා කළා. ප්‍රදක්ෂිණා කළා. එතනම නොපෙනී ගියා.

ඒ රාත්‍රිය ගෙවුනට පස්සෙ භාග්‍යවතුන් වහන්සේ භික්ෂූන් ඇමතුවා.

"පින්වත් මහණෙනි, මේ රාත්‍රියේ සුන්දර පෙනුම තියෙන එක්තරා දෙවියෙක් රැය පහන් වන වෙලාවේ මුළු ජේතවනයම බබුලුවාගෙන, මං ළඟට ආවා. ඇවිදින් මට වන්දනා කරලා, පැත්තකින් හිටගත්තා. පින්වත් මහණෙනි, පැත්තකින් හිටගත්තු ඒ දිව්‍යපුත්‍රයා මා අසලදී මේ ගාථාවන් පැවසුවා.

'මේ ජේතවන ආරාමයේ ඉසිවරයන් වහන්සේලා, පිරීඉතිරී වැඩඉන්නවා දැක්කහම, ධර්මරාජයන් වහන්සේත් වැඩඉන්නවා දැක්කහම මා තුළ පුදුම ප්‍රීතියක් ඇතිවෙනවා.

ක්‍රියාකලාපයත්, අවබෝධඥානයත්, ධර්මයත්, උතුම් සිල්වත් ජීවිතයත් කියන මෙයින් තමයි සත්වයන් පිරිසිදු වෙන්නේ. උපන් කුලයෙන්වත්, ධනයෙන්වත්, සත්වයන් පිරිසිදු වෙන්නේ නෑ.

ඒ නිසා නුවණැති පුද්ගලයා තමන්ගේ යහපත කැමති නම්, නුවණින් යුක්තව ශ්‍රී සද්ධර්මය විමසා බලන්න ඕන. එතකොට තමයි කෙනෙක් පිරිසිදු වෙන්නේ.

ප්‍රඥාවෙනුත්, සීලයෙනුත්, සංසිඳීමෙනුත්, උතුම් වන්නේ මේ සැරියුත් තෙරුන් වහන්සේමයි. සසරෙන් එතෙරට වැඩි යම් භික්ෂුවක් වේ නම්, උන්වහන්සේලා අතුරින් සාරිපුත්තයන් වහන්සේම ශ්‍රේෂ්ඨයි' කියලා.

ඒ දිව්‍යපුත්‍රයා ඔය කරුණු පැවසුවා. ඊට පස්සෙ මට වන්දනා කළා. ප්‍රදක්ෂිණා කළා. එතනම නොපෙනී ගියා.

එතකොට ආයුෂ්මත් ආනන්දයන් වහන්සේ භාග්‍යවතුන් වහන්සේට මෙහෙම කිව්වා.

"ස්වාමීනි, ඔය දෙවියා නම් අනාථපිණ්ඩික දිව්‍යපුත්‍රයාම වෙන්න ඕන. අනාථපිණ්ඩික දිව්‍යපුත්‍රයා ආයුෂ්මත් සාරිපුත්තයන් වහන්සේ ගැන ගොඩාක් පැහැදීමකින් තමයි හිටියේ."

"සාදු! සාදු! පින්වත් ආනන්ද, යම්තාක් තර්කයෙන් දැනගත යුතු නම්, ඔබ ඒ තාක් දැනගත්තා නේද? පින්වත් ආනන්ද, ඔහු අනාථපිණ්ඩික දිව්‍යපුත්‍රයාම තමයි."

සාදු! සාදු!! සාදු!!!

දෙවෙනි අනාථපිණ්ඩික වර්ගය අවසන් විය.

3. නානා තිත්ථිය වර්ගය

2.3.1.
සිව සූත්‍රය
සිව දිව්‍යපුත්‍රයාට වදාළ දෙසුම

102. මා හට අසන්නට ලැබුනේ මේ විදිහටයි. ඒ දිනවල භාග්‍යවතුන් වහන්සේ වැඩසිටියේ සැවැත් නුවර ජේතවනය නම් වූ අනේපිඬු සිටුතුමාගේ ආරාමයේ. එදා සිව දිව්‍යපුත්‍රයා රය පහන් වන වෙලාවේ සුන්දර පැහැයකින් යුතුව, මුළු ජේතවනයම බබුළුවාගෙන, භාග්‍යවතුන් වහන්සේ හමුවට ආවා. ඇවිදින් වන්දනා කළා. පැත්තකින් හිටගත්තා. පැත්තකින් හිටගත් ඒ සිව දිව්‍යපුත්‍රයා භාග්‍යවතුන් වහන්සේ සමීපයේ මේ ගාථාවන් පැවසුවා.

"සත්පුරුෂයන් සමඟමයි ඉන්න ඕන. සත්පුරුෂයන් සමඟමයි යාළුවෙන්නත් ඕන. සත්පුරුෂයන්ගේ සද්ධර්මය ගැන දැනගත්තු කෙනෙකුට දියුණුවක්මයි ඇතිවෙන්නෙ. පිරිහෙන්නේ නෑ.

සත්පුරුෂයන් සමඟමයි ඉන්න ඕන. සත්පුරුෂයන් එක්කමයි යාළුවෙන්නත් ඕන. සත්පුරුෂයන්ගේ සද්ධර්මය ගැන දැනගත්තු කෙනෙකුට ප්‍රඥාව ලැබෙනවා. ඒක වෙන දේකින් ලබන්න බෑ.

සත්පුරුෂයන් සමඟමයි ඉන්න ඕන. සත්පුරුෂයන් සමඟමයි යාළුවෙන්නත් ඕන. සත්පුරුෂයින්ගේ ධර්මය දැනගත්තු කෙනා, ශෝක කරන ජනයා මැද ශෝක නොකර ඉන්නවා.

සත්පුරුෂයන් සමඟමයි ඉන්න ඕන. සත්පුරුෂයන් එක්කමයි යාළුවෙන්නත් ඕන. සත්පුරුෂයින්ගේ සද්ධර්මය දැනගත්තු කෙනා නැදෑයින් මැද බබලනවා.

සත්පුරුෂයින් සමඟමයි ඉන්න ඕන. සත්පුරුෂයන් එක්කමයි

යාළුවෙන්නත් ඕන. සත්පුරුෂයින්ගේ ධර්මය දැනගත්තු කෙනා තමයි සුගතියේ උපදින්නේ.

සත්පුරුෂයින් සමඟමයි ඉන්න ඕන. සත්පුරුෂයන් එක්කමයි යාළුවෙන්නත් ඕන. සත්පුරුෂයින්ගේ සද්ධර්මය දැනගත්තු කෙනා, බොහෝ කල් සුවසේ ජීවත් වෙනවා."

එතකොට භාග්‍යවතුන් වහන්සේ සිව දිව්‍යපුත්‍රයාට ගාථාවකින් පිළිතුරු දුන්නා.

"සත්පුරුෂයන් එක්කමයි ඉන්න ඕන. සත්පුරුෂයන් එක්කමයි යාළුවෙන්නත් ඕන. සත්පුරුෂයින්ගේ ධර්මය දැනගත්තු කෙනා සියලු දුකින් නිදහස් වෙනවා."

සාදු! සාදු!! සාදු!!!

2.3.2.
ඛේම සූත්‍රය
ඛේම දිව්‍යපුත්‍රයාට වදාළ දෙසුම

103. සැවැත් නුවර ජේතවනාරාමයේදී ....

එකත්පසක සිටි ඛේම දිව්‍යපුත්‍රයා භාග්‍යවතුන් වහන්සේ සමීපයේ මේ ගාථාවන් පැවසුවා.

"ප්‍රඥා රහිත මෝඩ උදවිය ජීවත් වෙන්නෙ තමන්ටම සතුරු වෙලා. නපුරු විපාක දෙන, යම් කර්මයක් වෙයි නම්, ඒ පව් ම යි කරන්නේ.

යම් දෙයක් කළාට පස්සෙ ඒ අනුව දුක්වෙනවා නම්, ඒ දේ කරන්න හොඳ නෑ. අන්තිමේදී කඳුළු පිරුණු මුහුණින් තමයි ඒවායේ විපාක විඳින්න සිද්ධ වෙන්නේ.

යම් දෙයක් කළාට පස්සෙ ඒ අනුව පසුතැවිලිවීමක් නැත්නම්, ඒ වගේ දේවල් තමයි කරන්න ඕන. ඒ වගේ කර්මයන්ගේ විපාක සතුටු සිතින් විඳින්න පුළුවනි."

(භාග්‍යවතුන් වහන්සේ) :

"යමක් තමන්ට හිතසුව පිණිස තියෙන බව දන්නවා නම්, ඒක තමයි ඉස්සෙල්ලාම කරන්න ඕන. ප්‍රඥාවන්ත, වීරියවන්ත කෙනා නොමග ගිය ගැල් කරුවෙක් වගේ හිතන්න හොඳ නෑ.

සමහර ගැල්කරුවො ඉන්නවා, හොඳට තියෙන මහා මාර්ගය අත්හැරලා, විෂම මාර්ගයේ යනවා. අන්තිමේදී තමන්ගේ කරත්තෙ රෝදත් කඩාගෙන, කල්පනා කර කර ඉන්නවා.

අඥානයත් ඔය විදිහම තමයි. ධර්ම මාර්ගයෙන් බැහැර වෙනවා. අධර්ම මාර්ගයට බැසගන්නවා. අන්තිමේ දී මරණය ඉදිරියේදී කරත්ත රෝද කඩාගත්තු ගැල්කාරයා වගේ කල්පනා කර කර ඉන්නවා."

සාදු! සාදු!! සාදු!!!

2.3.3.
සේරි සූත්‍රය
සේරි දිව්‍යපුත්‍රයාට වදාළ දෙසුම

104. සැවැත් නුවර ජේතවනාරාමයේදී ....

එකත්පසක සිටි සේරී දිව්‍යපුත්‍රයා භාග්‍යවතුන් වහන්සේට ගාථාවකින් පැවසුවා.

"දෙවියොත්, මනුෂ්‍යයොත් කියන දෙපිරිසම ආහාරය ම යි පතන්නෙ. යමෙක් ඒ ආහාර සතුටින් පිළිගන්නෙ නැත්නම්, එයා කොයි විදිහේ කෙනෙක්ද?"

(භාග්‍යවතුන් වහන්සේ) :

"යම් කෙනෙක් ශ්‍රද්ධාවෙන්, පහන් සිතින් ආහාරපාන දන් දුන්නොත් මෙලොව පරලොව දෙකේම ඒ පුද්ගලයාට ආහාරපාන ලැබෙනවා.

ඒ නිසා මසුරුමළ යටපත් කරගෙන, මසුරුකම දුරු කරගෙන, දන් දෙන්න ඕන. මේ සත්වයන්ට පරලොව පිහිට පිණිස පවතින්නෙ පින විතරයි."

"ස්වාමීනී, ආශ්චර්යයයි! ස්වාමීනී පුදුම සහගතයි! භාග්‍යවතුන් වහන්සේ වදාළෙ කොයිතරම් සත්‍ය වූ දෙයක්ද?"

"යම් කෙනෙක් ශ්‍රද්ධාවෙන්, පහන් සිතින් ආහාරපාන දන් දුන්නොත්, මෙලොව පරලොව, දෙකේම ඒ පුද්ගලයාට ආහාරපාන ලැබෙනවා.

ඒ නිසා මසුරුමල යටපත් කරගෙන, මසුරුකම දුරු කරගෙන දන් දෙන්න ඕන. මේ සත්වයන්ට පරලොව පිහිට පිණිස පවතින්නෙ පින විතරයි" කියලා.

ස්වාමීනී, මේක ඉස්සර වෙච්ච දෙයක්. සේරී කියල රජෙක් හිටියා. එයා දන් දෙන කෙනෙක්. දානපති කෙනෙක්. දන් දීම වර්ණනා කරන කෙනෙක්. ඉතින් ස්වාමීනී, ඒ මගේ නුවර දොරටු හතරෙම ශ්‍රමණබ්‍රාහ්මණයින්ටත්, දුගී මගී යාචකාදීන්ටත් දන් දුන්නා. ස්වාමීනී, එතකොට අන්තඃපුරවාසීන් මං ළඟට ඇවිදින් මෙහෙම කිව්වා. 'දේවයන් වහන්සේ විතරමයි දන් දෙන්නෙ. අපි දන් දෙන්නෙ නෑ නෙව. ඒ නිසා අපිත් දේවයන් වහන්සේ නිසා දන් දෙනවා නම් පින් කරගන්නවා නම් කොයිතරම් දෙයක්ද' කියලා.

ස්වාමීනි, මට එතකොට මෙහෙම හිතුනා. 'මම දන් දෙන කෙනෙක්. දානපති කෙනෙක්. දන් දීම ගැන වර්ණනා කරන කෙනෙක්. ඉතින් අනිත් උදවියත් දන් දෙන්න ඕන කියල කියනවා නම්, මං ඒ ගැන මොනවා කියන්නද?' ඉතින් ස්වාමීනි, මං පළවෙනි දොරටුව අන්තඃපුරයට භාර දුන්නා. ඊට පස්සෙ අන්තඃපුරයේ උදවිය තමයි දන් දුන්නෙ. මගේ දානෙ වැළකුනා.

එතකොට ස්වාමීනී, මට උදව් කරන රාජකීය පිරිස මං ළඟට ආවා. ඇවිල්ලා මට මෙහෙම කිව්වා. 'දේවයන් වහන්සේගේ දානය නම් දෙනවා. අන්තඃපුරවාසීනුත් දන් දෙනවා. අපිට තමයි දන් ටිකක් දෙන්න නැත්තෙ. අපිත් දේවයන් වහන්සේ නිසා දන් දෙනවා නම්, පින් කරනවා නම්, කොයිතරම් දෙයක්ද?' කියලා.

ඉතින් ස්වාමීනී, මට මෙහෙම හිතුනා. 'මං දන් දෙන කෙනෙක්. දානපති කෙනෙක්. දන් දීම ගැන වර්ණනා කරන කෙනෙක්. අනිත් උදවියත් දන් දෙන්න ඕන කියනවා නම්, මං ඒ ගැන මොනවා කියන්නද?' ඉතින් ස්වාමීනි, මං දෙවෙනි දොරටුව මට උදව් කරන රාජකීය පිරිස වෙනුවෙන් වෙන් කළා. ඊට පස්සෙ ඒ පැත්තෙ දන් දෙන්නෙ ඒ රාජකීය පිරිස තමයි. මගේ දානෙ වැළකුනා.

එතකොට ස්වාමීනී, පාබල හමුදාව මං ළඟට ඇවිදින් මෙහෙම කිව්වා. 'දේවයන් වහන්සේත් දන් දෙනවා. අන්තඃපුරවාසීනුත් දන් දෙනවා. රාජකීය පිරිසේ දානයත් දෙනවා. අපට තමයි දන් ටිකක් දීගන්න නැත්තෙ. අපිත්

දේවයන් වහන්සේ නිසා දන් දෙනවා නම්, පින් කරගන්නවා නම්, කොයිතරම් දෙයක්ද' කියලා.

ඉතින් ස්වාමීනී, මට මෙහෙම හිතුනා. 'මම දන් දෙන කෙනෙක්. දානපති කෙනෙක්. දන් දීම ගැන වර්ණනා කරන කෙනෙක්. අනිත් උදවියත් දන් දෙන්න ඕන කියනවා නම්, මං ඒ ගැන මොනවා කියන්නද?' ඉතින් ස්වාමීනි, මං පාබල හමුදාවට තුන් වෙනි දොරටුව වෙන් කළා. එතන තමයි හමුදාව දන් දෙන්නෙ. මගේ දානෙ වැළකුනා.

එතකොට ස්වාමීනී, බ්‍රාහ්මණ ගෘහපතිවරු මං ළඟට ඇවිදින් මෙහෙම කිව්වා. 'දේවයන් වහන්සේගේ දානයත් දෙනවා. අන්තඃපුරවාසීන්ගේ දානයත් දෙනවා. රාජකීය පිරිසගේ දානයත් දෙනවා. රාජකීය හමුදාවේ දානයත් දෙනවා. අපට තමයි දානෙ ටිකක් දෙන්න නැත්තෙ. අපිත් දේවයන් වහන්සේ නිසා දන් දෙනවා නම්, පිං කරගන්නවා නම්, කොයිතරම් දෙයක්ද' කියලා.

එතකොට ස්වාමීනී, මට මෙහෙම හිතුනා. 'මම දන් දෙන කෙනෙක්. දානපති කෙනෙක්. දන් දීම ගැන වර්ණනා කරන කෙනෙක්. අනෙත් උදවියත් දන් දෙන්න ඕන කියල කියනවා නම්, මට ඒ ගැන මොනවා කියන්නද?' ඉතින් ස්වාමීනි, මං හතරවෙනි දොරටුව බ්‍රාහ්මණ ගෘහපතිවරුන්ට වෙන් කළා. දැන් බ්‍රාහ්මණ ගෘහපතිවරු තමයි ඒ දොරටුවෙ දන් දෙන්නෙ. මගේ දානෙ වැළකුනා.

එතකොට ස්වාමීනි, රාජ පුරුෂයෝ මං ළඟට ඇවිදින් මෙහෙම කිව්වා. 'දැන් දේවයන් වහන්සේගේ දානයක් කොහේවත් දෙන්නෙ නෑ' කියලා. එතකොට ස්වාමීනී, මං ඔවුන්ට මෙහෙම කිව්වා. 'මිත්‍රවරුනි, එහෙම නම් පිට පළාත්වල යම් ආදායමක් තියෙනවා නම්, ඒකෙන් බාගයක් අන්තඃපුරයට දෙන්න ඕන. ඉතුරු බාගෙ ශ්‍රමණ බ්‍රාහ්මණයින්ට, දුගී මගී යාචකයන්ට දානයට දෙන්න ඕන' කියලා.

ඉතින් ස්වාමීනී, ඔය විදිහට මං බොහෝ කාලයක් මුළුල්ලේ පින්දහම් කළා. මං ඔය විදිහට බොහෝ කාලයක් මුළුල්ලේ කුසල්දහම් කළා. ඒ පුණ්‍ය විපාකය මෙච්චරයි කියල හරි, මෙච්චර විපාක තියෙනවා කියල හරි, මෙපමණ කලක් ස්වර්ගයේ ඉන්න ඕන කියල හරි, කෙළවරක් ගැන මං දන්නෙ නෑ.

ස්වාමීනි, ආශ්චර්යයයි! ස්වාමීනී පුදුම සහගතයි! ස්වාමීනී, භාග්‍යවතුන් වහන්සේ විසින් වදාළේ සම්පූර්ණ ඇත්තක්මයි.

'යම් කෙනෙක් ශ්‍රද්ධාවෙන්, පහන් සිතින් ආහාරපාන දන් දුන්නොත්, මෙලොව පරලොව දෙකේම ඒ පුද්ගලයට ආහාරපාන ලැබෙනවා. ඒ නිසා

මසුරුමල යටපත් කරගෙන, මසුරුකම දුරු කරගෙන, දන් දෙන්න ඕන. මේ සත්වයන්ට පරලොව පිහිට පිණිස පවතින්නෙ පින විතරයි' කියලා."

සාදු! සාදු!! සාදු!!!

2.3.4.
ඝටීකාර සූත්‍රය
ඝටීකාර දිව්‍යපුත්‍රයාට වදාළ දෙසුම

105. සැවැත් නුවර ජේතවනාරාමයේදී ....

එකත්පස්ව සිටිය ඝටීකාර දිව්‍යපුත්‍රයා භාග්‍යවතුන් වහන්සේ සමීපයේ මේ ගාථාව පැවසුවා.

"විමුක්ති සිත් ඇති භික්ෂූන් වහන්සේලා හත් නමක් අවිහ බ්‍රහ්මලෝකයේ ඉපදුනා. රාගයත්, ද්වේෂයත් නැති කරපු උන්වහන්සේලා ලෝකය ගැන තිබුණු තණ්හාවෙන් නිදහස් වුනා."

(භාග්‍යවතුන් වහන්සේ) :

"එතෙර වෙන්න ඉතාමත් ම අමාරු, මේ මාර රාජධානියෙන් මේ කෙලෙස්වලින්, කවුරු කවුරුද එතෙර වුනේ? මේ මිනිස් සිරුර අත්හැරියට පස්සෙ දිව්‍ය බන්ධනත් ඉක්මවා ගියේ කවුද?"

(දිව්‍යපුත්‍රයා) :

"උපක, පලගණ්ඩ, පුක්කුසාති කියන තුන් දෙනාත්, භද්දිය, භද්දදේව, බාහුදන්ති, පිංගිය යන හතර දෙනාත් තමයි මනුෂ්‍ය දේහය අත්හැරලා, දිව්‍ය බන්ධනත් ඉක්මවා ගියේ."

(භාග්‍යවතුන් වහන්සේ) :

"මාරයාගේ උගුල සිඳබිඳගෙන ගිය ඔවුන් ගැන ඔබ ප්‍රශංසා කරනවා වගේ. මේ භව බන්ධන සිඳගෙන ගියේ ඔවුන් කාගෙ ධර්මයක් දැනගෙනද?"

(දිව්‍යපුත්‍රයා) :

"භාග්‍යවතුන් වහන්සේගෙන් බැහැරව නොවෙයි. ඔබවහන්සේගේ ශාසනයෙන් බැහැරව නම් නොවෙයි. ඔවුන් භව බන්ධන සිඳලා දැම්මෙ ඔබවහන්සේගේ ධර්මය දැනගෙන ම යි.

යම් තැනක නාමයත් රූපයත් ඉතිරි නැතුව නිරුද්ධ වෙලා යනවා නම්, අන්න ඒ අමා නිවන නම් වූ ධර්මය දැනගෙන, භව බන්ධන සිඳලා දැම්මේ මේ බුද්ධ ශාසනයෙන්මයි."

(භාග්‍යවතුන් වහන්සේ) :

"අවබෝධයට දුෂ්කර වූ, දැනගැනීමට දුෂ්කර වූ, ගාම්භීර වචන නේද ඔබ ඔය කියන්නෙ? ඔය වගේ වචන පවසන්න ඔබ ඉගෙනගත්තේ කාගේ ධර්මයක් දැනගෙනද?"

(දිව්‍යපුත්‍රයා) :

"ඉස්සර වේහලිංග කියල ගමක් තිබුනා. මං හිටියේ එහේ. ඒ කාලෙ මම ඝටීකාර කියල කුඹල්කරුවෙක්. කාශ්‍යප බුදුරජාණන් වහන්සේගේ ගිහි ශ්‍රාවකයෙක්. මං දෙමව්පියන්ව පෝෂණය කළා.

මං මෛථුනයෙන් වෙන් වුනා. පංච කාමයෙන් තොර ජීවිතයක් ගෙව්වා. ඒ කාලෙ ඔබවහන්සේයි මමයි එක ගමේ හිටියෙ. ඔබවහන්සේ මගේ යාළුවෙක් වෙලා හිටියා.

ඉතින් දැන් මම විමුක්ති සිත් තියෙන භික්ෂූන් වහන්සේලා හත් නම ගැන දන්නවා. උන්වහන්සේලා රාග, ද්වේෂ නැති කරලයි ඉන්නෙ. ලෝකයේ තෘෂ්ණාව තරණය කරලයි ඉන්නේ."

(භාග්‍යවතුන් වහන්සේ) :

"පින්වත් භාර්ගව, ඔබ ඔය කියපු කරුණු ඔය විදිහටමයි වුනේ. ඉස්සර වේහලිංග කියල ගමක් තිබුනා තමයි. ඝටීකාර කියල කුඹල්කරුවෙකුත් හිටියා. ඔහු කාශ්‍යප බුදුසම්දුන්ගේ ගිහි ශ්‍රාවකයෙක්. ඔහු මව්පියන්ට උපස්ථාන කළා.

ඔහු මෛථුනයෙන් වැළකිලා හිටියේ. පංච කාමයෙන් වෙන් වෙලා බ්‍රහ්මචාරීව හිටියේ. මමයි ඔහුයි එක ගමේ තමයි හිටියේ. ඔහු මගේ යාළුවෙක් තමයි."

(ධර්ම සංගායනා කළ තෙරුන් වහන්සේලා) :

"ඔන්න ඔහොමයි පැරණි යාළුවෝ දෙන්නා ආයෙ මුණගැහුනේ. ඒ දෙන්නම දියුණු කරපු සිත් ඇතිව, අන්තිම සිරුරු දරාගෙනයි හිටියේ."

සාදු! සාදු!! සාදු!!!

2.3.5.
ජන්තු සූත්‍රය
ජන්තු දිව්‍යපුත්‍රයාගේ ප්‍රකාශය අනුමත කොට වදාළ දෙසුම

106. මා හට අසන්නට ලැබුනේ මේ විදිහටයි. ඒ දවස්වල බොහෝ භික්ෂූන් වහන්සේලා කොසොල් ජනපදයේ හිමාල පර්වත පැත්තේ වනගත කුටිවල ඉන්නවා. නමුත් උන්වහන්සේලා හරිම උඩඟුයි. මාන්නක්කාරයි. චපලයි. කට වාචාලයි. කතාව පටන්ගත්තු ගමන්මයි. සිහි මුළා වෙලා. නුවණින් තොරයි. එකඟ සිත් නෑ. නොසන්සුන් සිතින් යුතුයි. සාමාන්‍ය ස්වභාවයෙන් යුක්තයි.

එදා ජන්තු දිව්‍යපුත්‍රයා පසළොස්වක පෝය දවසේ ඒ භික්ෂූන් වෙත ගියා. ගිහින් ඒ භික්ෂූන්ට ගාථාවලින් මෙහෙම පැවසුවා.

"ගෞතම බුදු සමිඳුන්ගේ ශ්‍රාවක වූ භික්ෂූන් වහන්සේලා ඉස්සර සුවසේ ජීවත් වුනා. පිඬු සිඟා වැඩියේ ආශාවකින් තොරවයි. ඉන්න තැනක් සෙව්වෙත් ආශාවකින් තොරවයි. ලෝකයේ අනිත්‍ය බව අවබෝධ කරගෙන උන්වහන්සේලා දුක් අවසන් කළා.

මම සංඝයාට වන්දනා කරලා කියන්න කැමතියි. මෙහි සමහර භික්ෂූන් වහන්සේලා ඉන්නෙ ගම්වල ගම් දෙටුවො වගේ. පහසුවෙන් පෝෂණය කරන්න අමාරුයි. අනුන්ගේ ගෙවල්වලින් ලැබෙන දානෙ වළඳ වළඳ සිහි මුළාවෙන් සැතපෙනවා. උන්වහන්සේලා ශාසනයෙන් බැහැර වෙලා ඉන්නේ. අනාථ වෙලා ඉන්නේ. සොහොනෙ දාපු මළකඳන් වගේ.

යමෙක් ප්‍රමාදීව වාසය කරනවා නම්, අන්න ඒ භික්ෂූන් උදෙසා තමයි ඔය දේවල් කිව්වේ. යමෙක් අප්‍රමාදීව වාසය කරනවා නම්, උන්වහන්සේලාට මම නමස්කාර කරනවා."

සාදු! සාදු!! සාදු!!!

2.3.6.
රෝහිතස්ස සූත්‍රය
රෝහිතස්ස දිව්‍යපුත්‍රයාට වදාළ දෙසුම

107. සැවැත් නුවර ජේතවනාරාමයේදී ....

එකත්පසක සිටි රෝහිතස්ස දිව්‍ය පුත්‍රයා භාග්‍යවතුන් වහන්සේට මෙහෙම කිව්වා.

"ස්වාමීනි, යම් තැනක උපදින්නෙ නැත්නම්, දිරන්නෙ නැත්නම්, මැරෙන්නෙ නැත්නම්, චුත වෙන්නෙ නැත්නම්, යළි උපදින්නෙ නැත්නම්, ස්වාමීනි, ලෝකයේ කෙළවර වූ එතනට පයින් යන්න පුළුවන්ද?"

"ආයුෂ්මතුනි, යම් තැනක උපදින්නෙ නැත්නම්, දිරන්නෙ නැත්නම්, මැරෙන්නෙ නැත්නම්, චුත වෙන්නෙ නැත්නම්, යළි උපදින්නෙ නැත්නම්, ඒ ලෝකයේ කෙළවරට පා ගමනින් ගිහින් දැනගන්න, දැකගන්න පුළුවන් කියලා මං කියන්නෙ නෑ."

"ස්වාමීනි, ආශ්චර්යයයි! ස්වාමීනි, අද්භූතයි! ස්වාමීනි, භාග්‍යවතුන් වහන්සේ වදාළේ කොයිතරම් ඇත්තක්ද, 'ආයුෂ්මතුනි, යම් තැනක උපදින්නෙ නැත්නම්, දිරන්නෙ නැත්නම්, මැරෙන්නෙ නැත්නම්, යළි උපදින්නෙ නැත්නම්, ඒ ලෝකයේ කෙළවරට පා ගමනින් ගිහින් දකින්න පුළුවන් කියලා, දැනගන්න පුළුවන් කියලා, පැමිණෙන්න පුළුවන් කියලා මම කියන්නෙ නැහැ' කියලා වදාළේ.

ස්වාමීනි, මේක ඉස්සර වෙච්ච දෙයක්. මං භෝජ පුත්‍ර වූ රෝහිතස්ස කියන නමිනුත්, ඉර්ධිමත්, අහසින් යන්න පුළුවන් ඉසිවරයෙක් වෙලා හිටියා. ස්වාමීනි, ඒ කාලෙ මට මෙන්න මේ විදිහේ ශක්තියක් තිබුනා. හොඳට පුහුණු වුන, හොඳට පුරුදු වුන, තරඟ කරල ජයගත්තු, ශිල්ප දැක්වූ, අතිශයින්ම දක්ෂ දුනුවායෙක් සැහැල්ලු ඊතලයකින් වේලිච්ච තල් කොළයක් පලාගෙන යන විදිහට විදිනවා වගේ, මටත් අන්න ඒ වගේම ශක්තියක් තිබුනා.

එතකොට ස්වාමීනි, මට පුළුවන්කම තිබුනා නැගෙනහිර මුහුදට එක පයක් තියලා, අනිත් පය බටහිර මුහුදට තියන තරමේ දුරට පා තබා යන්න. ඉතින් ස්වාමීනි, ඒ මට මෙන්න මේ විදිහේ ආශාවක් ඇතිවුනා, 'ඇත්තටම මම

පා ගමනින්ම ලෝකයේ කෙළවරකට එන්න ඕන' කියලා.

ස්වාමීනි, මේ තරම් වේගයක් තිබුණු, මේ තරම් වේගයෙන් ගමන් කරන්න පුළුවන්කමක් තිබුණු මම, අවුරුදු සියයක් ජීවත් වෙමින්, කනබොන වෙලාව හැර, වැසිකිළි කැසිකිළි කරන වෙලාව හැර, නිදියන, මහන්සි අරින වෙලාව හැර, අවුරුදු සීයක්ම ඇවිදලත්, ලෝකයේ කෙළවරකට එන්න බැරුව අතරමගදීම මිය පරලොව ගියා.

ස්වාමීනි, ආශ්චර්යයයි! ස්වාමීනි, අද්භූතයි! ස්වාමීනි, ඔබවහන්සේ විසින් යමක් පවසා වදාළ නම්, 'ආයුෂ්මතුනි, යම් තැනක උපදින්නෙ නැත්නම්, මැරන්නෙ නැත්නම්, මිය යන්නෙ නැත්නම්, චුත වෙන්නෙ නැත්නම්, යළි ඉපදීමක් නැත්නම්, අන්න ඒ ලෝකයෙ කෙළවර පා ගමනින් ගිහිල්ල දැනග න්න පුළුවන් බව, දැකගන්න පුළුවන් බව, පැමිණෙන්න පුළුවන් බව මම කියන්නෙ නැහැ' කියලා. ඒ කාරණය භාග්‍යවතුන් වහන්සේ විසින් වදාළ එක කොයිතරම් ඇත්තක්ද?"

(භාග්‍යවතුන් වහන්සේ) :

"ආයුෂ්මතුනි, එසේ වුනත් ලෝකයේ කෙළවරකට එන්නෙ නැතුව, මේ දුක කෙළවර කරන්න පුළුවන් කියල මම කියන්නෙ නෑ. එහෙම වුනත් ආයුෂ්මතුනි, මේ සඤ්ඤා සහිත සිත සහිත වූ බඹයක් විතර ප්‍රමාණයේ වූ මේ ශරීරයේම තමයි ලෝකයත්, ලෝකයේ හටගැනීමත්, ලෝකයේ නිරුද්ධ වීමත්, ලෝකය නිරුද්ධ වීමේ ප්‍රතිපදාවත් තියෙන්නෙ කියලයි මම කියන්නෙ.

කවදාවත් පයින් ගිහිල්ලා නම් මේ ලෝකයේ කෙළවරකට යන්න බෑ. (හැබැයි) ලෝකෙ කෙළවරකට එන්නෙ නැතුව, දුකින් නිදහස් වීමකුත් නෑ.

ඒ නිසා, ලෝකය දන්න, ප්‍රඥාවන්ත වූ, ලෝකයේ කෙළවරට ගිය, බ්‍රහ්මචාරී ජීවිතය සම්පූර්ණ කළ, පාපය සිඳබිඳ දැම්ම ඒ උතුම් පුද්ගලයා, ලෝකයේ කෙළවර දැනගෙන, මෙලොවත්, පරලොවත් පතන්නෙ නෑ.

සාදු! සාදු!! සාදු!!!

2.3.7.
නන්ද සූත්‍රය
නන්ද දිව්‍යපුත්‍රයාට වදාළ දෙසුම

108. සැවැත් නුවර ජේතවනාරාමයේදී ....

එකත්පසක සිටි නන්ද දිව්‍යපුත්‍රයා භාග්‍යවතුන් වහන්සේ සමීපයේ මේ ගාථාව පැවසුවා.

"කාලය ගෙවිල යනවා. (ජීවත් වෙන්න තියෙන අවස්ථාව) රැයක් පාසා අහිමි වෙලා යනවා. පුද්ගලයාගේ වයස ටික ටික ඔහුව අත්හරිනවා. මරණය අභියස ඇති මේ බිය දකින කෙනා සැප ලබා දෙන පින්මයි කරන්න ඕන."

(භාග්‍යවතුන් වහන්සේ) :

"කාලය ගෙවිලා යනවා. (ජීවත් වෙන්න තියෙන අවස්ථාව) රැයක් පාසා අහිමි වෙලා යනවා. පුද්ගලයාගේ වයස ටික ටික ඔහුව අත්හරිනවා. මරණය අභියස තියෙන මේ බිය දකින කෙනා ශාන්ත වූ නිවන අපේක්ෂාවෙන් ලෝකාමිසය දුරුකරන්න ඕන."

සාදු! සාදු!! සාදු!!!

2.3.8.
නන්දිවිසාල සූත්‍රය
නන්දිවිසාල දිව්‍යපුත්‍රයාට වදාළ දෙසුම

109. සැවැත් නුවර ජේතවනාරාමයේදී ....

එකත්පසක සිටි නන්දිවිසාල දිව්‍යපුත්‍රයා භාග්‍යවතුන් වහන්සේට ගාථාවකින් පැවසුවා.

"මහාවීර වූ මුනිඳුනි, මේ ජීවිතේ නැමැති වාහනයට රෝදවලින් හතරක් තියෙනවා. දොරටු නවයක් තියෙනවා. (අසුචිවලින්) පිරිල තියෙනවා. ආශාවත් එක්ක එකතු වෙලයි තියෙන්නෙ. මඩේ ඉපදිච්ච එකක්. මෙතනින් නික්මිලා යන්නෙ කොහොමද?"

(භාග්‍යවතුන් වහන්සේ) :

"රැහැනත් වරපටත්, පාපී ආශාවත්, ලෝභයත් සිඳින්න ඕන. තණ්හාව මුලින්ම උදුරා දමන්න ඕන. අන්න එතකොටයි මෙතනින් නික්ම යන්න පුළුවන් වෙන්නෙ."

සාදු! සාදු!! සාදු!!!

2.3.9.
සුසීම සූත්‍රය
සුසීම දිව්‍යපුත්‍රයාට වදාළ දෙසුම

110. සැවැත් නුවර ජේතවනාරාමයේදී ....

එදා ආයුෂ්මත් ආනන්දයන් වහන්සේ භාග්‍යවතුන් වහන්සේ හමුවට වැඩියා. භාග්‍යවතුන් වහන්සේට වන්දනා කළා. පැත්තකින් වාඩිවුනා. පැත්තකින් වාඩිවුන ආයුෂ්මත් ආනන්දයන්ගෙන් භාග්‍යවතුන් වහන්සේ මෙහෙම ඇහුවා.

"පින්වත් ආනන්ද, ඔබටත් පින්වත් සාරිපුත්තයන්ව රුස්සන්නෙ නැද්ද?"

"ස්වාමීනි, මෝඩ නැති, දුෂ්ට නැති, මුළා වෙලා නැති, විකෘති නොවූ සිත් ඇති, කාටද ආයුෂ්මත් සාරිපුත්තයන් වහන්සේව රුස්සන්නෙ නැත්තෙ? ස්වාමීනි, ආයුෂ්මත් සාරිපුත්තයන් වහන්සේ බුද්ධිමත් කෙනෙක්. ස්වාමීනී, ආයුෂ්මත් සාරිපුත්තයන් වහන්සේ මහා ප්‍රඥාවකින් යුක්තයි. ස්වාමීනී, ආයුෂ්මත් සාරිපුත්තයන් වහන්සේ අතිශයින්ම ප්‍රඥාවන්තයි. ස්වාමීනි, ආයුෂ්මත් සාරිපුත්තයන් වහන්සේ වහා කරුණු වැටහෙන ප්‍රඥාවකින් යුක්තයි. ස්වාමීනි, ආයුෂ්මත් සාරිපුත්තයන් වහන්සේ වේගවත් ප්‍රඥාවකින් යුක්තයි. ස්වාමීනි, ආයුෂ්මත් සාරිපුත්තයන් වහන්සේ තියුණු ප්‍රඥාවකින් යුක්තයි. ස්වාමීනි, ආයුෂ්මත් සාරිපුත්තයන් වහන්සේ අවබෝධයෙන්ම කළකිරීමට සමත් ප්‍රඥාවෙන් යුක්තයි.

ස්වාමීනි, සාරිපුත්තයන් වහන්සේ අල්පේච්ඡ බවින් යුක්තයි. ස්වාමීනි, ආයුෂ්මත් සාරිපුත්තයන් වහන්සේ ලද දෙයින් සතුටු වන කෙනෙක්. ස්වාමීනි, ආයුෂ්මත් සාරිපුත්තයන් වහන්සේ හුදෙකලා විවේකයෙන් සතුටු වන කෙනෙක්. ස්වාමීනි, ආයුෂ්මත් සාරිපුත්තයන් වහන්සේ ලෝකය හා එක් නොවී වාසය කරන කෙනෙක්. ස්වාමීනි, ආයුෂ්මත් සාරිපුත්තයන් වහන්සේ පටන්ගත් වීරිය

තියෙන කෙනෙක්. ස්වාමීනි, ආයුෂ්මත් සාරිපුත්තයන් වහන්සේ යහපත් වචන ඇති කෙනෙක්. ස්වාමීනි, ආයුෂ්මත් සාරිපුත්තයන් වහන්සේ ඕනෑම දරුණු වචනයක් ඉවසන කෙනෙක්. ස්වාමීනි, ආයුෂ්මත් සාරිපුත්තයන් වහන්සේ අනුන්ගේ අඩුපාඩු කරුණාවෙන් පෙන්වා දෙන කෙනෙක්. ස්වාමීනි, ආයුෂ්මත් සාරිපුත්තයන් වහන්සේ පාපයට ගරහන කෙනෙක්. ස්වාමීනි, මෝඩ නැති, දුෂ්ට නැති, මුළාව නැති, විකෘති නො වූ සිත් ඇති, කාටද ආයුෂ්මත් සාරිපුත්තයන් රුචි වෙන්නෙ නැත්තේ?"

"ඒක ඇත්ත පින්වත් ආනන්ද. ඒක ඇත්ත පින්වත් ආනන්ද. පින්වත් ආනන්ද, මෝඩ නැති, දුෂ්ට නැති, මුළා නැති, විකෘති නොවූ සිත් ඇති කාටද පින්වත් සාරිපුත්තයන්ව රුස්සන්නෙ නැත්තෙ. පින්වත් ආනන්ද, ඔය සාරිපුත්ත බුද්ධිමත්. පින්වත් ආනන්ද, සාරිපුත්ත මහා ප්‍රඥාවන්තයි. පින්වත් ආනන්ද, ඔය සාරිපුත්ත, අතිශයින්ම ප්‍රඥාවන්තයි. පින්වත් ආනන්ද, ඔය සාරිපුත්ත වහා වැටහෙන ප්‍රඥාවෙන් යුක්තයි. පින්වත් ආනන්ද, ඔය සාරිපුත්ත වේගවත් ප්‍රඥාවෙන් යුක්තයි. පින්වත් ආනන්ද, ඔය සාරිපුත්ත තියුණු ප්‍රඥාවෙන් යුක්තයි. පින්වත් ආනන්ද, ඔය සාරිපුත්ත අවබෝධයෙන් කළකිරීමට සමත් ප්‍රඥාවෙන් යුක්තයි. පින්වත් ආනන්ද, ඔය සාරිපුත්ත අල්පේච්ඡ කෙනෙක්. පින්වත් ආනන්ද, ඔය සාරිපුත්ත ලද දෙයින් සතුටුවන කෙනෙක්. පින්වත් ආනන්ද, ඔය සාරිපුත්ත හුදෙකලා වාසයෙන් සතුටුවන කෙනෙක්. පින්වත් ආනන්ද, ඔය සාරිපුත්ත ලෝකය හා එක් නොවී ඉන්න කෙනෙක්. පින්වත් ආනන්ද, ඔය සාරිපුත්ත පටන්ගත් වීරිය තියෙන කෙනෙක්. පින්වත් ආනන්ද, ඔය සාරිපුත්ත යහපත් වචන ඇති කෙනෙක්. පින්වත් ආනන්ද, ඔය සාරිපුත්ත ඕනෑම දරුණු වචනයක් ඉවසන කෙනෙක්. පින්වත් ආනන්ද, ඔය සාරිපුත්ත අනුන් කෙරෙහි කරුණාවෙන් අවවාද දෙන කෙනෙක්. පින්වත් ආනන්ද, ඔය සාරිපුත්ත පවට ගරහන කෙනෙක්. පින්වත් ආනන්ද, බාල නැති, දුෂ්ට නැති, මුළා නැති, විකෘති නොවූ සිත් ඇති කාටද පින්වත් සාරිපුත්තයන්ව රුස්සන්නෙ නැත්තෙ?"

භාග්‍යවතුන් වහන්සේ විසින් ආයුෂ්මත් සාරිපුත්තයන් වහන්සේ ගැන ගුණ පවසද්දී සුසීම දිව්‍යපුත්‍රයා මහත් දෙව් පිරිසක් පිරිවරාගෙන භාග්‍යවතුන් වහන්සේ වෙත පැමිණිලා, භාග්‍යවතුන් වහන්සේට වන්දනා කළා. පැත්තකින් හිටගත්තා. පැත්තකින් හිටගත්තු සුසීම දිව්‍යපුත්‍රයා භාග්‍යවතුන් වහන්සේට මෙහෙම කිව්වා.

"භාග්‍යවතුන් වහන්ස, ඒක ඇත්තක්මයි. සුගතයන් වහන්ස, ඒක ඇත්තක්මයි. ස්වාමීනි, බාල නැති, දුෂ්ට නැති, මුළා නැති, විකෘති නොවූ සිත් ඇති කාටද ආයුෂ්මත් සාරිපුත්තයන් වහන්සේව රුස්සන්නෙ නැත්තෙ?

ස්වාමීනි, ආයුෂ්මත් සාරිපුත්තයන් වහන්සේ බුද්ධිමත් ....(පෙ).... ස්වාමීනි, ආයුෂ්මත් සාරිපුත්තයන් වහන්සේ පවට ගරහන කෙනෙක්. ස්වාමීනි, මෝඩ නැති, දුෂ්ට නැති, මුළා නැති, විකෘති නොවූ සිත් ඇති කාටද ආයුෂ්මත් සාරිපුත්තයන් වහන්සේව රුස්සන්නෙ නැත්තෙ?

ස්වාමීනි, මට යම්කිසි දිව්‍යපුත්‍රයන් පිරිසක් ළඟට ගියාම, මේ ඝෝෂාව තමයි බහුල වශයෙන්ම ඇහෙන්නෙ. 'ආයුෂ්මත් සාරිපුත්තයන් වහන්සේ බුද්ධිමත් ....(පෙ).... ආයුෂ්මත් සාරිපුත්තයන් වහන්සේ පවට ගරහන කෙනෙක්. බාල නැති, දුෂ්ට නැති, මුළා නැති, විකෘති නොවූ සිත් ඇති කාටද ආයුෂ්මත් සාරිපුත්තයන් වහන්සේව රුස්සන්නෙ නැත්තෙ?.'

එතකොට සුසීම දිව්‍ය පුත්‍රයාගේ දිව්‍යපුත්‍ර පිරිස, ආයුෂ්මත් සාරිපුත්තයන් වහන්සේගේ ගුණ වර්ණනා කරන වෙලාවේ සතුටු වුනා. ප්‍රමුදිත වුනා. ප්‍රීති සොම්නසක් හටගත්තා. (දිව්‍ය ශරීරවලින්) නොයෙක් ආකාර වූ, නොයෙක් පැහැයෙන් යුතු ආලෝක නිකුත් වෙන්න පටන්ගත්තා. අට පැත්තකට කපලා ඔප දාපු ලස්සන වෛරෝඩි මැණිකක් තියෙනවා. ඒක රතු පලසක් උඩ තිබ්බාම තව තවත් බබලනවා. දිලිසෙනවා. රැස් විහිදෙනවා. ඒ විදිහටම සුසීම දිව්‍යපුත්‍රයාගේ දිව්‍යපුත්‍ර පිරිස ආයුෂ්මත් සාරිපුත්තයන් වහන්සේගේ ගුණ වර්ණනා කරන කොට ගොඩාක් සතුටු වුනා. ප්‍රමුදිත වුනා. ප්‍රීති සොම්නසක් හටගත්තා. (දිව්‍ය ශරීරවලින්) නොයෙක් ආකාර වූ, නොයෙක් පැහැයෙන් යුතු ආලෝකයන් නිකුත් වුනා.

දඹරනින් කරපු ආභරණයක් තියෙනවා. ඒක දක්ෂ රන්කරුවකුගේ පුතෙක් විසින් හොඳට කෝවෙ දාලා රත්කරලා, පිරිසිදු කරල ගත්තු රන්වලින් හදපු එකක්. ඒ ආභරණය රතු පලසක තිබ්බාම බබලනවා. දිලිසෙනවා. රැස් විහිදෙනවා. අන්න ඒ විදිහමයි සුසීම දිව්‍යපුත්‍රයාගේ දිව්‍යපුත්‍ර පිරිස ආයුෂ්මත් සාරිපුත්තයන් වහන්සේගේ ගුණ වර්ණනා කරන කොට ගොඩාක් සතුටු වුනා. ප්‍රමුදිත වුනා. ප්‍රීති සොම්නසක් හටගත්තා. (දිව්‍ය ශරීරවලින්) නොයෙක් ආකාර වූ, නොයෙක් පැහැයෙන් යුතු ආලෝකයන් නිකුත් කළා.

පායන කාලෙ වලාකුල් නැති අහසේ පාන්දරට දිලිසෙන පහන් තරුව ලස්සනට බබලනවා. දිලිසෙනවා. රැස් විහිදෙනවා. අන්න ඒ විදිහමයි සුසීම දිව්‍යපුත්‍රයාගේ දිව්‍යපුත්‍ර පිරිස ආයුෂ්මත් සාරිපුත්තයන් වහන්සේගේ ගුණ වර්ණනා කරන කොට ගොඩාක් සතුටු වුනා. ප්‍රමුදිත වුනා. ප්‍රීති සොම්නසක් හටගත්තා. (දිව්‍ය ශරීරවලින්) නොයෙක් ආකාර වූ, නොයෙක් පැහැයෙන් යුතු ආලෝකයන් නිකුත් කළා.

පායන කාලෙ වලාකුළු නැති අහසේ හිරු උදාවෙන කොට, අඳුර දුරුවෙලා, බබලනවා. දිලිසෙනවා. රැස් විහිදෙනවා. අන්න ඒ විදිහමයි සුසීම දිව්‍යපුත්‍රයාගේ දිව්‍යපුත්‍ර පිරිස ආයුෂ්මත් සාරිපුත්තයන් වහන්සේගේ ගුණ වර්ණනා කරන කොට ගොඩාක් සතුටු වුනා. ප්‍රමුදිත වුනා. ප්‍රීති සොම්නසක් හටගත්තා. (දිව්‍ය ශරීරවලින්) නොයෙක් ආකාර වූ, නොයෙක් පැහැයෙන් යුතු ආලෝකයන් නිකුත් කළා.

එතකොට සුසීම දිව්‍යපුත්‍රයා ආයුෂ්මත් සාරිපුත්තයන් වහන්සේ අරභයා, භාග්‍යවතුන් වහන්සේ සමීපයේ මේ ගාථාව පැවසුවා.

"මහා බුද්ධිමතෙක් හැටියට ප්‍රකට වුන සාරිපුත්තයන් වහන්සේ ක්‍රෝධ රහිත කෙනෙක්. අල්පේච්ඡ කෙනෙක්. කීකරු කෙනෙක්. දමනය වුන කෙනෙක්. ශාස්තෘන් වහන්සේ විසින් වර්ණනා කරපු කෙනෙක්. ඉසිවරයෙක්."

ඒ වෙලාවේ භාග්‍යවතුන් වහන්සේ ආයුෂ්මත් සාරිපුත්තයන් වහන්සේ අරභයා සුසීම දිව්‍යපුත්‍රයාට ගාථාවකින් වදාළා.

"මහා බුද්ධිමතෙක් විදිහට ප්‍රකට වුන පින්වත් සාරිපුත්තයන් ක්‍රෝධ රහිත කෙනෙක් තමයි. අල්පේච්ඡ කෙනෙක් තමයි. කීකරු කෙනෙක් තමයි. දමනය වෙච්ච කෙනෙක් තමයි. දැන් පින්වත් සාරිපුත්තයන් පිරිනිවන් පාන්න කල් බලාගෙනයි ඉන්නෙ."

සාදු! සාදු!! සාදු!!!

2.3.10.
නානා තිත්ථිය සාවක සූත්‍රය
නොයෙක් අන්‍යාගමික ශ්‍රාවක වූ දිව්‍යපුත්‍රයන්, බුදු සමිඳුන් වෙත පැමිණ පැවසූ කරුණු ඇතුළත් දෙසුම

111. මා හට අසන්නට ලැබුනේ මේ විදිහටයි. ඒ දිනවල භාග්‍යවතුන් වහන්සේ වැඩසිටියේ රජගහ නුවර කලන්දක නිවාප නම් වූ වේළුවනාරාමයේ. එදා නොයෙක් අන්‍යාගමික ශ්‍රාවක වූ දිව්‍යපුත්‍රයන් වන අසමද, සහලීද, නිංකද, අකෝටක ද, වේටම්බරීද, මානවගාමියද, රැය පහන් වන වෙලාවේ මුළු මහත් වේළුවනයම බබුළුවාගෙන භාග්‍යවතුන් වහන්සේ සමීපයට ආවා. භාග්‍යවතුන් වහන්සේට වන්දනා කළා. පැත්තකින් හිටගත්තා. පැත්තකින් හිටගත් අසම

දිව්‍යපුත්‍රයා පූරණකස්සප මුල් කරගෙන භාග්‍යවතුන් වහන්සේ සමීපයේ මේ ගාථාව පැවසුවා.

"පූරණකස්සප ශාස්තෘවරයා, අතපය සිඳීම ගැන, සතුන් මැරීම ගැන, සතුන්ට පීඩා කිරීම ගැන, ධන හානි ගැන පවක් හරි, පිනක් හරි වෙනවා කියල දකින්නෙ නෑ. ඇත්තෙන්ම ඔහුගේ අදහස විශ්වාස කටයුතු එකක්. ඒ නිසා ඔහුත් ගරු බුහුමන් ලබන්න සුදුසුයි."

එතකොට සහලී දිව්‍යපුත්‍රයා මක්ඛලීගෝසාල මුල් කරගෙන, භාග්‍යවතුන් වහන්සේ සමීපයේ මේ ගාථාව පැවසුවා.

"ඔහු තපසින් යුක්තයි. පව පිළිකුල් කරනවා. ජනයා සමඟ කෝළාහල වචන කියන්නෙ නෑ. බොරුවෙන් වැළකිලා ඉන්නෙ. සත්‍ය කතා කරනවා. ඇත්ත වශයෙන්ම අකම්පිත ගුණ ඇති ඔහු පව් කරන්නේ නෑ."

එතකොට නිංක දිව්‍යපුත්‍රයා නිගණ්ඨ නාතපුත්ත මුල් කරගෙන භාග්‍යවතුන් වහන්සේ සමීපයේ මේ ගාථාව පැවසුවා.

"ඔහු පව පිළිකුල් කරනවා. නුවණැති කෙනෙක්. පිඬුසිඟා යැපෙන කෙනෙක්. චතුයාම සංවරයෙන් සංවර වෙච්ච කෙනෙක්. දුටු දේ, ඇසූ දේ විතරක් කියන කෙනා ඇත්ත වශයෙන්ම පව් කරන්නෙ නෑ."

එතකොට අකෝටක දිව්‍යපුත්‍රයා නොයෙක් ආගම්කාරයින් අරභයා භාග්‍යවතුන් වහන්සේ සමීපයේ මේ ගාථාව පැවසුවා.

"පකුධකච්චායන, නිගණ්ඨ නාතපුත්‍ර, ඒ වගේම මක්ඛලීගෝසාල, පූරණ කස්සපත්, පිරිස්වලට නායකවරුන් වූ අය. පැවිදි ජීවිතේ ඵල නෙලූ අය. ඇත්ත වශයෙන්ම ඔවුන් සත්පුරුෂයන්ට දුර නෑ."

එතකොට වේටම්බරී දිව්‍යපුත්‍රයා ආකෝටක දිව්‍යපුත්‍රයාට ගාථාවකින් පිළිතුරු දුන්නා.

"කොත්ථුක කියල පහත් පෙළේ හිවලෙක් ඉන්නවා. මේකා සිංහයෙක් හා සමාන වෙන්නෙ නෑ. ඒ වගේ ඔය හෙලුවැලි තවුසන්, බොරු කියන තවුසන්, පිරිසට ශාස්තෘවරයෙක් හැටියට හිටියත් ඒ උදවියගේ සැක කටයුතු මහණකම බුද්ධාදී සත්පුරුෂයින්ට සමාන වෙන්නේ නෑ."

ඒ මොහොතේ පවිටු මාරයා වේටම්බරී දිව්‍යපුත්‍රයාට ආවේශ වුනා. භාග්‍යවතුන් වහන්සේ සමීපයේ මේ ගාථාව පැවසුවා.

"තපසත්, පිළිකුල් බව පුරුදු කිරීමත්, විවේකයත් තියෙන උදවිය රූපයෙහි පිහිටලා දිව්‍ය ලෝක පතනවා නම්, ඔවුන් පරලොව උපතක් පිණිස හැබෑවටම අනුශාසනා කරන අය."

භාග්‍යවතුන් වහන්සේ මේ ඉන්නේ පාපී මාරයා බව දැනගෙන, පව්ටු මාරයාට ගාථාවකින් පිළිතුරු දී වදාළා.

"මෙලොව හරි, පරලොව හරි, අහසේ හරි, ලස්සන පාට තියෙන රූප කොච්චර තිබුණත් මාරය, ඒ රූප ඔක්කොම නුඹේ ප්‍රශංසාවට විතරයි ලක්වෙන්නෙ. ඒක හරියට මසුන් මරන්න අටවපු ඇමක් වගේ."

එතකොට මානවගාමිය දිව්‍යපුත්‍රයා භාග්‍යවතුන් වහන්සේ මුල් කරගෙන, භාග්‍යවතුන් වහන්සේ සමීපයේ මේ ගාථාවන් පැවසුවා.

"රජගහ නුවර පර්වතයන් අතර වේපුල්ල පර්වතය අග්‍රයි. හිමාල පර්වත අතර කයිලාස පර්වතය අග්‍රයි. අහසේ යන අය අතර සූර්යයා අග්‍රයි.

ජලාශයන් අතර මහා සයුර අග්‍රයි. නැකැත් තරු අතර චන්ද්‍රයා අග්‍රයි. ඒ වගේ දෙවියන් සහිත ලෝකයා අතර බුදුරජාණන් වහන්සේ අග්‍රයි."

සාදු! සාදු!! සාදු!!!

මේ සූත්‍රයේ සඳහන් වන කරුණු පැහැදිලිව තේරුම් ගත යුතුය. මේ දෙව්වරු මිනිස් ලෝකයේදී ඒ අන්‍යාගමිකයන්ගේ ශ්‍රාවකයින්ව සිට, ඒ මිත්‍යා දෘෂ්ටි ආගම් අනුගමනය කොට දෙව්ලොව ඉපදුනා නොවෙයි. දෙව්ලොව ඉපදීමෙන් පසුව ඔවුන් මතවාද වශයෙන් විවිධ අන්‍යාගමිකයන්ගේ මතවලට පක්ෂව සිටි ආකාරයයි මෙයින් පෙනෙන්නේ.

තුන්වෙනි නානා තිත්ථිය වර්ගය අවසන් විය.
දේවපුත්ත සංයුත්තය අවසන් විය.

නමෝ තස්ස භගවතෝ අරහතෝ සම්මාසම්බුද්ධස්ස
ඒ භාග්‍යවත් අරහත් සම්මා සම්බුදුරජාණන් වහන්සේට නමස්කාර වේවා!

3. කෝසල සංයුත්තය

1. බන්ධන වර්ගය

3.1.1.
දහර සූත්‍රය
ළදරුවා ගැන වදාළ දෙසුම

112. මා හට අසන්නට ලැබුනේ මේ විදිහටයි. ඒ දිනවල භාග්‍යවතුන් වහන්සේ වැඩසිටියේ සැවැත් නුවර ජේතවනය නම් වූ අනේපිඬු සිටුතුමාගේ ආරාමයේ. එදා පසේනදී කොසොල් රජතුමා භාග්‍යවතුන් වහන්සේ බැහැදකින්නට ආවා. ඇවිදින් භාග්‍යවතුන් වහන්සේ සමඟ සතුටු වුනා. පිළිසඳර කතා කළා. පැත්තකින් වාඩිවුනා. පැත්තකින් වාඩිවුන පසේනදී කොසොල් මහරජතුමා භාග්‍යවතුන් වහන්සේගෙන් මෙහෙම ඇහුවා.

"භවත් ගෞතමයන් වහන්සේ පවා අනුත්තර වූ සම්මා සම්බුද්ධත්වය අවබෝධ කරපු කෙනෙක් හැටියට තමන්ව හඳුන්වනවාද?"

"පින්වත් මහාරාජ, නියාමාකාරයෙන්ම යමෙකුට කියනවා නම්, අනුත්තර වූ සම්මා සම්බුද්ධත්වය අවබෝධ කළා කියලා, එහෙම නියම ආකාරයෙන් කිව යුත්තෙ මං ගැන තමයි. පින්වත් මහාරාජ, මම තමයි අනුත්තර වූ සම්මා සම්බෝධිය අවබෝධ කළේ."

"භවත් ගෞතමයන් වහන්ස, ශ්‍රාවක පිරිස් සිටින පැවිදි පිරිස් සිටින, තම පිරිසට ආචාර්ය වූ, ප්‍රසිද්ධ වූ, කීර්තිමත් වූ, ආගමික මත කියන්නා වූ,

බොහෝ ජනයා විසින් හොඳයි කියල සම්මත කරපු ශ්‍රමණබ්‍රාහ්මණවරු ඉන්නවා. ඔවුන්ට තමයි, පූරණකස්සප, මක්ඛලීගෝසාල, නිගණ්ඨ නාතපුත්ත, සංජය බෙල්ලට්ඨිපුත්ත, පකුධ කච්චායන, අජිත කේසකම්බල කියල කියන්නෙ. නමුත් තමන් අනුත්තර වූ සම්මා සම්බෝධිය අවබෝධ කළ බවට තමන්ව හඳුන්වා දෙනවා දැයි කියා ඔවුන්ගෙන් ඇහුවොත්, ඔවුන් පවා තමන් අනුත්තර වූ සම්මා සම්බෝධිය අවබෝධ කළ බවට ප්‍රතිඥා දෙන්නෙ නෑ. ඒ වුනත් භවත් ගෞතමයන් වහන්ස, ඔබවහන්සේ තවම උපතිනුත් ළදරුවෙක් නෙව? පැවිද්දෙනුත් නවකයෙක් නෙව?"

"පින්වත් මහාරාජ, ළදරුය කියල අවමන් නොකළ යුතු, ළදරුය කියල පරිභව නොකළ යුතු හතර දෙනෙක් ඉන්නවා. ඒ හතර දෙනා කවුද? පින්වත් මහාරාජ, රාජවංශික කුමාරයා ළදරුය කියල අවමන් නොකළ යුතුයි. පරිභව නොකළ යුතුයි. පින්වත් මහාරාජ, විෂඝෝර සර්ප පැටියා ළදරුය කියල අවමන් නොකළ යුතුයි. පරිභව නොකළ යුතුයි. පින්වත් මහාරාජ, ගින්දර ළදරුය කියල අවමන් නොකළ යුතුයි. පරිභව නොකළ යුතුයි. පින්වත් මහාරාජ, භික්ෂුව ළදරුය කියල අවමන් නොකළ යුතුයි. පරිභව නොකළ යුතුයි. පින්වත් මහාරාජ, මේ හතර දෙනා ළදරුය කියල අවමන් නොකළ යුතුයි. පරිභව නොකළ යුතුයි."

භාග්‍යවතුන් වහන්සේ මෙය වදාළා. ඊට පස්සෙ සුගත වූ ශාස්තෘන් වහන්සේ මේ ගාථාවන් ද වදාළා.

"රජ කුලයේ උපන්, විශිෂ්ට උපතක් ඇති, කීර්තිමත් රාජවංශික කුමරා ළදරුවෙක්ය කියල කවුරුවත් අවමන් කරන්නෙ නෑ. ඔහුට පරිභව කරන්නෙත් නෑ.

මෙහෙමත් දෙයක් තියෙනවා. මිනිසුන්ට ප්‍රධාන වූ ඒ රාජවංශික කුමාරයා රජකම ලැබුනට පස්සේ ඔහුට අවමන් කරපු පුද්ගලයා ගැන කිපෙනවා. ඒ පුද්ගලයාට තදබල විදිහට රාජ දඬුවම් දෙනවා. ඒ නිසා තමන්ගේ ජීවිතය රැකගන්න කෙනා රාජ කුමාරයත් එක්ක හැප්පෙන්න යන්නෙ නෑ.

ඒ වගේම කෙනෙකුට ගමක හරි, වනාන්තරේක හරි, සර්පයෙක්ව දකින්න ලැබෙනවා. ඔහු ඌ ළදරුවෙක්ය කියල අවමන් කරන්නෙ නෑ. පරිභව කරන්නෙ නෑ.

මහා තේජස් තියෙන සර්පයො ඉන්නවා. ඒ සර්පයන් නොයෙක් වේශයෙන් හැසිරෙනවා. ඌ කිපුනොත් ඒ තමන්ට අවමන් කරපු අඥාන පුරුෂයාව හරි, ස්ත්‍රියව හරි හොයාගෙන ඇවිදින් දෂ්ට කරනවා. ඒ නිසා

තමන්ගේ ජීවිතය රැකගන්න ඕන කෙනා ළදරුය කියල සර්පයා එක්ක හැප්පෙන්න යන්නෙ නෑ.

බොහෝ දේ පුළුස්සල දාන ගිනිදැල් තියෙන, ගින්නෙන් පිච්චිලා ගිය කළු පාට මග තියෙන ගින්දරට ළදරුය කියල අවමන් කරන්නෙ නෑ. කෙනෙක් ඒකට පරිභව කරන්නෙත් නෑ.

ඒ ගින්දර ඇවිලෙන්න කරුණු යෙදුනාම, විශාල ලෙස පැතිරෙනවා. පැතිරිලා සමහර විට ඒ ගින්න වැඩිකරපු ඒ මෝඩ පුරුෂයාව හෝ ස්ත්‍රියව ඩැහැගන්නවා. ඒ නිසා තමන්ව රැකගන්න ඕන කෙනා ගින්දරත් එක්ක හැප්පෙන්න යන්නෙ නෑ.

ගින්නෙන් පිච්චිලා ගියාම කළු පාට මග හැදෙන ඒ ගින්දර වනාන්තර පවා පුච්චල දානවා. දිවා රෑ ගෙවිල යනකොට ඒ ගින්නෙන් ගිනි පුපුරු හැදෙනවා.

යම් සිල්වත් භික්ෂුවක් තමන්ගේ ගුණදහම් තේජසින් යමක් පුච්චල දැම්මොත් ඊට පස්සේ ඔහුට දරුවො ඇතිවෙන්නෙ නෑ. හරකබාන හරියන්නෙ නෑ. දායාදය හැටියට වස්තුව ලැබෙන්නෙ නෑ. අන්තිමේදී කිසි දේපල වස්තුවක් නැතුව මුදුන් කරටිය කැඩිච්ච තල් ගහක් වගේ වෙනවා.

ඒ නිසා නුවණ තියෙන කෙනා තමන්ගේම යහපත ගැන හිතනවා නම්, සර්පයාවත්, ගින්දරත්, කීර්තිමත් රාජවංශික කුමාරයාවත්, සිල්වත් භික්ෂුවත් ඉතා යහපත් විදිහට ඇසුරු කරනව."

මේ විදිහට වදාළාම, පසේනදී කොසොල් රජතුමා භාග්‍යවතුන් වහන්සේට මෙහෙම කිව්වා. "ස්වාමීනි, ඉතා මනහරයි! ස්වාමීනී, ඉතා මනහරයි! ස්වාමීනි, යටිකුරු වෙච්ච දෙයක් උඩුකුරු කළා වගෙයි. වැහිලා තිබ්බිච්ච දෙයක් ඇරල පෙන්නුවා වගෙයි. මං මුළා වූ කෙනෙකුට හරි මඟ කියා දුන්නා වගේ. ඇස් ඇති උදවියට රූප දකින්නට අන්ධකාරයේ තෙල් පහන් දැරුවා වගේ. ඒ විදිහටම භාග්‍යවතුන් වහන්සේ නොයෙක් ආකාරයෙන් ශ්‍රී සද්ධර්මය වදාළා. ස්වාමීනි, මම භාග්‍යවතුන් වහන්සේවත්, ශ්‍රී සද්ධර්මයත්, භික්ෂුසංඝයාත් සරණ යනවා. ස්වාමීනි, මම අද පටන් දිවි තිබෙන තුරාවටම තෙරුවන් සරණ ගිය උපාසකයෙක් හැටියට පිළිගන්නා සේක්වා!"

සාදු! සාදු!! සාදු!!!

3.1.2.
පුරිස සූත්‍රය
පුරුෂයා ගැන වදාළ දෙසුම

113. සැවැත් නුවර ජේතවනාරාමයේදී ....

එදා පසේනදී කොසොල් රජතුමා භාග්‍යවතුන් වහන්සේව බැහැදකින්න ආවා. ඇවිදින් භාග්‍යවතුන් වහන්සේට වන්දනා කළා. පැත්තකින් වාඩිවුනා. පැත්තකින් වාඩිවුන පසේනදී කොසොල් රජතුමා භාග්‍යවතුන් වහන්සේගෙන් මෙහෙම ඇහුවා.

"ස්වාමීනි, පුරුෂයෙකුගේ සිතේ තමන්ට අහිත පිණිස, දුක් පිණිස, කරදර පිණිස උපදිනවා නම්, කරුණු කීයක් උපදිනවාද?"

"පින්වත් මහාරාජ, පුරුෂයෙකුගේ සිතේ තමන්ට අහිත පිණිස, දුක් පිණිස, කරදර පිණිස උපදිනවා නම් උපදින්න තියෙන්නෙ කරුණු තුනයි. ඒ කරුණු මොනවාද? පින්වත් මහාරාජ, පුරුෂයාගේ සිත තුළ අහිත පිණිස, දුක් පිණිස, කරදරය පිණිස උපදිනවා නම් උපදින්නෙ ලෝභයයි. පින්වත් මහාරාජ, පුරුෂයාගේ සිත තුළ අහිත පිණිස, දුක් පිණිස, කරදර පිණිස උපදිනවා නම් උපදින්නෙ ද්වේෂයයි. පින්වත් මහාරාජ, පුරුෂයාගේ සිත තුළ අහිත පිණිස, දුක් පිණිස, කරදර පිණිස උපදිනවා නම් උපදින්නෙ මෝහයයි. පින්වත් මහාරාජ, පුරුෂයාගේ සිත තුළ අහිත පිණිස, දුක් පිණිස, කරදර පිණිස උපදිනවා නම් උපදින්න තියෙන්නෙ ඔය තුන තමයි.

තමන්ගේ සිත තුළමයි මේවා ඇතිවෙන්නෙ. එතකොට ලෝභ, ද්වේෂ, මෝහ ආදී පව් සිතුවිලි ඒ පුද්ගලයාව පෙළන්න ගන්නවා. ඒක පොත්තම අරටුව හැටියට තියෙන ගහක ගෙඩි හැදුන වගේ වැඩක්."

සාදු! සාදු!! සාදු!!!

3.1.3.
රාජ සූත්‍රය
රජු ගැන වදාළ දෙසුම

114. සැවැත් නුවර ජේතවනාරාමයේදී ....

එකත්පසක සිටි පසේනදී කොසොල් රජතුමා භාග්‍යවතුන් වහන්සේ ගෙන් මෙහෙම ඇහුවා.

"ස්වාමීනී, ඉපදිච්ච කෙනෙකුට ජරාමරණ හැර වෙන දෙයක් තියෙනවාද?"

"පින්වත් මහාරාජ, ඉපදිච්ච කෙනෙකුට ජරාමරණ හැර වෙන මොකවත් නෑ. පින්වත් මහාරාජ, සම්භාවනීය රාජවංශිකයො ඉන්නවා. එයාලට වස්තුව තියෙනවා. ධනය තියෙනවා. භෝග සම්පත් තියෙනවා. රන් රිදී පිරිල තියෙනවා. තව සැපසම්පත් තියෙනවා. ධනධාන්‍ය පිරිල තියෙනවා. ඉපදිලා සිටින ඔවුන්ටත් ජරාමරණ හැර වෙන මොකවත් නෑ. පින්වත් මහාරාජ, සම්භාවනීය බ්‍රාහ්මණයො ඉන්නවා ....(පෙ).... පින්වත් මහාරාජ, සම්භාවනීය ගෘහපතිවරු ඉන්නවා. එයාලා ධනවත්. භවභෝග සම්පත් තියෙනවා. රන් රිදී පිරිල තියෙනවා. අනෙත් වස්තුවත් ඕනතරම් තියෙනවා. ධනධාන්‍යත් පිරිල තියෙනවා. ඉපදිලා ඉන්න ඔවුන්ටත් ජරාමරණ හැර වෙන මොකවත් නෑ. පින්වත් මහාරාජ, රහත් භික්ෂූන් වහන්සේලා ඉන්නවා. ඔවුන්ට කෙලෙස් නෑ. නිවන් මග සම්පූර්ණ කරල ඉන්නේ. කළ යුතු දේ කරලා ඉන්නෙ. කෙලෙස් බර වීසිකරල ඉන්නෙ. ක්‍රමානුකූලව උත්තම බවට පත්වෙලයි ඉන්නෙ. භව බන්ධන නැතිකරලයි ඉන්නෙ. අවබෝධයෙන්ම දුකින් නිදහස් වෙලයි ඉන්නෙ. ඒ රහතුන්ගේ පවා මේ කය බිඳී යන ස්වභාවයෙන් යුක්තයි. බැහැරට දමන ස්වභාවයෙන් යුක්තයි.

හැඩවැඩ ඇති ලස්සන රාජකීය වාහනත් ඇත්තෙන්ම දිරල යනවා. ශරීරත් එහෙම තමයි. දිරල යනවා. ඒ වුනත්, සත්පුරුෂයින්ගේ ධර්මය නම් දිරල යන්නෙ නෑ කියල ඇත්තෙන්ම සත්පුරුෂයො ඒක කියනවා."

සාදු! සාදු!! සාදු!!!

3.1.4.
පිය සූත්‍රය
ප්‍රිය දේ ගැන වදාළ දෙසුම

115. සැවැත් නුවර ජේතවනාරාමයේදී ....

එකත්පසක සිටි පසේනදී කොසොල් රජතුමා භාග්‍යවතුන් වහන්සේට මෙහෙම කිව්වා.

"ස්වාමීනි, මං හුදෙකලාවෙ තනියම ඉන්න කොට, මට මෙහෙම කල්පනාවක් ඇතිවුනා. 'තමන්ව ප්‍රිය කාටද? තමන්ව අප්‍රිය කාටද?' කියලා. එතකොට ස්වාමීනි, මට මෙහෙම හිතුනා. සමහර උදවිය ඉන්නවා. ඒගොල්ලො කයින් වැරදි කරනවා. වචනයෙන් වැරදි කරනවා. සිතින් වැරදි කරනවා. ඇත්තෙන්ම ඔවුන්ට තමන්ව ප්‍රිය නෑ. නමුත් ඔවුන් කථාවට විතරක් කියනවා 'තමාට තමාව ප්‍රියයි' කියලා. ඒ වුනාට ඔවුන්ට තමන්වමයි ප්‍රිය නැත්තෙ. ඇයි එහෙම වෙන්නෙ? අප්‍රිය කෙනෙක් තවත් අප්‍රිය කෙනෙකුට යම් දෙයක් කරනවාද, අන්න ඒ දේ තමයි එයාලා තමතමන්ට කරගන්නෙ. ඒ නිසා ඔවුන්ට තමන්ව ප්‍රිය නෑ.

සමහර උදවිය ඉන්නවා. එයාල කයින් යහපත් දේ කරනවා. වචනයෙන් යහපත් දේ කරනවා. සිතින් යහපත් දේ කරනවා. ඔවුන්ට තමන්ව ප්‍රියයි. නමුත් වචනෙට විතරයි කියන්නෙ 'තමන්ව ප්‍රිය නෑ' කියලා. ඒ වුනාට ඔවුන්ට තමන්ව ප්‍රියයි. ඇයි ඒක එහෙම වෙන්නෙ? ප්‍රිය කෙනෙක් තමන්ට ප්‍රිය වූ කෙනෙකුට යම් දෙයක් කරනවාද, අන්න ඒ දේ තමයි ඔවුන් තම තමන්ට කරගන්නෙ. ඒ නිසා ඔවුන්ට තමන්ව ප්‍රියයි."

"පින්වත් මහාරාජ, ඒක එහෙමම තමයි. පින්වත් මහාරාජ, ඒක එහෙමම තමයි. සමහර උදවිය ඉන්නවා එයාල කයින් වැරදි කරනවා. වචනයෙන් වැරදි කරනවා. සිතෙන් වැරදි කරනවා. ඇත්තෙන්ම ඔවුන්ට තමන්ව ප්‍රිය නෑ. නමුත් ඔවුන් කථාවට විතරක් කියනවා 'තමන්ට තමන්ව ප්‍රියයි' කියලා. ඒ වුනාට ඔවුන්ට ඔවුන්ව ප්‍රිය නෑ. ඇයි ඒක එහෙම වෙන්නෙ? පින්වත් මහාරාජ, අප්‍රිය කෙනෙක් තවත් අප්‍රිය කෙනෙකුට යමක් කරනවාද, ඒක තමයි ඔවුන් තම තමන්ට කරගන්නෙ. ඒ නිසා, ඔවුන්ට ඔවුන්ව ප්‍රිය නෑ.

ඒ වගේම පින්වත් මහාරාජ, සමහර උදවිය ඉන්නවා එයාලා කයින් යහපත් දේ කරනවා. වචනයෙන් යහපත් දේ කරනවා. සිතින් යහපත් දේ

කරනවා. ඔවුන්ට තමන්ව ප්‍රියයි. ඒ වුනත් ඔවුන් කථාවට විතරයි කියන්නෙ 'තමන්ට තමන්ව ප්‍රිය නෑ' කියලා. ඒ වුනාට ඔවුන්ට තමන්ව ප්‍රියයි. ඇයි ඒක එහෙම වෙන්නෙ? පින්වත් මහාරාජ, ප්‍රිය වූ කෙනෙක්, තමන්ට ප්‍රිය වූ කෙනෙකුට යම් දෙයක් කරනවාද, අන්න ඒ දේ තමයි ඔවුන් තම තමන්ට කරගන්නෙ. ඒ නිසා ඔවුන්ට තමන්ට ප්‍රියයි.

ඉතින් තමන්ට ප්‍රිය බව දන්නවා නම්, තමාව පාපයට යොදවන්නෙ නෑ. පව් කරන කෙනෙකුට සැපය සුවසේ ලබනවා කියන එක ලේසි දෙයක් නොවෙයි.

මාරයාගේ ග්‍රහණයට හසුවෙච්ච සත්වයා, මනුස්ස ජීවිතේ අත්හරින කොට, එයාට තමන්ගේ කියල ගෙනියන්න තියෙන්නෙ මොනවාද? එයා අරගෙන යන්නෙ මොනවාද? තමාව අත්නොහරින සෙවනැල්ල වගේ, තමාත් එක්ක ගමන් කරන දෙයක් එයාට තියෙනවාද?

මනුස්ස ජීවිතේදී, මෙතනදී රැස් කරන පින්පව් දෙක විතරයි තියෙන්නෙ. තමන්ගේ දෙයක් හැටියට ඉතුරු වෙන්නෙ එච්චරයි. අරගෙන යන්න තියෙන්නෙත් එච්චරයි. තමාව අත්නොහරින සෙවනැල්ල වගේ, ඒක තමාගේ පසුපස්සෙන් එනවා.

ඒ නිසා පරලොවට පිහිට වෙන යහපත් පින්කම් කරන්න ඕන. පරලොවදී සත්වයන්ට පිහිට වෙන්නෙ පින විතරයි."

සාදු! සාදු!! සාදු!!!

3.1.5.
අත්තරක්ඛිත සූත්‍රය
තමාව රැකගැනීම ගැන වදාළ දෙසුම

116. සැවැත් නුවර ජේතවනාරාමයේදී ....

එකත්පස්ව සිටි පසේනදී කොසොල් රජතුමා භාග්‍යවතුන් වහන්සේට මෙහෙම කිව්වා.

"ස්වාමීනි, මං හුදෙකලාවෙ තනියම ඉන්න කොට, මට මෙහෙම කල්පනාවක් ඇතිවුනා. 'තමන්ව රැකගන්නෙ කවුද? තමන්ව රැකගන්නෙ

නැත්තෙ කවුද?' කියලා. එතකොට ස්වාමීනි, මට මෙහෙම හිතුනා. 'සමහර උදවිය ඉන්නවා, එයාලා කයින් වැරදි කරනවා. වචනයෙන් වැරදි කරනවා. සිතින් වැරදි කරනවා. ඇත්තෙන්ම ඔවුන් තමන්ව රැකගෙන නෑ. ඇත් සේනාවක් විසින් ඔවුන්ව රැකගෙන හිටියත්, අශ්ව සේනාවක් විසින් ඔවුන්ට ආරක්ෂාව සැපයුවත්, රථ සේනාවක් විසින් ඔවුන්ට ආරක්ෂාව දුන්නත්, පා බල සේනාවක් විසින් ඔවුන්ට ආරක්ෂාවක් දුන්නත්, ඇත්තෙන්ම ඔවුන් ආරක්ෂා වෙලා නෑ. ඇයි එහෙම වෙන්නෙ? ඒ ආරක්ෂාව බාහිර එකක්. ඒක අභ්‍යන්තර ආරක්ෂාවක් නොවෙයි. ඒ නිසා ඔවුන්ට ආරක්ෂාවක් නෑ.'

සමහර උදවිය ඉන්නවා, කයින් යහපත් දේ කරනවා. වචනයෙන් යහපත් දේ කරනවා. සිතින් යහපත් දේ කරනවා. ඔවුන් තමන්ව රැකගෙනයි ඉන්නෙ. ඇත් සේනාවක් විසින් ආරක්ෂාව සැපයුවෙ නැතුවට, අශ්ව සේනාවක් විසින් ආරක්ෂාව සැපයුවෙ නැතුවට, රථ සේනාවක් විසින් ආරක්ෂාව සැපයුවෙ නැතුවට, පා බල සේනාවක් විසින් ආරක්ෂාව සැපයුවෙ නැතුවට, ඇත්තෙන්ම තමන් ආරක්ෂා වෙලයි ඉන්නෙ. ඇයි ඒක එහෙම වෙන්නෙ? ඒක තමයි අභ්‍යන්තරික ආරක්ෂාව. ඒක බාහිර ආරක්ෂාවක් නොවෙයි. ඒ නිසා ඔවුන් තමන්ව රැකගෙනයි ඉන්නෙ."

"පින්වත් මහාරාජ, ඒක එහෙමම තමයි. පින්වත් මහාරාජ, ඒක එහෙමම තමයි. සමහර උදවිය ඉන්නවා, එයාල කයින් වැරදි කරනවා ....(පෙ).... ඇත්තෙන්ම ඒ අය තමන්ව රැකගෙන නෑ. ඇත් සේනාවක් විසින් ඔවුන්ට ආරක්ෂාව සැපයුවත් ....(පෙ).... පා බල සේනාවක් විසින් ඔවුන්ට ආරක්ෂාවක් සැපයුවත්, ඇත්තෙන්ම ඔවුන් තමන්ව රැකගෙන නෑ. ඇයි ඒක එහෙම වෙන්නෙ? පින්වත් මහාරාජ, ඔය ආරක්ෂාව බාහිර එකක්. ඕක අභ්‍යන්තර ආරක්ෂාවක් නොවෙයි. ඒ නිසා ඔවුන් තමන්ව රැකගෙන නොවෙයි ඉන්නෙ.

ඒ වගේම පින්වත් මහාරාජ, සමහර උදවිය ඉන්නවා, කයින් යහපත් දේ කරනවා ....(පෙ).... සිතින් යහපත් දේ කරනවා. ඔවුන් තමන්ව රැකගෙනයි ඉන්නෙ. ඔවුන්ට ඇත් සේනාවකින් ආරක්ෂාව නොලැබුණත් ....(පෙ).... පා බල සේනාවකින් ආරක්ෂාව නොලැබුණත් ඇත්තෙන්ම ඔවුන් තමන්ව රැකගෙනයි ඉන්නෙ. ඇයි ඒක එහෙම වෙන්නෙ? පින්වත් මහාරාජ, ඒක තමයි අභ්‍යන්තරික ආරක්ෂාව කියල කියන්නෙ. ඕක බාහිර ආරක්ෂාවක් නොවෙයි. ඒ නිසා ඔවුන් තමාව රැකගෙනයි ඉන්නෙ.

කයින් සංවර වෙන එක කොයිතරම් හොඳද. වචනයෙන් සංවර වෙන එකත් හොඳයි. මනසින් සංවර වෙන එකත් හොඳයි. සෑම තැනකදීම සංවර

වන එක තමයි හොඳ. සෑම තැනදිම සංවර වෙලා පවට ලජ්ජා ඇතුව ඉන්න කෙනාට තමයි 'ජීවිතය රැකගත්තු කෙනා' කියල කියන්නෙ."

සාදු! සාදු!! සාදු!!!

3.1.6.
අප්පකා සූත්‍රය
ටික දෙනෙක් ගැන වදාළ දෙසුම

117. සැවැත් නුවර ජේතවනාරාමයේදී ....

එකත්පසක සිටි පසේනදී කොසොල් රජතුමා භාග්‍යවතුන් වහන්සේට මෙහෙම කිව්වා.

"ස්වාමීනි, මං හුදෙකලාවෙ තනියම ඉන්න කොට, මට මෙහෙම කල්පනාවක් ඇතිවුනා. මේ ලෝකෙ ටික දෙනෙක් ඉන්නවා. එයාල ගොඩක් සැපසම්පත් ලැබුනා කියල මත් වෙන්නෙ නෑ. ප්‍රමාද වෙන්නෙ නෑ. කාම සැපයට ගිජු වෙන්නෙ නෑ. අනිත් උදවිය ගැන වැරදි විදිහට පිළිපදින්නෙ නෑ. ඒ වුනාට මේ ලෝකෙ මහා පිරිසක් ඉන්නවා සැපසම්පත් ලැබිච්ච ගමන් මත් වෙනවා. ප්‍රමාද වෙනවා. කාමයන්ට ගිජු වෙනවා. අනිත් උදවිය කෙරෙහි වැරදි විදිහට පිළිපදිනවා."

"පින්වත් මහාරාජ, ඒක එහෙමම තමයි. පින්වත් මහාරාජ, ඒක එහෙමම තමයි. පින්වත් මහාරාජ, ලෝකෙ ටික දෙනෙක් තමයි ඉන්නෙ. එයාලට වස්තුව ලැබුනට මත් වෙන්නෙ නෑ. ප්‍රමාද වෙන්නෙ නෑ. කාම සැපයට ගිජු වෙන්නෙ නෑ. අනිත් උදවිය කෙරෙහි වැරදි විදිහට පිළිපදින්නෙ නෑ. ඒ වුනාට මේ ලෝකෙ මහ විශාල පිරිසක් ඉන්නවා, දේපල වස්තුව වැඩි වැඩියෙන් ලැබෙන කොට මත් වෙනවා. ප්‍රමාද වෙනවා. කාම සැපයට ගිජු වෙනවා. අනිත් උදවිය කෙරෙහි වැරදි විදිහට පිළිපදිනවා.

කාම සැපයට සත්වයන් ඇලෙනවා. ගිජු වෙනවා. කාමයෙහි මුසපත් වෙනවා. අන්තිමේදී ඒකෙ සීමාව හොයාගන්න බැරුව යනවා. වැද්දා අටවපු උගුල හොයාගන්න බැරි මුවන් වගේ. පස්සෙ ඔවුන් දුකට පත්වෙනවා. ඒකෙ විපාකය පාපී දෙයක්."

සාදු! සාදු!! සාදු!!!

3.1.7.
අත්ථකරණ සූත්‍රය
නඩු විසඳීම ගැන වදාළ දෙසුම

118. සැවැත් නුවර ජේතවනාරාමයේදී ....

එකත්පසක සිටි පසේනදී කොසොල් රජතුමා භාග්‍යවතුන් වහන්සේට මෙහෙම කිව්වා.

"ස්වාමීනි, මං නඩු විසඳන්න විනිශ්චය ආසනේ ඉන්න කොට, මහා සම්භාවනීය රාජවංශික උදවිය, සම්භාවනීය බ්‍රාහ්මණ වංශික උදවිය, සම්භාවනීය ගෘහපති උදවිය එනවා. ඔවුන්ට හොඳට ධනය තියෙනවා. හොඳට භවභෝග සම්පත් තියෙනවා. රන් රිදී පිරිල තියෙනවා. සැපසම්පත් ඕනතරම් තියෙනවා. ධනධාන්‍ය ඕනතරම් තියෙනවා. නමුත් ඔවුන් කාමය නිසාම, කාමය මුල් කරගෙන, කාමයෙන් ඇතිවෙච්ච ප්‍රශ්න නිසාම දැන දැන බොරු කියනවා. එතකොට ස්වාමීනි, මට මෙහෙම හිතෙනවා. මගේ මේ නඩු විසඳීම වැඩක් නෑ. 'දැන් මේ අධිකරණ ශාලාවෙ ලස්සන මූණක් දකින්න නෑ නෙව' කියලා."

"පින්වත් මහාරාජ, රාජවංශික සම්භාවනීය උදවිය වෙන්න පුළුවනි, බ්‍රාහ්මණ වංශික උදවිය වෙන්න පුළුවනි, ගෘහපති සම්භාවනීය උදවිය වෙන්න පුළුවනි, මහා ධනවතුන් වෙන්නත් පුළුවනි, හොඳට භවබෝග සම්පත් තියෙන්නත් පුළුවන්, රන් රිදී පිරිල තියෙන්නත් පුළුවන්, ඔවුන්ට කොයිතරම් සැපසම්පත් තිබුනත්, ධනධාන්‍ය ඕන තරම් තිබුනත්, කාමය නිසා, කාමය මුල් කරගෙන, කාමයෙන් ඇතිවෙන ප්‍රශ්න නිසා දැන දැන බොරු කියනවා නම්, ඔවුන්ට ඒක බොහෝ කලක් අහිත පිණිස, දුක් පිණිස හේතු වේවි.

කාම සැපයට සත්වයන් ඇලෙනවා. ගිජු වෙනවා. කාමයේ මුසපත් වෙනවා. අන්තිමේදී ඒකෙ සීමාව හොයාගන්න බැරුව යනවා. මසුන් මරන්න අටවපු කෙමනටයි රිංගන්නෙ කියල දන්නෙ නැති මාළුවො වගේ, පස්සෙ ඔවුන් දුකට පත්වෙනවා. ඒකෙ විපාකය පාපී දෙයක්."

සාදු! සාදු!! සාදු!!!

3.1.8.
මල්ලිකා සූත්‍රය
මල්ලිකා දේවිය ගැන වදාළ දෙසුම

119. සැවැත් නුවර ජේතවනාරාමයේදී ....

එදා පසේනදී කොසොල් රජතුමා මල්ලිකා දේවියත් සමඟ මාලිගාවේ උඩ තට්ටුවෙයි හිටියේ. එතනදී පසේනදී කොසොල් රජ්ජුරුවො මල්ලිකා දේවියගෙන් මෙහෙම ඇහුවා. "ප්‍රිය මල්ලිකා, ඔයාට තමන්ට වඩා ප්‍රිය වූ වෙන කවුරුවත් ඉන්නවාද?"

"මහරජතුමනි, නෑ. මට තමන්ට වඩා ප්‍රිය වූ වෙන කවුරුවත් නෑ. මහරජතුමනි, ඔබතුමාට තමන්ට වඩා ප්‍රිය වෙන කවුරුවත් ඉන්නවාද?"

"ප්‍රිය මල්ලිකා, මට වුනත් එච්චර තමයි. තමන්ට වඩා ප්‍රිය වෙන කවුරුවත් නෑ."

ඊටපස්සෙ පසේනදී කොසොල් රජ්ජුරුවො මාලිගාවෙන් බැස්සා. භාග්‍යවතුන් වහන්සේව බැහැදකින්න ගියා. ගිහින් භාග්‍යවතුන් වහන්සේට වන්දනා කළා. පැත්තකින් වාඩිවුනා. පැත්තකින් වාඩිවුන පසේනදී කොසොල් රජතුමා භාග්‍යවතුන් වහන්සේට මෙහෙම කිව්වා.

"ස්වාමීනි, මං මල්ලිකා දේවියත් සමඟ මාලිගාවේ උඩ තට්ටුවේ හිටියේ. මං මල්ලිකා දේවියගෙන් මෙහෙම ඇහුවා. 'ප්‍රිය මල්ලිකා, ඔයාට තමන්ට වඩා ප්‍රිය වෙන කවුරුවත් ඉන්නවාද?' කියල. එතකොට ස්වාමීනි, මල්ලිකා දේවිය මට මෙහෙම කිව්වා. 'නෑ, මහරජතුමනි, මට තමන්ට වඩා ප්‍රිය වෙන කවුරුවත් නෑ. මහරජතුමනි, ඔබතුමාටත් තමන්ට වඩා ප්‍රිය වෙන කවුරුවත් ඉන්නවාද?' එතකොට ස්වාමීනි, මම මල්ලිකා දේවියට මෙහෙම කිව්වා 'ප්‍රිය මල්ලිකා, මට වුනත් එච්චර තමයි. තමන්ට වඩා ප්‍රිය වෙන කවුරුවත් නෑ.'

එතනදි මේ කරුණ දැනගත් භාග්‍යවතුන් වහන්සේ ඒ වෙලාවේදී මේ ගාථාව වදාළා.

"හැම දිශාවක් පුරාම සිතින් විමස විමස බැලුවොත් තමන්ට වඩා ප්‍රිය වෙන කවුරුවත් ඉන්නවාද කියලා, කිසි තැනක තමන්ට වඩා ප්‍රිය වෙන

කවුරුවත් හම්බු වෙන්නෙ නෑ. ඔය විදිහට බොහෝ දෙනෙකුට තමන්ව ප්‍රියයි. ඒ නිසා තමන්ට කැමති කෙනා අනුන්ට හිංසා කරන්නෙ නෑ."

සාදු! සාදු!! සාදු!!!

3.1.9.
යඤ්ඤ සූත්‍රය
යාගය ගැන වදාළ දෙසුම

120. සැවැත් නුවර ජේතවනාරාමයේදී ....

ඒ දවස්වල පසේනදී කොසොල් රජ්ජුරුවන්ගේ මහා යාගයක් පටන් අරන් තිබුනා. ඒ යාගෙට ලොකු ගොන්නු පන්සීයක්, නාම්බො පන්සීයක්, නැම්බියො පන්සීයක්, එළුවො පන්සීයක්, බැටළුවො පන්සීයක් කණුවල ගැට ගහලා තිබුනා, යාගයට ගන්න කියල.

ඔහුගේ දාසයො හරි, දූතයො හරි, කම්කරුවො හරි හිටියා නම්, ඒ උදවියත් දඬුවම්වලට භයේ තැති අරගෙන, කඳුළු පිරුණ මුහුණින්, අඬ අඬා එතන වැඩ කළා.

එදා බොහෝ භික්ෂූන් වහන්සේලා උදේ වරුවේ සිවුරු පොරෝගෙන, පාත්‍ර සිවුරු අරගෙන, සැවැත් නුවරට පිණ්ඩපාතෙ වැඩියා. සැවැත් නුවර පිණ්ඩපාතෙ කරගෙන භවස් වරුවෙ භාග්‍යවතුන් වහන්සේව බැහැදකින්න ගියා. ගිහින් භාග්‍යවතුන් වහන්සේට වන්දනා කළා. පැත්තකින් වාඩිවුනා. පැත්තකින් වාඩිවුන ඒ භික්ෂූන් වහන්සේලා භාග්‍යවතුන් වහන්සේට මෙහෙම කිව්වා.

"ස්වාමීනි, මේ දවස්වල පසේනදී කොසොල් රජ්ජුරුවන්ගේ මහා යාගයක් පටන් අරන්. ලොකු ගොන්නු පන්සීයක්, නාම්බො පන්සීයක්, නැම්බියො පන්සීයක්, එළුවො පන්සීයක්, බැටළුවො පන්සීයක් කණුවල ගැට ගහලා ඉන්නවා යාගයට ගන්න කියලා. ඒ වගේම ස්වාමීනි, ඔහුගේ දාසයො, දූතයො, කම්කරුවො හැටියට ඉන්න අය පවා දඬුවම්වලට තැති අරගෙන භයෙන් තැති අරගෙන, කඳුළු පිරුණු මුහුණින් තමයි අඬ අඬා ඒවා කරන්නෙ."

එතකොට භාග්‍යවතුන් වහන්සේ ඒ කරුණ දැනගෙන ඒ වෙලාවෙ මේ ගාථාවන් වදාළා.

"අස්සමේධ, පුරිසමේධ, සම්මාපාස, වාජපෙය්‍ය, නිරග්ගල කියල මහා විශාලෙට කරන මහා යාග තියෙනවා. ඔය යාගවලින් කිසි ප්‍රයෝජනයක් නෑ.

එළුබැටළුවො මරන, ගවයන් මරන, ඔය යාගවලට යහපත් මාර්ගයේ ගමන් කරන බුද්ධාදී ඉසිවරයන් වහන්සේලා වඩින්නෙ නෑ.

ඔය මහ ලොකුවට නැතුවට, ගෙයක් පාසා හැම තිස්සෙම පුංචියට යාග කෙරෙනවා. ඒ යාගවල එළු බැටළුවො මරන්නෙත් නෑ. ගවයන් මරන්නෙත් නෑ.

ඒ යාගවලට යහපත් මාර්ගයේ ගමන් කරන බුද්ධාදී ඉසිවරයන් වහන්සේල වඩිනවා. නුවණැති උදවිය කළ යුත්තෙ අන්න ඒ වගේ යාග තමයි. ඒ යාගවල ගොඩාක් ප්‍රතිඵල තියෙනවා.

එබඳු යාග කරන උදවිය දියුණු වෙනවා. පිරිහෙන්නෙ නෑ. ඒ යාගය ලොකු දෙයක්. දෙවියන් පවා පහදිනවා."

සාදු! සාදු!! සාදු!!!

3.1.10.
බන්ධන සූත්‍රය
බන්ධනය ගැන වදාළ දෙසුම

121. සැවැත් නුවර ජේතවනාරාමයේදී ....

ඒ දිනවල පසේනදී කොසොල් රජ්ජුරුවො විශාල පිරිසක් හිරකරලා හිටියා. සමහර කෙනෙක්ව කඹවලිනුත්, සමහර කෙනෙක්ව යකඩ දම්වැල් වලිනුත්, සමහර කෙනෙක්ව දඬුකඳේ ගහල තියනවා.

එදා බොහෝ භික්ෂුන් වහන්සේලා උදේ වරුවේ සිවුරු පොරෝගෙන, පාත්‍ර සිවුරු අරගෙන සැවැත් නුවර පිණ්ඩපාතෙ වැඩියා. සැවැත් නුවර පිණ්ඩපාතෙ කරගෙන, හවස් වරුවේ භාග්‍යවතුන් වහන්සේව බැහැදකින්න ගියා. ගිහින් වන්දනා කළා. පැත්තකින් වාඩිවුනා. පැත්තකින් වාඩිවුන ඒ භික්ෂුන් වහන්සේලා භාග්‍යවතුන් වහන්සේට මෙහෙම කිව්වා. "ස්වාමීනි, මේ පසේනදී කොසොල් රජතුමා සමහරුන්ව කඹවලිනුත්, සමහර කෙනෙක්ව දම්වැල් වලිනුත්, සමහරුන්ව දඬුකඳේ ගහල බැඳල දාපු විශාල පිරිසක් හිටියා."

එතකොට භාග්‍යවතුන් වහන්සේ ඒ කරුණ දැනගෙන ඒ වෙලාවේ මේ ගාථාවන් වදාළා.

"යකඩවලින් කරපු, ලීයෙන් කරපු, බුබුස් තණවලින් කරපු, බන්ධන තියෙනවා තමයි. ඒ වුනත් නුවණැත්තෝ ඒවාට බලවත් බන්ධනය කියල කියන්නෙ නෑ. මැණික් කුණ්ඩලාභරණවලට, දූදරුවන්ට, බිරින්දෑවරුන්ට, බලවත්ව ඇලී ගිහින්, ඒ ගැන යම් අපේක්ෂාවක් තියෙනවාද, නුවණැත්තෝ අන්න ඒකටයි බලවත් බන්ධනය කියල කිව්වේ. ඒ බන්ධනය (පුද්ගලයා) අපායට ඇදගෙන යනවා. සියුම් එකක්. නිදහස් වෙන්න අමාරු එකක්. නමුත් ඔය බන්ධන පවා සිඳගෙන, කාම සැප අත්හැර දාලා, අපේක්ෂා රහිතව, පැවිදි වෙන අයත් ඉන්නවා."

සාදු! සාදු!! සාදු!!!

පළමුවෙනි බන්ධන වර්ගය අවසන් විය.

2. අපුත්තක වර්ගය

3.2.1.
සත්ත ජටිල සූත්‍රය
ජටාධර තවුසන් හත් දෙනා ගැන වදාළ දෙසුම

122. ඒ දිනවල භාග්‍යවතුන් වහන්සේ වැඩසිටියේ සැවැත් නුවර මිගාරමාතු ප්‍රාසාදය නම් වූ පූර්වාරාමයේ.

එදා භාග්‍යවතුන් වහන්සේ හවස් වරුවේ භාවනාවෙන් නැගිටලා, ඉස්තෝප්පුවේ වැඩසිටියා. එතකොට පසේනදී කොසොල් රජතුමා භාග්‍යවතුන් වහන්සේව බැහැදකින්න ආවා. ඇවිදින් භාග්‍යවතුන් වහන්සේට වන්දනා කළා. පැත්තකින් වාඩිවුනා.

ඒ මොහොතේ ජටාධර තවුසන් හත් දෙනෙකුත්, නිගණ්ඨයන් හත් දෙනෙකුත්, අචේලකයන් හත් දෙනෙකුත්, තනි සළුවකින් විතරක් ඇඳගත් තවුසන් හත් දෙනෙකුත්, පරිබ්‍රාජකයන් හත් දෙනෙකුත් භාග්‍යවතුන් වහන්සේට නුදුරින් ගමන් කළා. නියපොතු, කෙස් වවාගෙනයි ඔවුන් හිටියේ. නොයෙක් විදිහේ තවුස් පිරිකර ඔවුන් ළඟ තිබුනා. ඔවුන් දුටු පසේනදී කොසොල් රජතුමා ආසනෙන් නැගිට්ටා. උතුරු සළුව එක් පැත්තකට පොරෝගත්තා. දකුණු දණහිස පොළොවෙ තබාගත්තා. අර ජටාධර තවුසන් හත් දෙනා, නිගණ්ඨයන් හත්දෙනා, අචේලකයින් හත්දෙනා, තනි සළුවක් පොරෝගත්තු හත්දෙනා, පරිබ්‍රාජකයන් හත්දෙනා දිහාවට වැඳගෙන තුන්වරක් තමන්ගේ නම කිව්වා. "ස්වාමීනී, මමයි පසේනදී කොසොල් රජතුමා ....(පෙ).... ස්වාමීනී, මමයි පසේනදී කොසොල් රජතුමා"

ඒ ජටාධර තවුසන් හත් දෙනා, නිගණ්ඨයන් හත්දෙනා, අචේලකයින් හත්දෙනා, තනි සළුවක් පොරෝගත්තු හත්දෙනා, පරිබ්‍රාජකයන් හත්දෙනා එතනින් ගියාට පස්සෙ, පසේනදී කොසොල් රජතුමා භාග්‍යවතුන් වහන්සේ

ළඟට ගියා. ගිහින් භාග්‍යවතුන් වහන්සේට වන්දනා කළා. පැත්තකින් වාඩිවුනා. පැත්තකින් වාඩිවුන පසේනදී කොසොල් රජතුමා භාග්‍යවතුන් වහන්සේට මෙහෙම කිව්වා.

"ස්වාමීනී, මේ ලෝකෙ යම් රහතන් වහන්සේලා ඉන්නවා නම්, රහත් මාර්ගයට බැසගත්තු උතුමන් ඉන්නවා නම්, දැන් මෙතනින් ගිය උදවියත් ඒ පිරිසට තමයි අයිති."

"පින්වත් මහාරාජ, ගිහි ගෙදර ගත කරන, කම්සැප විඳින, දූ දරුවන්ගේ කරදර තියෙන, සිනිඳු සළු පොරවන, මල්, සුවඳ විලවුන් පාවිච්චි කරන, රන් රිදී, පාවිච්චි කරන, ඔබට මේ උදවිය රහත්ය, මේ උදවිය රහත් මඟට බැසගත් පිරිසය කියල දැනගන්න පුළුවන්කමක් නෑ.

පින්වත් මහාරාජ, එකට ජීවත් වෙලයි සීලය ගැන දැනගන්න තියෙන්නෙ. ඒකත් ටික දවසකින් නෙවෙයි. සෑහෙන කලක් හිටියට පස්සෙ. ඒකත්, ඒ ගැන කල්පනාවෙන් ඉන්න කෙනාටයි. කල්පනාවෙන් ඉන්නෙ නැති කෙනාට නෙවෙයි. ඒකත් ප්‍රඥාවන්තයෙක් විතරයි තේරුම් ගන්නෙ. ප්‍රඥාව නැති කෙනෙක් නෙවෙයි තේරුම් ගන්නෙ.

පින්වත් මහාරාජ, කතා බස් කිරීමෙන්මයි කෙනෙකුගේ පිරිසිදුකම දැනගන්න තියෙන්නෙ. ඒකත් සුළු කලකින් නෙවෙයි. සෑහෙන කලකින්. ඒකත් කල්පනාවෙන් ඉඳලාමයි අල්ලගන්න තියෙන්නෙ. කල්පනාව නැතුව ඉඳලා නෙවෙයි. ඒකත් ප්‍රඥාවන්ත කෙනෙකුට තමයි පුළුවන්. ප්‍රඥාව නැති කෙනාට නෙවෙයි.

පින්වත් මහාරාජ, කෙනෙකුගේ වීරිය දැනගන්න තියෙන්නෙ එයා කරදරේක වැටිච්ච වෙලාවකයි. ඒකත් සුළු කලකින් නෙවෙයි. සෑහෙන කලකින්. ඒකත් කල්පනාවෙන් ඉඳලාමයි අල්ලගන්න තියෙන්නෙ. කල්පනාව නැතුව ඉඳලා නෙවෙයි. ඒකත් ප්‍රඥාවන්ත කෙනෙකුට තමයි පුළුවන්. ප්‍රඥාව නැති කෙනාට නෙවෙයි.

පින්වත් මහාරාජ, කෙනෙකුගේ ප්‍රඥාව සොයාගන්න තියෙන්නෙ සාකච්ඡා කිරීමෙන්මයි. ඒකත් සුළු කලකින් නෙවෙයි. සෑහෙන කලක් සාකච්ඡා කිරීමෙනුයි. ඒකත් කල්පනාවෙන් ඉඳලාමයි අල්ලගන්න තියෙන්නෙ. කල්පනාව නැතුව ඉඳලා නෙවෙයි. ඒකත් ප්‍රඥාවන්ත කෙනෙකුට තමයි පුළුවන්. ප්‍රඥාව නැති කෙනාට නෙවෙයි."

"ස්වාමීනී, ආශ්චර්යයයි! ස්වාමීනී, අද්භූතයි! 'පින්වත් මහාරාජ, ඔබ වැනි

ගිහි ජීවිතය ගත කරන, කම් සැප විඳින කෙනෙක් මේක අමාරුවෙන් තමයි තේරුම් ගන්න තියෙන්නෙ ....(පෙ).... ප්‍රඥාවන්ත කෙනෙක් ම යි තේරුම් ගන්නෙ, ප්‍රඥාව නැති කෙනෙක් නො වෙයි' කියල භාග්‍යවතුන් වහන්සේ වදාළේ ඇත්තක්මයි.

ස්වාමීනී, ඔය උදවිය මගේ චරපුරුෂයෝ. දැන් ඒ ඇත්තො ජනපදවල ඇවිදගෙන ගිහින් තොරතුරු අරගෙනයි එන්නෙ. ඒ ඇත්තන් ඉස්සර වෙලා ඇවිදගෙන ගියපු පළාතෙ තමයි ඊට පස්සෙ මං යන්නෙ. ස්වාමීනී, දැන් ඉතින් ඔය උදවිය ඔය දූලි කුණු හෝදලා දාලා, හොඳට වතුර නාලා, හොඳට සුවඳ විලවුන් ගාලා, හැඩට කොණ්ඩෙ පීරලා, සළු පිළි ඇඳගෙන, පස්කම් සැපතින් පිනා ගිහින් ඉඳුරන් පිනව පිනවා ඉන්නවා.

එතකොට භාග්‍යවතුන් වහන්සේ මේ කරුණ දැනගෙන, ඒ වෙලාවෙ මේ ගාථාවන් වදාළා.

"බාහිර පෙනුමෙන් මනුස්සයෙක්ව පහසුවෙන් අඳුනගන්න බෑ. දැන අඳුනගෙන සුළු වෙලාවකින් ඔවුන්ව විශ්වාස කරන්න හොඳ නෑ. මේ ලෝකයේ කිසි සංවරයක් නැති උදවිය ශාන්ත දාන්ත ඉරියව් පෙන්නගෙන ඉන්නවා.

ඔවුන්ගේ ජීවිතවල ඇතුළ අපිරිසිදුයි. බාහිර ඔපය විතරයි. ඔවුන් ලස්සන වෙලා ඉන්නෙ රත්තරන් පාට ගාපු මැටි ආභරණ වගෙයි. රත්තරන් පාට ගාපු යකඩ කෑලි වගේ."

සාදු! සාදු!! සාදු!!!

3.2.2.
පඤ්චරාජ සූත්‍රය
රජවරු පස් දෙනාගේ ප්‍රකාශය ගැන වදාළ දෙසුම

123. සැවැත් නුවර ජේතවනාරාමයේදී ....

දවසක් පසේනදි කොසොල් රජුන් ප්‍රමුඛ රජවරුන් පස් දෙනෙක් පංචකාම සැපයෙන් ඉඳුරන් පිනව පිනවා හිටියා. එදා ඔවුන් අතර මේ විදිහට කතා බහක් ඇතිවුනා. මේ කාම සැප අතර අග්‍ර දේ මොකක්ද?

එතකොට එක්කෙනෙක් මෙහෙම කිව්වා; "කාම සැප අතර අග්‍ර වෙන්නෙ

රූපයයි" තව කෙනෙක් මෙහෙම කිව්වා; "ශබ්දය තමයි කාම සැප අතර අග්‍ර වෙන්නෙ" කියලා. තව කෙනෙක් මෙහෙම කිව්වා; "ගඳ සුවඳ තමයි කාම සැප අතර අග්‍ර වෙන්නෙ" කියලා. තව කෙනෙක් මෙහෙම කිව්වා; "රස තමයි කාම සැප අතර අග්‍ර වෙන්නෙ" කියලා. එතකොට අනිත් කෙනා මෙහෙම කිව්වා; "පහස තමයි කාම සැප අතර අග්‍ර වෙන්නෙ" කියලා. ඒ රජවරුන්ට ඔවුනොවුන්ගේ මතය එකිනෙකාට තේරුම් කරවන්න බැරිවුනා. එතකොට පසේනදි කොසොල් රජතුමා ඒ රජවරුන්ට මෙහෙම කිව්වා. "නිදුක්වරුනි, අපි යමු භාග්‍යවතුන් වහන්සේව බැහැදකින්න. ගිහින් භාග්‍යවතුන් වහන්සේගෙන් ඔය කාරණාව අහමු. භාග්‍යවතුන් වහන්සේ යම් ආකාරයකින් අපට තෝරලා දෙනවා නම්, අපි ඒ විදිහට පිළිගනිමු."

"හොඳයි නිදුකාණෙනි" කියල ඒ රජවරු පසේනදී කොසොල් රජතුමාට පිළිතුරු දුන්නා. ඉතින් පසේනදී කොසොල් රජු ප්‍රධාන ඒ රජවරු පස් දෙනා භාග්‍යවතුන් වහන්සේව බැහැදකින්න ගියා. ගිහින් භාග්‍යවතුන් වහන්සේට වන්දනා කළා. පැත්තකින් වාඩිවුනා. පැත්තකින් වාඩිවුන පසේනදී කොසොල් රජතුමා භාග්‍යවතුන් වහන්සේට මෙහෙම කිව්වා.

"ස්වාමීනී, මේ අපි රජවරු පස් දෙනා පංචකාම සැපයෙන් ඉන්ද්‍රියන් පිනව පිනවා ඉන්න කොට මේ විදිහේ කතා බහක් ඇතිවුනා. 'මේ කාම සැපයෙන් අග්‍ර වෙන්නෙ මොකක්ද?' කියලා. එතකොට එක්කෙනෙක් කිව්වා. කාම සැපයෙන් රූපය අග්‍රයි කියලා. තව කෙනෙක් ශබ්දය ....(පෙ).... පහස කාම සැපයෙන් අග්‍රයි කියලා. ස්වාමීනී, කාම සැපයෙන් අග්‍ර දේ මොකක්ද?"

"පින්වත් මහාරාජ, මම නම් කියන්නෙ ඔය පංචකාම ගුණවලින් අග්‍ර වෙන්නේ තමන්ට ප්‍රිය මනාප දේම තමයි කියලා. පින්වත් මහාරාජ, කෙනෙකුට ඒ රූප ඉතා ප්‍රිය මනාපයි. තව කෙනෙකුට ඒ රූපම අප්‍රියයි. යම් කෙනෙක් යම් රූපවලින් සිත සතුටු වෙනවා නම්, අදහස් පිරිල යනවා නම්, එයා ඒ රූප අත්හැරලා, ඊට වඩා ශ්‍රේෂ්ඨ වූ, ඊට වඩා ප්‍රණීත වූ රූප පතන්නෙ නෑ. එයාට ඒ රූප තමයි උතුම්. එයාට ඒ රූප තමයි අනුත්තර.

පින්වත් මහාරාජ, එකම ශබ්දය පවා ....(පෙ).... පින්වත් මහාරාජ, එකම ගඳ සුවඳ පවා, ...(පෙ).... පින්වත් මහාරාජ එකම රස පවා ....(පෙ).... පින්වත් මහාරාජ, එකම පහස පවා ඇතැම් කෙනෙකුට ප්‍රිය මනාපයි. ඒ පහසම තව කෙනෙකුට ප්‍රිය මනාප නෑ. යමෙක් යම් පහසකින් සතුටක් ලබනවා නම්, එයාගේ අදහස් සම්පූර්ණ වෙනවා නම්, එයා ඒ පහසට වඩා උතුම් හරි, ප්‍රණීත හරි වෙන පහසක් පතන්නෙ නෑ. එයාට මහා ලොකුවට පේන්නෙ ඒ පහස විතරයි. එයාට ඒ පහස අනුත්තරයි."

ඒ වෙලාවෙ චන්දනංගලික උපාසකතුමා ඒ පිරිස මැද වාඩිවෙලයි හිටියේ. ඒ චන්දනංගලික උපාසකතුමා ආසනෙන් නැගිට්ටා. උතුරු සළුව තනි පැත්තකට පොරොවගත්තා. භාග්‍යවතුන් වහන්සේ දිහාවට වැඳගත්තා. වැඳගෙන භාග්‍යවතුන් වහන්සේට මෙහෙම කිව්වා. "භාග්‍යවතුන් වහන්ස, මට කාරණයක් වැටහෙනවා. සුගතයන් වහන්ස, මට කාරණයක් වැටහෙනවා."

"පින්වත් චන්දනංගලික, ඔබට ඒ කාරණය වැටහේවා!" කියල භාග්‍යවතුන් වහන්සේ වදාළා.

එතකොට චන්දනංගලික උපාසකතුමා භාග්‍යවතුන් වහන්සේ ඉදිරියේ ඒ අවස්ථාවට ගැලපෙන ගාථාවකින් ස්තුති කළා.

"හිමිදිරි උදෑසන රතු පාට නෙළුම් මලක් පිපෙනවා. ඒ මලෙන් හැම තැනම පැතිරෙන මිහිරි සුවඳ හමාගෙන යනවා. අන්න ඒ වගේමයි, අහසේ බබලන හිරු මඬල වගෙයි. අසිරිමත් ගුණයෙන් බබලන බුදු සමිඳුන් දෙස බලන්න."

එතකොට ඒ රජවරු පස්දෙනා උතුරු සළු පහකින් ඒ චන්දනංගලික උපාසකතුමාව පෙරෙව්වා. ඉතින් ඒ චන්දනංගලික උපාසකතුමා ඒ උතුරු සළු පහ භාග්‍යවතුන් වහන්සේට පූජා කළා.

සාදු! සාදු!! සාදු!!!

3.2.3.
දෝණපාක සූත්‍රය
අතිවිශාල බත් පිඟාන ගැන වදාළ දෙසුම

124. සැවැත් නුවර ජේතවනාරාමයේදී ....

ඒ දවස්වල පසේනදී කොසොල් රජතුමා අතිවිශාල බත් පිඟානක් අනුභව කරනවා. දවසක් පසේනදී කොසොල් රජතුමා හොඳට බත් කාලා, හති දදා භාග්‍යවතුන් වහන්සේව බැහැදකින්න ගිහින්, භාග්‍යවතුන් වහන්සේට වන්දනා කළා. පැත්තකින් වාඩිවුනා.

ඒ වෙලාවෙ භාග්‍යවතුන් වහන්සේ පසේනදී කොසොල් රජතුමා හොඳට බත් කාලා, අමාරුවෙන් හති දදා ඉන්න බව දැනගෙන මේ ගාථාව වදාළා.

"හැමතිස්සෙම සිහියෙන් ඉඳගෙන, තමන්ට ලැබුනු භෝජනයේ අර්ථය දැනගෙන අනුභව කළොත් ඒ මනුස්සයාගේ දුක් පීඩා තුනී වෙලා යනවා. හොඳට දිරවනවා. ආයුෂත් රැකෙනවා."

ඒ මොහොත සුදස්සන කියන තරුණයා පසේනදී කොසොල් රජතුමාගේ පිටුපසින් හිටගෙන හිටියා. පසේනදී කොසොල් රජතුමා ඒ සුදස්සන තරුණයාව ඇමතුමා. "ඒයි දරුවා සුදස්සන, මෙහෙ එනවා. දැන් භාග්‍යවතුන් වහන්සේ වදාළ මේ ගාථාව හොඳට පාඩම් කරගන්නවා. මං බත් අනුභව කරන්න ලෑස්ති වෙනකොට ඔය ගාථාව කියන්න ඕන. මමත් ඔබට දිනපතා කහවණු සීයක පඩියක් ගෙවනවා."

"එහෙමයි දේවයන් වහන්ස" කියල සුදස්සන තරුණයා පසේනදී කොසොල් රජතුමාට පිළිතුරු දුන්නා. ඊට පස්සේ භාග්‍යවතුන් වහන්සේ සමීපයේ මේ ගාථාව ඉගෙන ගත්තා. කොසොල් රජ්ජුරුවො බත් අනුභව කරන්න ලෑස්ති වෙනකොට ඒ ගාථව කියනවා.

"හැමතිස්සෙම සිහියෙන් ඉඳගෙන, තමන්ට ලැබුනු භෝජනයේ අර්ථය දැනගෙන අනුභව කළොත් ඒ මනුස්සයාගේ දුක් පීඩා තුනී වෙලා යනවා. හොඳට දිරවනවා. ආයුෂත් රැකෙනවා"

දැන් පසේනදී කොසොල් රජතුමා ටිකෙන් ටික සහල් නැළියක බත විතරක් වැඩිම ආහාරය වශයෙන් ගන්න විදිහට හැඩගැසුනා. පහුවෙන කොට පසේනදී කොසොල් රජතුමාට සැහැල්ලු ශරීරයක් ඇතිවුනා. ඔහු තමන්ගේ අත්වලින් ඇඟ පිරිමදිමින් ඒ වෙලාවෙ මේ විදිහේ ප්‍රීති වාක්‍යයක් ප්‍රකාශ කළා.

"ඇත්තෙන්ම භාග්‍යවතුන් වහන්සේ මෙලොව යහපත පිණිසත්, පරලොව යහපත පිණිසත්, දෙලොවම යහපත පිණිසත් මට අනුකම්පා කොට වදාළා."

සාදු! සාදු!! සාදු!!!

3.2.4.
පඨම සංගාම සූත්‍රය
යුද්ධය ගැන වදාළ පළමු දෙසුම

125. සැවැත් නුවර ජේතවනාරාමයේදී ....

ඒ දවස් වෙනකොට වේදේහි පුත්‍ර වූ අජාසත් මගධ රජු චතුරංගනී (ඇත්, අස්, රිය, පාබල) සේනාව සන්නද්ධ කරගෙන, පසේනදී කොසොල් රජ්ජුරුවන්ට එරෙහි වෙලා කාසි ගම කරා ඉදිරියට ආවා.

පසේනදී කොසොල් රජතුමාට මේ කාරණය අසන්න ලැබුනා. වේදේහි පුත්‍ර වූ අජාසත් මගධ රජතුමා, චතුරංගනී සේනාව සන්නද්ධ කරගෙන, තමන්ට විරුද්ධව යුද වදින්නට කාසි ගමට පැමිණියා කියලා. එතකොට පසේනදී කොසොල් රජ්ජුරුවොත් වේදේහි පුත්‍ර අජාසත් මගධ රජුට විරුද්ධව චතුරංග නී සේනාව සන්නද්ධ කරගෙන, කාසි ගමට පිටත් වුනා.

ඊට පස්සෙ වේදේහි පුත්‍ර අජාසත් මගධ රජුත්, පසේනදී කොසොල් රජුත් යුද්ධ කළා. ඒ යුද්දෙදි වේදේහි පුත්‍ර අජාසත් මගධ රජු, පසේනදී කොසොල් රජුව පරාජය කළා. පැරදුණු පසේනදී කොසොල් රජතුමා තමන්ගේ රාජධානිය වන සැවැත් නුවරට හැරිලා ආවා.

එදා බොහෝ භික්ෂූන් වහන්සේලා සිවුරු පොරෝගෙන, පාත්‍ර සිවුරු අරගෙන පැවැත් නුවරට පිණ්ඩපාතෙ වැඩියා. සැවැත් නුවර පිණ්ඩපාතෙ කරගෙන, දානෙ වළඳලා, භාග්‍යවතුන් වහන්සේව බැහැදකින්නට ගියා. ගිහින් භාග්‍යවතුන් වහන්සේට වන්දනා කළා. පැත්තකින් වාඩිවුනා. පැත්තකින් වාඩිවුන ඒ භික්ෂූන් වහන්සේලා භාග්‍යවතුන් වහන්සේට මෙහෙම කිව්වා.

"ස්වාමීනී, වේදේහි පුත්‍ර වූ අජාසත් මගධ රජු චතුරංගනී සේනාව සන්නද්ධ කරගෙන, පසේනදී කොසොල් රජ්ජුරුවන්ට විරුද්ධව යුද වදින්න කාසි ගමට පිටත් වෙලා. ඉතින් ස්වාමීනී, පසේනදී කොසොල් රජතුමාට මේ කාරණය ආරංචි වුනා. 'වේදේහි පුත්‍ර වූ අජාසත් මගධ රජතුමා, චතුරංග නී සේනාව සන්නද්ධ කරගෙන, තමන්ට විරුද්ධව යුද වදින්නට කාසි පිටත් වුනා' කියලා. ඉතින් ස්වාමීනී, පසේනදී කොසොල් රජ්ජුරුවොත් වේදේහි පුත්‍ර අජාසත් මගධ රජුට විරුද්ධව චතුරංගනී සේනාව සන්නද්ධ කරගෙන, කාසි ගමට පිටත් වුනා. ඉතින් ස්වාමීනී, වේදේහි පුත්‍ර අජාසත් මගධ රජුත්,

පසේනදී කොසොල් රජුත් යුද්ධ කළා. ඒ යුද්දෙදි වේදේහි පුත්‍ර අජාසත් මගධ රජු, පසේනදී කොසොල් රජුව පරාජය කළා. පැරදුණු පසේනදී කොසොල් රජතුමා තමන්ගේ රාජධානිය වන සැවැත් නුවරටම ආපහු ආවා."

"පින්වත් මහණෙනි, ඔය වේදේහි පුත්‍ර අජාසත් මගධ රජ්ජුරුවො පාප මිත්‍රයන් ඇති කෙනෙක්. පාපී යහළුවන් ඇති කෙනෙක්. පව්වු පුද්ගලයන්ගේ ආශ්‍රයට වැටුණු කෙනෙක්. පින්වත් මහණෙනි, නමුත් පසේනදී කොසොල් රජ්ජුරුවො කල්‍යාණ මිතුරන් ඇති කෙනෙක්. කල්‍යාණ යහළුවන් ඇති කෙනෙක්. යහපත් පුද්ගලයන්ගේ ඇසුරට වැටුණු කෙනෙක්. පින්වත් මහණෙනි, පරාජිත වූ පසේනදී කොසොල් රජතුමා අද මේ රාත්‍රියේ දුකින් තමයි නිදාග න්නෙ.

ජයගැනීම තුළින් බිහිවන්නේ තරහකාරයන් පිරිසකි. පැරදුන කෙනා දුක සේ තමයි නිදන්නෙ. නමුත් උපශාන්ත කෙනා ඔය ජය පරාජය දෙකම අත්හැරල සැපසේ වාසය කරනවා."

සාදු! සාදු!! සාදු!!!

3.2.5.
දුතිය සංගාම සූත්‍රය
යුද්ධය ගැන වදාළ දෙවෙනි දෙසුම

126. සැවැත් නුවර ජේතවනාරාමයේදී ....

ඒ දවස් වෙනකොට වේදේහි පුත්‍ර වූ අජාසත් මගධ රජු සිව්රඟ සේනාව සන්නද්ධ කරගෙන, පසේනදී කොසොල් රජුට විරුද්ධව යුද්ධ කරන්නට කාසි ගම බලා පිටත් වුනා. පසේනදී කොසොල් රජතුමාට ඔය කාරණය ආරංචි වුනා. 'වේදේහි පුත්‍ර අජාසත් මගධ රජු සිවුරඟ සේනාව සන්නද්ධ කරගෙන, තමන්ට විරුද්ධව යුද වදින්න කාසි ගමට පිටත් වුනා' කියලා.

එතකොට පසේනදී කොසොල් රජතුමාත් සිවුරඟ සේනාව සන්නද්ධ කරගෙන වේදේහි පුත්‍ර අජාසත් රජුට විරුද්ධව යුද වදින්න කාසි ගම කරා පිටත් වුනා. ඊට පස්සේ වේදේහි පුත්‍ර අජාසත් රජුත්, පසේනදී කොසොල් රජුත් යුද්ධ කළා. ඒ යුද්දෙදි පසේනදී කොසොල් රජතුමා වේදේහි පුත්‍ර අජාසත් මගධ රජුව පරාජය කළා. ඔහුව ජීවග්‍රාහයෙන් අල්ලා ගත්තා.

එතකොට පසේනදී කොසොල් රජතුමාට මෙහෙම හිතුනා. 'මේ වේදේහි පුත්‍ර අජාසත් මගධ රජු කිසිසේත් ද්‍රෝහිකම් නොකරන මටමයි ද්‍රෝහි වෙන්නෙ. අනික මගේ බෑණා කෙනෙක් නෙව. ඒ නිසා මං වේදේහි පුත්‍ර අජාසත් මගධ රජුගේ මුළු ඇත් සේනාවත්, මුළු අශ්ව සේනාවත්, මුළු රථ සේනාවත්, මුළු පාබල සේනාවත් අරගෙන ඔහුගේ ජීවිතය බේරල නිදහස් කරල දානවා.'

ඉතින් පසේනදී කොසොල් රජතුමා වේදේහි පුත්‍ර අජාසත් මගධ රජුගේ මුළු ඇත් සේනාවම පැහැරගෙන ....(පෙ).... ඔහුගේ ජීවිතේ බේරලා නිදහස් කළා.

එදා බොහෝ භික්ෂූන් වහන්සේලා උදේ වරුවේ සිවුරු පොරෝගෙන, පාත්‍ර සිවුරු අරගෙන සැවැත් නුවර පිණ්ඩපාතෙ වැඩියා. පිණ්ඩපාතෙ කරගෙන දානෙ වළඳලා, භාග්‍යවතුන් වහන්සේව බැහැදකින්නට ගියා. ගිහින් භාග්‍යවතුන් වහන්සේට වන්දනා කරලා, පැත්තකින් වාඩිවුනා. පැත්තකින් වාඩිවුන ඒ භික්ෂූන් වහන්සේලා භාග්‍යවතුන් වහන්සේට මෙහෙම කිව්වා.

"ස්වාමීනී, වේදේහි පුත්‍ර අජාසත් මගධ රජ්ජුරුවො සිවුරඟ සේනාව සන්නද්ධ කරගෙන, පසේනදී කොසොල් රජ්ජුරුවන්ට විරුද්ධව යුද්ධ කරන්න කාසි ගමට පිටත් වුනා. ස්වාමීනී, පසේනදී කොසොල් රජ්ජුරුවන්ටත් අහන්න ලැබුනා ....(පෙ).... කාසි ගමට පිටත් වුනා කියලා. ඉතින් ස්වාමීනී, පසේනදී කොසොල් රජ්ජුරුවොත් චතුරංගනී සේනාව සන්නද්ධ කරගෙන වේදේහි පුත්‍ර අජාසත් මගධ රජ්ජුරුවන්ට විරුද්ධව යුධ වදින්න කාසි ගමට පිටත් වුනා. ඉතින් ස්වාමීනී, වේදේහි පුත්‍ර අජාසත් මගධ රජ්ජුරුවොයි, පසේනදී කොසොල් රජ්ජුරුවොයි යුද්ධ කළා. ස්වාමීනී, ඒ යුද්දෙදි පසෙනදී කොසොල් රජ්ජුරුවො වේදේහි පුත්‍ර මගධ රජ්ජුරුවන්ව පැරැද්දුවා. ඔහුව ජීවග්‍රාහයෙනුත් අල්ලගත්තා.

ස්වාමීනී, එතකොට පසේනදී කොසොල් රජ්ජුරුවන්ට මෙහෙම හිතිල තියෙනවා. 'මේ වේදේහි පුත් අජාසත් මගධ රජු, කිසිසේත් ද්‍රෝහිකම් නොකරන මටමයි ද්‍රෝහි වෙන්නෙ. අනික මෙයා මගේ බෑණා කෙනෙක් වෙලත්. මං එහෙනම් වේදේහි පුත්‍ර අජාසත් මගධ රජුට අයිති, මුළු ඇත් සේනාවම පැහැරගෙන, මුළු අශ්ව සේනාවම පැහැරගෙන, මුළු රථ සේනාවත් පැහැර ගෙන, මුළු පාබල සේනාවත් පැහැර ගෙන මෙයාව විතරක් ජීවිතේ බේරලා නිදහස් කරන්න ඕන' කියලා. ඉතින් ස්වාමීනී, පසේනදී කොසොල් රජ්ජුරුවො වේදේහි පුත්‍ර අජාසත් මගධ රජ්ජුරුවන්ගේ මුළු ඇත් සේනාවම පැහැර ගත්තා. මුළු අශ්ව සේනාවත් පැහැරගත්තා. මුළු රථ සේනාවත් පැහැරගත්තා. මුළු පාබල සේනාවත් පැහැරගත්තා. අජාසත් රජුව පණ පිටින් පිටත් කරලා හැරියා."

එතකොට ඒ කරුණ දැනගත් භාග්‍යවතුන් වහන්සේ ඒ වෙලාවේ මේ ගාථාවන් වදාළා.

"කෙනෙක් තමන්ට පුළුවන්කම තියෙනතාක් විතරයි අනුන්ව පැහැර ගන්නෙ. නමුත් යම් දවසක අනිත් උදවිය තමන්ව පැහැරගත්තු දවසට අනුන් විසින් තමන්ව වනසනවා.

පාපය විපාක නොදෙන තාක් අඥාන පුද්ගලයා ඒක සතුටක් කියල හිතනවා. යම් දවසක පාපය විපාක දෙන්න පටන් ගත්තාම, එතකොටයි ඒ අඥානයා දුකට පත්වෙන්නෙ.

අනුන්ව නසන කොට, තමාව නසන්නෙක් බිහිවෙනවා. අනුන්ව දිනවන කොට, තමාට ජය ලැබෙනවා. ආක්‍රෝෂ කරන්නා ආක්‍රෝෂ කරන්නෙක්ව ලබා ගන්නවා. කේන්ති ගන්න කෙනා කේන්ති ගන්න කෙනෙක්ව ලබා ගන්නවා. කර්මය මෝරල ගියාම අනුන්ව නැසූ පුද්ගලයාවම අනුන් විසින් නසල දානවා."

සාදු! සාදු!! සාදු!!!

3.2.6.
ධීතු සූත්‍රය
දියණිය ගැන වදාළ දෙසුම

127. සැවැත් නුවර ජේතවනාරාමයේ දී ....

එදා පසේනදී කොසොල් රජතුමා භාග්‍යවතුන් වහන්සේව බැහැදකින්නට ආවා. ඇවිදින් භාග්‍යවතුන් වහන්සේට වන්දනා කළා. පැත්තකින් වාඩිවුනා.

ඒ මොහොතේදී එක්තරා පුරුෂයෙක් පසේනදී කොසොල් රජතුමා ළඟට ආවා. ඇවිල්ලා පසේනදී කොසොල් රජුගේ කන ළඟ මේ කාරණය සැලකළා. 'දේවයන් වහන්ස, මල්ලිකා දේවිය දියණියක් බිහිකළා' කියලා. එතකොට පසේනදී කොසොල් රජු අසතුටට පත්වුනා.

පසේනදී කොසොල් රජතුමාගේ මේ අසතුටට පත්වීම දැනගත් භාග්‍යවතුන් වහන්සේ ඒ වෙලාවේ මේ ගාථාවන් වදාළා.

"මහ රජතුමනි, ඇතැම් කාන්තාවන් ශ්‍රේෂ්ඨ වෙනවා. ඒ නිසා පෝෂණය

කළ මැනව. සමහර කාන්තාවන් ඥාණවන්තයි. සීලවන්තයි. නැදැයින්ට දෙවියන්ට වගේ සළකනවා. පතිව්‍රතාව රකිනවා.

දිශාවන්ට අධිපති රජතුමනි, එබඳු ස්ත්‍රියකට පුත් රුවනක් උපන්නොත්, ඒ දරුවා අතිදක්ෂයෙක් වෙනවා. එබඳු ස්ත්‍රියකගේ පුත්‍රයා රාජ්‍යානුශාසනාවත් කරනවා."

සාදු! සාදු!! සාදු!!!

3.2.7.
අප්පමාද සූත්‍රය
අප්‍රමාදී වීම ගැන වදාළ දෙසුම

128. සැවැත් නුවර ජේතවන අසපුවේ දී ....

එකත්පසක සිටි පසේනදී කොසොල් රජතුමා භාග්‍යවතුන් වහන්සේට මෙහෙම පැවසුවා. "ස්වාමීනී, යම් ධර්මයක් මෙලොව යහපතත්, පරලොව යහපතත්, දෙලොවම යහපතක් ඇති කරයි නම්, එබඳු එකම එක ධර්මයක් තියෙනවාද?"

"පින්වත් මහාරාජ, යම් ධර්මයක් මෙලොව යහපතත්, පරලොව යහපතත් කියන මේ දෙලොව යහපහතක් සලසයි නම්, එබඳු වූ එකම එක ධර්මයක් තියෙනවා."

"ස්වාමීනී, යම් ධර්මයක් මෙලොව යහපතත්, පරලොව යහපතත් කියන දෙලොවම යහපත පිණිස ඇතිකරනවා නම්, එබඳු වූ එකම එක ධර්මය මොකක්ද?"

"පින්වත් මහාරාජ, යම් ධර්මයක් මෙලොව යහපතත්, පරලොව යහපතත් කියන දෙලොවම යහපත ඇතිකරයි නම්, අන්න ඒ එකම එක ධර්මය නම් අප්‍රමාදයයි. පින්වත් මහාරාජ, ඇවිදගෙන යන සතුන්ගේ පා සටහන් ඔක්කොම ඇතෙකුගේ පා සටහනක් තුළට දමන්නට පුළුවනි. එහෙම නම්, ඒ පා සටහන් අතර විශාලත්වයෙන් අග්‍ර වෙන්නේ ඇතාගේ පා සටහනයි. පින්වත් මහාරාජ, අන්න ඒ විදිහටම යම් ධර්මයක් මෙලොව යහපතත්, පරලොව යහපතත් කියන දෙලොවම යහපත හදනවා නම්, ඒ එකම එක ධර්මය අප්‍රමාදයයි.

ආයුෂත්, නීරෝගීකමත්, ඇඟ පතේ පෙනුමත්, සුගතියත්, උසස් කුලයක ඉපදීමත්, උදාර වූ නොයෙක් ආකාරයෙන් සිත් අලවන්නා වූ දේ කැමති කෙනා විසින් පුණ්‍ය ක්‍රියාවල අප්‍රමාදී වෙන්න ඕන. නුවණැත්තෝ ප්‍රශංසා කරන්නෙ ඒකටයි.

අප්‍රමාදී වූ නුවණැත්තා මෙලොව යම් යහපතක් ඇත්නම් එයත්, පරලොව යම් යහපතක් ඇත්නම් එයත් කියන, දොලොවේම යහපත ලබාගන්නවා නම් තමන්ගේ යහපත ඇති කරගන්නා ඒ වීරියවන්ත කෙනාටයි නුවණැත්තා කියන්නේ."

සාදු! සාදු!! සාදු!!!

3.2.8.
කල්‍යාණමිත්ත සූත්‍රය
කල්‍යාණ මිත්‍රයා ගැන වදාළ දෙසුම

129. සැවැත් නුවර ජේතවනාරාමයේදී ....

එකත්පසක හිටි පසේනදී කොසොල් රජතුමා භාග්‍යවතුන් වහන්සේට මෙහෙම කිව්වා.

ස්වාමීනී, මං හුදෙකලාවෙ තනියම ඉන්න කොට මෙන්න මේ විදිහේ කල්පනාවක් සිතේ ඇතිවුනා. "භාග්‍යවතුන් වහන්සේත් ඉතා යහපත් ලෙස ශ්‍රී සද්ධර්මය දේශනා කරලයි තියෙන්නෙ. ඒ ශ්‍රී සද්ධර්මය තියෙන්නෙ කල්‍යාණ මිත්‍රයන් ඇති කෙනාටයි. කල්‍යාණ යහළුවන් ඇති කෙනාටයි. කල්‍යාණ මිත්‍ර ආශ්‍රයට වැටුණු කෙනාටයි. පාප මිත්‍රයන් ඇති කෙනාට නොවෙයි. පාපී යහළුවන් ඇති කෙනාට නොවෙයි. පව්ටු මිතුරන්ගේ ඇසුරට වැටුනු කෙනාට නොවෙයි."

"පින්වත් මහාරාජ, ඒක එහෙමම තමයි. පින්වත් මහාරාජ, ඒක එහෙමම තමයි. පින්වත් මහාරාජ, මා විසින් ඉතා යහපත් ලෙස ශ්‍රී සද්ධර්මය දේශනා කරලයි තියෙන්නෙ. ඒ ශ්‍රී සද්ධර්මය තියෙන්නෙ කල්‍යාණ මිත්‍රයන් ඇති කෙනාටයි. කල්‍යාණ යහළුවන් ඇති කෙනාටයි. කල්‍යාණ මිත්‍ර ආශ්‍රයට වැටුණු කෙනාටයි. පාප මිත්‍රයන් ඇති කෙනාට නොවෙයි. පාපී යහළුවන් ඇති කෙනාට නොවෙයි. පව්ටු මිතුරන්ගේ ඇසුරට වැටුනු කෙනාට නොවෙයි.

පින්වත් මහාරාජ, මං එක් කාලෙක ශාක්‍ය ජනපදයේ ශාක්‍යයන්ගේ 'නගරක' කියන කුඩා නගරයේ වාසය කළේ. පින්වත් මහාරාජ, එදා පින්වත් ආනන්ද භික්ෂුව මං හමුවට ආවා. ඇවිදින් මට වන්දනා කරලා පැත්තකින් වාඩිවුනා. පින්වත් මහාරාජ, පැත්තකින් වාඩිවුන පින්වත් ආනන්ද භික්ෂුව මට මෙහෙම කිව්වා. 'ස්වාමීනී, මේ නිවන් මාර්ගයේ හරියටම භාගයක් පවතින්නෙ කල්‍යාණ මිත්‍රත්වය මතයි. කල්‍යාණ යහළුවන් මතයි. කලණ මිතුරන්ගේ ඇසුර මතයි' කියලා. එතකොට පින්වත් මහාරාජ, මං පින්වත් ආනන්ද භික්ෂුවට මෙහෙම කිව්වා. 'පින්වත් ආනන්ද, එහෙම කියන්න එපා! පින්වත් ආනන්ද, එහෙම කියන්න එපා! පින්වත් ආනන්ද, මේ නිවන් මඟ සම්පූර්ණයෙන්ම පවතින්නෙ කල්‍යාණ මිත්‍රත්වය මතයි. කල්‍යාණ යහළුවන් මතයි. කලණ මිතුරන්ගේ ඇසුර මතයි. පින්වත් ආනන්ද, කල්‍යාණ මිත්‍රත්වය ඇති, කල්‍යාණ යහළුවන් ඉන්න, කලණ මිතුරන්ගේ ඇසුරට යොමු වුණ භික්ෂුව තුළ 'ආර්ය අෂ්ටාංගික මාර්ගය වඩනවා. ආර්ය අෂ්ටාංගික මාර්ගය බහුල වශයෙන් දියුණු කරනවා' යන කරුණ කැමති වෙන්න ඕන.

පින්වත් ආනන්ද, කල්‍යාණ මිත්‍රයන් ඉන්න, කල්‍යාණ යහළුවන් ඉන්න, කලණ මිතුරන්ගේ ඇසුරට යොමු වූ භික්ෂුව ආර්ය අෂ්ටාංගික මාර්ගය වඩන්නෙ කොහොමද? ආර්ය අෂ්ටාංගික මාර්ගය බහුල වශයෙන් දියුණු කරන්නෙ කොහොමද? පින්වත් ආනන්ද, මෙහි භික්ෂුව චිත්ත විවේකයෙන් යුතු, විරාග යෙන් යුතු, තණ්හා නිරෝධයට යොමු වූ, නිවනට නැඹුරු වූ සම්මා දිට්ඨිය වඩනවා ....(පෙ).... සම්මා සංකල්පය වඩනවා ....(පෙ).... සම්මා වාචා වඩනවා ....(පෙ).... සම්මා කම්මන්තය වඩනවා ....(පෙ).... සම්මා ආජීවය වඩනවා ....(පෙ).... සම්මා වායාමය වඩනවා ....(පෙ).... සම්මා සතිය වඩනවා ....(පෙ).... චිත්ත විවේකයෙන් යුතු, විරාගයෙන් යුතු, තණ්හා නිරෝධයට යොමු වූ, නිවනට නැඹුරු වූ සම්මා සමාධිය වඩනවා. පින්වත් ආනන්ද, කල්‍යාණ මිත්‍රයන් ඇති, කල්‍යාණ යහළුවන් ඇති, කලණ මිතුරන්ගේ ඇසුරට නැඹුරු වූ භික්ෂුව ඔය විදිහටයි ආර්ය අෂ්ටාංගික මාර්ගය වඩන්නෙ. ඔය විදිහටයි ආර්ය අෂ්ටාංගික මාර්ගය බහුල වශයෙන් දියුණු කරන්නෙ.

පින්වත් ආනන්ද, මේ කල්‍යාණ මිත්‍රයන් ඇති බව, කල්‍යාණ යහළුවන් ඇති බව, කලණ මිතුරන්ගේ ඇසුරට නැඹුරු වූ බව මුළු මහත් නිවන් මඟටම උපකාර වන බව මේ ක්‍රමයෙනුත් දැනගන්න.

පින්වත් ආනන්ද, කල්‍යාණ මිත්‍ර වූ මා ළඟට පැමිණෙන ඉපදීම ස්වභාව කොට ඇති සත්වයෝ ඉපදීමෙන් නිදහස් වෙනවා. ජරාව ස්වභාව කොට ඇති සත්වයෝ ජරාවෙන් නිදහස් වෙනවා. ලෙඩ වීම ස්වභාව කොට

ඇති සත්වයෝ ලෙඩ වීමෙන් නිදහස් වෙනවා. මරණය ස්වභාව කොට ඇති සත්වයෝ මරණයෙන් නිදහස් වෙනවා. ශෝක, වැළපීම්, දුක් දොම්නස්, සුසුම් හෙලීම් ස්වභාව කොට ඇති සත්වයෝ ශෝක, වැළපීම්, දුක් දොම්නස්, සුසුම් හෙලීම්වලින් නිදහස් වෙනවා.

පින්වත් ආනන්ද, ඔන්න ඔය විදිහටමයි තේරුම් ගන්න තියෙන්නේ. මේ සම්පූර්ණ නිවන් මඟ පවතින්නේ කල්‍යාණ මිත්‍රයන් මත බව. කල්‍යාණ යහළුවන් මත බව. කල්‍යාණ යහළුවන්ගේ ඇසුර මත බව.

අන්න ඒ නිසා පින්වත් මහාරාජ, හික්මෙන්නට තියෙන්නෙ මේ විදිහටයි. 'මං කල්‍යාණ මිත්‍රයන් ඇති කෙනෙක් වෙනවා. කල්‍යාණ යහළුවන් ඇති කෙනෙක් වෙනවා. කලණ මිතුරන් ඇසුරට නැඹුරු වුන කෙනෙක් වෙනවා' කියලයි. පින්වත් මහාරාජ, ඔබ විසින් හික්මෙන්නට ඕනෙත් මේ විදිහටමයි. පින්වත් මහාරාජ, කල්‍යාණ මිත්‍රයන් ඇතුව, කල්‍යාණ යහළුවන් ඇතුව, කලණ මිතුරන් ඇසුරට නැඹුරු වෙලා ඉන්න කොට ඔබත් මේ එකම එක ධර්මය ඇසුරු කරගෙන ඉන්න ඕන. ඒක තමයි කුසල් දහම්වල අප්‍රමාදී වීම.

පින්වත් මහාරාජ, අප්‍රමාදී වෙලා, අප්‍රමාදී බවම ඇසුරු කරගෙන ඉන්න කොට ඔබේ අන්තඃපුර ස්ත්‍රීන්ටත් මෙහෙම හිතේවි. 'දැන් රජ්ජුරුවො ඉන්නෙත් අප්‍රමාදීව, අප්‍රමාදය ඇසුරු කරගෙනයි. ඉතින් අපිත් අප්‍රමාදීව අප්‍රමාදය ඇසුරු කරගෙන ඉමු' කියලා.

පින්වත් මහාරාජ, අප්‍රමාදී වෙලා, අප්‍රමාදී බවම ඇසුරු කරගෙන ඉන්න කොට ඔබට උදව් කරන රාජකීය පිරිසටත් මෙහෙම හිතේවි. 'දැන් රජ්ජුරුවො ඉන්නෙත් අප්‍රමාදීව, අප්‍රමාදය ඇසුරු කරගෙනයි. ඉතින් අපිත් අප්‍රමාදීව අප්‍රමාදය ඇසුරු කරගෙන ඉමු' කියලා.

පින්වත් මහාරාජ, අප්‍රමාදී වෙලා, අප්‍රමාදී බවම ඇසුරු කරගෙන ඉන්න කොට ඔබේ හමුදාවටත් මෙහෙම හිතේවි. 'දැන් රජ්ජුරුවො ඉන්නෙත් අප්‍රමාදීව, අප්‍රමාදය ඇසුරු කරගෙනයි. ඉතින් අපිත් අප්‍රමාදීව අප්‍රමාදය ඇසුරු කරගෙන ඉමු' කියලා.

පින්වත් මහාරාජ, අප්‍රමාදී වෙලා, අප්‍රමාදී බවම ඇසුරු කරගෙන ඉන්න කොට ඔබේ කුඩා නගරවල, ජනපදවල වැසියන්ටත් මෙහෙම හිතේවි. 'දැන් රජ්ජුරුවො ඉන්නෙත් අප්‍රමාදීව, අප්‍රමාදය ඇසුරු කරගෙනයි. ඉතින් අපිත් අප්‍රමාදීව අප්‍රමාදය ඇසුරු කරගෙන ඉමු' කියලා.

පින්වත් මහාරාජ, අප්‍රමාදී වෙලා, අප්‍රමාදී බවම ඇසුරු කරගෙන ඉන්න

කොට ඔබ විසින් තමාවත් හොඳින් රැකගත්තා, ආරක්ෂා කරගත්තා වෙනවා. අන්තඃපුරයත් හොඳින් රැකගත්තා, ආරක්ෂා කරගත්තා වෙනවා. ධාන්‍ය ගබඩා, අටු කොටු ආදියත් හොඳින් රැකගත්තා, ආරක්ෂා කරගත්තා වෙනවා.

උදාර වූ නොයෙක් භෝග සම්පත් කැමති කෙනා අප්‍රමාදී වෙන්න ඕන. පුණ්‍ය ක්‍රියාවල අප්‍රමාදී වීම නුවණැත්තන් විසින් ප්‍රශංසා කරනවා.

අප්‍රමාදී වූ නුවණැත්තා මෙලොව යම් යහපතක් ඇත්නම් එයත්, පරලොව යම් යහපතක් ඇත්නම් එයත් කියන, දොලොවේම යහපත ලබාගන්නවා නම් තමන්ගේ යහපත ඇති කරගන්නා ඒ වීරියවන්ත කෙනාටයි නුවණැත්තා කියන්නෙ."

සාදු! සාදු!! සාදු!!!

3.2.9.
පඨම අපුත්තක සූත්‍රය
දරුවන් නැති සිටුවරයා ගැන වදාළ පළමු දෙසුම

130. සැවැත් නුවර ජේතවනාරාමයේදී ....

එදා පසේනදී කොසොල් රජතුමා මහ දවාලෙ භාග්‍යවතුන් වහන්සේව බැහැදකින්න ආවා. ඇවිදින් භාග්‍යවතුන් වහන්සේට වන්දනා කළා. පැත්තකින් වාඩිවුනා. පැත්තකින් වාඩිවුන පසේනදී කොසොල් රජතුමාගෙන් භාග්‍යවතුන් වහන්සේ මෙහෙම ඇහුවා.

"පින්වත් මහාරාජ, මේ මහා දවාලෙ ඔබ කොහේ ඉඳන් එන ගමන්ද?"

"ස්වාමීනී, සැවැත් නුවර හිටපු ගෘහපති සිටුවරයෙක් කළුරිය කළා. ඔහුට දරුවන් නෑ. ඔහුගේ ධනය රජ ගෙට භාරදීලා එන ගමන්. ස්වාමීනී, ඒ වස්තුවේ රන් කාසි විතරක් අසූ ලක්ෂයක් තිබුනා. රිදී කාසි ගැන කවර කථාද? නමුත් ස්වාමීනී, ඔය ගෘහපති සිටුවරයාගේ බත් කෑම මෙන්න මේ වගේ එකක්. නිවුඩු හාලේ බතුයි, කාඩි හොදියි තමයි කෑවේ. ඔහුගේ ඇඳුම් ඇඳීම මේ වගේ එකක්. කෑලි තුනක් මූට්ටු කරපු, හණ වැහැරියක් තමයි ඇන්දේ. ඔහුගේ වාහනේ මේ වගේ එකක්. කබල් කුඩයක් ඔසවලා තිබුණු, දිරා ගිය පොඩි කරත්තයක්."

"පින්වත් මහාරාජ, ඒක එහෙමම තමයි. පින්වත් මහාරාජ, ඒක එහෙමම තමයි. පින්වත් මහාරාජ, අසත්පුරුෂයා කොයිතරම් උතුම් සැප සම්පත් ලැබුවත්, තමාව සුවපත් කරගන්නෙත් නෑ. පිනවන්නෙත් නෑ. මව්පියන්ව සුවපත් කරවන්නෙත් නෑ. පිනවන්නෙත් නෑ. අඹුදරුවන්ව සුවපත් කරගන්නෙත් නෑ. පිනවන්නෙත් නෑ. දාස් දස් කම්කරුවන්ව සුවපත් කරගන්නෙත් නෑ. පිනවන්නෙත් නෑ. යාළු මිත්‍රයන්ව සුවපත් කරගන්නෙත් නෑ. පිනවන්නෙත් නෑ. ශ්‍රමණ බ්‍රාහ්මණයන්ට දන් පැන් පිදීමකුත් නෑ. සුගතියේ සැප විපාක ලබා දෙන ස්වර්ගයේ උපත ලබා දෙන එබඳු පින් කිරීමකුත් නෑ. ඉතින් ඔහුගේ සැප සම්පත් ඔය විදිහෙන්, හොඳ හැටියට පාවිච්චියක් නැති නිසා, එක්කො රජවරු අරගන්නවා. එක්කො හොරු පැහැරගන්නවා. එක්කො ගින්නට පිච්චෙනවා. එක්කො වතුරෙ ගහගෙන යනවා. එක්කො තමන් අකමැති උදවියට ඒවා දෑවැද්ද වෙනවා. පින්වත් මහාරාජ, ඔය විදිහට භෝග සම්පත්වල යහපත් පාවිච්චියක් නැතිවුනාම ඒවා විනාශ වෙලා යනවා. පාවිච්චියක් වෙන්නෙ නෑ.

පින්වත් මහාරාජ, ඒක හරියට අමනුෂ්‍යයන් අධිගෘහිත පොකුණක් වගෙයි. හොඳට වතුර තියෙනවා. සීතලයි. මිහිරියි. රැළි නගින ඉවුර තියෙනවා. ලස්සනයි. නමුත් ජනයා ඒ පොකුණ අත්හරිනවා. බොන්නෙත් නෑ. නාන්නෙත් නෑ. වෙන දේකට යොදවන්නෙත් නෑ. පින්වත් මහාරාජ, ඒ විදිහට ඒ වතුර හිඳිල යන්නෙ පාවිච්චියකට නොගෙනමයි. පරිභෝගයකට නොගෙනමයි.

පින්වත් මහාරාජ, ඔය විදිහමයි අසත්පුරුෂයාට කොයිතරම් සැප සම්පත් ලැබුණත්, තමාව සුවපත් කරන්නෙ නෑ. පිනවන්නෙ නෑ. ....(පෙ).... තමන් අකමැති උදවිය දෑවැද්දට ගන්නවා. ඔය විදිහට ඒ සැප සම්පත් හොඳ හැටියට පාවිච්චියක් නැතිවුනාම පරිභෝග නොකරමයි නැතිවෙලා යන්නෙ.

නමුත් පින්වත් මහාරාජ, සත්පුරුෂයාට මහත් සැප සම්පත් ලැබුනාම, තමාවත් සුවපත් කරනවා, පිනවනවා. මව්පියන්වත් සුවපත් කරනවා. පිනවනවා. අඹුදරුවන්වත් සුවපත් කරනවා, පිනවනවා. දාසි දස්, කම්කරුවන්වත් සුවපත් කරනවා, පිනවනවා. සුගතියේ සැප විපාක ලබාදෙන, ස්වර්ගයේ උපත පිණිස පවතින විදිහට ශ්‍රමණ බ්‍රාහ්මණයන්ටත් දන් පැන් පූජා කරගන්නවා. ඔහුගේ ඒ භෝග සම්පත් ඔය විදිහට හොඳින් පාවිච්චි වෙන කොට රජවරු ගන්නෙත් නෑ. හොරු ගන්නෙත් නෑ. ගින්නට පිච්චෙන්නෙත් නෑ. වතුරෙ ගහගෙන යන්නෙත් නෑ. පින්වත් මහාරාජ, ඔය විදිහට ඒ භෝග සම්පත් හොඳින් පාවිච්චි වෙන කොට ඒවා පරිභෝග කෙරෙනවා. නාස්ති වෙන්නෙ නෑ.

පින්වත් මහාරාජ, ඒක මේ වගේ දෙයක්. ගමක හෝ කුඩා නගරයක හෝ

ළඟ පාතක පොකුණක් තියෙනවා. ඒ පොකුණෙ වතුර ටික හරි අගෙයි. සීතලයි. මිහිරියි. රැළි නැගෙන ඉවුරෙන් යුක්තයි. ලස්සනයි. මහජනයා ඒ පොකුණෙ වතුර අරගෙන යනවා. බොනවා. නානවා. කැමති දේකට යොදවනවා. ඔය විදිහට පින්වත් මහාරාජ, ඒ වතුර ටික හොඳින් පාවිච්චි කෙරෙන නිසා, හොඳින් පරිභෝග කෙරෙනවා. නාස්ති වෙන්නෙ නෑ.

පින්වත් මහාරාජ, ඔය විදිහමයි. වීරියවන්ත සත්පුරුෂයෙකුට මහත් සැප සම්පත් ලැබුනාම තමාවත් සුවපත් කරනවා, පිනවනවා. ....(පෙ).... ඔය විදිහට ඒ භෝග සම්පත් හොඳින් පාවිච්චි වෙනවා. පරිභෝග කෙරෙනවා. නාස්ති වෙන්නෙ නෑ.

අමනුෂ්‍යයන් අධිගෘහිත තැනක සීතල ජලය තිබුණත්, ඒක පාවිච්චි නොවෙන නිසා හිඳිලා යනවා. ඒ විදිහමයි අසත්පුරුෂයාට ධනය ලැබුනට තමා අනුභව කරන්නෙත් නෑ. අනුන්ට දෙන්නෙත් නෑ.

වීරියවන්ත, නුවණැති සත්පුරුෂයාට සම්පත් ලැබුනාම, ඔහු අනුභව කරනවා. යුතුකම් ඉටුකරනවා. ඒ උතුම් මනුෂ්‍යයා නෑ පිරිසටත් සලකළා, නින්දා නොලබා ස්වර්ගයේ උපත ලබනවා."

සාදු! සාදු!! සාදු!!!

3.2.10.
දුතිය අපුත්තක සූත්‍රය
දරුවන් නැති සිටුවරයා ගැන වදාළ දෙවෙනි දෙසුම

131. සැවැත් නුවර ජේතවනාරාමයේදී ....

එදා පසේනදී කොසොල් රජතුමා මහ දවාලෙ භාග්‍යවතුන් වහන්සේව බැහැදකින්න ආවා. ඇවිදින් භාග්‍යවතුන් වහන්සේට වන්දනා කළා. පැත්තකින් වාඩිවුනා. පැත්තකින් වාඩිවුන පසේනදී කොසොල් රජතුමාගෙන් භාග්‍යවතුන් වහන්සේ මෙහෙම ඇහුවා.

"පින්වත් මහාරාජ, මේ මහා දවාලෙ ඔබ කොහේ ඉඳන් එන ගමන්ද?"

"ස්වාමීනී, සැවැත් නුවර හිටපු ගෘහපති සිටුවරයෙක් කළුරිය කළා. ඔහුට දරුවන් නෑ. ඔහුගේ ධනය රජ ගෙට භාරදීලා එන ගමන්. ස්වාමීනී, ඒ

වස්තුවේ රන් කාසි විතරක් කෝටියක් තිබුනා. රිදී කාසි ගැන කවර කථාද? නමුත් ස්වාමීනී, ඔය ගෘහපති සිටුවරයාගේ බත් කෑම මෙන්න මේ වගේ එකක්. නිවුඩු හාලේ බතුයි, කාඩි හොදියි තමයි කෑවේ. ඔහුගේ ඇඳුම් ඇඳීම මේ වගේ එකක්. කෑලි තුනක් මූට්ටු කරපු, හණ වැහැරියක් තමයි ඇන්දේ. ඔහුගේ වාහනේ මේ වගේ එකක්. කබල් කුඩයක් ඔසවලා තිබුණු, දිරා ගිය පොඩි කරත්තයක්."

"පින්වත් මහාරාජ, ඒක එහෙමම තමයි. පින්වත් මහාරාජ, ඒක එහෙමම තමයි. පින්වත් මහාරාජ, ඉස්සර සිදුවෙච්ච දෙයක් කියන්නම්. ඒ කාලෙ ඔය ගෘහපති සිටුවරයා තගරසිඛී කියන පසේබුදුරජුන්ට පිණ්ඩපාතෙ දෙන්නට නියම කළා. 'ඔය ශ්‍රමණයාට දානෙ ටිකක් දෙන්න' කියලා නැගිටලා ගියා. දන් දුන්නාට පස්සෙ ඒ දීපු දේ ගැන ඔහු පසුතැවුනා. 'අයියෝ! ඔය පිණ්ඩපාතෙට දීපු දානෙ, වැඩකාරයො හරි, කම්කරුවො හරි කෑවා නම් කොච්චර දෙයක්ද' කියලා. ඒ වගේම දේපල වස්තුව මුල් කරගෙන තම සහෝදරයෙකුගේ කුඩා දරුවෙක්වත් මෙයා මරලා තියෙනවා.

පින්වත් මහාරාජ, ඒ ගෘහපති සිටුවරයා තගරසිඛී පසේබුදුරජුන්ට, 'පිණ්ඩපාතෙ දෙන්න' කියල නියම කරපු නිසා, ඒ කර්ම විපාකයෙන් හත් වතාවක් සුගතිය නම් වූ ස්වර්ගයේ ඉපදුනා. ඒ කර්මයේ ඉතුරු විපාකයෙන් මේ සැවැත් නුවරම හත් වතාවක් සිටු තනතුර ලැබුවා.

පින්වත් මහාරාජ, ඉතින් එදා ඒ සිටුවරයා දානෙ දුන්නට පස්සේ පසුතැවිලි වුනානෙ. 'අයියෝ! ඔය පිණ්ඩපාතෙට දීපු දානෙ, වැඩකාරයො හරි, කම්කරුවො හරි කෑවා නම් කොච්චර දෙයක්ද' කියලා. ඒ කර්ම විපාකය නිසා කටට රහට බත් ටිකක් කන්න හිත නැමෙන්නෙ නෑ. පිළිවෙලකට ඇඳුමක් අඳින්න හිත නැමෙන්නෙ නෑ. පිළිවෙලක් ඇති වාහනයක් පාවිච්චි කරන්න හිත නැමෙන්නෙ නෑ. යහපත් විදිහට පංචකාම සැප අනුභව කරන්න හිත නැමෙන්නෙ නෑ.

පින්වත් මහාරාජ, ඉතින් ඔය සිටුවරයා දේපළ වස්තුව මුල්කරගෙන තම සොහොයුරාගේ එකම පුතාව මැරෙව්වනෙ. අන්න ඒ කර්ම විපාකය නිසා, බොහෝ අවුරුදු ගණනක්, බොහෝ අවුරුදු සිය ගණනක්, අවුරුදු දහස් ගණනක් නරකාදියෙ පැහුනා. ඒ කර්මයේ ඉතිරි විපාකයටයි මේ හත්වෙනි වතාවෙ දරුවන් නැතුව, දේපළ වස්තුව රාජසන්තක වුනේ.

පින්වත් මහාරාජ, ඒ සිටුවරයාගේ පැරණි පින දැන් ඉවරයි. අලුතින් පිනක් රැස්කළෙත් නෑ. පින්වත් මහාරාජ, දැන් වෙනකොට ඒ ගෘහපති සිටුවරයා මහා රෞරව කියන නරකාදියේ පැහෙනවා."

"එහෙමද ස්වාමීනී, ඒ ගෘහපති සිටුවරයා මහා රෞරව නරකයේද උපන්නේ?"

"ඔව්, පින්වත් මහාරාජ. ඒක එහෙම තමයි. ඒ ගෘහපති සිටුවරයා දූන් මහා රෞරව නරකාදියේ ඉපදිලා.

ධාන්‍යත්, ධනයත්, රිදීත්, රත්තරනුත්, තමන් සතු අනිත් දේවලුත්, මෙහෙකරුවොත්, අනිත් උදවියත්, ඔහුත් සමඟ ජීවත් වෙන හැමදෙයක්මත්, අරගෙන යන්නෙ නෑ. ඒ ඔක්කොම මෙහෙ දාලා යනවා.

නමුත් කයින් හරි, වචනයෙන් හරි, සිතෙන් හරි යම් දෙයක් කරනවා නම්, ඒක විතරයි තමන්ගේ දෙයක් හැටියට අරගෙන යන්න තියෙන්නෙ. අන්න ඒ දේ තමාව අත්නොහරින සෙවනැල්ල වගේ තමාගේ පස්සෙන් එනවා.

ඒ නිසා පරලොව යහපතට හේතු වෙන යහපත් දේමයි කරන්න ඕන. පරලොව යන සත්වයන්ට පිහිට වෙන්නෙ පින විතරයි."

සාදු! සාදු!! සාදු!!!

දෙවෙනි අපුත්තක වර්ගය අවසන් විය.

3. කෝසල වර්ගය

3.3.1.
පුග්ගල සූත්‍රය
පුද්ගලයා ගැන වදාළ දෙසුම

132. සැවැත් නුවර ජේතවනාරාමයේදී ....

එදා පසේනදී කොසොල් රජතුමා භාග්‍යවතුන් වහන්සේව බැහැදකින්න ආවා. ඇවිදින් භාග්‍යවතුන් වහන්සේට වන්දනා කළා. පැත්තකින් වාඩිවුනා. පැත්තකින් වාඩිවුන පසේනදී කොසොල් රජතුමාට භාග්‍යවතුන් වහන්සේ මෙහෙම වදාළා.

"පින්වත් මහාරාජ, මේ ලෝකෙ පුද්ගලයන් හතර දෙනෙක් දකින්න ලැබෙනවා. ඒ හතර දෙනා කවුද? අඳුරෙන් අඳුරට යන කෙනා. අඳුරෙන් එළියට යන කෙනා. එළියෙන් අඳුරට යන කෙනා. එළියෙන් එළියට යන කෙනායි.

පින්වත් මහාරාජ, පුද්ගලයෙක් අඳුරෙන් අඳුරට යන්නෙ කොහොමද? පින්වත් මහාරාජ, මේ ලෝකෙ ඇතැම් කෙනෙක් ඉන්නවා හීන කුලයක ඉපදිලා. සැඩොල් කුලයක ඉපදිලා. කුළුපොතු කුලයක ඉපදිලා. වැදි කුලයක ඉපදිලා. රථකාර කුලයක ඉපදිලා. වැසිකිළි කැසිකිළි හෝදන කුලයක ඉපදිලා. දිළිඳු වෙලා. කෑම් බීම් ආදිය අමාරුවෙන් තමයි ලැබෙන්නෙ. දුකසේ තමයි ජීවත්වෙන්නට තියෙන්නෙ. ඒ වගේම ඔහු විරූපියි, කුදුයි, නිතරම ලෙඩ දුක්. එක්කො කණෙක්. එක්කො කොරෙක්. එක්කො මාන්දම් රෝගියෙක්. හරිහමන් කෑමක් බීමක් නෑ. ඇඳුමක් නෑ. ගමන් බිමන් යන්න වාහනයක් නෑ. මල්, සුවඳ විලවුන් මොකවත් නෑ. ඉන්න තැනක් නෑ. කුප්පි ලාම්පුවක්වත් නෑ. එහෙම ඉඳගෙනත් ඒ පුද්ගලයා කයෙන් වැරදි කරනවා. වචනයෙන් වැරදි කරනවා. සිතෙන් වැරදි කරනවා. ඉතින් ඒ පුද්ගලයා කයෙන් වැරදි කරලා, වචනයෙන් වැරදි කරලා, සිතින් වැරදි කරලා, කය බිඳිලා මළාට පස්සේ අපාය, දුගතිය විනිපාත නම් වූ නිරයේ උපදිනවා.

පින්වත් මහාරාජ, ඒක මේ වගේ දෙයක්. පුරුෂයෙක් ඉන්නවා. අන්ධකාරයෙන් අන්ධකාරයට යනවා. කළුවරෙන් කළුවරටම යනවා. දරුණු කමින් දරුණුකමටම යනවා. පින්වත් මහාරාජ, මේ පුද්ගලයාට කියන්න තියෙන්නෙ ඔය උපමාව තමයි. පින්වත් මහාරාජ, ඔය විදිහටයි පුද්ගලයෙක් අඳුරෙන් අඳුරට යන්නෙ.

පින්වත් මහාරාජ, පුද්ගලයෙක් අඳුරෙන් එළියට යන්නෙ කොහොමද? පින්වත් මහාරාජ, මේ ලෝකෙ ඇතැම් කෙනෙක් ඉන්නවා, හීන කුලයක ඉපදිලා. සැඩොල් කුලයක ඉපදිලා. කුළුපොතු කුලයක ඉපදිලා. වැදි කුලයක ඉපදිලා. රථකාර කුලයක ඉපදිලා. වැසිකිළි කැසිකිළි හෝදන කුලයක ඉපදිලා. දිළිඳු වෙලා. කෑම් බීම් ආදිය අමාරුවෙන් තමයි ලැබෙන්නෙ. දුකසේ තමයි ජීවත්වෙන්නට තියෙන්නෙ. ඒ වගේම ඔහු විරූපියි, කුදුයි, නිතරම ලෙඩ දුක්. එක්කො කණෙක්. එක්කො කොරෙක්. එක්කො මාන්දම් රෝගියෙක්. හරිහමන් කෑමක් බීමක් නෑ. ඇඳුමක් නෑ. ගමන් බිමන් යන්න වාහනයක් නෑ. මල්, සුවඳ විලවුන් මොකවත් නෑ. ඉන්න තැනක් නෑ. කුප්පි ලාම්පුවක්වත් නෑ. නමුත් ඒ පුද්ගලයා කයින් යහපත් දේ කරනවා. වචනයෙන් යහපත් දේ කරනවා. මනසින් යහපත් දේ කරනවා. ඒ පුද්ගලයා කයින් යහපත් දේ කරලා, වචනයෙන් යහපත් දේ කරලා, මනසින් යහපත් දේ කරලා, කය බිඳිල මැරුණට පස්සේ සුගතිය කියන ස්වර්ග ලෝකයේ උපදිනවා.

පින්වත් මහාරාජ, ඒක මේ වගේ දෙයක්. පුරුෂයෙක් බිම ඉඳලා පුටුවකට නගිනවා. ඒ පුටුවෙන් අශ්වයෙකුගේ පිටට නගිනවා. එහෙම නැත්නම්, ඒ අසු පිටින් ඇතෙකුගේ පිටට නගිනවා. එක්කො ඒ ඇතාගේ පිටින් මාලිගාවකට නගිනවා. පින්වත් මහාරාජ, මේ පුද්ගලයා ගැන එය උපමාව තමයි කරන්න තියෙන්නෙ. පින්වත් මහාරාජ, ඔය විදිහටයි පුද්ගලයෙක් අඳුරින් එළියට යන්නෙ.

පින්වත් මහාරාජ, පුද්ගලයෙක් එළියෙන් අඳුරට යන්නෙ කොහොමද? පින්වත් මහාරාජ, මේ ලෝකෙ ඇතැම් පුද්ගලයෙක් ඉන්නවා උසස් කුලයක උපදිනවා. සම්භාවනීය ගෘහපති කුලයෙ හරි උපදිනවා. මහා ධනවත්, මහා සම්පත් තියෙන, ඕනතරම් රන් රිදී තියෙන, ඕනතරම් දේපළ වස්තුව තියෙන, ඕනතරම් ධන ධාන්‍ය තියෙන පවුලක උපදිනවා. ඒ වගේම ඔහුට ලස්සන රූපයකුත් තියෙනවා. ඕන කෙනෙක් පහදිනවා. බොහොම හැඩ රුව තියෙනවා. කෑම බීම, ඇඳුම් පැළඳුම්, යාන වාහන, මල්, සුවඳ විලවුන්, ඉඳුම් හිටුම්, තෙල් පහන් ආදී හැමදේම තියෙනවා. නමුත් ඔහු කයින් වැරදි කරනවා. වචනයෙන් වැරදි කරනවා. මනසින් වැරදි කරනවා. කයින් වැරදි කරලා, වචනයෙන් වැරදි කරලා, සිතින් වැරදි කරලා, කය බිඳිලා මැරුණට පස්සේ අපාය, දුගතිය, විනිපාත කියන නරකාදියෙ උපදිනවා.

පින්වත් මහාරාජ, ඕක මේ වගේ දෙයක්. පුරුෂයෙක් මාලිගාවකින් ඇතෙකුගේ පිටට බහිනවා. ඒ ඇතාගේ පිටින් අශ්වයෙකුගේ පිටට බහිනවා. ඒ අශ්වයාගේ පිටින් පුටුවට බහිනවා. පුටුවෙන් බිමට බහිනවා. බිම ඉඳල අඳුරට යනවා වගේ. පින්වත් මහාරාජ, මේ පුද්ගලයා ගැන කියන්න තියෙන්නෙ ඔය උපමාව තමයි. පින්වත් මහාරාජ, ඔය විදිහටයි කෙනෙක් එළියෙන් අඳුරට යන්නේ.

පින්වත් මහාරාජ, පුද්ගලයෙක් ආලෝකයෙන් ආලෝකයට යන්නෙ කොහොමද? පින්වත් මහාරාජ, මේ ලෝකයේ ඇතැම් පුද්ගලයෙක් ඉන්නවා උසස් කුලයක උපදිනවා. සම්භාවනීය ගෘහපති කුලයේ හරි උපදිනවා. මහා ධනවත්, මහා සම්පත් තියෙන, ඕනතරම් රන් රිදී තියෙන, ඕනතරම් දේපළ වස්තුව තියෙන, ඕනතරම් ධන ධාන්‍ය තියෙන පවුලක උපදිනවා. ඒ වගේම ඔහුට ලස්සන රූපයකුත් තියෙනවා. ඕන කෙනෙක් පහදිනවා. බොහොම හැඩ රුව තියෙනවා. කෑම බීම, ඇඳුම් පැළඳුම්, යාන වාහන, මල්, සුවඳ විලවුන්, ඉඳුම් හිටුම්, තෙල් පහන් ආදී හැමදේම තියෙනවා. ඒ වගේම ඔහු කයින් යහපත් දේ කරනවා, වචනයෙන් යහපත් දේ කරනවා, මනසින් යහපත් දේ කරනවා. ඉතින් ඔහු කයින් යහපත් දේ කරලා, වචනයෙන් යහපත් දේ කරලා, මනසින් යහපත් දේ කරලා, කය බිඳිල මැරුණට පස්සේ සුගතිය කියන ස්වර්ග ලෝකයේ උපදිනවා.

පින්වත් මහාරාජ, ඒක මේ වගේ දෙයක්. පුටුවකින් පුටුවකට යනවා වගේ, අසු පිටින් අසු පිටට යනවා වගේ. ඇතු පිටින් ඇතු පිටට යනවා වගේ. මාළිගාවකින් මාළිගාවකට යනවා වගේ. පින්වත් මහාරාජ, මේ පුද්ගලයා ගැන ඔය උපමාව තමයි කරන්න තියෙන්නේ. පින්වත් මහාරාජ, ඔය විදිහටයි පුද්ගලයෙක් ආලෝකයෙන් ආලෝකයට යන්නෙ.

පින්වත් මහාරාජ, මේ පුද්ගලයන් හතර දෙනාම ලෝකයේ දකින්න ලැබෙනවා.

"පින්වත් මහාරාජ, දිළිඳු පුද්ගලයෙක් ඉන්නවා. ශ්‍රද්ධාවක් නෑ. මසුරුයි. කෑදරයි. පාපකාරී අදහස් තියෙනවා. මිථ්‍යා දෘෂ්ටිකයි. අනුන්ට ආදරයක් නෑ.

ශ්‍රමණ බ්‍රාහ්මණයන්ටත්, යමක් ඉල්ලගෙන එන කෙනෙකුටත්, ආක්‍රෝශ කරමින් පරිභව කරනවා. 'නැතැ'යි කියනවා. දොස් කියනවා. ඉල්ලන කෙනෙකුට තව කෙනෙක් දෙන්න හැදුවොත් ඒ බොජුන් පවා වළක්වනවා.

පින්වත් මහාරාජ, එබඳු පුද්ගලයා මැරුණට පස්සේ අඳුරෙන් අඳුරටම ගිහින් අන්තිමේදී දරුණු නරකාදියේ උපදිනවා.

ඒ වගේම රජතුමනි, දිළිඳු පුද්ගලයෙක් ඉන්නවා. ශ්‍රද්ධාවන්තයි. මසුරු නෑ. දන් දෙනවා. ශ්‍රේෂ්ඨ අදහස් තියෙනවා. ඔහු තරහ සිත් නැති කෙනෙක්.

ශ්‍රමණ බ්‍රාහ්මණයන්ටත්, ඉල්ලගෙන එන අනිත් උදවියටත් සළකනවා. අසුනෙන් නැගිටලා ගෞරව කරනවා. යහපතෙහි හික්මෙනවා. ඉල්ලන කෙනෙකුට දෙන භෝජනය වළක්වන්නෙ නෑ.

ජන ශ්‍රේෂ්ඨ වූ මහාරාජ, එබඳු පුද්ගලයෙක් මැරෙන කොට අඳුරින් එළියට ඇවිත් දෙව්ලොව උපදිනවා.

පින්වත් මහාරාජ, ධනවත් පුද්ගලයෙක් ඉන්නවා. නමුත් ශ්‍රද්ධාවක් නෑ. මසුරුයි. කෑදරයි. පාපී අදහස් තියෙනවා. මිත්‍යා දෘෂ්ටිකයි. අනුන්ට ආදරයක් නෑ.

ශ්‍රමණ බ්‍රාහ්මණයින්ටත් ඉල්ලගෙන එන වෙන අයටත් ආක්‍රෝශ කරනවා. පරිභව කරනවා. 'නැතැ'යි කියනවා. බනිනවා. ඉල්ලගෙන එන කෙනෙකුට දෙන භෝජනයෙන් වළක්වනවා.

ජන ශ්‍රේෂ්ඨ මහරජතුමනි, එබඳු පුදගලයා මැරෙන කොට එළියෙන් අඳුරට ගිහින් දරුණු වූ නරකාදියෙහි උපදිනවා.

පින්වත් මහාරාජ, මහා ධනවත් පුද්ගලයෙක් ඉන්නවා. ඔහු ශ්‍රද්ධාවන්තයි. මසුරු නෑ. දන් දෙනවා. ශ්‍රේෂ්ඨ අදහස් තියෙනවා. තරහ සිතක් නැති කෙනෙක්.

ශ්‍රමණ බ්‍රාහ්මණයන්ටත්, ඉල්ලගෙන එන අනිත් අයටත් සළකනවා. නැගිටලා ගෞරව කරනවා. යහපතේ හික්මෙනවා. ඉල්ලන කෙනෙකුට දෙන භෝජනයෙන් වළක්වන්නෙ නෑ.

ජන ශ්‍රේෂ්ඨ මහාරාජ, එබඳු පුද්ගලයෙක් මැරෙන කොට, ආලෝකයෙන් ආලෝකයට ගිහින් දෙව්ලොව උපදිනවා."

සාදු! සාදු!! සාදු!!!

3.3.2.
අය්‍යකා සූත්‍රය
ආච්චි අම්මා ගැන වදාළ දෙසුම

133. සැවැත් නුවර ජේතවනාරාමයේදී ....

එදා පසේනදී කොසොල් රජතුමා මහ දවාලෙ භාග්‍යවතුන් වහන්සේව බැහැදකින්න ආවා. ඇවිදින් භාග්‍යවතුන් වහන්සේට වන්දනා කළා. පැත්තකින් වාඩිවුනා. පැත්තකින් වාඩිවුන පසේනදී කොසොල් රජතුමාගෙන් භාග්‍යවතුන් වහන්සේ මෙහෙම ඇහුවා.

"පින්වත් මහාරාජ, මේ මහා දවාලෙ ඔබ කොහේ ඉඳන් එන ගමන්ද?"

"ස්වාමීනී, මගේ ආච්චි අම්මා කළුරිය කළා. ඈ ගොඩක් වයසයි. මහළුයි. පිළිවෙලින් අන්තිම වයසටත් ආවා. උපතින් අවුරුදු එකසිය විස්සක් හිටියා. ස්වාමීනී, ඔය ආච්චි අම්මා මට හරිම ප්‍රියමනාපයි. ඉතින් ස්වාමීනී, මගේ ආච්චි අම්මා කළුරිය කරන්න එපා කියල වටිනා හස්තියෙකුට ගනුදෙනු කරන්න පුළුවන් නම්, මං වටිනා හස්තියෙක් වුනත් දෙන්න කැමතියි. ඒ වගේම ස්වාමීනී, ඔය මගේ ආච්චි අම්මා කළුරිය කරන්න එපා කියල වටිනා අශ්වයෙක් එක්ක ගනුදෙනු කරන්න පුළුවන් නම්, මං වටිනා අශ්වයෙක් වුනත් දෙන්න කැමතියි. ඒ වගේම ස්වාමීනී, ඔය මගේ ආච්චි අම්මා කළුරිය කරන්න එපා කියල වටිනා ගම්වරයක් එක්ක ගනුදෙනු කරන්න පුළුවන් නම්, මං වටිනා ගම්වරයක් වුනත් දෙන්න කැමතියි. ඒ වගේම ස්වාමීනී, ඔය මගේ ආච්චි අම්මා කළුරිය කරන්න එපා කියල වටිනා ජනපදයක් එක්ක ගනුදෙනු කරන්න පුළුවන් නම්, මං ජනපදයක් වුනත් දෙන්න කැමතියි."

"පින්වත් මහාරාජ, හැම සත්වයෙක්ම මරණය උරුම කරගෙනයි ඉන්නෙ. මරණයෙන් අවසන් වෙනවා. මරණය ඉක්මවා ගිහිල්ලා නෑ."

"ස්වාමීනී, ආශ්චර්යයයි! ස්වාමීනී, අද්භූතයි! ස්වාමීනී, ඒක කොයිතරම් ඇත්තක්ද. දූන් භාග්‍යවතුන් වහන්සේ වදාළේ 'හැම සත්වයෙක්ම මරණය උරුම කරගෙනයි ඉන්නෙ. මරණයෙන් අවසන් වෙනවා. මරණය ඉක්මවා ගිහිල්ලා නෑ' කියලා."

"පින්වත් මහාරාජ, ඒක එහෙමමම තමයි. පින්වත් මහාරාජ, ඒක එහෙමමම තමයි. පින්වත් මහාරාජ, හැම සත්වයෙක්ම මරණය උරුම කරගෙනයි ඉන්නෙ.

මරණයෙන් අවසන් වෙනවා. මරණය ඉක්මවා ගිහිල්ලා නෑ. පින්වත් මහාරාජ, ඒක මේ වගේ දෙයක්. පුච්චපු මැටි භාජනත් තියෙනවා. අමු මැටි භාජනත් තියෙනවා. ඒ හැම මැටි භාජනයක්ම බිඳීම උරුම කරගෙන තියෙන්නෙ. බිඳීමෙන් අවසන් වෙන, බිඳෙන ස්වභාවය ඉක්මවා ගිහිල්ලා නෑ. පින්වත් මහාරාජ, ඒ විදිහම තමයි. හැම සත්වයෙක්ම මරණය උරුම කරගෙනයි ඉන්නෙ. මරණයෙන් අවසන් වෙනවා. මරණය ඉක්මවා ගිහිල්ලා නෑ.

හැම සත්වයෙක්ම මැරිල යනවා. ජීවිතේ කෙළවර මරණයයි. පින් පව්වල විපාක අරගෙන, කර්මානුරූපව ගමනෙ යනවා. පව් කළ උදවිය නිරයේ යනවා. පින් කළ උදවිය සුගතියේ යනවා.

ඒ නිසා පරලොව යහපත ලැබෙනතුරු හොඳ දේවල්මයි කරන්න ඕන. පරලොව යන සත්වයන්ට පිහිට වෙන්නෙ පින විතරයි."

සාදු! සාදු!! සාදු!!!

3.3.3.
ලෝක සූත්‍රය
ලෝකය ගැන වදාළ දෙසුම

134. සැවැත් නුවර ජේතවනාරාමයේදී ....

එකත්පසක සිටි පසේනදී කොසොල් රජතුමා භාග්‍යවතුන් වහන්සේගෙන් මෙහෙම ඇහුවා. "ස්වාමීනී, ලෝක සත්වයාට අහිත පිණිස, දුක පිණිස, කරදරය පිණිස උපදිනවා නම්, උපදින්න තියෙන්නෙ කරුණු කීයක්ද?"

"පින්වත් මහාරාජ, ලෝක සත්වයාට අහිත පිණිස, දුක පිණිස, කරදරය පිණිස උපදිනවා නම් උපදින්න තියෙන්නෙ කරුණු තුනයි. ඒ කරුණු තුන මොනවාද? පින්වත් මහාරාජ, ලෝක සත්වයාට අහිත පිණිස, දුක පිණිස, කරදරය පිණිස උපදිනවා නම් උපදින්න තියෙන්නෙ ලෝභයයි. පින්වත් මහාරාජ, ලෝක සත්වයාට අහිත පිණිස, දුක පිණිස, කරදරය පිණිස උපදිනවා නම් උපදින්න තියෙන්නෙ ද්වේෂයයි. පින්වත් මහාරාජ, ලෝක සත්වයාට අහිත පිණිස, දුක පිණිස, කරදරය පිණිස උපදිනවා නම් උපදින්න තියෙන්නෙ මෝහයයි. පින්වත් මහාරාජ, ලෝක සත්වයාට අහිත පිණිස, දුක පිණිස, කරදරය පිණිස උපදිනවා නම් උපදින්න තියෙන්නෙ මේ කරුණු තුන තමයි.

ලෝභයත්, ද්වේෂයත්, මෝහයත් තමා තුළ හටගන්නා පව් සිතුවිලිත් පුද්ගලයාව පෙළා දමනවා. පොත්තම හරය කරගත්ත ගහක හටගන්න ගෙඩි ඒ ගහ වනසනවා වගෙයි."

සාදු! සාදු!! සාදු!!!

3.3.4.
ඉස්සත්ත සූත්‍රය
දුනු ශිල්පය ගැන වදාළ දෙසුම

135. සැවැත් නුවර ජේතවනාරාමයේදී ....

එකත්පසක සිටි පසේනදී කොසොල් රජතුමා භාග්‍යවතුන් වහන්සේගෙන් මෙහෙම ඇහුවා. "ස්වාමීනී, දන් දිය යුත්තෙ කාටද?"

"පින්වත් මහාරාජ, යමෙකු කෙරෙහි හිත පහදිනවා නම්, දන් දිය යුත්තේ ඔහුටයි."

"ස්වාමීනී, කාට දුන්නු දානෙන්ද මහත්ඵල ලැබෙන්නෙ?"

"පින්වත් මහාරාජ, 'දානෙ දෙන්නෙ කාටද' කියන එක, එක ප්‍රශ්නයක්. 'කාට දුන්නාමද මහත්ඵල ලැබෙන්නෙ' කියන එක, තව ප්‍රශ්නයක්. පින්වත් මහාරාජ, සීලවන්තයෙකුට දෙන දානයයි මහත්ඵල වෙන්නෙ. දුස්සීලයාට දෙන දානය නම් නෙවෙයි. පින්වත් මහාරාජ, ඔය කාරණය මං ඔබෙන්ම විමසන්නම්. ඔබට වැටහෙන විදිහට උත්තර දෙන්න.

පින්වත් මහාරාජ, මේ ගැන ඔබ මොකක්ද හිතන්නෙ? ඔන්න ඔබට යුද්ධයක් කරන්න සිද්ධ වෙනවා. ඔන්න යුද සෙනඟ රැස් වෙනවා. එතකොට දුනු ශිල්පය පුහුණු නැති, අත්දැකීම් නැති, නුපුරුදු, ශිල්ප දක්වා නැති, බියගුළු වෙව්ලන, තැති අරගෙන පලා යන රාජවංශික කුමාරයෙක් ආවොත්, එබඳු පුරුෂයාව ඔබ පෝෂණය කරනවාද? එබඳු කෙනෙකුගෙන් ඔබට ප්‍රයෝජනයක් තියෙනවාද?"

"නෑ. ස්වාමීනී, මං ඒ පුද්ගලයාව පෝෂණය කරන්නෙ නෑ. එබඳු පුද්ගලයෙකුගෙන් මට කිසි ප්‍රයෝජනයක් නෑ."

"එතකොට දුනු ශිල්පය පුරුදු නැති බ්‍රාහ්මණ වංශික කුමාරයෙක් එනවා ....(පෙ).... ඒ වගේම දුනු ශිල්පය පුරුදු නැති වෙළඳ කුලේ වංශික කුමාරයෙක් එනවා ....(පෙ).... දුනු ශිල්පය පුරුදු නැති හීන කුලේ කුමාරයෙක් එනවා ....(පෙ).... එතකොට ඔබ ඒ පුරුෂයාව ඔබ පෝෂණය කරනවාද? එබඳු කෙනෙකුගෙන් ඔබට ප්‍රයෝජනයක් තියෙනවාද?"

"නෑ. ස්වාමීනී, මං ඒ පුද්ගලයාව පෝෂණය කරන්නෙ නෑ. එබඳු පුද්ගලයෙකුගෙන් මට කිසි ප්‍රයෝජනයක් නෑ."

පින්වත් මහාරාජ, මේ ගැන ඔබ මොකක්ද හිතන්නෙ? ඔන්න ඔබට යුද්ධයක් කරන්න සිද්ධ වෙනවා. ඔන්න යුද සෙනඟ රැස් වෙනවා. එතකොට දුනු ශිල්පය පුහුණු වුන රාජවංශික කුමාරයෙක් එනවා. ඔහුට අත්දැකීම් තියෙනවා. හොඳ පුරුද්දක් තියෙනවා. ශිල්ප දක්වල තියෙනවා. බියගුළු නෑ. වෙව්ලන්නෙ නෑ. තැති අරගෙන්නෙ නෑ. පලා යන්නෙ නෑ. ඔබ ඒ පුරුෂයාව ඔබ පෝෂණය කරනවා ද? එබඳු කෙනෙකුගෙන් ඔබට ප්‍රයෝජනයක් තියෙනවාද?"

"ස්වාමීනී, මං ඒ පුද්ගලයාව පෝෂණය කරනවා. ඒ වගේ පුද්ගලයන් ගෙන් තමයි මට ප්‍රයෝජන වෙන්නෙ."

"ඒ වගේම දුනු ශිල්පයේ හොඳට පුහුණු වුන බ්‍රාහ්මණ වංශික කුමාරයෙක් ආවොත් ....(පෙ).... දුනු ශිල්පයේ හොඳට පුහුණු වුන වෙළඳ කුලේ කුමාරයෙක් ආවොත් ....(පෙ).... දුනු ශිල්පයේ හොඳට පුහුණු වුන හීන කුලේ කුමාරයෙක් ආවොත් ....(පෙ).... ඔබ ඒ පුද්ගලයාව පෝෂණය කරනවාද? එබඳු කෙනෙකුගෙ න් ඔබට ප්‍රයෝජනයක් තියෙනවාද?"

"ස්වාමීනී, මං ඒ පුද්ගලයාව පෝෂණය කරනවා. ඒ වගේ පුද්ගලයන් ගෙන් තමයි මට ප්‍රයෝජන වෙන්නෙ."

"පින්වත් මහාරාජ, ඔන්න ඔය විදිහමයි, කොයියම්ම කුලේකින් හරි, පින්වත් කෙනෙක් ගිහි ගෙදරින් නික්මිලා මේ ශාසනයේ මහණ වුනොත්, ඒ භික්ෂුව අංග පහකින් තොරව ඉන්නෙ, අංග පහකින් යුතුව නම් ඉන්නෙ, ඒ භික්ෂුවට දෙන දානෙ මහත්ඵල ලබා දෙනවා.

ඒ ප්‍රහාණය වෙලා ගිය අංග පහ මොනවාද? ප්‍රහීණ වුනේ කාමච්ඡන්දයයි. ප්‍රහීණ වුනේ ව්‍යාපාදයයි. ප්‍රහීණ වුනේ ථීනමිද්ධයයි. ප්‍රහීණ වුනේ උද්ධච්ච කුක්කුච්චයයි. ප්‍රහීණ වුනේ විචිකිච්ඡාවයි. මේ අංග පහ තමයි ප්‍රහීණ වෙලා ගියේ.

මොන අංග පහකින්ද සමන්විත වෙලා ඉන්නෙ? අසේඛ (එනම්, රහතන් වහන්සේට කියන නමකි) වූ සීල ස්කන්ධයෙන් සමන්විත වෙයි. අසේඛ වූ සමාධි ස්කන්ධයෙන් සමන්විත වෙයි. අසේඛ වූ ප්‍රඥා ස්කන්ධයෙන් සමන්විත වෙයි. අසේඛ වූ විමුක්ති ස්කන්ධයෙන් සමන්විත වෙයි. අසේඛ වූ විමුක්ති ඤාණදර්ශන ස්කන්ධයෙන් සමන්විත වෙයි. මේ අංග පහෙනුයි සමන්විත වෙන්නෙ. ඔය විදිහට අංග පහක් නැතිවෙලා, අංග පහකින් යුක්ත වෙලා සිටින කෙනෙකුට දෙන දානය මහත්ඵල වෙනවා."

භාග්‍යවතුන් වහන්සේ මෙය වදාළා. මෙය වදාළ සුගත වූ ශාස්තෘන් වහන්සේ යළිත් මේ ගාථාවන්ද වදාළා.

"යම් තරුණයෙක් තුළ දුනු ශිල්පයේ කුසලතාවත්, කායික මානසික බල වීරියත් දකින්න ලැබෙනවා නම්, යුද්ධයේදී පිහිට පිණිස එබඳු අයවයි රජතුමා පෝෂණය කරන්නෙ. අදක්ෂ කෙනාව උපන් වංශය හේතු කරගෙන පෝෂණය කරන්නෙ නෑ.

ඒ වගේම යම් කෙනෙකු තුළ ඉවසීමත්, කීකරුකමත්, උතුම් නිවනත්, පිහිටලා තියෙනවා නම්, ආර්ය තත්වයට පත් වූ ඒ ප්‍රඥාවන්ත කෙනා හීන කුලයක ඉපදුනත් ගෞරව ලබනවා. ඔහු උදෙසා සිත්කළු අසපු කරනවා. බහුශ්‍රැතයන් හට නවාතැන් දෙනවා. වතුර නැති වන සෙනසුන්වල පැන් පොකුණු කරවනවා. කඳු ගැටි සමතලා කරල සක්මන් මළු කරනවා.

දන් පැන්ද, කැවිලිද, සිවුරු පිරිකරද, ඉඳුම් හිටුම්ද, ඒ රහතුන් කෙරෙහි චිත්ත ප්‍රසාදයෙන් පූජා කරනවා.

විදුලි එළි විහිදෙන සිය ගණන් වළාකුළු ඇති වැස්ස ගුගුරා ඇද හැලෙන්නෙ පොළොව තෙමාගෙන. වළ ගොඩැලි පුරවනවා වගෙයි.

ඒ වගේමයි ශ්‍රද්ධාවන්ත, ශ්‍රැතවත් ආර්ය ශ්‍රාවකයා ඤාණවන්තයි. ඔහු භෝජන පිළියෙල කරල ඒ ආහාරපානවලින් ඉල්ලාගෙන එන අය සතුටු කරවනවා. සතුටු වෙවී දානෙ දෙන්නෙ විසුරෝනවා වගෙයි. හැමෝටම 'දන් දෙන්න, දන් දෙන්න' කියල කියනවා.

වැස්ස වහිනකොට අහස ගුගුරනවා වගෙයි දානය සඳහා ඔහුගේ හඬ නැගීම. ඒ පුණ්‍ය ධාරාව දන් දෙන කෙනාව හොඳ හැටියට තෙමාගෙන යනවා."

සාදු! සාදු!! සාදු!!!

3.3.5.
පබ්බතූපම සූත්‍රය
පර්වතයක් උපමා කොට වදාළ දෙසුම

136. සැවැත් නුවර ජේතවනාරාමයේදී ....

එකත්පසක හිඳගත් පසේනදී කොසොල් රජුගෙන් භාග්‍යවතුන් වහන්සේ මෙහෙම ඇහුවා.

"පින්වත් මහාරාජ, මේ මහ දවල් කොහේ ඉඳලා එන ගමන්ද?"

"ස්වාමීනී, අපි ඉතින් යම් පෘථුවි මණ්ඩලේ දිනපු ඔටුණු පළන්දපු රජවරු නෙව. අපිට යස ඉසුරු තියෙනවා. කාම සැප සම්පත් තියෙනවා. ජනපද තියෙනවා. ඉතින් අපට ඒ ගැන රාජකාරි තියෙනවා. ඒ රාජකාරිවල උත්සාහවත් වෙලා එන ගමනුයි මේ ආවෙ."

"පින්වත් මහාරාජ, මේ ගැන ඔබ මොකද හිතන්නෙ? නැගෙනහිර දිශාවෙන් විශ්වාස කටයුතු පිළිගන්න පුළුවන් වචන තියෙන පුද්ගලයෙක් එනවා. ඔහු ඔබ ළඟට ඇවිත් මෙහෙම කියනවා. 'හා! දේවයන් වහන්ස, දැන වදාළ මැනැව. මං නැගෙනහිර දිශාවේ ඉඳලයි එන්නෙ. මං දැක්කා අහස උසට අතිවිශාල පර්වතයක් සියලු සතුන් යට කරගෙන එනවා. ඉතින් දේවයන් වහන්ස, ඒ වෙනුවෙන් ඔබවහන්සේට කළ හැකි දෙයක් ඇත්නම් කළ මැනැව.' එතකොටම බටහිර දිශාවෙනුත් පුද්ගලයෙක් එනවා ....(පෙ).... එතකොටම දකුණු දිශාවෙනුත් පුද්ගලයෙක් එනවා ....(පෙ).... එතකොටම උතුරු දිශාවෙනුත් විශ්වාස කටයුතු පිළිගන්න පුළුවන් වචන තියෙන පුද්ගලයෙක් එනවා. ඔහු ඔබ ළඟට ඇවිත් මෙහෙම කියනවා. 'හා! දේවයන් වහන්ස, දැන වදාළ මැනැව. මං උතුරු දිශාවෙ ඉඳලයි එන්නෙ. මං දැක්කා අහස උසට අතිවිශාල පර්වතයක් සියලු සතුන් යට කරගෙන එනවා. ඉතින් දේවයන් වහන්ස, ඒ වෙනුවෙන් ඔබවහන්සේට කළ හැකි දෙයක් ඇත්නම් කළ මැනැව.'

පින්වත් මහාරාජ, ඔය ආකාර වූ මහා භයානක අවස්ථාවක් දරුණු අවස්ථාවක් ඇති වුනොත් දුර්ලභ මනුස්ස ජීවිතයක් ලැබූ ඔබ ගන්න පියවර කුමක්ද?"

"ස්වාමීනී, ඔවැනි මහා භයානක, දරුණු, මිනිසුන් වැනසෙන අවස්ථාවක්

ඇති වුණොත් දුර්ලභ මනුස්ස ජීවිතේ ලබාපු මම ධර්මයේ හැසිරීම, යහපතේ හැසිරීම, කුසල් කිරීම, පින් කිරීම හැර වෙන මොකක් කරන්නද?"

"පින්වත් මහාරාජ, ඔබට මේ කාරණය දැනුම් දෙන්න සිද්ධ වෙනවා. ඔබට මේ කාරණය පවසන්න සිද්ධ වෙනවා. පින්වත් මහාරාජ, ජරා මරණ දෙක ඔබව යටකරගෙන යනවා. පින්වත් මහාරාජ, ජරා මරණ දෙක ඔබව යටකරගෙන යද්දී ඔබ ගන්න පියවර මොකක්ද?"

"ස්වාමීනී, ජරා මරණ දෙක අපව යටකරගෙන යද්දී ධර්මයේ හැසිරීම, යහපතේ හැසිරීම, කුසල් කිරීම, පින් කිරීම හැර වෙන මොකක් කරන්නද?

ස්වාමීනී, මිහිමඬල දිනාගත්, රජ කෙනෙකුට ඔටුණු පළන් යස ඉසුරු පිරිලා තියෙන, කාම සම්පත්වලට යටවුන, ජනපද වලට අධිපති, රජ කෙනෙකුට ඇත්තුන්ගෙන් කරන යුද්ධ ඇතිවෙනවා. ඒ වුනත් ස්වාමීනී, මේ ජරා මරණ දෙක අපව යට කරද්දී, ඔය ඇත් යුද්ධවලින් නම් වැඩක් නැහැ. ප්‍රයෝජනයක් නැහැ.

ස්වාමීනී, ඔටුණු පළන්දපු රජවරු ඉන්නවා ....(පෙ).... අශ්ව සේනාවෙන් කරන යුද්ධ තියෙනවා ....(පෙ).... රථ සේනාවෙන් කරන යුද්ධ තියෙනවා ....(පෙ).... පාබල සේනාවෙන් කරන යුද්ධ ඇතිවෙනවා. ඒ වුනත් මේ ජරා මරණ දෙක අපව යට කරද්දී, ඔය ඇත් යුද්ධවලින් නම් වැඩක් නැහැ. ප්‍රයෝජනයක් නැහැ.

ඒ වගේම ස්වාමීනී, මේ රජකුලේ මන්ත්‍රීවරු, මහඇමතිවරු ඉන්නවා. ඒ අයට හතුරොත් එක්ක කුමන්ත්‍රණය කරලා, ඒ හතුරන්ව බිඳවල දාන්න පුළුවන්කම තියෙනවා. ඒ වුණත් ස්වාමීනී, මේ ජරා මරණ දෙක අපට යට කරද්දී, ඔය යුද කුමන්ත්‍රණවලින් නම් වැඩක් නැහැ. ප්‍රයෝජනයක් නැහැ.

ස්වාමීනී, අපේ මේ රජ කුලේ රන්, රිදී පිරිල ඉතිරිලා තියෙනවා. අහසේ පොළොවේ ඕනතරම් වස්තුව තියෙනවා. ළඟට ආපු හතුරන්ව වුනත් ඒ ධනයෙන් පොළඹවගන්න පුළුවන්කම තියෙනවා. ඒ වුනත් ස්වාමීනී, මේ ජරා මරණ දෙක අපව යට කරද්දී, ඔය ධන යුද්ධයෙනුත් නම් වැඩක් නැහැ. ප්‍රයෝජනයක් නැහැ.

ඉතින් ස්වාමීනී, ජරා මරණ දෙක අපව යටගෙන යනකොට ධර්මයේ හැසිරීම හැර, යහපතේ හැසිරීම හැර, කුසල් කිරීම හැර, පින් කිරීම හැර වෙන මොකක්ද කරන්න තියෙන්නේ?"

"පින්වත් මහාරාජ, ඒක එහෙමම තමයි. පින්වත් මහාරාජ, ඒක එහෙමම තමයි. ජරා මරණ දෙක ඔබව යටකරගෙන යනකොට, ධර්මයේ හැසිරීම හැර, යහපතේ හැසිරීම හැර, කුසල් කිරීම හැර, පින් කිරීම හැර වෙන මොකක් කරන්නද?"

භාග්‍යවතුන් වහන්සේ මෙය වදාළා. මෙය වදාළ සුගත වූ ශාස්තෘන් වහන්සේ යළි මේ ගාථාවන් වදාළා.

"අහස උසට තියෙන විශාල පර්වත, හාත්පස, හැම දිශාවෙම සතුන්ව සුණු විසුණු කරගෙන, පෙරළීගෙන එනවා වගෙයි.

ඔය විදිහට උපන් සත්වයාව ජරා මරණ දෙකෙන් යටකරල දානවා. රාජ වංශයේ, වෙළඳ කුලේ, හීන කුලේ, සැඩොල් කුලේ, පුක්කුස කුලේ කියලා අයෙ ඉතින් බේරිල්ලක් නෑ. හැම කෙනෙක්වම ජරා මරණ විසින් යට කරලා දානවා.

ඒ ජරා මරණවලින් දිනන්න ඇත් සේනාවකට බෑ. රථ සේනාවකට බෑ. පාබල සේනාවකට බෑ. කුමන්ත්‍රණ යුද්ධවලට බෑ. ධනයටත් බෑ.

ඒ නිසා නුවණැති ධෛර්යවත් සත්පුරුෂයා, තමන්ගේ යහපත දකිනවා නම්, බුද්ධ, ධම්ම, සංඝ යන තෙරුවන් කෙරෙහි ශ්‍රද්ධාව පිහිටුවාගන්න ඕන.

යමෙක් කයෙනුත්, වචනයෙනුත්, හිතිනුත් ධර්මයේ හැසිරෙනවා නම්, මෙලොවදීම ඔහු ප්‍රශංසා ලබනවා. පරලොව සුගතියේ ඉපදිලා සතුටු වෙනවා."

තුන්වෙනි කෝසල වර්ගය අවසන් විය.

කෝසල සංයුත්තය අවසන් විය.

නමෝ තස්ස භගවතෝ අරහතෝ සම්මාසම්බුද්ධස්ස
ඒ භාග්‍යවත් අරහත් සම්මා සම්බුදුරජාණන් වහන්සේට නමස්කාර වේවා!

4. මාර සංයුත්තය

1. ආයු වර්ගය

4.1.1.
තපෝකම්ම සූත්‍රය
තපස් කර්ම ගැන වදාළ දෙසුම

137. මා හට අසන්නට ලැබුනේ මේ විදිහටයි. ඒ දිනවල භාග්‍යවතුන් වහන්සේ වැඩසිටියේ උරුවෙල් ජනපදයේ, නේරංජරා ගඟ අයිනේ අජපල් නුගරුක් සෙවනේ.

ඒ දවස් වල භාග්‍යවතුන් වහන්සේ සම්බුද්ධත්වයට පත් වූ මුල් කාලයයි. එදා භාග්‍යවතුන් වහන්සේ හුදෙකලාවේ තනියම, භාවනාවෙන් ඉන්න කොට, සිතේ මේ කල්පනාව ඇතිවුනා. 'ඇත්තෙන්ම මං ඒ දුෂ්කර ක්‍රියාවෙන් නිදහස් වුනා. ඇත්තෙන්ම අයහපත පිණිස හේතුවන ඒ දුෂ්කර ක්‍රියාවෙන් නිදහස් වෙච්ච එකමයි හොඳ. මං සතර සතිපට්ඨානයේ හිත පිහිටවාගත්තු නිසයි, මේ ආර්ය සත්‍ය අවබෝධ කරන්න ලැබුනේ. ඒක කොයිතරම් දෙයක්ද?'

ඒ වෙලාවෙ පාපී මාරයා භාග්‍යවතුන් වහන්සේගේ සමීපයට ආවා. ඇවිදින් ගාථාවකින් භාග්‍යවතුන් වහන්සේට මෙහෙම කිව්වා.

"යම්කිසි තපසකින් සත්ත්වයින් පිරිසිදු වෙනවා නම්, ඒ තපස වන, දුෂ්කර ක්‍රියාව අත්හැරල දාලා, පිරිසිදු නැතුවම ඉඳගෙන, පිරිසිදු වුනා කියල හිතනවාද? ඔබ ඒ මාර්ගය වරද්දවගත්තා නේද?"

ඊට පස්සෙ භාග්‍යවතුන් වහන්සේ මොහු තමයි පාපී මාරයා කියල දැනගෙන ගාථාවකින් මෙහෙම පිළිතුරු දුන්නා.

"ඔය අමර තපස්ය කියන දුෂ්කර ක්‍රියාවන්වලින් වැඩක් වෙන්නෙ නැති බව මට අවබෝධ වුනා. ඔය කිසිදේකින් වැඩක් වෙන්නෙ නෑ. මරු කතරක දඬු කැලි අරගෙන නැවක් පදවන්නෙ කොහොමද?"

ආර්ය සත්‍ය අවබෝධය පිණිස වඩන්න තියෙන්නෙ, සීල, සමාධි, ප්‍රඥාවෙන් යුතු මාර්ගයයි. ඒ මාර්ගයේ ගමන් කරල මං පරම පිරිසිදු බවට පත් වුනා. ඒයි, පාපී මාරය, ඔය කාරණයේදී ඔබ පැරදුනා."

එතකොට පවිටු මාරයා 'භාග්‍යවතුන් වහන්සේ මාව දැනගත්ත නෙව, සුගතයන් වහන්සේ මාව දැනගත්තා නෙව' කියල දුක් වුනා. අසතුටු වුනා. නොසතුටු සිත් ඇත් වුනා. එතනම නොපෙනී ගියා.

සාදු! සාදු!! සාදු!!!

4.1.2.
නාග සූත්‍රය
ඇත් රජා ගැන වදාළ දෙසුම

138. මා හට අසන්නට ලැබුනේ මේ විදිහටයි. ඒ දවස්වල භාග්‍යවතුන් වහන්සේ වැඩසිටියේ උරුවෙල් ජනපදයේ නේරංජරා ගං ඉවුරේ, අජපාල නුග සෙවනේ. එදා භාග්‍යවතුන් වහන්සේ රෑ ඝන අන්ධකාරේ එළිමහනෙ වාඩිවෙලා වැඩ සිටියා. ඒ වෙලාවෙ වැහි පොදත් එක එක වැටෙනවා.

එතකොට පවිටු මාරයාට මෙහෙම කැමත්තක් ඇතිවුනා. 'භාග්‍යවතුන් වහන්සේව භය කරවන්න ඕන. තැති ගන්වන්න ඕන. ඇඟේ මවිල් කෙළින් හිටවන්න ඕන' කියලා. ඉතින් ඔහු විශාල ඇත් රජෙකුගේ වේශයක් මවාගත්තා. භාග්‍යවතුන් වහන්සේ ඉස්සරහට ආවා. ඒ දළ දෙක පිරිසිදු රිදී පාටයි. ඒ ඇතාගේ හොඬවැල නගුල් දණ්ඩක් වගෙයි.

ඒ මොහොතේම 'මේ තමයි පවිටු මාරයා' කියල භාග්‍යවතුන් වහන්සේ අඳුරගත්තා. පවිටු මාරයාට ගාථාවකින් මෙහෙම කිව්වා.

"ඔව්. බොහෝ කාලයක් මුළුල්ලේ සසර සැරිසරද්දී නොයෙක් ලස්සන,

කැත වෙස් අරගෙන ඔබ මං ළඟට ආවා තමයි. ඒයි පවිටු තැනැත්ත, දැන් ඒවායින් පලක් නෑ. ඒයි මාරය, මේ කාරණේදී ඔබ පැරදුනා."

එතකොට පවිටු මාරයා 'භාග්‍යවතුන් වහන්සේ මාව දැනගත්තා නෙව, සුගතයන් වහන්සේ මාව දැනගත්ත නෙව' කියල දුක් වුනා. අසතුටු සිත් ඇතිවුනා. එතනම නොපෙනී ගියා.

සාදු! සාදු!! සාදු!!!

4.1.3.
සුභ සූත්‍රය
පියකරු බව ගැන වදාළ දෙසුම

139. මා හට අසන්නට ලැබුනේ මේ විදිහටයි. ඒ දිනවල භාග්‍යවතුන් වහන්සේ වැඩසිටියේ උරුවෙල් ජනපදයේ ....(පෙ).... ඒ සම්බුද්ධත්වයට පත්වුන මුල් කාලයයි.

එදා භාග්‍යවතුන් වහන්සේ රාත්‍රී ඝනාන්ධකාරෙ එළිමහනෙ වාඩිවෙලා හිටියා. වැහි පොදත් එක එක වැටෙනවා.

එතකොට පාපී මාරයාට මෙහෙම කැමැත්තක් ආවා. 'භාග්‍යවතුන් වහන්සේව භය කරවන්න ඕන. තැතිගන්වන්න ඕන. ඇඟේ මවිල් කෙළින් කරවන්න ඕන' කියලා. ඔහු භාග්‍යවතුන් වහන්සේ ඉදිරියට ආවා. ඇවිදින් භාග්‍යවතුන් වහන්සේට නුදුරින් නොයෙක් විදිහේ ලස්සන කැත රූප දක්වන්න පටන් ගත්තා.

ඒ මොහොතේම, භාග්‍යවතුන් වහන්සේ හඳුනගත්තා, 'මේ තමයි පාපී මාරයා' කියලා. භාග්‍යවතුන් වහන්සේ පවිටු මාරයාට ගාථාවලින් මෙහෙම වදාළා.

"ඔව්. බොහෝ කාලයක් තිස්සෙ සසරෙ සැරිසරද්දී නොයෙක් ලස්සන කැත, වෙස් අරගෙන ඔබ මං ළඟට ආවා. ඒයි පවිටු තැනැත්ත, දැන් ඒවායින් පලක් නෑ. ඒයි මාරය, මේ කාරණයේදී ඔබ පැරදුනා.

යමෙක් කයින්, වචනයෙන්, හිතෙන් සංවර වුනොත්, ඒයි මාරය, ඒ කවුරුවත් ඔබේ වසඟයට එන්නෙ නෑ. ඒ කවුරුවත් මාර බන්ධනයට

අහුවෙන්නෙ නෑ."

එතකොට පාපී මාරයා, 'භාග්‍යවතුන් වහන්සේ මාව දැනගත්තා නෙව. සුගතයන් වහන්සෙ මාව දැනගත්තා නෙව' කියල දුක් වුනා. නොසතුටු සිත් ඇතිවුනා. එතනම නොපෙනී ගියා.

සාදු! සාදු!! සාදු!!!

4.1.4.
පඨම පාස සූත්‍රය
උගුල ගැන වදාළ පළමු දෙසුම

140. මා හට අසන්නට ලැබුනේ මේ විදිහටයි. ඒ දවස්වල භාග්‍යවතුන් වහන්සේ වැඩසිටියේ බරණැස් නුවර ඉසිපතන නම් වූ මුව වනයේ. එදා භාග්‍යවතුන් වහන්සේ "පින්වත් මහණෙනි"යි කියල භික්ෂුසංඝයා ඇමතුවා. ඒ භික්ෂූන් වහන්සේලාත්, "පින්වතුන් වහන්ස" කියල භාග්‍යවතුන් වහන්සේට පිළිතුරු දුන්නා.

ඒ වෙලාවෙදී භාග්‍යවතුන් වහන්සේ මෙය වදාළා. "පින්වත් මහණෙනි. නුවණින් සිහිකිරීම නිසාත්, නුවණින් වීරිය වැඩූ නිසාත්, මේ උත්තරීතර වූ විමුක්තියට පත්වෙන්න මට පුළුවන් වුනා. උත්තරීතර වූ විමුක්තිය අවබෝධ කරන්න පුළුවන් වුනා. ඒ නිසා, පින්වත් මහණෙනි, ඔබත් නුවණින් කල්පනා කරලා, නුවණින් වීරිය වඩලා, මේ උත්තරීතර වූ විමුක්තියට පත්වෙන්න ඕන. උත්තරීතර වූ විමුක්තිය අවබෝධ කරන්න ඕන.

ඒ වෙලාවේ පවිටු මාරයා භාග්‍යවතුන් වහන්සේ වෙත ආවා. ඇවිල්ලා භාග්‍යවතුන් වහන්සේට මෙහෙම කිව්වා.

"ශ්‍රමණය, ඔබ මාරයාගේ උගුලට අහුවෙල නේද ඉන්නෙ? දිව්‍ය වූ මාර බන්ධන තියෙනවා. මිනිස් ලෝකෙ මාර බන්ධන තියෙනවා. ඒ මාර බන්ධන වලින් බැඳිල ගිහින් නේද ඉන්නෙ? ශ්‍රමණය මගෙන් නම් ඔබට නිදහසක් ලැබෙන්නෙ නෑ."

(භාග්‍යවතුන් වහන්සේ) :

"මම මාර උගුලෙන් නිදහස් වෙච්ච කෙනෙක්. දිව්‍ය වූ මාර බන්ධන

තියෙනවා. මිනිස් ලොවත් මාර බන්ධන තියෙනවා. ඒ සියලු මාර බන්ධන වලින් නිදහස් වෙලයි ඉන්නෙ. ඒයි මාරය, මේ කරුණෙදී ඔබ පැරදුනා."

එතකොට පවිටු මාරයා 'භාග්‍යවතුන් වහන්සේ මාව දැනගත්තා නෙව. සුගතයන් වහන්සේ මාව දැනගත්තා නෙව' කියල දුක් වුනා. අසතුටට පත් වුනා. එතනම නොපෙනී ගියා.

සාදු! සාදු!! සාදු!!!

4.1.5.
දුතිය පාස සූත්‍රය
උගුල ගැන වදාළ දෙවෙනි දෙසුම

141. මා හට අසන්නට ලැබුනේ මේ විදිහටයි. ඒ දිනවල භාග්‍යවතුන් වහන්සේ වැඩසිටියේ බරණැස් නුවර ඉසිපතන නම් වූ මිගදායේ. එදා භාග්‍යවතුන් වහන්සේ "පින්වත් මහණෙනි" කියල භික්ෂුසංඝයා ඇමතුවා. ඒ භික්ෂූන් වහන්සේලාද "පින්වතුන් වහන්ස" කියල භාග්‍යවතුන් වහන්සේට පිළිතුරු දුන්නා. භාග්‍යවතුන් වහන්සේ මෙය වදාළා.

"පින්වත් මහණෙනි, යම් දිව්‍ය බන්ධනත් තියෙනවා. මිනිස් ලොවත් යම් බන්ධන තියෙනවා. මං ඒ සියලු උගුල්වලින් නිදහස් වුනා. පින්වත් මහණෙනි, ඔබත් දෙව්ලොව තියෙන, මිනිස් ලොව තියෙන සෑම උගුලකින්ම නිදහස් වුනා. පින්වත් මහණෙනි, බොහෝ ජනතාවට හිත පිණිස, බොහෝ ජනයාට සැප පිණිස, ලෝකානුකම්පාවෙන්, දෙව්මිනිසුන්ට යහපත පිණිස, හිතසුව පිණිස චාරිකාවේ හැසිරෙන්න. එක මගකින් දෙන්නෙක් වඩින්න එපා. පින්වත් මහණෙනි, ආරම්භයත් සුන්දර වූ, මැදත් සුන්දර වූ, අවසානයත් සුන්දර වූ, අර්ථ සහිත වූ, පැහැදිලි ප්‍රකාශනවලින් යුතු වූ ධර්මය දේශනා කරන්න. මුළුමනින්ම පරිපූර්ණ වූ, පිරිසිදු වූ, නිවන් මඟ කියා දෙන්න. කෙලෙස් අඩු උදවිය ඉන්නවා. ඒ අයට ධර්මය අසන්න නොලැබුනොත්, පිරිහිලා යාවි. ධර්මය අසන්න ලැබුනොත් අවබෝධ කරගනීවි. පින්වත් මහණෙනි, මාත් දහම් දෙසන්න උරුවෙල් ජනපදයේ සේනානි ගමට යනවා."

එතකොට පවිටු මාරයා භාග්‍යවතුන් වහන්සේ වෙත ආවා. ඇවිදින්, භාග්‍යවතුන් වහන්සේට ගාථාවකින් කිව්වා.

"සෑම උගුලකටම අහු වුනා නේද? දෙව්ලොවත් උගුල් තියෙනවා. මනු ලොවත් උගුල් තියෙනවා. ඒ මහා බන්ධනයට බැඳිල ගියා නේද? ඒයි ශ්‍රමණය, ඔබට මගෙන් නම් නිදහස් වෙන්න බෑ."

(භාග්‍යවතුන් වහන්සේ) :

"සෑම උගුලකින්ම මං නිදහස් වුනා. දෙව්ලොවත් බන්ධන තියෙනවා. මනුලොවත් බන්ධන තියෙනවා. ඒ මහා බන්ධනවලින් මං නිදහස් වුනා. ඒයි මාරය, මේ කාරණේදී නුඹ පැරදුනා."

එතකොට පව්ටු මාරයා 'භාග්‍යවතුන් වහන්සේ මාව දැනගත්තා නෙව. සුගතයන් වහන්ස මාව දැනගත්තා නෙව' කියල දුක් වුනා. නොසතුටු වුනා. එතනම නොපෙනී ගියා.

සාදු! සාදු!! සාදු!!!

4.1.6.
සප්ප සූත්‍රය
සර්පයා ගැන වදාළ දෙසුම

142. මා හට අසන්නට ලැබුනේ මේ විදිහටයි. ඒ දිනවල භාග්‍යවතුන් වහන්සේ වැඩසිටියේ රජගහ නුවර වේළුවනය නම් වූ කලන්දක නිවාපයේ.

එදා භාග්‍යවතුන් වහන්සේ රෑ සන අඳුරේ එළිමහනේ වැඩසිටියා. වැහි පොදත් එක දෙක වැටෙනවා.

එතකොට පව්ටු මාරයාට මේ වගේ කැමැත්තක් ඇතිවුනා. 'භාග්‍යවතුන් වහන්සේව භය කරවන්න ඕන. තැති ගන්වන්න ඕන. මවිල් කෙළින් කරවන්න ඕන' කියල විශාල නාග රාජයෙකුගේ වේශයක් මවාගත්තා. භාග්‍යවතුන් වහන්සේ ළඟට ගියා. උගේ ඇඟ තනි ගස් කඳකින් හදාපු ඔරුවක් වගේ. උගේ පෙණය රා පෙරන විශාල පෙරහන්කඩයක් වගේ. උගේ ඇස් කොසොල් රටේ තියෙන විශාල පිඟන් වගේ. වැස්ස වහිනකොට විදුලි එළිය නික්මෙනවා. ඌ කටින් දිව එළියට දානකොට අන්න ඒ වගෙයි. කම්මලේ මයිනහම පිඹිනකොට මහා සද්දයක් එනවා. ඌ ආශ්වාස ප්‍රශ්වාස කරන කොට එන්නෙත් ඒ විදිහේ සද්දයක් තමයි.

ඒ මොහොතේ භාග්‍යවතුන් වහන්සේ මේ ඉන්නේ 'පාපී මාරයා' කියල හඳුනගත්තා. පාපී මාරයාට ගාථාවලින් මෙහෙම වදාළා.

"සමහර උදවිය පාළු කුටිවල ඉන්නවා. පාළු කුටිවල සැතපෙනවා. අන්න ඔහු මුනිවරයෙක්. තමාව සංවර කරගෙනයි ඉන්නෙ. ඔහු හැමදේකම ආශාව දුරුකරලයි ඉන්නෙ. එබඳු අයට පාළු තැන් කදිමයි.

භයානක වන සතුන් හරියට ඉන්නවා. බිහිසුණු අරමුණු ඕනතරම් තියෙනවා. ලේ බොන මැසිමදුරුවොත්, සර්පයොත් ඕනතරම් ඉන්නවා. නමුත් ඒ පාළු කුටියට වඩින මුනිවරයාගේ ලොම් ගසක්වත් සොලවන්න ඒ එක අරමුණකටවත් බෑ.

ආකාසය පුපුරල ගියත්, පොළොව පුපුරා ගියත්, සකළ සත්ව ප්‍රජාවම භීතියෙන් වෙලී ගියත්, පපුවට තියුණු උල්වලින් ඇන්නත්, බුදුවරයන් වහන්සේලා කෙලෙස්වලින් රැකවරණයක් හොයන්නෙ නෑ."

එතකොට පවිටු මාරයා 'භාග්‍යවතුන් වහන්සේ මාව දැනගත්තා නෙව. සුගතයන් වහන්සේ මාව දැනගත්තා නෙව' කියල දුක් වුනා. අසතුටට පත් වුනා. එතනම නොපෙනී ගියා.

සාදු! සාදු!! සාදු!!!

4.1.7.
සොප්පසි සූත්‍රය
නිදාගැනීම ගැන වදාළ දෙසුම

143. ඒ දිනවල භාග්‍යවතුන් වහන්සේ වැඩසිටියේ රජගහ නුවර වේළුවනය නම් වූ කලන්දක නිවාපයේ.

එදා භාග්‍යවතුන් වහන්සේ රාත්‍රී බොහෝ වෙලාවක් එළිමහනේ සක්මන් කළා. රැය පහන් වෙනකොට සිරිපා සෝදාගෙන කුටියට වැඩියා. දකුණු ඇලයට හාන්සි වෙලා, දකුණු පය මත වම් පාදය ටිකක් මෑත්කරල තියාගෙන, අවදි වෙන වෙලාව සිහි කරගෙන, හොඳ සිහි නුවණින් සිංහ සෙය්‍යාවෙන් සැතපුනා.

ඒ වෙලාවේ පවිටු මාරයා භාග්‍යවතුන් වහන්සේ ළඟට ආවා. ඇවිදින් භාග්‍යවතුන් වහන්සේට ගාථාවක් පැවසුවා.

"හා! නිදාගන්නවා නේද? මොකද නිදාගන්නෙ? මොකද නිකන් මැරුණා වගේ ඉන්නෙ? මට පාළු කුටියක් හම්බවුනා කියලද නිදන්නෙ? ඉර උදාවෙනකම්ම නිදන්නද හිතන්නෙ?"

(භාග්‍යවතුන් වහන්සේ) :

"සසරේ බැඳුන දැල තමයි තණ්හාව. විසත්තිකා කියන්නෙත් තණ්හාවටමයි. අන්න ඒ තණ්හාව යම් කෙනෙක් තුළ කොයියම්ම ආකාරයෙන්වත් හටගන්නෙ නැත්නම්, ඒ සියලු කෙලෙස් නැතිකරල දාපු බුදුවරයන් වහන්සේ නමක් සැනසිල්ලේ සැතපෙන කොට, ඒයි මාරය, ඔබට ඇති අමාරුව මොකක්ද?"

ඒ මොහොතේ පවිටු මාරයා 'භාග්‍යවතුන් වහන්සෙ මාව දැනගත්තා නෙව. සුගතයන් වහන්සේ මාව දැනගත්තා නෙව' කියල දුක් වුනා. අසතුට පත්වුනා. එතනම නො පෙනී ගියා.

සාදු! සාදු!! සාදු!!!

4.1.8.
නන්දති සූත්‍රය
සතුටුවීම ගැන වදාළ දෙසුම

144. මා හට අසන්නට ලැබුනේ මේ විදිහටයි. ඒ දිනවල භාග්‍යවතුන් වහන්සේ වැඩසිටියේ සැවැත් නුවර ජේතවනය නම් වූ අනේපිඬු සිටුතුමාගේ ආරාමයේ.

එදා පාපී මාරයා භාග්‍යවතුන් වහන්සේ ළඟට ආවා. ඇවිදින් භාග්‍යවතුන් වහන්සේ සමීපයේ මේ ගාථාව පැවසුවා.

"දරුවන් ඉන්න කෙනා ඒ දරුවො නිසාමයි සතුටු වෙන්නෙ. හරකබාන තියෙන කෙනා, ඒ නිසාමයි සතුටු වෙන්නෙ. කෙලෙස් කියල කියන්නෙ මිනිසුන්ට සතුට ඇතිකරල දෙන දේටයි. යමෙකුට කෙලෙස් නැත්නම් එයාට සතුටක් නෑ."

(භාග්‍යවතුන් වහන්සේ) :

"දරුවන් ඉන්න කෙනා ඒ දරුවො නිසාම ශෝක වෙනවා. හරකබාන තියෙන කෙනා ඒ නිසාම ශෝක වෙනවා. කෙලෙස් කියල කියන්නෙ මිනිසුන්ට ශෝකය හදන දේටයි. යමෙකුට කෙලෙස් නැත්නම්, එයාට ශෝකයක් නෑ."

එතකොට පවිටු මාරයා 'භාග්‍යවතුන් වහන්සේ මාව දැනගත්තා නෙව. සුගතයන් වහන්සේ මාව දැනගත්තා නෙව' කියල දුක් වුනා. අසතුටට පත් වුනා. එහිම නොපෙනී ගියා.

සාදු! සාදු!! සාදු!!!

4.1.9.
පඨම ආයු සූත්‍රය
ආයුෂ ගැන වදාළ පළමු දෙසුම

145. මා හට අසන්නට ලැබුනේ මේ විදිහටයි. ඒ දිනවල භාග්‍යවතුන් වහන්සේ වැඩසිටියේ රජගහ නුවර වේළුවනය නම් වූ කලන්දක නිවාපයේ. එදා "පින්වත් මහණෙනි" කියල ඒ භික්ෂු සංඝයා ඇමතුවා. "පින්වතුන් වහන්ස" කියල ඒ භික්ෂුන් වහන්සේලාත් භාග්‍යවතුන් වහන්සේට පිළිතුරු දුන්නා. භාග්‍යවතුන් වහන්සේ මේ දේශනය වදාළා.

"පින්වත් මහණෙනි, මිනිසුන්ගේ මේ ආයුෂ ඉතාම ස්වල්පයයි. පරලොව යන්න සිද්ධ වෙනවා. කුසල් දහම් කරන්න ඕන. නිවන් මගේ හැසිරෙන්න ඕන. උපන් කෙනෙකුට නොමැරී ඉන්න බෑ. පින්වත් මහණෙනි, කවුරු හරි ගොඩාක් කල් ජීවත් වෙනවා නම්, වැඩිම වුනොත් ඒ තැනැත්තා අවුරුදු සීයක් හරි, ඊට චුට්ටක් වැඩියෙන් හරි ජීවත් වේවි."

ඒ මොහොතේ, පාපී මාරයා භාග්‍යවතුන් වහන්සේ ළඟට ආවා. ඇවිදින් භාග්‍යවතුන් වහන්සේට ගාථාවකින් පැවසුවා.

"මනුස්සයින්ට දීර්ඝ ආයුෂ තියෙනවා. ඒ නිසා සත්පුරුෂයින් ඒ ආයුෂ හෙළා දකින්නෙ නෑ. මව් තනයේ එල්ලීගෙන කිරි බොන දරුවෙක් වගේ මේ මනුස්ස ජීවිතේ ගැන ආශා කරන්න ඕන. මරණය කියන එක ආපහු එන්නෙ නෑ."

(භාග්‍යවතුන් වහන්සේ) :

"මිනිසුන්ට තිබෙන්නේ ස්වල්ප ආයුෂයක්. සත්පුරුෂයා ඒ ආයුෂ හෙළා දකිනවා. ආර්ය සත්‍ය අවබෝධ කිරීමට කටයුතු කළ යුත්තේ හිස ගිනිගත්තු කෙනෙක් වගේ හැසිරිලයි. මරණය නම් නැවිත් ඉන්නෙ නෑ."

එතකොට පවිටු මාරයා 'භාග්‍යවතුන් වහන්සේ මාව දැනගත්තා නෙව.

සුගතයන් වහන්සෙ මාව දැනගත්තා නෙව' කියල අසතුටට පත් වුනා. එතනම නොපෙනී ගියා.

සාදු! සාදු!! සාදු!!!

4.1.10.
දුතිය ආයු සූත්‍රය
ආයුෂ ගැන වදාළ දෙවෙනි දෙසුම

146. මා හට අසන්නට ලැබුනේ මේ විදිහටයි. ඒ දිනවල භාග්‍යවතුන් වහන්සේ වැඩසිටියේ කලන්දක නිවාප නම් වූ වේළුවනයේ. එදා "පින්වත් මහණෙනි" යි කියල ඒ භික්ෂුසංඝයා ඇමතුවා. ඒ භික්ෂුසංඝයාද "පින්වතුන් වහන්ස" කියල පිළිතුරු දුන්නා. ඒ වෙලාවේදී භාග්‍යවතුන් වහන්සේ මෙය වදාළා.

"පින්වත් මහණෙනි, මේ මනුෂ්‍යයින්ට තියෙන්නෙ ආයුෂ ස්වල්පයයි. පරලොව යන්න සිද්ධ වෙනවා. කුසල්දහම් කරන්න ඕන. නිවන් මගේ හැසිරෙන්න ඕන. උපන් කෙනෙකුට නොමැරී සිටීමක් නෑ. පින්වත් මහණෙනි, ඉතින් යම් කෙනෙක් සෑහෙන කාලයක් ජීවත් වුනොත්, ඔහු ජීවත් වෙන්නෙ අවුරුදු සීයක් හරි, ඊට චුට්ටක් හරි වැඩියෙන් තමයි."

එතකොට පවිටු මාරයා භාග්‍යවතුන් වහන්සේ ලඟට ආවා. ඇවිදින් භාග්‍යවතුන් වහන්සේට ගාථාවකින් පැවසුවා.

"නෑ, රෑ දවල් එහෙම ගෙවෙන්නෙ නෑ. ජීවිතේ නැතිවෙලා යන්නෙ නෑ. කරත්තෙක ඊරියා කඳ අනුව කැරකෙන නිම් වලල්ල වගේ මිනිසුන්ගේ ආයුෂයට අනුව තමයි ජීවිතේ තියෙන්නෙ."

(භාග්‍යවතුන් වහන්සේ) :

"රෑ දවල් දෙකම ගෙවිල යනවා. ජීවිතේ නිරුද්ධ වෙලා යනවා. චූටි අතු ගංගාවල දිය පාරක් වගේ මිනිස්සුන්ගේ ආයුෂ ක්ෂය වෙලා යනවා."

එතකොට පවිටු මාරයා, 'භාග්‍යවතුන් වහන්සේ මාව දැනගත්තා නෙව. සුගතයන් වහන්සේ මාව දැනගත්තා නෙව' කියල දුකට පත්වුනා. අසතුටට පත් වුනා. එතනම නොපෙනී ගියා.

සාදු! සාදු!! සාදු!!!

පළමුවෙනි ආයු වර්ගය අවසන් විය.

2. රජ්ජ වර්ගය

4.2.1.
පාසාණ සූත්‍රය
ගල් ගෙඩි පෙරළීම ගැන වදාළ දෙසුම

147. මා හට අසන්නට ලැබුනේ මේ විදිහටයි. ඒ දවස්වල භාග්‍යවතුන් වහන්සේ වැඩසිටියේ රජගහ නුවර ගිජුකුළු පර්වතයේ. එදා භාග්‍යවතුන් වහන්සේ රාත්‍රී අන්ධකාරයේ, එළිමහනේ වාඩිවෙලා හිටියේ. වැහි පොදත් එක දෙක වැටෙනවා.

එතකොට පවිටු මාරයාට මෙවැනි කැමැත්තක් ඇතිවුනා. 'භාග්‍යවතුන් වහන්සේව භය කරවන්න ඕන. තැති ගන්වන්න ඕන. මවිල් කෙළින් කරවන්න ඕන' කියලා. ඉතින් මාරයා භාග්‍යවතුන් වහන්සේ ළඟට ගියා. ළඟට ගිහින් භාග්‍යවතුන් වහන්සේට නුදුරින් විශාල විශාල ගල් පෙරලන්න පටන් ගත්තා.

ඒ මොහොතේ භාග්‍යවතුන් වහන්සේ 'මේ ඉන්නෙ මාරයා' කියල අඳුරගත්තා. පවිටු මාරයාට මේ ගාථාව වදාළා.

"ඉතින් පුළුවන් නම් මේ මුළු ගිජුකුළු පර්වතේම සොළවනවා බලන්න. නමුත් බුදුවරයන්ගේ සිත ඉතා හොඳින් නිදහස් වෙලා තියෙන්නෙ. ඒ නිසා කම්පනයක් නම් ඇතිවෙන්නෙ නෑ."

එතකොට පාපී මාරයා 'භාග්‍යවතුන් වහන්සේ මාව දැනගත්තා නෙව. සුගතයන් වහන්සේ මාව දැනගත්තා නෙව' කියල නොසතුටු වුනා. දුක් වුනා. එතනම අතුරුදහන් වුනා.

සාදු! සාදු!! සාදු!!!

4.2.2.
සීහ සූත්‍රය
සිංහයා ගැන වදාළ දෙසුම

148.   මා හට අසන්නට ලැබුනේ මේ විදිහටයි. ඒ දවස්වල භාග්‍යවතුන් වහන්සේ වැඩසිටියේ රජගහ නුවර ජේතවන නම් වූ අනේපිඬු සිටුතුමාගේ ආරාමයේ. එදා භාග්‍යවතුන් වහන්සේව පිරිවරාගත් විශාල පිරිසකට දහම් දෙසමින් හිටියා.

එතකොට පාපී මාරයාට මෙහෙම හිතුනා. 'මේ ගෞතම ශ්‍රමණයන් වහන්සේ මහා පිරිසක් පිරිවරාගෙන දහම් දෙසනවා. මං ශ්‍රමණ ගෞතමයන් වහන්සේ ළඟට යන්න ඕන. ගිහින් බණ අහන උදවියගේ නුවණැස වහන්න ඕන.'

එහෙම හිතලා පවිටු මාරයා භාග්‍යවතුන් වහන්සේ ළඟට ගියා. ගිහින් භාග්‍යවතුන් වහන්සේට ගාථාවකින් මෙහෙම කිව්වා.

"හා! පිරිස මැද්දෙ විශාරදව සිංහනාද කරනවා නේද? දිනුව කියලද හිතාගෙන ඉන්නේ? තමුන්නාන්සෙට විරුද්ධකාරයෙක් ඉන්නවා."

(භාග්‍යවතුන් වහන්සේ) :
"මහාවීර වූ තථාගතයන් වහන්සේලා තථාගත බලයට පැමිණිලා ලෝකයේ තෘෂ්ණාවෙන් එතෙර වෙලයි ඉන්නෙ. ඉතින් ඇත්තෙන්ම උන්වහන්සේලා පිරිස් මැද්දෙ විශාරදව සිංහනාද කරනවා තමයි."

එතකොට පවිටු මාරයා 'භාග්‍යවතුන් වහන්සේ මාව දැනගත්තා නෙව. සුගතයන් වහන්සේ මාව දැනගත්තා නෙව' කියල දුක් වුනා. නොසතුටු වුනා. එතනම නොපෙනී ගියා.

සාදු! සාදු!! සාදු!!!

4.2.3.
සකලික සූත්‍රය
ගල් පතුර මුල් කොට වදාළ දෙසුම

149. මා හට අසන්නට ලැබුනේ මේ විදිහටයි. ඒ දවස්වල භාග්‍යවතුන් වහන්සේ රජගහ නුවර මද්දකුච්ඡි නම් මිගදායේ වැඩසිටියේ.

ඒ වෙනකොට භාග්‍යවතුන් වහන්සේගේ සිරි පතුලකට ගල් පතුරකින් පහරක් වැදිල තිබුනා. ඒ නිසා භාග්‍යවතුන් වහන්සේට ගොඩාක් ශාරීරික වේදනා දැනුනා. ගොඩාක් දුක් ඇතිවුනා. තියුණු, කර්කශ, අමිහිරි, අමනාප වේදනා ඇතිවුනා. භාග්‍යවතුන් වහන්සේ හොඳ සිහි කල්පනාවෙන්, හොඳ නුවණින් යුතුව, ඒ පීඩා විඳින්නෙ නැතුව, ඒ වේදනාවන් ඉවසා වදාළා. ඉතින් භාග්‍යවතුන් වහන්සේ දෙපට සිවුර හතරට නවලා ආසනයක් පණවගෙන, දකුණු ඇලයෙන් හාන්සි වුනා. වම් සිරිපතුල උඩින් දකුණු සිරිපතුල මදක් මෑත් කොට තබාගෙන සිහි නුවණින් යුතුව සිංහ සෙයාාවෙන් වැඩසිටියා.

එතකොට පවිටු මාරයා භාග්‍යවතුන් වහන්සේ ළඟට ආවා. ඇවිදින් භාග්‍යවතුන් වහන්සේට ගාථාවකින් මෙහෙම කිව්වා.

"මොකද නිදාගෙන ඉන්නෙ. මුළා වුනාද? එහෙම නැත්නම් කවි ගැන හිත හිත ඉන්නවා ද? ඇයි දැන් වැඩ නවත්තලාද? මේ හුදෙකලාවෙ තනියම කුටියකට වෙලා, නිදිබර මුහුණු ඇතිව නිදාගන්නෙ මොකද?"

(භාග්‍යවතුන් වහන්සේ) :

"මුළාවෙලා නිදනවත් නෙවෙයි. කවි ගැන හිත හිත ඉන්න නිදනවත් නෙවෙයි. මං ලෝකෙට යහපතක් කරනවා තමයි. නමුත් මං ශෝක රහිතව ඉන්න කෙනෙක්. මං හුදෙකලාවෙ තනියම කුටියකට වෙලා, මේ සැතපිලා ඉන්නෙත් සියලු සතුන් ගැන අනුකම්පාවෙන්මයි.

යමෙකුගේ හිත ඇතුළට රාගාදී හුල් ඇනිල තියෙන කොට, ඔවුන්ගේ හදවත මොහොතක්, මොහොතක් පාසා කම්පා වෙනවා. ඉතින්, රාගාදී හුල් සහිතව ඒ උදවිය පවා නිදාගන්නවා නම්, ඒ හුල් කිසිවක් නැති, මං මොකටද නිදා නොගෙන ඉන්නෙ?

සැකෙන් ඇහැරගෙන ඉන්නවත් නෙවෙයි. නිදාගන්න භයකුත් නෑ.

රෑ දවල් දෙකේම මං තුළ තැවෙන කිසිදෙයක් නෑ. මගේ ජීවිතේ කොයි පැත්තකින්වත් පිරිහීමක් පේන්නෙ නෑ. ඒ නිසා, සියලු සතුන් කෙරෙහි අනුකම්පාවෙන්මයි මං මේ සැතපෙන්නෙ."

එතකොට පවිටු මාරයා 'භාග්‍යවතුන් වහන්සෙ මාව දැනගත්තා නෙව. ....(පෙ).... එතනම නොපෙනී ගියා.

සාදු! සාදු!! සාදු!!!

4.2.4.
පතිරූප සූත්‍රය
සුදුසුකම ගැන වදාළ දෙසුම

150. ඒ දවස්වල භාග්‍යවතුන් වහන්සේ වැඩසිටියේ කොසොල් ජනපදයේ ඒකසාලා කියන බ්‍රාහ්මණ ගමේ. එදා භාග්‍යවතුන් වහන්සේ මහත් පිරිසක් පිරිවරාගෙන දහම් දෙසමින් වැඩහිටියේ.

එතකොට පවිටු මාරයාට මේ අදහස ඇතිවුනා. 'මේ ගෞතම ශ්‍රමණයන් වහන්සේ මහා පිරිසක් පිරිවරාගෙන දහම් දෙසනවා නෙව. මං ශ්‍රමණ ගෞතමයන් ළඟට යන්න ඕන. බණ අසන උදවියගේ නුවණැස වහන්න ඕන.' එහෙම හිතල පවිටු මාරයා භාග්‍යවතුන් වහන්සේ ළඟට ගියා. ගිහින්, භාග්‍යවතුන් වහන්සේට ගාථාවකින් මෙහෙම කිව්වා.

"තමුන්නාන්සේ ඔය අනුන්ට අනුශාසනා කරන එක නම් සුදුසු දෙයක් නොවෙයි. ඔය දේවල් කරන්න ගිහින් ඇලීම් ගැටීම් හදාගන්න එපා!"

(භාග්‍යවතුන් වහන්සේ) :

"සම්බුදු සමිඳුන් ලෝක සත්වයාට හිතානුකම්පාවෙන්මයි අනුශාසනා කරන්නෙ. අනික, තථාගතයන් වහන්සේ කියල කියන්නෙ ඇලීම් ගැටීම්වලින් නිදහස් වෙච්ච කෙනෙක්.

එතකොට පාපී මාරයා ....(පෙ).... එතනම නොපෙනී ගියා.

සාදු! සාදු!! සාදු!!!

4.2.5.
මානස සූත්‍රය
මනස ගැන වදාළ දෙසුම

151. මා හට අසන්නට ලැබුනේ මේ විදිහටයි. ඒ දවස්වල භාග්‍යවත් බුදුරජාණන් වහන්සේ වැඩසිටියේ සැවැත් නුවර ජේතවනය නම් වූ අනේපිඬු සිටුතුමාගේ ආරාමයේ.

එතකොට පාපී මාරයා භාග්‍යවතුන් වහන්සේ සමීපයට ආවා. ඇවිල්ල භාග්‍යවතුන් වහන්සේට ගාථාවකින් පැවසුවා.

"මනසින් නිකුත් වෙලා, අහසේ හැසිරෙන තොණ්ඩුවක් තියෙනවා. අන්න ඒ තොණ්ඩුවෙන් මං තමුන්නාන්සේව බැඳල දානවා. ශ්‍රමණය, ඔබට මගෙන් නම් ගැලවීමක් නෑ."

(භාග්‍යවතුන් වහන්සේ) :

"සිත් ඇදබැඳගන්න, මේ රූප, ශබ්ද, ගඳසුවඳ, රස, පහස කියන කම් සැපයෙහි ඇති ආශාව නැති වෙලා ගියා. ඒයි මාරය, මේ කරුණෙදී ඔබ පැරදුනා."

එතකොට පාපී මාරයා ....(පෙ).... එතනම නොපෙනී ගියා.

සාදු! සාදු!! සාදු!!!

විශේෂ කරුණක් :-

මේ මානස සූත්‍රයේ මාරයා ගාථාව පැවසුවේ බුදු සමිඳුන්ව නොමඟ යැවීම පිණිසයි. ආධ්‍යාත්මික බාහිර ලෝකය මුළුමනින්ම නොමඟ යැවීමට මේ ගාථාව සෑහේ. අහසේ හැසිරෙන්නේ කුමක්දැයි සොයන්නට ඔහු පටන්ග නු නිසැකය. ඒවා මනසින් නිකුත් වන්නේ කෙසේදැයි, සොයන්නට ගොස් ඔහු මුළාවෙන් මුළාවට පත්වනු නිසැකය. නමුත් සතිපට්ඨානය තුළ මනාව සිත පිහිටුවාගෙන සිටි අපගේ භාග්‍යවතුන් වහන්සේ මාරයාට දුන් පිළිතුරත් සමගම ඒ ගැටලුව සඳහටම විසඳී යයි. මාරයා අදහස් කළ දේ පිළිබඳ නියම අර්ථය කුමක්දැයි වැටහෙන්නේ භාග්‍යවතුන් වහන්සේගේ ඒ පිළිතුර නුවණින් විමසා බලන විටදීය.

අහසේ හැසිරෙන දේ ගැන මාරයා පැවසූ කරුණු ගැන ඔබ පවා විමසන්න ගියොත් ඔබත් හසුවන්නේ මාරයා ගේ උගුලටය. එම නිසා, අපට වැදගත් වන්නේ මාරයාගේ උගුල නොව, බුදු සම්දුන් වදාළ පිළිතුරය.

4.2.6.
පත්ත සූත්‍රය
පාත්‍රය ගැන වදාළ දෙසුම

152. සැවැත් නුවර ජේතවනාරාමයේදී ....

එදා භාග්‍යවතුන් වහන්සේ භික්ෂූන් වහන්සේලාට දේශනා කරමින් සිටියේ පංචුපාදානස්කන්ධ දුක ගැනයි. නොයෙක් ආකාරයෙන් නිදර්ශන පෙන්නා දුන්නා. සමාදන් කළා. උත්සාහවත් කළා. හිතට ඇතුල් කළා. ඒ භික්ෂූන් වහන්සේලාත් අවබෝධ කරගැනීමේ අදහසින්ම මුළු හිතම යොමු කරගෙන, හොඳට සවන් යුග යොමු කරගෙන, ඒ ධර්මය අසමින් සිටියා.

එතකොට පවිටු මාරයාට මෙහෙම හිතුනා. 'මේ ගෞතම ශ්‍රමණයන් වහන්සේ මේ භික්ෂූන්ට නිදර්ශන සහිතව, කරුණු සමාදන් කරවමින් උත්සාහවත් කරවමින් සිතට ඇතුළු කරවමින්, පංචඋපාදානස්කන්ධය ගැන දහම් දෙසනවා නෙව. ඒ භික්ෂූන් වහන්සේලාත්, 'අවබෝධ කරගන්න ඕන' කියන අදහසින්ම, මුළු හිතම යොමු කරගෙන, මනාකොට සවන් යුග යොමු කරගෙන දහම් අසනවා. මං යන්න ඕන ශ්‍රමණ ගෞතමයන් ළඟට. ගිහින් ඒ දහම් අසන භික්ෂූන්ගේ නුවණැස වහල දාන්න ඕන.

ඒ වන විට පාත්‍ර ගොඩාක් එළිමහනේ තැන්පත් කරල තිබුනා. එතකොට පවිටු මාරයා හරකෙකුගේ වේශයක් මවාගත්තා. ඒ පාත්‍ර ළඟට ගියා. ඒ මොහොතේ එක්තරා භික්ෂුවක් අනිත් භික්ෂුවට මෙහෙම කියනවා. "භික්ෂුව, භික්ෂුව අන්න හරකෙක් පාත්තර බිඳින්න හදනවා."

එතකොට භාග්‍යවතුන් වහන්සේ ඒ භික්ෂුවට මෙහෙම වදාළා. "නෑ පින්වත් භික්ෂුව, ඒ හරකෙක් නොවෙයි. ඒ තමයි පවිටු මාරයා. ඔබේ නුවණැස වනසන්නටයි ඒ මාරයා ආවේ." ඉතින් භාග්‍යවතුන් වහන්සෙ, 'මේ ඉන්නෙ පවිටු මාරයා' කියල අඳුරගෙන, පවිටු මාරයාට ගාථාවලින් වදාළා.

"රූපයත්, වේදනාවත්, සඤ්ඤාවත්, විඤ්ඤාණයත්, ඒ වගේම සංස්කාරත් තියෙනවා. මේ පංචුපාදානස්කන්ධය 'මම නොවේ, මගේ නොවේ' කියල අවබෝධ කළොත් අන්න එතකොට මේ පංචුපාදානස්කන්ධය කෙරෙහි ඇලෙන්නෙ නෑ.

මේ විදිහට නොඇලුන බිය රහිත බවට පත් වුන, හැම සංයෝජනයක්ම ඉක්මවා ගිය, ඒ රහතුන් වැඩිය මග ගැන මාර සේනාව හැමතැනම හෙව්වත් හොයාගන්න බෑ."

එතකොට පාපී මාරයා ....(පෙ).... එතනම නොපෙනී ගියා.

සාදු! සාදු!! සාදු!!!

4.2.7.
ආයතන සූත්‍රය
ආයතන ගැන වදාළ දෙසුම

153. ඒ දිනවල භාග්‍යවතුන් වහන්සේ වැඩසිටියේ විශාලා මහනුවර සමීපයේ මහාවනයේ කූටාගාර ශාලාවේ. එදා භාග්‍යවතුන් වහන්සේ මේ ස්පර්ශ ආයතන හය ගැන භික්ෂූන්ට ධර්ම කථාවක් කරමින් හිටියා. නිදර්ශන දක්වමින්, කරුණු සමාදන් කරවමින් හිටියේ. ඒ භික්ෂූන් වහන්සේලාත් අවබෝධ කරගන්න ඕන. කියන අදහසින්ම, මුළු හිතම යොමු කරගෙන, සවන් යුග යොමු කරගෙන දහම් අසමින් හිටියා.

එතකොට පවිටු මාරයාට මේ අදහස ඇතිවුනා. 'මේ ගෞතම ශ්‍රමණයන් වහන්සේ නිදර්ශන ඇතිව, කරුණු සමාදන් කරවමින්, උත්සාහවත් කරවමින්, හිතට ඇතුළු කරවමින් ස්පර්ශ ආයතන හය ගැන කියා දෙනවා නෙව. ඒ භික්ෂූනුත් 'අවබෝධ කරගන්න ඕන' කියන අදහසින්ම, මුළු හිතම යොමු කරගෙන, සවන් යුග යොමු කරගෙන, දහම් අසමින් ඉන්නවා. මං යන්න ඕන ශ්‍රමණ ගෞතමයන් ළඟට. මේ භික්ෂූන්ගේ නුවණැස වනසල දාන්න ඕන කියලා.

ඉතින් පවිටු මාරයා භාග්‍යවතුන් වහන්සේ ළඟට ගියා. ගිහින්, භාග්‍යවතුන් වහන්සේට නුදුරින් මහා භයානක ශබ්දයක් කළා. ඒක නිකන් මහ පොළොව පෙරළීගෙන යනවා වගෙයි.

එතකොට එක්තරා භික්ෂුවක් තවත් භික්ෂුවකට මෙහෙම කිව්වා. "භික්ෂුව, භික්ෂුව, මෙන්න! මහ පොළොව පෙරළීගෙන එනවා වගේ."

එතකොට භාග්‍යවතුන් වහන්සේ ඒ භික්ෂුවට මෙහෙම වදාළා. "නෑ, පින්වත් භික්ෂුව, ඔය මහ පොළව පෙරලෙනවා නෙවෙයි. ඔය පවිටු මාරයායි. ඔබේ නුවණැස වනසන්නයි ඇවිල්ල තියෙන්නෙ."

ඉතින් භාග්‍යවතුන් වහන්සේ, 'මේ ඉන්නෙ පවිටු මාරයා' කියල හඳුනාගෙන, පවිටු මාරයාට මේ ගාථාවන් වදාළා.

"රූප, ශබ්ද, රස, පහස, අරමුණු, කියන මේවා ඔක්කොම, මේ ලෝකෙ තියෙන දරුණු ආමිසයන්. මුළු ලෝකයාම ඒවාට සම්පූර්ණයෙන්ම අහුවෙලයි ඉන්නෙ.

නමුත් බුදුරජාණන් වහන්සේගේ ශ්‍රාවකයා හොඳ සිහියෙන් ඉඳගෙන, මේ මාර විජිතය ඉක්මවා යනවා. හිරු මඬලක් වගේ බබලනවා."

එතකොට පවිටු මාරයා ....(පෙ).... එතනම නොපෙනී ගියා.

සාදු! සාදු!! සාදු!!!

4.2.8.
පිණ්ඩ සූත්‍රය
පිණ්ඩපාතය ගැන වදාළ දෙසුම

154. ඒ දිනවල භාග්‍යවතුන් වහන්සේ වැඩසිටියේ මගධ ජනපදයේ පංචාසාලා කියන බමුණු ගමේ. ඒ දවස පංචසාලා බමුණු ගමේ පොඩි දරුවන්ට තෑගි යවන දවසයි.

එදා භාග්‍යවතුන් වහන්සේ උදේ වරුවෙ සිවුරු පොරවාගෙන, පාත්‍ර-සිවුරු අරගෙන, පංචසාලා බ්‍රාහ්මණ ගමට පිණ්ඩපාතෙ වැඩියා. ඒ මොහොතේ පංචසාල ගමේ බමුණු ගෘහපතිවරුන්ට පවිටු මාරයා වැහිලයි තිබුනෙ. මාරයා ඒක කළේ 'ශ්‍රමණ ගෞතමයන් වහන්සේට පිණ්ඩපාතෙ ලැබෙන්න එපා!' කියන අදහසින්.

ඉතින් භාග්‍යවතුන් වහන්සේ පාත්තරය සෝදගෙන පංචසාලා බමුණු

ගමට පිණ්ඩපාතෙ වැඩියා. අන්තිමේදී ඒ සේදූ පාත්‍රයම අරගෙන (දානෙ නැතුව) ආපහු වැඩියා.

එතකොට පවිටු මාරයා භාග්‍යවතුන් වහන්සේ ළඟට ආවා. ඇවිදින් භාග්‍යවතුන් වහන්සේට මෙහෙම කිව්වා. "මොකද ශ්‍රමණය, පිණ්ඩපාතෙ ලැබුනා නේද?"

"ඒයි මාරය, මට පිණ්ඩපාතෙ නොලැබෙන විදිහට ඔබ ඉතින් කටයුතු කළා නෙව."

"එහෙම නම් ස්වාමීනි, භාග්‍යවතුන් වහන්ස, ආයෙමත් පංචසාල බමුණු ගමට පිණ්ඩපාතෙ වඩිනු මැනව. භාග්‍යවතුන් වහන්සේට පිණ්ඩපාතෙ ලැබෙන විදිහට මං කටයුතු සළස්වන්නම්."

(භාග්‍යවතුන් වහන්සේ) :

"මාරය, තථාගතයන් වහන්සේත් සමඟ හැප්පෙන්න ගිහින් පව් රැස්කර ගත්තා. ඒයි මාරය, ඔබ හිතන්නෙ තමන්ගේ පව් විපාක දෙන්නෙ නැතෙයි කියලද?

ඇත්තෙන්ම අපට කිසිම ක්ලේශයක් නැති නිසා අපි සැපසේම යි ජීවත් වෙන්නේ. ආභස්සර දිව්‍යලෝකෙ දෙවියන් වගෙයි, අපිත් ප්‍රීතිය අනුභව කරල ඉන්නවා."

එතකොට පවිටු මාරයා ....(පෙ).... එතනම නොපෙනී ගියා.

සාදු! සාදු!! සාදු!!!

4.2.9.
කස්සක සූත්‍රය
ගොවියා ගැන වදාළ දෙසුම

155. සැවැත් නුවර ජේතවනාරාමයේදී ....

එදා භාග්‍යවතුන් වහන්සේ භික්ෂූන් වහන්සේට ඒ අමා නිවන් සුව ගැන දහම් දෙසමින් හිටියා. කරුණු දක්වමින්, සමාදන් කරවමින්, උත්සාහවත් කරවමින්, හිතට ඇතුල් කරවමින් හිටියා. ඒ භික්ෂූන් වහන්සේලාත් 'අවබෝධ

කරගන්න ඕන' කියල හිතාගෙන, මුළු හිතම යොමු කරගෙන, සවන් යුග යොමු කරගෙන, දහම් අසමින් හිටියා.

එතකොට පවිටු මාරයාට මෙහෙම හිතුනා. මේ ගෞතම ශ්‍රමණයන් වහන්සේ භික්ෂුසංඝයාට ඒ අමා නිවන ගැන ධර්ම කථාවල් ....(පෙ).... හිතට ඇතුල් කරවනවා නෙව. ඒ භික්ෂුන් වහන්සේලාත් ....(පෙ).... දහම් අසනවා. මං ශ්‍රමණ ගෞතමයන් ළඟට යන්න ඕන. ඒ භික්ෂුන්ගේ නුවණැස වනසන්න ඕන.

ඊට පස්සෙ පාපී මාරයා ගොවියකුගේ වේශයක් මවාගත්තා. ලොකු නඟුලක් කරේ තබාගත්තා. දිග කෙවිටක් අතට ගත්තා. කොණ්ඩෙ අවුල් කරගෙන, හණ වැහැරියක් ඇඳගෙන, මඩ තැවරුණ පාවලින් යුතුව භාග්‍යවතුන් වහන්සේ ළඟට ආවා. ඇවිල්ල භාග්‍යවතුන් වහන්සේගෙන් මෙහෙම ඇහුවා.

"ඒයි ශ්‍රමණය, මගේ හරක් දැක්කාද?"

"මාරය, ඔබට හරකුන්ගෙන් තියෙන එලේ මොකක්ද?"

"ඒයි ශ්‍රමණය, ඇස කියන්නෙ මගේ දෙයක්මයි. රූපත් මගේමයි. ඇසේ ස්පර්ශයත්, විඤ්ඤාණයත් මගේමයි. ඉතින් එහෙම එකේ ශ්‍රමණය, මගෙන් නිදහස් වෙන්න හදන්නෙ කොහේ ගිහින්ද? ඒයි ශ්‍රමණය කනත් මගේමයි. ශබ්දත් මගේමයි. කනේ ස්පර්ශයත්, විඤ්ඤාණයත් මගේමයි. ඒ වගේම ශ්‍රමණය නාසයත් මගේමයි. ගඳසුවඳත් මගේමයි. නාසයේ ස්පර්ශයත්, විඤ්ඤාණයත් මගේමයි. ශ්‍රමණය, දිවත් මගේමයි. රසත් මගේමයි. දිවේ ස්පර්ශයත්, විඤ්ඤාණයත් මගේමයි. ශ්‍රමණය, කයත් මගේමයි. පහසත් මගේමයි. කයේ ස්පර්ශයත්, විඤ්ඤාණයත් මගේමයි. ශ්‍රමණය, මනසත් මගේමයි. මනසට සිතෙන අරමුණුත් මගේමයි. මනසේ ස්පර්ශයත්, විඤ්ඤාණයත් මගේමයි. ඉතින් ශ්‍රමණය, මගෙන් නිදහස් වෙන්න හදන්නෙ කොහේ ගිහින්ද?"

"ඇත්ත මාරය. ඇස ඔබේම තමයි. රූපත් ඔබේම තමයි. ඇසේ ස්පර්ශයත්, විඤ්ඤාණයත් ඔබේ තමයි. නමුත් මාරය, යම් තැනක ඇස නැත්නම්, රූප නැත්නම්, ඇසේ ස්පර්ශයත්, විඤ්ඤාණයත් නැත්නම් මාරය, ඔබට එතනට එන්න බෑ.

මාරය, කනත් ඔබේම තමයි. ශබ්දත් ඔබේ තමයි. කනේ ස්පර්ශයත්, විඤ්ඤාණයත් ඔබේ තමයි. නමුත් මාරය, යම් තැනක කන නැත්නම්, ශබ්ද නැත්නම්, කනේ ස්පර්ශයත්, විඤ්ඤාණයත් නැත්නම් මාරය, ඔබට එතනට එන්න බෑ.

මාරය, නාසයත් ඔබේම තමයි. ගඳසුවඳත් ඔබේම තමයි. නාසයේ ස්පර්ශයත්, විඤ්ඤාණයත් ඔබේම තමයි ....(පෙ).... අන්න එතනට මාරය, ඔබට එන්න බෑ.

මාරය, දිවත් ඔබේම තමයි. රසත් ඔබේම තමයි. දිවේ ස්පර්ශයත්, විඤ්ඤාණයත් ඔබේම තමයි. ....(පෙ).... අන්න එතනට මාරය ඔබට එන්න බෑ.

මාරය, කයත් ඔබේම තමයි. කයට දැනෙන පහසත් ඔබේම තමයි. කයේ ස්පර්ශයත්, විඤ්ඤාණයත් ඔබේම තමයි ....(පෙ).... මාරය, අන්න එතනට ඔබට එන්න බෑ.

මාරය, මනසත් ඔබේම තමයි. මනසට සිතෙන අරමුණුත් ඔබේම තමයි. මනසේ ස්පර්ශයත්, විඤ්ඤාණයතනයත් ඔබේම තමයි. නමුත්, මාරය යම් තැනක මනස නැත්නම්, අරමුණුත් නැත්නම්, මනසේ ස්පර්ශයත්, විඤ්ඤාණයත් නැත්නම්, අන්න එතනට ඔබට එන්න බෑ."

(මාරයා) :

"ඒ වුනාට කවුරු හරි කියනවා නම්, ඒවා මගේ කියලා, ඒවා මට අයිතියි කියලා, අන්න ඒව ගැන කෙනෙකුගේ හිත පවතිනවා නම්, ශ්‍රමණය, මගෙන් නම් නිදහස් වෙන්න බෑ."

(භාග්‍යවතුන් වහන්සේ) :

"ඒ වුනත් මාරය, කවුරු හරි කියනවා නම්, එය 'මගේ නොවෙයි' කියලා, එය 'මට අයිති නෑ' කියලා, 'මම නොවෙයි' කියලා, මාරය, මේ ගැන ඔබ දැනගන්න ඕන. මගේ ගමන් මාර්ගයවත් ඔබට දකින්න බෑ."

එතකොට පවිටු මාරයා ....(පෙ).... එතනම අතුරුදහන් වුනා.

සාදු! සාදු!! සාදු!!!

4.2.10.
රජ්ජ සූත්‍රය
රජය ගැන වදාළ දෙසුම

156. ඒ දිනවල භාග්‍යවතුන් වහන්සේ කොසොල් ජනපදයේ හිමාල ප්‍රදේශයේ, වනගත කුටියක වැඩසිටියේ. එදා භාග්‍යවතුන් වහන්සේ හුදෙකලාවෙ

භාවනාවෙන් වැඩසිටින කොට, මේ වගේ සිතුවිල්ලක් සිතේ ඇතිවුනා. 'ඇත්තෙන්ම, මරන්නෙ නැතුව, ශෝක කරන්නෙ නැතුව, පරදවන්නෙ නැතුව, පරද්දවන්නෙ නැතුව, ධාර්මිකව ආණ්ඩුවක් කරන්න පුළුවන් නේද?'

ඒ වෙලාවේදීම පවිටු මාරයා භාග්‍යවතුන් වහන්සේගේ සිතේ ඇතිවෙච්ච කල්පනාව දැනගත්තා. දැනගෙන භාග්‍යවතුන් වහන්සේ ළඟට ආවා. ඇවිදින් භාග්‍යවතුන් වහන්සේට මෙහෙම කිව්වා. "ස්වාමීනි, භාග්‍යවතුන් වහන්ස, ආණ්ඩුව කරන සේක්වා! සුගතයන් වහන්ස, ආණ්ඩුව කරන සේක්වා! මරන්නෙ නැතුව, මරවන්නෙ නැතුව, පරද්දන්නෙ නැතුව, පරද්දවන්නෙ නැතුව, ශෝක කරන්නෙ නැතුව, ශෝක කරවන්නෙ නැතුව, ධාර්මිකව රජකම් කරන්න පුළුවන් නෙව."

(භාග්‍යවතුන් වහන්සේ) :

"මාරය, ඔබ මොකක්ද දැක්කෙ? මොකක් දැනගෙනද, මට ඔය විදිහට කියන්නෙ? 'ස්වාමීනි, භාග්‍යවතුන් වහන්ස, ආණ්ඩුව කරන සේක්වා! සුගතයන් වහන්ස, ආණ්ඩුව කරන සේක්වා! නොමරමින්, නොමරවමින්, නොපරදවමින්, නොපරද්දවමින්, ශෝක නොකරමින්, ශෝක නොකරවමින්, ධාර්මිකව රජකම් කරන්න' කියලා?"

(මාරයා) :

"ස්වාමීනි, ඉතින් භාග්‍යවතුන් වහන්සේ විසින් සතර ඉර්ධිපාද වඩල තියෙනවා නෙව. බහුල වශයෙන්, යානයක් වගේ, නැවතී සිටින තැනක් වගේ, තමන් තුළ පිහිටුවාගෙන ඉන්නවා නෙව. හොඳ හැටියට පුහුණු කරලා තියෙනවා නෙව. භාවනාවෙන් සම්පූර්ණ කරල තියෙනවා නෙව. ස්වාමීනි, භාග්‍යවතුන් වහන්සේ කැමති නම්, මේ හිමාල පර්වතරාජයා පවා රත්තරන් වෙන්න කියල හිතුවොත්, මේ පර්වතය රන් පර්වතයක් වේවි."

(භාග්‍යවතුන් වහන්සේ) :

"රනින්, රිදියෙන් කරපු තනි පර්වතයක් තියෙනවා නම්, ඒ පර්වතය වගේ දෙගුණයක් විශාල පර්වතයක් වුනත් තනි පුද්ගලයකුගේ හිතට සෑහෙන්නෙ නෑ.

යම් කෙනෙක් මේ කාමයන් හේතු කරගෙන, දුක හටගන්න බව අවබෝධ කළා නම්, ඒ කෙනා ආයෙත් පංච කාම සුවයට නැමෙන්නෙ කොහොමද? ලෝකයේ කාම සුවයට නැමෙන්නෙ කොහොමද? ලෝකයේ තියෙන මේ පංච කාම සැප කෙලෙස් බව අවබෝධ කරගත්ත කෙනා, ඒවා දුරුකිරීම පිණිසමයි හික්මෙන්නෙ."

එතකොට පවිටු මාරයා, 'භාග්‍යවතුන් වහන්සේ මාව දැනගත්තා නෙව. සුගතයන් වහන්සේ මාව දැනගත්තා නෙව' කියල දුක් වුනා. නොසතුටු වුනා. එතනම අතුරුදහන් වුනා.

සාදු! සාදු!! සාදු!!!

දෙවෙනි රජ්ජ වර්ගය අවසන් විය.

3. මාර වර්ගය

4.3.1.
සම්බහුල සූත්‍රය
බොහෝ භික්ෂූන් අරභයා වදාළ දෙසුම

157. ඒ දවස්වල භාග්‍යවත් බුදුරජාණන් වහන්සේ වැඩසිටියේ ශාක්‍ය ජනපදයේ සිලාවතී කියන ගමේ.

ඒ දිනවල බොහෝ භික්ෂූන් වහන්සේලා භාග්‍යවතුන් වහන්සේ සමීපයේ සතර සතිපට්ඨානයේ සිත පිහිටුවාගෙන, කෙලෙස් නැති කරන වීරියෙන් යුතුව, නිවන් අවබෝධ කිරීම පිණිසම යොමු කරගත් සිතින්, අප්‍රමාදීව ගත කරමින් හිටියා.

එදා පවිටු මාරයා බ්‍රාහ්මණයෙකුගේ වේශයක් මවාගත්තා. හිසේ ලොකු ජටා මඬුළු දරාගෙන තිබුණා. අඳුන් දිවි සමක් පොරවාගෙන හිටියා. ගොඩක් වයසයි. කුදු ගැහිලා හිටියා. 'ගුරු ගුරු' හඬින් හති දම දමා හිටියා. දිඹුල් හැරමිටියකුත් අරගෙන, ඒ භික්ෂූන් වහන්සේලා ළඟට ආවා. ඇවිදින් ඒ භික්ෂූන්ට මෙහෙම කිව්වා. "අනේ! මේ පින්වත් දරු පැටව් නෙව පැවිදි වෙලා ඉන්නෙ. ඔය තාම අපූරුවට කළු කෙහෙ තියෙන්නෙ. සුන්දර යෞවන කාලෙ නෙව. ජීවිතේ ප්‍රථම වයස නෙව. කම් සැපේ යෙදිලා නැහැ නෙව. අනේ භවත්නි, එහෙම නොවෙයි. මනුස්ස ලෝකෙ විඳින්න තියෙන කම් සැප විඳලා ඉන්න. මේ ජීවිතේදී විඳින්න තියෙන සැප අත්හැරලා, කාලයකට විතරක් ලැබෙන දෙයක් පස්සේ දුවන්න එපා!"

"නෑ. පින්වත් බ්‍රාහ්මණය, අපි මේ ජීවිතේදී අත්විඳින්න තියෙන කම් සැප අත්හැරලා, කාලෙකට පස්සෙ ලැබෙන දෙයක් සොයාගෙන දුවනවා නොවෙයි. පින්වත් බ්‍රාහ්මණය, අපි අත්හැරියේ කාලෙකට පස්සෙ ලැබෙන දේවල් තමයි. අපි දැන් මේ දුවන්නෙ මේ ජීවිතේදී ලබාගන්න සැපයකටයි. පින්වත් බ්‍රාහ්මණය, භාග්‍යවතුන් වහන්සේ වදාළේ ඔය කාමයන් තාවකාලිකයි කියලා. ගොඩාක්

දුක් තියෙනවා. ගොඩාක් කරදර තියෙනවා. ඔය කාමයේ ආදීනව ගොඩාක් තියෙනවා කියලයි. නමුත් මේ ධර්මය මේ ජීවිතේදීම අත්විඳින්න පුළුවන් දෙයක්. අකාලිකයි. ඇවිත් විමසා බලන්න කියලා කියන්න පුළුවනි. තමා තුළින් දකින්නත් පුළුවනි. නුවණැත්තන්ට තම තමන්ගේ නුවණේ හැටියට අවබෝධ කරන්නත් පුළුවනි."

එතකොට පවිටු මාරයා, ඔළුව සෙලෙව්වා. දිව දික්කරල පැද්දෙව්වා. නළලේ තුන් පොටක් රැළි නැගුවා. ඇහි බැම හැකිලුවා. හැරමිටියෙ එල්ලීගෙන ආපහු යන්න ගියා.

ඊට පස්සේ භික්ෂූන් වහන්සේලා භාග්‍යවතුන් වහන්සේව බැහැදකින්නන ගියා. ගිහින් භාග්‍යවතුන් වහන්සේට වන්දනා කළා. පැත්තකින් වාඩිවුනා. පැත්තකින් වාඩිවුන ඒ භික්ෂූන් වහන්සේලා භාග්‍යවතුන් වහන්සේට මෙහෙම කිව්වා. "ස්වාමීනී, අපි මෙතන භාග්‍යවතුන් වහන්සේට නුදුරින්, සතර සතිපට්ඨානයේ හිත පිහිටුවාගෙන, කෙලෙස් තවන වීරියෙන් යුතුව, දහමට දිවි පුදා අප්‍රමාදීව හිටියේ. එතකොට ස්වාමීනී, එක්තරා බ්‍රාහ්මණයෙක් අපි ළඟට ආවා. ඔහු හිසේ ලොකු ජටා මඬුළු දරාගෙන තිබුනා. අඳුන් දිවි සමක් පොරවාගෙන හිටියා. ගොඩක් වයසයි. කුදු ගැහිලා හිටියා. 'ගුරු ගුරු' හඬින් හති දම දමා හිටියා. දිඹුල් හැරමිටියකුත් අරගෙන අපි ළඟට ආවා. ඇවිදින් අපට මෙහෙම කිව්වා.

'අනේ! මේ පින්වත් දරු පැටව් නෙව පැවිදි වෙලා ඉන්නෙ. ඔය තාම අපූරුවට කළු කෙහෙ තියෙන්නෙ. සුන්දර යෞවන කාලෙ නෙව. ජීවිතේ ප්‍රථම වයස නෙව. කම් සැපේ යෙදිලා නැහැ නෙව. අනේ භවත්නි, එහෙම නොවෙයි. මනුස්ස ලෝකෙ විඳින්න තියෙන කම් සැප විඳලා ඉන්න. මේ ජීවිතේදී විඳින්න තියෙන සැප අත්හැරලා, කාලයකට විතරක් ලැබෙන දෙයක් පස්සේ දුවන්න එපා!' කියලා.

එතකොට ස්වාමීනී, අපි ඒ බ්‍රාහ්මණයාට මෙහෙම කිව්වා. 'නෑ. පින්වත් බ්‍රාහ්මණය, අපි මේ ජීවිතේදී අත්විඳින්න තියෙන කම් සැප අත්හරලා, කාලෙකට පස්සෙ ලැබෙන දෙයක් සොයාගෙන දුවනවා නොවෙයි. පින්වත් බ්‍රාහ්මණය, අපි අත්හැරියේ කාලෙකට පස්සෙ ලැබෙන දේවල් තමයි. අපි දැන් මේ දුවන්නෙ මේ ජීවිතේදී ලබාගන්න සැපයකටයි. පින්වත් බ්‍රාහ්මණය, භාග්‍යවතුන් වහන්සේ වදාළේ ඔය කාමයන් තාවකාලිකයි කියලා. ගොඩාක් දුක් තියෙනවා. ගොඩාක් කරදර තියෙනවා. ඔය කාමයේ ආදීනව ගොඩාක් තියෙනවා කියලයි. නමුත් මේ ධර්මය මේ ජීවිතේදීම අත්විඳින්න පුළුවන් දෙයක්. අකාලිකයි. ඇවිත් විමසා

බලන්න කියලා කියන්න පුළුවනි. තමා තුළින් දකින්නත් පුළුවනි. නුවණැත්තන්ට තම තමන්ගේ නුවණේ හැටියට අවබෝධ කරන්නත් පුළුවනි' කියලා.

එතකොට ස්වාමීනී, ඒ බ්‍රාහ්මණයා ඔළුව සෙලෙව්වා. දිව දික්කරල පැද්දෙව්වා. නළලේ තුන් පොටක් රැළි නැගුවා. ඇහි බැම හැකිලුවා. හැරමිටියෙ එල්ලීගෙන ආපහු යන්න ගියා."

"පින්වත් මහණෙනි, ඔය පුද්ගලයා බ්‍රාහ්මණයෙක් නොවෙයි. ඔය තමයි පව්ටු මාරයා. ඔබේ නුවණැස වනසන්නයි ආවෙ."

ඒ මොහොතේ දී භාග්‍යවතුන් වහන්සේ මේ කාරණය දැනගෙන, ඒ වෙලාවේ මේ ගාථාව වදාළා.

"යම් කෙනෙක් මේ පංචකාමයන් මුල් කරගෙන දුක හටගන්න බව දැක්කොත්, ඒ කෙනා පංචකාමයන්ට හිත යොමු කරන්නෙ කොහොමද? මේ ලෝකෙ පංචකාමය කියන්නේ කෙලෙස්වලට බව දන්න කෙනා ඒකෙ ආශාව දුරුකරන්නමයි පුරුදු වෙන්නේ."

සාදු! සාදු!! සාදු!!!

4.3.2.
සමිද්ධි සූත්‍රය
සමිද්ධි තෙරුන්ට වදාළ දෙසුම

158. ඒ දවස්වල භාග්‍යවත් බුදුරජාණන් වහන්සේ වැඩසිටියේ ශාක්‍ය ජනපදයේ සිලාවතී කියන ගමේ. ඒ දවස්වල ආයුෂ්මත් සමිද්ධි තෙරුන්ද භාග්‍යවතුන් වහන්සේට නුදුරින්, කෙලෙස් තවන වීරියෙන්, දහමට දිවි පුදා අප්‍රමාදීව වාසය කළා.

එදා ආයුෂ්මත් සමිද්ධි තෙරුන් හුදෙකලාවේ භාවනාවෙන් ඉන්න කොට මෙවැනි අදහසක් හිතේ ඇතිවුනා. "අනේ මට කොයිතරම් ලාභයක්ද! අනේ මට කොයිතරම් හොඳ ලැබීමක්ද! මාගේ ශාස්තෘන් වහන්සේ අරහත් වූ සම්මා සම්බුදුරජාණන් වහන්සේනෙ. අනේ මට කොයිතරම් ලාභයක්ද! මට කොයිතරම් හොඳ ලැබීමක්ද! මේ වගේ ඉතා යහපත් ලෙස දේශනා කොට වදාළ ධර්ම විනය තියෙන ශාසනයක මහණ වෙන්න ලැබුනා නෙව. අනේ මට කොයිතරම්

ලාභයක්ද! මට කොයිතරම් හොඳ ලැබීමක්ද! මම ඇසුරු කරන සබ්‍රහ්මචාරීන් වහන්සේලා කල්‍යාණ දහමෙන් යුතු සිල්වතුන් වහන්සේලානෙ."

ඒ මොහොතේදී පවිටු මාරයා, ආයුෂ්මත් සමිද්ධි තෙරුන්ගේ හිතේ ඇතිවුන ඒ කල්පනාව දැනගත්තා. සමිද්ධි තෙරුන් ළඟට පැමිණියා. පැමිණිලා සමිද්ධි තෙරුන්ට නුදුරින් මහා භයානක සද්දයක් කළා. ඒක හරියට මහ පොළොව පෙරලීගෙන යනවා වගේ.

එතකොට ආයුෂ්මත් සමිද්ධි තෙරුන් භාග්‍යවතුන් වහන්සේ ළඟට ගියා. ගිහින් භාග්‍යවතුන් වහන්සේට වන්දනා කළා. පැත්තකින් වාඩිවුනා. පැත්තකින් වාඩිවුන සමිද්ධි තෙරුන් භාග්‍යවතුන් වහන්සේට මෙහෙම කිව්වා.

"ස්වාමීනී, මං හුදෙකලාවේ භාවනාවේ ඉන්න කොට මගේ හිතේ මේ විදිහේ කල්පනාවක් ඇතිවුනා. 'අනේ මට කොයිතරම් ලාභයක්ද! අනේ මට කොයිතරම් හොඳ ලැබීමක්ද! මාගේ ශාස්තෘන් වහන්සේ අරහත් වූ සම්මා සම්බුදුරජාණන් වහන්සේනෙ. අනේ මට කොයිතරම් ලාභයක් ද! මට කොයිතරම් හොඳ ලැබීමක්ද! මේ වගේ ඉතා යහපත් ලෙස දේශනා කොට වදාළ ධර්ම විනය තියෙන ශාසනයක මහණ වෙන්න ලැබුනා නෙව. අනේ මට කොයිතරම් ලාභයක්ද! මට කොයිතරම් හොඳ ලැබීමක්ද! මම ඇසුරු කරන සබ්‍රහ්මචාරීන් වහන්සේලා කල්‍යාණ දහමෙන් යුතු සිල්වතුන් වහන්සේලානෙ' කියලා. එතකොට ස්වාමීනී, මට නුදුරින් මහා භයානක සද්දයක් ඇහුනා. ඒක හරියට පොළොව පෙරලීගෙන යනවා වගේ."

(භාග්‍යවතුන් වහන්සේ) :

"නෑ පින්වත් සමිද්ධි. ඒ පොළොව පෙරලෙනවා නොවෙයි. ඒ තමයි පවිටු මාරයා. ඔබේ නුවණැස වසා දමන්නයි ඔය ආවේ. පින්වත් සමිද්ධි, ඔබ එතනටම යන්න. කෙලෙස් තවන වීරියෙන් දහමට දිවි පුදා අප්‍රමාදීව එහිම වාසය කරන්න."

"එහෙමයි ස්වාමීනී" කියල ආයුෂ්මත් සමිද්ධි තෙරුන් භාග්‍යවතුන් වහන්සේට පිළිතුරු දුන්නා. ආසනයෙන් නැගිටලා වහන්සේට වන්දනා කළා. පැදකුණු කළා. පිටත් වුනා. ආයෙමත් ආයුෂ්මත් සමිද්ධි තෙරුන් එතනටම වැඩියා. කෙලෙස් තවන වීරියෙන් දහමට දිවි පුදා අප්‍රමාදීව වාසය කළා. ඉතින් ආයුෂ්මත් සමිද්ධි තෙරුන් හුදෙකලාවේ භාවනාවෙන් ඉන්න කොට, ආයෙමත් මේ විදිහේ කල්පනාවක් ඇතිවුනා. "අනේ! මට කොයිතරම් ලාභයක්ද? මට කොයිතරම් ලැබීමක්ද? ....(පෙ).... මම ඇසුරු කරන සබ්‍රහ්මචාරීන් වහන්සේලාත් කල්‍යාණ ධර්ම තියෙන සිල්වතුන් වහන්සේලානෙ. ආයෙමත්

පව්ටු මාරයත් ආයුෂ්මත් සමිද්ධි තෙරුන්ගේ හිතේ ඇතිවෙච්ච කල්පනාව දැනගත්තා ....(පෙ).... ඒක හරියට පොළොව පෙරලීගෙන යනවා වගෙයි.

එතකොට ආයුෂ්මත් සමිද්ධි තෙරුන් 'මේ තමයි පව්ටු මාරයා' කියලා හඳුනාගෙන, ගාථාවකින් මෙහෙම කිව්වා.

"මං ගිහි ජීවිතේ අත්හැරලා බුද්ධ ශාසනේ මහණ වුනේ ශ්‍රද්ධාවෙන්මයි. මම සිහියත්, ප්‍රඥාවත්, අවබෝධ කරලයි ඉන්නෙ. මගේ හිතත් හොඳට සමාධිමත් වෙලයි තියෙන්නෙ. ඔය විකාර දේවල් ඕන තරමක් කරන්න. මට පීඩාවක් කරන්ට හම්බවෙන්නෙ නෑ."

එතකොට පව්ටු මාරයත්, සමිද්ධි භික්ෂුව මාව දැනගත්තා කියල දුක් වුනා. නොසතුටු වුනා. නොපෙනී ගියා.

සාදු! සාදු!! සාදු!!!

4.3.3.
ගෝධික සූත්‍රය
ගෝධික තෙරුන්ට වදාළ දෙසුම

159. මා හට අසන්නට ලැබුනේ මේ විදිහටයි. ඒ දිනවල භාග්‍යවතුන් වහන්සේ රජගහ නුවර කලන්දක නිවාපය නම් වූ වේළුවනයේ වැඩසිටියේ.

ඒ දිනවල ආයුෂ්මත් ගෝධික තෙරුන් වාසය කළේ ඉසිගිලි පර්වත බෑවුමේ කාලසිලා කියන ගල්තලාවේ. ඒ වෙනකොට ආයුෂ්මත් ගෝධික තෙරුන් කෙලෙස් තවන වීරියෙන් යුතුව, දහමට දිවි පුදා අප්‍රමාදීව ධර්මයේ හැසිරිලා, ලෞකික සමාපත්තියක් ලබාගත්තා. නමුත් ආයුෂ්මත් ගෝධික තෙරුන් ඒ ලෞකික සමාපත්තියෙන් පිරිහුනා.

දෙවෙනි වතාවටත් ආයුෂ්මත් ගෝධික තෙරුන් අප්‍රමාදීව ....(පෙ).... වාසය කරද්දී ලෞකික සමාපත්තියක් ලබාගත්තා. දෙවෙනි වතාවෙත් ආයුෂ්මත් ගෝධික තෙරුන් ඒ සමාපත්තියෙන් පිරිහුනා. තුන්වෙනි වතාවටත් ආයුෂ්මත් ගෝධික තෙරුන් ....(පෙ).... පිරිහුනා. හතරවෙනි වතාවටත් ආයුෂ්මත් ගෝධික තෙරුන් ....(පෙ)..... පිරිහුනා. පස්වෙනි වතාවටත් ආයුෂ්මත් ගෝධික තෙරුන් ....(පෙ).... පිරිහුනා. හයවෙනි වතාවටත් ආයුෂ්මත් ගෝධික තෙරුන් ....(පෙ).... පිරිහුනා.

හත්වෙනි වතාවටත් ආයුෂ්මත් ගෝධික තෙරුන් කෙලෙස් තවන වීරියෙන් යුතුව, දහමට දිවි පුදා අප්‍රමාදීව ධර්මයේ හැසිරිලා, ලෞකික සමාපත්තියක් ලබාගත්තා. ඒ වතාවෙත් ආයුෂ්මත් ගෝධික තෙරුන් මෙහෙම හිතුවා. "දැන් මං හය වතාවක්ම මේ සමාපත්තියෙන් පිරිහුනා. දැන් මම මේ සමාපත්තිය පිරිහෙන්න කලින් දිවි නසාගන්න එක තමයි හොඳ."

එතකොට පවිටු මාරයා ආයුෂ්මත් ගෝධික තෙරුන්ගේ හිතේ ඇතිවෙච්ච කල්පනාව දැනගත්තා. භාග්‍යවතුන් වහන්සේ ළඟට ගියා. ගිහින් භාග්‍යවතුන් වහන්සේට ගාථාවලින් පැවසුවා.

"මහා වීරයාණෙනි, මහා ප්‍රඥාවන්තයාණෙනි, ඉර්ධියෙන් හා පිරිවරින් බබලන මුනිඳුනි, දහම් ඇස් ඇති මුනිඳුනි, ඔබවහන්සේගේ සිරිපා වඳිමි.

මරණය මැඩලූ මහාවීරයාණෙනි, ඔබවහන්සේගේ ශ්‍රාවකයෙක් මරණයට කැමති වෙයි. මරණය ප්‍රිය කරයි. මහ තෙද ඇති මුනිඳුනි. එය වළක්වනු මැනැව.

ජනයා අතර ප්‍රසිද්ධ වූ, භාග්‍යවතුන් වහන්ස, ශාසනේ ඇලුණු, තවමත් අරහත්වයට පත් නොවූ, දහමේ හික්මෙන ඔබවහන්සේගේ ශ්‍රාවකයෙක් ඔය විදිහට මැරෙන්නෙ කොහොමද?"

ඉතින් ඒ වෙලාවෙ ආයුෂ්මත් ගෝධික තෙරුන් ආයුධයකින් දිවි නසාගත්තා.

එතකොට භාග්‍යවතුන් වහන්සේ 'මේ ඉන්නෙ පවිටු මාරයා' කියල දැනගෙන පවිටු මාරයාට ගාථාවකින් පිළිතුරු දුන්නා.

"බුද්ධිමත් උදවිය ඔය විදිහටත් කරනවා. ජීවත් වෙන්නට කැමති වෙන්නෙ නෑ. තණ්හාව මුළින්ම උදුරලා දාපු පින්වත් ගෝධික භික්ෂුව පිරිනිවන් පෑවා."

ඊට පස්සේ භාග්‍යවතුන් වහන්සේ භික්ෂුසංඝයා ඇමතුවා. "පින්වත් මහණෙනි, යමු. ඉසිගිලි පර්වත බෑවුමේ කාලිසිලා ගල් තලාවට යමු. එතන තමයි ගෝධික, කුලපුත්‍රයා ආයුධයකින් දිවි නසාගත්තේ." "එහෙමයි ස්වාමීනී" කියල ඒ භික්ෂු පිරිසත් භාග්‍යවතුන් වහන්සේ සමඟ ඉසිගිලි පර්වතයේ කාලසිලා ගල්තලාවට වැඩියා. භාග්‍යවතුන් වහන්සේ දුරින්ම දැක්කා අයුෂ්මත් ගෝධික තෙරුන් ඇඳේ උඩුකුරු අතට වැටිලා, පෙරලුණු කඳ ඇතිව වැටිලා ඉන්නවා.

ඒ මොහොතේ දුම් සහිත දෙයක්, අඳුරු සහිත දෙයක්, නැගෙනහිර දිශාවට යනවා. බටහිර දිශාවට යනවා. උතුරු දිශාවට යනවා. දකුණු දිශාවට යනවා. ඒ වගේම අනුදිශාවලටත් යනවා.

එතකොට භාග්‍යවතුන් වහන්සේ භික්ෂුසංඝයා ඇමතුවා. "පින්වත් මහණෙනි, අන්න බලන්න දුම් සහිත දෙයක්, අඳුරු සහිත දෙයක් තියෙනවා. ඒක නැගෙනහිර දිශාවටත් යනවා. බටහිර දිශාවටත් යනවා. උතුරු දිශාවටත් යනවා. දකුණු දිශාවටත් යනවා. අනුදිශාවලටත් යනවා දැක්කද?"

"එහෙමයි, ස්වාමීනී"

"පින්වත් මහණෙනි, ඔය තමයි පවිටු මාරයා. ඔය හොය හොයා ඉන්නෙ ගෝධික කුලපුත්‍රයාගේ විඤ්ඤාණයයි. ගෝධික කුලපුත්‍රයාගේ විඤ්ඤාණය කොහේද පිහිටියේ කියල හොයනවා. පින්වත් මහණෙනි, ගෝධික කුලපුත්‍රයා නොපිහිටි විඤ්ඤාණයෙන් පිරිනිවන් පෑවා."

එතකොට පවිටු මාරයා බේළුවපණ්ඩු කියන වීණාවත් අරගෙන, භාග්‍යවතුන් වහන්සේ ළඟට ආවා. ඇවිදින් භාග්‍යවතුන් වහන්සේට ගාථාවකින් පැවසුවා.

"මම උඩ, යට, හරස් අතට, දිශා අනුදිශාවල හොයනවා. ඒ ගෝධික තෙරුන් ගියේ කොහේද කියලා. නමුත් ගිය තැනක් හොයාගන්න බෑ."

(භාග්‍යවතුන් වහන්සේ):

"ඔහු ප්‍රඥාවන්ත කෙනෙක්. වීරියවන්ත කෙනෙක්. ධ්‍යාන වඩන, නිතරම ධ්‍යානයේ ඇලුණු කෙනෙක්. ජීවිතේ නොතකා, දවල් රාත්‍රී දෙකේම ධර්මයේ හැසිරුනා.

මාර සෙනඟ සිඳගෙන, පුනර්භවයට එන්නෙ නැතුව, මේ තණ්හාව මුළුමනින්ම උදුරලා, ඒ ගෝධික භික්ෂුව පිරිනිවන් පෑවා."

(ධර්ම සංගායනා කළ රහතන් වහන්සේලා) :

"ශෝකයට පත්වුනු මාරයාගේ කිහිල්ලෙන් වීණාව ගිලිහිලා ගියා. දුකට පත්වුනු ඒ මාරයා එතනම නොපෙනී ගියා."

සාදු! සාදු!! සාදු!!!

4.3.4.
සත්ත වස්ස සූත්‍රය
හත් අවුරුද්ද ගැන වදාළ දෙසුම

160. මා හට අසන්නට ලැබුණේ මේ විදිහටයි. ඒ දිනවල භාග්‍යවතුන් වහන්සේ උරුවෙල් ජනපදයෙහි නේරංජරා ගංතෙර අජපල් නුගරුක් මුලයි වැඩසිටියේ. ඒ දිනවල පවිටු මාරයා භාග්‍යවතුන් වහන්සේගේ දුර්වලකමක් බලාපොරොත්තුවෙන් හත් අවුරුද්දක්ම භාග්‍යවතුන් වහන්සේ පසුපස්සේ ලුහුබැන්දා. නමුත් දුර්වලකමක් අහුවුනේ නෑ.

එදා පවිටු මාරයා භාග්‍යවතුන් වහන්සේ වෙත ආවා. ඇවිදින් භාග්‍යවතුන් වහන්සේට ගාථාවකින් පැවසුවා.

"මොකද ශෝකයේ ගිලිලද මේ වනයට වෙලා හිත හිත ඉන්නෙ? ධන හානියක් වුනාවත්ද? වෙන පැතුමක්වත්ද? ගමේ ඉන්දෙද්දී මොකවත් වරදක් වත් කළා ද? මොකද ජනයාත් එක්ක මිත්‍රකමක් නැත්තේ? ඔබවහන්සේ කවුරුවත් එක්ක මිත්‍රත්වයක් ඇති කරගන්නෙ නෑ නේද?"

(භාග්‍යවතුන් වහන්සේ) :

"ඒයි මාරය, මං ඔය ශෝකය මුලින්ම උදුරලා දැම්මා. හැම වරදින්ම නිදහස් වුනා. මං ධ්‍යාන වඩන්නෙ ශෝක රහිතවයි. හැම භවයක්ම, හැම ලෝභයක්ම, හැම තෘෂ්ණාවක්ම සිඳල, ආශ්‍රව රහිත වෙලයි මං ධ්‍යාන වඩන්නේ"

(මාරයා) :

"යමක් ගැන කියනවා නම්, 'මේක මගේ' කියල යම් කෙනෙක කියනවා නම් 'මේක මට අයිතියි' කියලා, ඒවා ගැන ඔබේ හිතක් තියෙනවා නම් ශ්‍රමණය, මගෙන් නම් නිදහස් වෙන්න පුළුවන් වෙන්නෙ නෑ."

(භාග්‍යවතුන් වහන්සේ) :

"යමක් ගැන කියනවා නම් 'මගේය' කියල, නමුත් ඒක මගේ නොවෙයි. යමෙක් කියනවා නම් ඒවා 'මම නොවෙයි' කියලා, පවිටු මාරය, ඒ ගැන මේ විදිහට දැනගන්න ඕන. මං ගමන් කරන මගවත් ඔබට දකින්න බෑ."

(මාරයා) :

"එහෙම නම්, ඒ බිය රහිත වූ, අමා නිවනට යන මාර්ගය අවබෝධ

කරගත්තා නම්, මගේ විෂයෙන් ඔබවහන්සේ විතරක් ඉවත් වෙලා යන්න. අනිත් අයට අනුශාසනා කරන්නෙ මොකද?"

(භාග්‍යවතුන් වහන්සේ) :

"සසරෙන් එතෙරට යන්න ඕනකම තියෙන ජනතාවක් ඉන්නවා. මාර විජිතයට අයිති නැති ඒ නිවන ගැන ඔවුන් මගෙන් අහනවා. එතකොට මං ඔවුන්ට කෙලෙස් රහිත වූ, ඒ සත්‍යය ගැන කියල දෙනවා."

(මාරයා) :

"ස්වාමීනී, ඒක මේ වගේ දෙයක්. ගමකට හරි, කුඩා නගරයකට හරි නුදුරින් පොකුණක් තියෙනවා. ඒකෙ කකුළුවෙක් ඉන්නවා. එතකොට ස්වාමීනී, පොඩි දරුවන් දැරිවියන් ගොඩක් ඒ ගමෙන් හරි, කුඩා නගරයෙන් හරි නික්මිලා ඇවිදින් අර පොකුණ ළඟට ආවා. ඇවිදින් ඒ කකුළුවාව වතුරෙන් උඩට අරගෙන, ගොඩබිමින් තිබ්බා. ඉතින් ඒ කකුළුවත් අඬු දිගහරිනවා. එතකොට ඒ දරුවොත්, දැරිවියොත් ලී කෑලිවලින් ඒ අඬු කඩලා දැම්මා. ඔය විදිහට අඬු කඩපු කකුළුවාට ඉස්සර විදිහට ආයෙමත් පොකුණට බහින්න බැරිව ගියා.

ස්වාමීනී, ඔය විදිහම තමයි, යම්තාක් විකාර දේවල්, යම්තාක් හිත අවුස්සන දේවල්, හිත කම්පා වන දේවල් තියෙනවාද, ඒ හැමදෙයක්ම භාග්‍යවතුන් වහන්සේ කඩලා දැම්මා. කෑලි කෑලිවලට කඩලා දැම්මා. දැන් ඉතින් ස්වාමීනී, භාග්‍යවතුන් වහන්සේගේ දුර්වලකමක් හොයාගෙන ළඟට එන්න මට පුළුවන්කමක් නෑ."

එතකොට පවිටු මාරයා භාග්‍යවතුන් වහන්සේ සමීපයේ තමන් පසුබැස්ස කරුණ ගැන කියවෙන ගාථාවන් පැවසුවා.

"කපුටෙක් හිටියා. ඌ දැක්කා තෙල් පාට ගලක්. දැකලා හිතුවා ඒක මෘදු කෑමක් වෙන්න ඇති කියලා. රස විඳින්න පුළුවන් ඇති කියලා. ඒ වටා කොටන්න පටන් ගත්තා.

නමුත් ඒ ගලෙන් ආශ්වාදයක් ලබාගන්න බැරි කපුටා එතනින් බැහැරවෙලා ගියා. මමත් ඒ ගලට රැවටිච්ච කපුටා වගේ කළකිරිලයි ගෞතමයන් වහන්සේ කෙරෙන් ඉවත් වෙලා යන්නෙ."

ඊට පස්සේ පවිටු මාරයා භාග්‍යවතුන් වහන්සේ සමීපයේ ඔය උකටලී වන ගාථාවන් පවසලා එතනින් නික්ම ගියා. භාග්‍යවතුන් වහන්සේට නුදුරින්, පොළොවේ පළඟක් බැඳගෙන වාඩිවුනා. නිශ්ශබ්ද වුනා. වැටහීම් රහිත වුනා. කඳ පාත්කර ගත්තා. ඔළුව යටට හරවාගත්තා. සිතුවිලි හිතන්න පටන් ගත්තා.

ලී කැල්ලක් අරගෙන බිම ඉරි අඳින්න පටන්ගත්තා.

සාදු! සාදු!! සාදු!!!

4.3.5.
මාරධීතු සූත්‍රය
මාර දූවරුන්ට වදාළ දෙසුම

161. උරුවෙල් ජනපදයේදී ....

එදා තණ්හාත්, අරතීත්, රගාත් යන මාර දූවරු පව්ටු මාරයා ළඟට ගියා. ගිහින් පව්ටු මාරයාට ගාථාවකින් මෙහෙම කිව්වා.

"තාත්තේ, මොකද ඔයා දුකින් ඉන්නෙ? පුරුෂයෙක් ශෝක කරන්නෙ ඇයි? වනාන්තරේ ඉන්න හස්ති රාජයෙක්ව අල්ලාගෙන එනවා වගේ අපි ඔහුව රාග තොණ්ඩුවෙන් බැඳලා අරගෙන එන්නම්. එතකොට ඔයාගේ වසඟයට ඔහුව ගන්න පුළුවනි."

(මාරයා) :

"ලෝකයේ සුගතයන් වහන්සේ අරහත්. රාගයෙන් ඔහුව බඳින එක කරන්න පුළුවන් දෙයක් නෙවෙයි. මාර විෂය ඉක්මවා ගිහින් ඉන්නෙ. අන්න ඒ නිසයි මං ගොඩාක් ශෝක වෙන්නෙ."

එතකොට තණ්හා, අරති, රගා යන මාර දූවරු භාග්‍යවතුන් වහන්සේ ළඟට ගියා. ගිහින් භාග්‍යවතුන් වහන්සේට මෙහෙම කිව්වා.

"ශ්‍රමණයන් වහන්ස, අපි ඔබවහන්සේගේ පා කමල් අභියස බැල මෙහෙවර කරන්නම්"

එතකොට කෙලෙස් නැතිකරලා, අනුත්තර වූ විමුක්තියට පත්වෙච්ච කෙනෙක් සිටින්නේ යම් ආකාරයකින් ද, අන්න ඒ ආකාරයෙන්ම වැඩසිටි භාග්‍යවතුන් වහන්සේ මාර දූවරුන්ගේ අදහසට හිත යොමු කළේ නෑ.

ඊළඟට තණ්හාත්, අරතිත්, රගාත් යන මාර දූවරු පැත්තකට ගිහින් මෙහෙම සාකච්ඡා කළා. "පුරුෂයින්ගේ හැඟීම් විවිධාකාරයි. අපි එක් එක්කෙනා සියය බැගින් වන විදිහට කුමාරිකාවන්ගේ වෙස් මවාගන්න එක තමයි හොඳ"

කියලා තණ්හාත්, අරතිත්, රගාත් මාර දූවරු එක්කෙනා සියය බැගින් වන විදිහට කුමාරිකාවන් සියය බැගින් වන විදිහට වෙස් අරගෙන, භාග්‍යවතුන් වහන්සේ ළඟට ගියා. ගිහින් භාග්‍යවතුන් වහන්සේට මෙහෙම කියනවා.

"ශ්‍රමණයන් වහන්ස, අපි ඔබේ පා කමල් අභියස මෙහෙකරුවො වෙන්නම්."

එතකොට කෙලෙස් නැති කරපු අනුත්තර වූ විමුක්තියට පත්වෙච්ච කෙනෙක් ඉන්නෙ යම් ආකාරයකටද, අන්න ඒ ආකාරයෙන්ම වැඩසිටි භාග්‍යවතුන් වහන්සේ මාර දූවරුන්ගේ අදහසට හිත යොමු කළේ නෑ.

ඊළඟට තණ්හාත්, අරතිත්, රගාත් යන මාර දූවරු පැත්තකට වෙලා මේ විදිහට සාකච්ඡා කළා. පුරුෂයන්ගේ හැඟීම් විවිධයි. ඒ නිසා අපි මෙහෙම කරමු. එක එක්කෙනා සියය බැගින් වන විදිහට දරුවන් නොවැදූ ලළනාවන්ගේ වෙස් ගනිමු. ඉතින් තණ්හාත්, අරතිත්, රගාත් යන මාර දූවරු එක එක්කෙනා සියය බැගින් දරුවන් නොවැදූ ලළනාවන්ගේ වෙස් ගත්තා. වෙස් අරගෙන භාග්‍යවතුන් වහන්සේ ළඟට ගියා. ගිහින් භාග්‍යවතුන් වහන්සේට මෙහෙම කිව්වා.

"ශ්‍රමණයන් වහන්ස, ඔබ වහන්සේගේ පා කමල් අභියස අපි මෙහෙකරුවො වෙන්නම්."

එතකොට කෙලෙස් නැති කරපු අනුත්තර වූ විමුක්තියට පත්වෙච්ච කෙනෙක් ඉන්නෙ යම් ආකාරයකටද, අන්න ඒ ආකාරයෙන්ම වැඩසිටි භාග්‍යවතුන් වහන්සේ මාර දූවරුන්ගේ අදහසට හිත යොමු කළේ නෑ.

ඊට පස්සේ තණ්හාත් ....(පෙ).... සාකච්ඡා කළා. එහෙම නම් අපි මේ විදිහට කරමු. එක එක්කෙනා සීය බැගින් එක් වරක් දරුවන් වැදූ කාන්තාවන්ගේ වෙස් ගනිමු. ඉතින් තණ්හාත් ....(පෙ).... එක් වරක් දරුවන් වැදූ කාන්තාවන්ගේ වෙස් අරගෙන ....(පෙ).... භාග්‍යවතුන් වහන්සේ හිත යොමු කළේ නෑ.

එතකොට තණ්හාත් ....(පෙ).... සාකච්ඡා කළා. එහෙම නම් අපි මේ විදිහට කරමු. එක එක්කෙනා සීය බැගින් දෙවරක් වැදූ කාන්තාවන්ගේ වෙස් ගනිමු. ඉතින් තණ්හාත් ....(පෙ).... දෙවරක් වැදූ කාන්තාවන්ගේ වෙස් අරගෙන ....(පෙ).... භාග්‍යවතුන් වහන්සේ හිත යොමු කළේ නෑ.

ඊට පස්සේ තණ්හාත් ....(පෙ).... සාකච්ඡා කළා. එහෙම නම් අපි මේ විදිහට කරමු. එක එක්කෙනා සීය බැගින් මධ්‍යම ප්‍රමාණයේ සිරුරක් ඇති

කාන්තාවන්ගේ වෙස් ගනිමු. ඉතින් තණ්හාත් ....(පෙ).... මධ්‍යම ප්‍රමාණයේ සිරුරක් ඇති කාන්තාවන්ගේ වෙස් අරගෙන ....(පෙ).... භාග්‍යවතුන් වහන්සේ හිත යොමු කළේ නෑ.

ඊට පස්සේ තණ්හාත් ....(පෙ).... සාකච්ඡා කළා. එහෙම නම් අපි මේ විදිහට කරමු. එක එක්කෙනා සීය බැගින් තරබාරු කාන්තාවන්ගේ වෙස් ගනිමු. ඉතින් තණ්හාත් ....(පෙ).... තරබාරු කාන්තාවන්ගේ වෙස් අරගෙන ....(පෙ).... භාග්‍යවතුන් වහන්සේ හිත යොමු කළේ නෑ.

එතකොට තණ්හාත්, අරතිත් රගාත් යන මාර දූවරු එතනින් ඉවතට ගිහින් මෙහෙම කතා කළා. "අපේ තාත්තා කිව්වෙ ඇත්තක්මයි. 'ලෝකයේ සුගතයන් වහන්සේ අරහත්. රාගයෙන් ඔහුව බඳින එක කරන්න පුළුවන් දෙයක් නෙවෙයි. මාර විෂය ඉක්මවා ගිහින් ඉන්නෙ. අන්න ඒ නිසයි මං ගොඩාක් ශෝක වෙන්නෙ' කියලා.

නමුත් රාගය දුරුනොවුන, ශ්‍රමණයෙකුට හරි, බ්‍රාහ්මණයෙකුට හරි, අපි මේ කරපු උපක්‍රමයෙන් ඔවුන් ළඟට ගියොත්, ඔවුන්ගේ හදවත පැලේවි. කටින් උණු ලේ මතු වේවි. උම්මත්තක බවට පත්වේවි. සිහි විකල් වේවි. අමු උණබට ගහක් කපලා දැම්මාම වේලිලා යනවා වගේ වේලිලා යාවි. මැලවෙනවා වගේ මැලවෙලා යාවි.

ඊට පස්සේ තණ්හාත්, අරතිත්, රගාත් යන මාර දූවරු භාග්‍යවතුන් වහන්සේ ළඟට ගියා. ගිහින් පැත්තකින් හිටගත්තා. පැත්තකින් සිටිය තණ්හා නම් මාර දියණිය භාග්‍යවතුන් වහන්සේට ගාථාවකින් කිව්වා.

"මොකද ශෝකයේ ගිලිලද මේ වනයට වෙලා හිත හිත ඉන්නේ? ධන හානියක් වුනාවත්ද? වෙන පැතුමක්වත්ද? ගමේ ඉන්දෙද්දී මොකවත් වරදක් වත් කළාද? මොකද ජනයාත් එක්ක මිත්‍රකමක් නැත්තෙ? ඔබවහන්සේ කවුරුවත් එක්ක මිත්‍රත්වයක් ඇති කරගන්නෙ නෑ නේද?"

(භාග්‍යවතුන් වහන්සේ) :

"ප්‍රිය වූ, මිහිරි ස්වරූප ඇති මාර සේනාව පරදවලා, මං හුදෙකලාවම ධ්‍යාන වඩනවා. හදවතේ ශාන්තිය වූ, ජීවිතයේ අර්ථයට පැමිණීම වූ ඒ අරහත් ඵල සුවය මං අවබෝධ කළා. ඒ නිසා මං ජනයාත් සමඟ මිත්‍රකමක් නෑ. ඒ නිසා මං කවුරු එක්කවත් මිත්‍රකමක් ඇති කරගන්නෙ නෑ."

එතකොට අරති මාර දූ භාග්‍යවතුන් වහන්සේට ගාථාවකින් පැවසුවා.

"මේ සසුනේ භික්ෂුව කෙබඳු ආකාර දහම් හැසිරීමක් බහුල වශයෙන් කිරීමෙන්ද පංචකාමය නැමැති සැඩ පහරත්, මනසේ ඇතිවෙන කෙලෙස් නැමැති සැඩ පහරත් තරණය කරන්නෙ? කෙබඳු ධ්‍යානයක් බහුල වශයෙන් කළොත්ද කාම සඤ්ඤාව ඔහුට බාහිර දෙයක් වෙන්නෙ? ඒ සඤ්ඤාව ඔහු නොලැබෙන්නේ?"

(භාග්‍යවතුන් වහන්සේ) :

"ඒ භික්ෂුවගේ කයත් සංසිඳිලා තියෙන්නේ. සිත ඉතා හොඳින් නිදහස් වෙලා තියෙන්නෙ. සංස්කාර රැස්වෙන්න නෑ. සතර සතිපට්ඨානයේ සිහිය පිහිටලා තියෙන්නෙ. තණ්හාව රහිතවයි ඉන්නෙ. ධර්මාවබෝධය තුළින් ධ්‍යාන වඩන ඔහු බාහිර අරමුණු විතර්ක කරන්නෙ නෑ. ඒ නිසා බාහිර අරමුණුවලට ඇවිස්සෙන්නෙ නෑ. සිහි කරන්නෙ නෑ. හැකිලෙන්නෙ නෑ."

ඔය ආකාරයට බහුල වශයෙන් ජීවිතේ ගෙවන භික්ෂුව පංචකාමය නැමැති සැඩ ගඟත් මනසේ ඇතිවන අරමුණුත් තරණය කරනවා. ඔය විදිහට භික්ෂුව බහුල වශයෙන් ධ්‍යාන වඩන කොට, කාම සඤ්ඤා බැහැර වෙනවා. ඒවා ලැබෙන්නෙ නෑ.

එතකොට රගා මාර දූ භාග්‍යවතුන් වහන්සේ සමීපයේ මේ ගාථාව පැවසුවා.

"ශ්‍රාවක පිරිස් පිරිවරාගෙන, චාරිකාවේ වඩින මේ ශාස්තෘන් වහන්සේ තෘෂ්ණාව නැතිකරලයි ඉන්නෙ. බොහෝ සත්වයන්ද මේ නිසා තෘෂ්ණාව නැතිකරලා දානවා. මේ තණ්හා රහිත මුනිඳුන් මාරයාගේ ග්‍රහණයේ සිටින බොහෝ සත්වයන් පැහැරගෙන සසරින් එතෙරට රැගෙන යනවා."

(භාග්‍යවතුන් වහන්සේ) :

"ඔව්. මහාවීර වූ තථාගතයන් වහන්සේලා මේ සත්වයන්ව සද්ධර්මය තුළින් එතෙර කරවනවා තමයි. ධර්මයෙන් සත්වයන්ව එතෙර කරවද්දී, ඒකට ඉරිසියා කරන්නෙ ඇයි?

ඉතින් තණ්හාත්, අරතිත්, රගාත් යන මාර දූවරු පවිටු මාරයා ළඟට ගියා. පවිටු මාරයා තමන් ළඟට තණ්හාත්, අරතිත්, රගාත් යන මාර දූවරු පැමිණෙනවා දුර තියාම දැක්කා. දැකලා ගාථා වලින් කියනවා.

"මෝඩියේ, මානෙල් දඬුවලින් පර්වතයක් ඇදගෙන එන්න හිතුවාද? නියපොතුවලින් ගල් කන්දක් හාරන්න හිතුවාද? දත්වලින් යකඩ කන්න හිතුවාද?

මහා ගල් පර්වතක් ඔළුව උඩ තියාගෙන ගැඹුරු ජලයේ පිහිටක් සොයනවාද? පපුවෙ උලක් ඇණුනා වගේ ගෞතමයන් කෙරෙහි කළකිරිලා ආවද?"

(ධර්ම සංගායනා කළ රහතන් වහන්සේලා) :

"තණ්හා, අරති, රගා යන මාර දූවරු දිලිසි දිලිසී එතනට ආවේ. එහිදී අපගේ ශාස්තෘන් වහන්සේ ඔවුන්ව පළවා හැරියා. ගිලිහී වැටෙන පුළුන් රොදක් සුළඟින් වීසිකරනවා වගේ."

සාදු! සාදු!! සාදු!!!

තුන්වෙනි මාර වර්ගය අවසන් විය.

මාර සංයුත්තය අවසන් විය.

නමෝ තස්ස භගවතෝ අරහතෝ සම්මාසම්බුද්ධස්ස
ඒ භාග්‍යවත් අරහත් සම්මා සම්බුදුරජාණන් වහන්සේට නමස්කාර වේවා!

5. භික්ඛුනී සංයුත්තය

1. භික්ඛුනී වර්ගය

5.1.1.
ආළවිකා සූත්‍රය
ආළවිකා භික්ෂුණිය මාරයාට පැවසූ දෙසුම

162. මා හට අසන්නට ලැබුනේ මේ විදිහටයි. ඒ දිනවල භාග්‍යවතුන් වහන්සේ වැඩසිටියේ සැවැත් නුවර ජේතවනය නම් වූ අනේපිඬු සිටුතුමාගේ ආරාමයේ.

එදා ආළවිකා භික්ෂුණිය උදේ වරුවේ සිවුරු පොරවාගෙන, පාත්‍ර සිවුරු අරගෙන සැවැත් නුවරට පිඬුසිඟා වැඩියා. සැවැත් නුවර පිණ්ඩපාතේ වැඩලා දන් වළඳලා චිත්ත විවේකය කැමතිව අන්ධ වනයට පිටත්වුනා. එතකොට පවිටු මාරයාට මේ විදිහේ කැමැත්තක් ඇතිවුනා. "ආළවිකා භික්ෂුණියව භය කරවන්න ඕන. තැති ගන්වන්න ඕන. මවිල් කෙළින් කරවන්න ඕන. චිත්ත විවේකය නැති කරවන්න ඕන" කියලා. ඊට පස්සේ මාරයා ආළවිකා භික්ෂුණිය ළඟට ගියා. ගිහින් ආළවිකා භික්ෂුණියට ගාථාවක් කිව්වා.

"මේ ලෝකයේ නිවන කියල දෙයක් නෑ. ඔය චිත්ත විවේකයෙන් කුමක් කරන්නද? කාම සැප විඳල ඉන්න. ඔන්න පස්සේ දුක් වෙන්න එපා!"

එතකොට ආළවිකා භික්ෂුණියට මෙහෙම හිතුනා. "කවුද මෙයා? මිනිහෙක්ද? අමනුෂ්‍යයෙක්ද? මේ ගාථා කියන්නෙ?" ඉතින් ආළවිකා භික්ෂුණියට මෙහෙම හිතුනා. "මේ තමයි පාපී මාරයා. මාව භය කරවන්න, තැති ගන්වන්න, ඇගේ මවිල් කෙළින් කරවන්න, චිත්ත විවේකයෙන් දුරු කරවන්නටයි ඔය

ගාථා කියන්නෙ" කියලා. ඉතින් ආළවිකා භික්ෂුණිය මේ පවිටු මාරයා බව දැනගෙන, පවිටු මාරයාට ගාථාවලින් පිළිතුරු දුන්නා.

"ලෝකයේ නිවන කියල දෙයක් තියෙනවා. මට ඒක ප්‍රඥාවෙන් අවබෝධ වුනා. පමා වූ ජනයාගේ ඤාතියා වන මාරය, ඔබ ඒ අමා නිවන ගැන දන්නෙ නැති කෙනෙක්.

කාමය කියන්නෙ දරුණු ආයුධ වගේ දේවල්. මේ රූපස්කන්ධය ඒ කාමයන්ට මස් වැදලි වගේ. ඔබ කාම සැපයක්ය කියල යම් දේකට කියනවා නම්, මට ඒක අරතියක්මයි"

එතකොට පවිටු මාරයා, 'මේ ආළවිකා භික්ෂුණිය මාව දැනගත්තා නෙව' කියල දුක් වුනා. නොසතුටු වුනා. එතනම අතුරුදහන් වුනා.

සාදු! සාදු!! සාදු!!!

5.1.2.
සෝමා සූත්‍රය
සෝමා භික්ෂුණිය මාරයාට පැවසූ දෙසුම

163. සැවැත් නුවරදී ....

එදා සෝමා භික්ෂුණිය උදේ වරුවේ සිවුරු පොරවාගෙන, පාත්‍ර සිවුරු අරගෙන, සැවැත් නුවරට පිඬුසිඟා වැඩියා. සැවැත් නුවර පිණ්ඩපාතේ වැඩලා දන් වළඳලා දවල් කාලෙ ගතකරන්න හිතාගෙන අන්ධ වනයට පිටත් වුනා. අන්ධ වනයෙ ඇතුළටම ගිහින් එක්තරා රුක්සෙවනක දවල් කාලෙ වාඩිවෙලා හිටියා.

එතකොට පවිටු මාරයාට මේ විදිහේ කැමැත්තක් ඇතිවුනා. "සෝමා භික්ෂුණියව භය කරවන්න ඕන. තැති ගන්වන්න ඕන. මවිල් කෙලින් කරවන්න ඕන. සමාධියෙන් දුරුකරවන්න ඕන" කියලා. ඊට පස්සේ මාරයා සෝමා භික්ෂුණිය ළඟට ගියා. ගිහින් සෝමා භික්ෂුණියට ගාථාවක් කිව්වා.

"අවබෝධයට ඉතා දුෂ්කර වූ තත්වයක් වන ඔය දේ ලබන්නෙ ඉසිවරුන් විසින් නෙව. ඇඟිලි දෙකේ නුවණ තියෙන ගෑණුන්ට ඔවැනි තත්වෙකට පත්වෙන්න පුළුවන්කමක් නෑ."

එතකොට සෝමා භික්ෂුණියට මෙහෙම හිතුනා. "කවුද මෙයා? මිනිහෙක්ද? අමනුෂ්‍යයෙක්ද? මේ ගාථා කියන්නෙ?" ඉතින් සෝමා භික්ෂුණියට මෙහෙම හිතුනා. "මේ තමයි පාපී මාරයා මාව භය කරවන්න, තැති ගන්වන්න, ඇගේ මවිල් කෙළින් කරවන්න, සමාධියෙන් දුරු කරවන්නයි ඔය ගාථා කියන්නෙ." ඉතින් සෝමා භික්ෂුණිය මේ පවිටු මාරයා බව දැනගෙන, පවිටු මාරයාට ගාථාවලින් පිළිතුරු දුන්නා.

"හිත තියෙන්නෙ සමාධිමත් වෙලා නම්, ගෑණුකමෙන් මොකක් කරන්නද? හොඳට යථා ස්වභාවය විදර්ශනා කරන්න පුළුවන් එකේ, අවබෝධ ඥානයත් ඇතිවෙන එකේ ගෑණුකම මොකටද?

යම්කිසි කෙනෙකුට මමත් ගැහැණියෙක්, මමත් පිරිමියෙක්, මම කවුරු හරි කෙනෙක් කියල හිතනවා නම්, මාරය, ඔබ විසින් ඔය කථාව කිව යුත්තෙ අන්න ඒ වගේ කෙනෙකුට."

එතකොට පවිටු මාරයා, 'සෝමා භික්ෂුණිය මාව දැනගත්තා නෙව' කියල දුක් වුනා. නොසතුටු වුනා. එතනම අතුරුදහන් වුනා.

සාදු! සාදු!! සාදු!!!

5.1.3.
ගෝතමී සූත්‍රය
කිසාගෝතමී භික්ෂුණිය මාරයාට පැවසූ දෙසුම

164. සැවැත් නුවරදී ....

එදා කිසාගෝතමී භික්ෂුණිය උදේ වරුවේ සිවුරු පොරවාගෙන, පාත්‍ර සිවුරු අරගෙන, සැවැත් නුවරට පිඬුසිඟා වැඩියා. සැවැත් නුවර පිණ්ඩපාතේ වැඩලා දන් වළඳලා දවල් කාලෙ ගතකරන්න හිතාගෙන අන්ධ වනයට පිටත් වුනා. අන්ධ වනයෙ ඇතුළටම ගිහින් එක්තරා රුක්සෙවනක දවල් කාලෙ වාඩිවෙලා හිටියා.

එතකොට පවිටු මාරයාට මේ විදිහේ කැමැත්තක් ඇතිවුනා. "කිසාගෙ ා්තමී භික්ෂුණියව භය කරවන්න ඕන. තැති ගන්වන්න ඕන. මවිල් කෙළින් කරවන්න ඕන. සමාධියෙන් දුරුකරවන්න ඕන" කියලා. ඊට පස්සේ මාරයා

කිසාගෝතමී භික්ෂුණිය ළඟට ගියා. ගිහින් කිසාගෝතමී භික්ෂුණියට ගාථාවක් කිව්වා.

"හා! ඔය මොකද? දරුවන් මැරිච්ච කෙනෙක් වගේ මූණත් එල්ලගෙන, තනියම ඉන්නෙ මොකද? මේ වනාන්තරේ ඇතුළට ඇවිල්ල මිනිහෙක්ව හොයන්න ආවද?"

එතකොට කිසාගෝතමී භික්ෂුණියට මෙහෙම හිතුනා. "කවුද මෙයා? මිනිහෙක්ද? අමනුෂ්‍යයෙක්ද? මේ ගාථා කියන්නෙ?" ඉතින් කිසාගෝතමී භික්ෂුණියට මෙහෙම හිතුනා. "මේ තමයි පාපී මාරයා මාව භය කරවන්න, තැති ගන්වන්න, ඇගේ මවිල් කෙළින් කරවන්න, සමාධියෙන් දුරු කරවන්නයි ඔය ගාථා කියන්නෙ." ඉතින් කිසාගෝතමී භික්ෂුණිය මේ පවිටු මාරයා බව දැනගෙන, පවිටු මාරයාට ගාථාවලින් පිළිතුරු දුන්නා.

"ඇත්ත වශයෙන්ම මං දරුවන් මැරුණු කෙනෙක් තමයි. මිනිස්සුන්වත් ඒ පැත්තටම දීලයි ඉන්නෙ. මං ශෝක කරන්නෙ නෑ. මං අඬන්නෙ නෑ. ඒ වගේම ආයුෂ්මත, මං ඔබට භයත් නෑ.

හැමදෙයක් ගැනම තිබුනු තණ්හාව නැතිකරලා දැම්මා. අවිද්‍යා අන්ධකාරය බිඳලා දැම්මා. මාර සේනාව ජයගත්තා. මං දැන් ඉන්නෙ ආශ්‍රව රහිතවයි."

එතකොට පවිටු මාරයා, 'කිසාගෝතමී භික්ෂුණිය මාව දැනගත්තා නෙව' කියල දුක් වුනා. නොසතුටු වුනා. එතනම අතුරුදහන් වුනා.

සාදු! සාදු!! සාදු!!!

5.1.4.
විජයා සූත්‍රය
විජයා භික්ෂුණිය මාරයාට පැවසූ දෙසුම

165. සැවැත් නුවරදී ....

එදා විජයා භික්ෂුණිය උදේ වරුවේ සිවුරු පොරවාගෙන, පාත්‍ර සිවුරු අරගෙන, සැවැත් නුවරට පිඬුසිඟා වැඩියා. සැවැත් නුවර පිණ්ඩපාතේ වැඩලා දන් වළඳලා දවල් කාලෙ ගතකරන්න හිතාගෙන අන්ධ වනයට පිටත් වුනා.

අන්ධ වනයෙ ඇතුළටම ගිහින් එක්තරා රුක්සෙවනක දවල් කාලෙ වාඩිවෙලා හිටියා.

එතකොට පවිටු මාරයාට මේ විදිහේ කැමැත්තක් ඇතිවුනා. "විජයා භික්ෂුණියව භය කරවන්න ඕන. තැති ගන්වන්න ඕන. මවිල් කෙලින් කරවන්න ඕන. සමාධියෙන් දුරුකරවන්න ඕන" කියලා. ඊට පස්සේ මාරයා විජයා භික්ෂුණිය ළඟට ගියා. ගිහින් විජයා භික්ෂුණියට ගාථාවක් කිව්වා.

"ඒයි ලස්සන තැනැත්තී, ඔය තාම තරුණියි. මමත් යෞවන වයසේ ඉන්න තරුණයෙක්. එන්න. පංචාංගික තූර්ය නාදයෙන් සතුටු වෙමින් අපි ප්‍රීතියෙන් ඉඳිමු."

එතකොට විජයා භික්ෂුණියට මෙහෙම හිතුනා. "කවුද මෙයා? මිනිහෙක්ද? අමනුෂ්‍යයෙක්ද? මේ ගාථා කියන්නෙ?" ඉතින් විජයා භික්ෂුණියට මෙහෙම හිතුනා. "මේ තමයි පාපී මාරයා මාව භය කරවන්න, තැති ගන්වන්න, ඇගේ මවිල් කෙළින් කරවන්න, සමාධියෙන් දුරු කරවන්නයි ඔය ගාථා කියන්නෙ." ඉතින් විජයා භික්ෂුණිය මේ පවිටු මාරයා බව දැනගෙන, පවිටු මාරයාට ගාථාවලින් පිළිතුරු දුන්නා.

"හිත ඇලෙන රූප, ශබ්ද, ගන්ධ, රස, ස්පර්ශ තියෙනවා තමයි. ඒයි මාරය, මං ඒවා ඔබටම දෙනවා. මට ඕවයින් කිසිවැඩක් නැහැ.

බිඳිලා යන, වහා නැසිලා යන මේ කුණු ශරීරය මට එපාවෙලා තියෙන්නෙ. ඒ ගැන මං ලැජ්ජයි. මං කාම තණ්හාව මුළින්ම උදුරලා දැම්මා.

රූප ලෝකවලත් සත්වයෝ ඉන්නවා. අරූප ලෝකවලත් සත්වයෝ ඉන්නවා. ශාන්ත වූ සමාපත්තියත් තියෙනවා. ඒ හැමදෙයක් ගැනම තිබුණු අවිද්‍යා අන්ධකාරය මට දුරුවුනා."

එතකොට පවිටු මාරයා, 'විජයා භික්ෂුණිය මාව දැනගත්තා නෙව' කියල දුක් වුනා. නොසතුටු වුනා. එතනම අතුරුදහන් වුනා.

සාදු! සාදු!! සාදු!!!

5.1.5.
උප්පලවණ්ණා සූත්‍රය
උප්පලවණ්ණා භික්ෂුණිය මාරයාට පැවසූ දෙසුම

166. සැවැත් නුවරදී ....

එදා උප්පලවණ්ණා භික්ෂුණිය උදේ වරුවේ සිවුරු පොරවාගෙන, පාත්‍ර සිවුරු අරගෙන, සැවැත් නුවරට පිඬුසිඟා වැඩියා. සැවැත් නුවර පිණ්ඩපාතේ වැඩලා දන් වළඳලා දවල් කාලෙ ගතකරන්න හිතාගෙන අන්ධ වනයට පිටත් වුනා. අන්ධ වනයෙ ඇතුළට ගිහිල්ලා මල් පිපී ගිය එක්තරා සල් රුක්සෙවනක වාඩිවෙලා හිටියා.

එතකොට පවිටු මාරයාට මේ විදිහේ කැමැත්තක් ඇතිවුනා. "උප්පලවණ්ණා භික්ෂුණියව භය කරවන්න ඕන. තැතිගන්වන්න ඕන. මවිල් කෙලින් කරවන්න ඕන. සමාධියෙන් දුරුකරවන්න ඕන" කියලා. ඊට පස්සේ මාරයා උප්පලවණ්ණා භික්ෂුණිය ළඟට ගියා. ගිහින් උප්පලවණ්ණා භික්ෂුණියට ගාථාවක් කිව්වා.

"ඒයි භික්ෂුණී, මුළ පටන් අගටම මල් පිපිච්ච සල් රුකක් මුළට නෙව ඔයා ඇවිත් ඉන්නෙ. හැබැයි ඉතින් ඔයාගේ රූප ලස්සනේ හා සමාන දෙවෙනි රූපයක් නම් නෑ. හැබැයි ඉතින් මෙහෙට ආපු අනෙක් කාන්තාවොත් ඔය විදිහම තමයි. (මෙයින් අදහස් කරන්නේ ඔවුන් වීතරාගී බවයි) ඒයි මෝඩී, ඔයා සල්ලාලයන්ට භය නැද්ද?"

එතකොට උප්පලවණ්ණා භික්ෂුණියට මෙහෙම හිතුනා. "කවුද මෙයා? මිනිහෙක්ද? අමනුෂ්‍යයෙක්ද? මේ ගාථා කියන්නෙ?" ඉතින් උප්පලවණ්ණා භික්ෂුණියට මෙහෙම හිතුනා. "මේ තමයි පාපී මාරයා මාව භය කරවන්න, තැති ගන්වන්න, ඇඟේ මවිල් කෙළින් කරවන්න, සමාධියෙන් දුරු කරවන්නයි ඔය ගාථා කියන්නෙ." ඉතින් උප්පලවණ්ණා භික්ෂුණිය මේ පවිටු මාරයා බව දැනගෙන, පවිටු මාරයාට ගාථාවලින් පිළිතුරු දුන්නා.

"ඒයි මාරය, ඔබ වැනි සල්ලාලයෝ ලක්ෂයක් ආවත් මගේ එක ලොම් ගහක් සොලවන්න බෑ. මං තැතිගන්නෙ නෑ. මං මේ තනියම හිටියත් ඔබට භයත් නෑ. මං දැන් අතුරුදහන් වෙනවා. ඔබේ බඩ ඇතුළට රිංගනවා. ඇහි බැම මැද්දට රිංගනවා. නහයෙනුත් රිංගනවා. එතකොට ඔබට මාව දකින්න බෑ. මේ

සිත මට වසඟ වෙලයි තියෙන්නෙ. මං ඉර්ධිපාද හොඳට වඩලයි තියෙන්නෙ. සියලු බන්ධන වලින් නිදහස් වෙලයි මං ඉන්නෙ. ආයුෂ්මත, මං ඔබට භය නෑ."

එතකොට පවිටු මාරයා, 'උප්පලවණ්ණා භික්ෂුණිය මාව දැනගත්තා නෙව' කියල දුක් වුනා. නොසතුටු වුනා. එතනම අතුරුදහන් වුනා.

සාදු! සාදු!! සාදු!!!

5.1.6.
චාලා සූත්‍රය
චාලා භික්ෂුණිය මාරයාට පැවසූ දෙසුම

167. සැවැත් නුවරදී ....

එදා චාලා භික්ෂුණිය උදේ වරුවේ සිවුරු පොරවාගෙන, පාත්‍ර සිවුරු අරගෙන, සැවැත් නුවරට පිඬුසිඟා වැඩියා. සැවැත් නුවර පිණ්ඩපාතේ වැඩලා දන් වළඳලා දවල් කාලෙ ගතකරන්න හිතාගෙන අන්ධ වනයට පිටත් වුනා. අන්ධ වනයෙ ඇතුළටම ගිහින් එක්තරා රුක්සෙවනක දවල් කාලෙ වාඩිවෙලා හිටියා.

එතකොට පවිටු මාරයා චාලා භික්ෂුණිය වෙත ආවා. ඇවිදින් චාලා භික්ෂුණියට මෙහෙම කිව්වා.

"ඒයි භික්ෂුණී, ඔයා අකමැති මොනවාටද?"

(චාලා භික්ෂුණිය) :

"ආයුෂ්මත, මං ඉපදීමට කැමති නෑ."

(මාරයා) :

"ඒ මොකද ඉපදීමට කැමති නැත්තෙ? ඉපදුනාම නෙව කම්සැප විඳින්න පුළුවන් වෙන්නෙ. ඒයි භික්ෂුණිය, ඉපදීමට ආශා කරන්න එපාය කියල කවුද ඔයාට ඉගැන්නුවේ?"

(චාලා භික්ෂුණිය):

"ඉපදිච්ච කෙනාට තමයි මරණය තියෙන්නෙ. ඉපදුනාම ලැබෙන්නෙ

දුකයි. වධ බන්ධන, කරදර කම්කටොලු ඔක්කොම ලැබෙනවා. ඒ නිසා මං ඉපදීමට කැමති නෑ. ඉපදීම ඉක්මවන ධර්මය බුදු සමිඳුන් තමයි අපට කියල දුන්නෙ. සියලු දුක් නැති කරවන ඒ ආර්ය සත්‍ය තුළ මාව පිහිටෙව්වේ උන්වහන්සේ තමයි.

රූප ලෝකෙ ඉපදුනු සත්වයෝ ඉන්නවා. අරූප ලෝකෙ ඉපදුනු සත්වයෝ ඉන්නවා. ඔය කාටත් නිරෝධ සත්‍ය දැනනොගත්තොත්, ආයෙමත් භවයට එන්න සිද්ධ වෙනවා."

එතකොට පවිටු මාරයා, 'චාලා භික්ෂුණිය මාව දැනගත්තා නෙව' කියල දුක් වුනා. නොසතුටු වුනා. එතනම අතුරුදහන් වුනා.

සාදු! සාදු!! සාදු!!!

5.1.7.
උපචාලා සූත්‍රය
උපචාලා භික්ෂුණිය මාරයාට පැවසූ දෙසුම

168. සැවැත් නුවරදී ....

එදා උපචාලා භික්ෂුණිය උදේ වරුවේ සිවුරු පොරවාගෙන, පාත්‍ර සිවුරු අරගෙන, සැවැත් නුවරට පිඬුසිඟා වැඩියා. සැවැත් නුවර පිණ්ඩපාතේ වැඩලා දන් වළඳලා දවල් කාලෙ ගතකරන්න හිතාගෙන අන්ධ වනයට පිටත් වුනා. අන්ධ වනයෙ ඇතුළටම ගිහින් එක්තරා රුක්සෙවනක දවල් කාලෙ වාඩිවෙලා හිටියා.

එතකොට පවිටු මාරයා උපචාලා භික්ෂුණිය ළඟට ආවා. ඇවිදින් උපචාලා භික්ෂුණියට මෙහෙම කිව්වා.

"හා! භික්ෂුණී, ඔයා කොහේ උපදින්නටද කැමති?"

(උපචාලා භික්ෂුණිය) :
"ආයුෂ්මත, මම නම් කොහේවත් උපදින්න කැමති නෑ."

(මාරයා) :
"ඒ මොකද? ඔය තව්තිසාව, යාමය, තුසිතය වගේ තැන්වල දෙවිවරු

ඉන්නවා. නිම්මාණරතී, පරනිම්මිත වසවත්තී දෙවිවරු ඉන්නවා. ඉතින් ඔයාටත් පුළුවන්නෙ ඒ වගේ තැනක හිත පිහිටුවාගන්න. ඔයාට පංචකාම සැප විඳින්න පුළුවන්නෙ."

(උපචාලා භික්ෂුණිය) :

"තව්තිසාව, යාමය, තුසිතය කියන තැන්වල දෙවිවරු ඉන්නවා තමයි. නිම්මාණරතී, පරනිම්මිත වසවත්ති ලෝකවලත් දෙවිවරු ඉන්නවා තමයි. ඒ ඔක්කොම කාම බන්ධනයට අහුවෙලයි ඉන්නෙ. ඒ උදවිය ආයෙමත් මාරයාගේ වසඟයට යනවා.

මුළු ලෝකෙම ගිනි ඇවිලිලා තියෙන්නෙ. මුළු ලෝකෙම දුම් දානවා. මුළු ලෝකෙම ගින්නෙන් දිලිසෙනවා. මුළු ලෝකෙම කම්පා වෙනවා.

නමුත් අකම්පිත වූ, ගිනි නොගන්න, පෘථග්ජන නොවන අය විසින් සේවනය කරන මාරයාට යන්න බැරි තැනක් තියෙනවා. අන්න ඒ අමා නිවනට තමයි මගේ සිත ඇලුනෙ."

එතකොට පවිටු මාරයා, ...(පෙ).... එතනම අතුරුදහන් වුනා.

සාදු! සාදු!! සාදු!!!

5.1.8.
සීසූපචාලා සූත්‍රය
සීසූපචාලා භික්ෂුණිය මාරයාට පැවසූ දෙසුම

169. සැවැත් නුවරදී ....

එදා සීසූපචාලා භික්ෂුණිය උදේ වරුවේ සිවුරු පොරවාගෙන, පාත්‍ර සිවුරු අරගෙන, සැවැත් නුවරට පිඬුසිඟා වැඩියා. සැවැත් නුවර පිණ්ඩපාතේ වැඩලා දන් වළඳලා දවල් කාලෙ ගතකරන්න හිතාගෙන අන්ධ වනයට පිටත් වුණා. අන්ධ වනයෙ ඇතුළටම ගිහින් එක්තරා රුක්සෙවනක දවල් කාලෙ වාඩිවෙලා හිටියා.

එතකොට පවිටු මාරයා සීසූපචාලා භික්ෂුණිය ළඟට ආවා. ඇවිදින් සීසූපචාලා භික්ෂුණියට මෙහෙම කිව්වා.

"ඒයි භික්ෂුණී, ඔයි කොයි තාපසයාගේ මතවාදයටද කැමති?"

(සීසූපචාලා භික්ෂුණිය) :

"ආයුෂ්මත, මට ඔය කොයි තාපසයන්ගෙවත් මතවාද ඕන නෑ."

(මාරයා):

"ඒ මොකද? හිස මුඩු කරල නේද ඉන්නෙ. ශ්‍රමණියක් වගෙයි පේන්නෙ. කවුරු උදෙසාද හිස මුඩු කළේ? තාපසයෙකුගේ මතවලට කැමති නෑ නේද? මෝඩියෙක් වගේ හැසිරෙන්නෙ මොකද?"

(සීසූපචාලා භික්ෂුණිය) :

"මේ බුදු සසුනෙන් පිට තමයි ඔය තාපසයො ඉන්නෙ. ඔවුන් මතවාදවල ගිලිලා ඉන්නෙ. මං ඔවුන්ගේ ධර්මවලට කැමති නෑ. හැබෑ ධර්මය තෝරාගන්න ඔවුන් දක්ෂත් නෑ.

ශාක්‍ය වංශයේ පහළ වී වදාළ ලොව කිසිවෙකුට සමාන නැති බුදු සමිඳුන් ඉන්නවා. උන්වහන්සේ හැමදෙයක්ම අභිභවනය කළා. මරු සෙනඟ නෙරපා දැම්මා. හැම තැනකදීම අපරාජිතයි. හැමදේකින්ම නිදහස් වුනා. කෙලෙස් රහිතයි. දහම් ඇස් ඇති ඒ බුදු සමිඳුන්ට හැම දෙයක්ම පේනවා.

උන්වහන්සේ හැම කර්මයක්ම ක්ෂය කරල, නිවනට පත් වුනා. දුකෙන් නිදහස් වුනා. කෙලෙස් ගෙවා දැම්මා. ඒ භාග්‍යවතුන් වහන්සේ තමයි මාගේ ශාස්තෘන් වහන්සේ. උන්වහන්සේගේ ශාසනයට මං හරි කැමතියි."

එතකොට පව්ටු මාරයා, ...(පෙ).... එතනම අතුරුදහන් වුනා.

සාදු! සාදු!! සාදු!!!

5.1.9.
සේලා සූත්‍රය
සේලා භික්ෂුණිය මාරයාට පැවසූ දෙසුම

170. සැවැත් නුවරදී ....

එදා සේලා භික්ෂුණිය උදේ වරුවේ සිවුරු පොරවාගෙන, පාත්‍ර සිවුරු අරගෙන, සැවැත් නුවරට පිඬුසිඟා වැඩියා. සැවැත් නුවර පිණ්ඩපාතේ වැඩලා

දත් වළඳලා දවල් කාලෙ ගතකරන්න හිතාගෙන අන්ධ වනයට පිටත් වුනා. අන්ධ වනයෙ ඇතුළටම ගිහින් එක්තරා රුක්සෙවනක දවල් කාලෙ වාඩිවෙලා හිටියා.

එතකොට පවිටු මාරයාට මේ විදිහේ කැමැත්තක් ඇතිවුනා. "සේලා භික්ෂුණියව භය කරවන්න ඕන. තැති ගන්වන්න ඕන. මවිල් කෙලින් කරවන්න ඕන. සමාධියෙන් දුරුකරවන්න ඕන" කියලා. ඊට පස්සේ මාරයා සේලා භික්ෂුණිය ළඟට ගියා. ගිහින් සේලා භික්ෂුණියට ගාථාවක් කිව්වා.

"මේ ජීවිතය නිර්මාණය කළේ කවුද? කවුද මේ ජීවිතය කරවන කෙනා? මේ ජීවිතේ හටගත්තෙ මොකෙන්ද? මේ ජීවිතේ නිරුද්ධ වෙන්නෙ කොහොමද?"

එතකොට සේලා භික්ෂුණියට මෙහෙම හිතුනා. "කවුද මෙයා? මිනිහෙක්ද? අමනුෂ්‍යයෙක්ද? මේ ගාථා කියන්නෙ?" ඉතින් සේලා භික්ෂුණියට මෙහෙම හිතුනා. "මේ තමයි පාපී මාරයා මාව භය කරවන්න, තැති ගන්වන්න, ඇගේ මවිල් කෙලින් කරවන්න, සමාධියෙන් දුරු කරවන්නයි ඔය ගාථා කියන්නෙ." ඉතින් සේලා භික්ෂුණිය මේ පවිටු මාරයා බව දැනගෙන, පවිටු මාරයාට ගාථාවලින් පිළිතුරු දුන්නා.

"මේක තමා විසින් කරපු ජීවිතයකුත් නෙවෙයි. මේ දුක් අනුන් විසින් කරපු දේකුත් නෙවෙයි. හේතු නිසා හටගත්තු දෙයක්. හේතු බිඳීමෙන් නිරුද්ධ වෙලා යන දෙයක්.

කුඹුරක වපුරපු යම්කිසි බීජයක්, වතුරත්, පෘථුවි රසත් කියන දෙක නිසා වැඩෙනවාද,

ඒ විදියමයි මේ ස්කන්ධ, ධාතු, ආයතනත් හේතු නිසා හටගන්නවා. හේතු බිඳීමෙන් නිරුද්ධ වෙනවා."

එතකොට පවිටු මාරයා, 'සේලා භික්ෂුණිය මාව දැනගත්තා නෙව' කියල දුක් වුනා. නොසතුටු වුනා. එතනම අතුරුදහන් වුනා.

සාදු! සාදු!! සාදු!!!

5.1.10.
වජිරා සූත්‍රය
වජිරා භික්ෂුණිය මාරයාට පැවසූ දෙසුම

171. සැවැත් නුවරදී ....

එදා වජිරා භික්ෂුණිය උදේ වරුවේ සිවුරු පොරවාගෙන, පාත්‍ර සිවුරු අරගෙන, සැවැත් නුවරට පිඬුසිඟා වැඩියා. සැවැත් නුවර පිණ්ඩපාතේ වැඩලා දන් වළඳලා දවල් කාලෙ ගතකරන්න හිතාගෙන අන්ධ වනයට පිටත් වුනා. අන්ධ වනයෙ ඇතුළටම ගිහින් එක්තරා රුක්සෙවනක දවල් කාලෙ වාඩිවෙලා හිටියා.

එතකොට පවිටු මාරයාට මේ විදිහේ කැමැත්තක් ඇතිවුනා. "වජිරා භික්ෂුණියව භය කරවන්න ඕන. තැති ගන්වන්න ඕන. මවිල් කෙලින් කරවන්න ඕන. සමාධියෙන් දුරුකරවන්න ඕන" කියලා. ඊට පස්සේ මාරයා වජිරා භික්ෂුණිය ළඟට ගියා. ගිහින් වජිරා භික්ෂුණියට ගාථාවක් කිව්වා.

"මේ සත්වයාව හැදුවෙ කවුරුන් විසින්ද? මේ සත්වයාව හදපු එක්කෙනා ඉන්නෙ කොහෙද? මේ සත්වයා ඉපදුනේ මොකෙන්ද? මේ සත්වයා නිරුද්ධ වෙන්නෙ කොහොමද?"

එතකොට වජිරා භික්ෂුණියට මෙහෙම හිතුනා. "කවුද මෙයා? මිනිහෙක්ද? අමනුෂ්‍යයෙක්ද? මේ ගාථා කියන්නෙ?" ඉතින් වජිරා භික්ෂුණියට මෙහෙම හිතුනා. "මේ තමයි පාපී මාරයා මාව භය කරවන්න, තැති ගන්වන්න, ඇඟේ මවිල් කෙලින් කරවන්න, සමාධියෙන් දුරු කරවන්නයි ඔය ගාථා කියන්නෙ." ඉතින් වජිරා භික්ෂුණිය මේ පවිටු මාරයා බව දැනගෙන, පවිටු මාරයාට ගාථා වලින් පිළිතුරු දුන්නා.

"ඒයි මාරය, මොකක්ද? සත්වයෙක් කියලද කියන්නෙ? ඒක ඔබේ මාර දෘෂ්ටියක් නෙව. මෙතන තියෙන්නෙ හුදු සංස්කාර ගුලියක්. මේකෙ සත්වයෙක් හොයාගන්න නෑ.

අංගෝපාංග එකතු වෙලා තමයි 'රථය' කියන ශබ්දය ඇතිවෙන්නෙ. අන්න ඒ විදිහමයි මේ පංච උපාදානස්කන්ධය තියෙන කොටයි 'සත්වයා' කියන සම්මුතිය ඇතිවෙන්නෙ.

හටගන්න තිබෙන්නේ දුක විතරයි. පවතින්නෙත් දුකමයි. දුක මිසක් හටගන්න වෙන දෙයක් නෑ. දුක මිසක් නැතිවෙන්න වෙන දේකුත් නෑ."

එතකොට පවිටු මාරයා, 'වජිරා භික්ෂුණිය මාව දැනගත්තා නෙව' කියල දුක් වුනා. නොසතුටු වුනා. එතනම අතුරුදහන් වුනා.

සාදු! සාදු!! සාදු!!!

පළමුවෙනි භික්ඛුනී වර්ගය අවසන් විය.
භික්ඛුනී සංයුත්තය අවසන් විය.

නමෝ තස්ස භගවතෝ අරහතෝ සම්මාසම්බුද්ධස්ස
ඒ භාග්‍යවත් අරහත් සම්මා සම්බුදුරජාණන් වහන්සේට නමස්කාර වේවා!

6. බ්‍රහ්ම සංයුත්තය

1. කෝකාලික වර්ගය

6.1.1.
ආයාචන සූත්‍රය
බ්‍රහ්මාරාධනය අරභයා වදාළ දෙසුම

172. මා හට අසන්නට ලැබුනේ මේ විදිහටයි.

ඒ දිනවල භාග්‍යවතුන් වහන්සේ උරුවෙල් ජනපදයේ, නේරංජරා නදිය අසල, අජපල් නුග රුක් සෙවනේ වැඩසිටියේ. ඒ සම්බුද්ධත්වයට පත් වූ මුල් කාලයයි.

එතකොට හුදෙකලාවේ භාවනාවෙන් වැඩසිටිය භාග්‍යවතුන් වහන්සේගේ සිතේ මේ වගේ කල්පනාවක් ඇතිවුනා.

"මම මේ අවබෝධ කරගත් ධර්මය හරි ගැඹුරුයි. අමාරුවෙන් දකින්න ඕන. අවබෝධයට දුෂ්කරයි. නමුත් ශාන්තයි. ප්‍රණීතයි. තර්ක කරලා දකින්න පුළුවන් දෙයක් නොවෙයි. සියුම්. නුවණැත්තන් විසින්ම දැක්ක යුතු දෙයක්. ඒත් මේ සත්ව ප්‍රජාව නම්, ආශාව තුළයි ඉන්නෙ. ආශාවට ඇලිල ඉන්නෙ. ආශාවෙන්ම සතුටු වෙනවා. ඉතින්, ආශාව තුළ ඉන්න, ආශාවටම ඇලුන, ආශාවෙන්ම ප්‍රමුදිත වන මේ සත්ව ප්‍රජාවට හේතුඵල දහම ගැන කියවෙන, මේ පටිච්චසමුප්පාද ධර්මය අවබෝධ කිරීම ඉතා දුකසේ කළ යුතු දෙයක්. ඒ වගේම සියලු සංස්කාරයන් සන්සිඳවන, සියලු කෙලෙස් දුරු කරවන, තෘෂ්ණාව නැති වී, විරාගය, නිරෝධය නම් වූ ඒ අමා නිවන සාක්ෂාත් කිරීමත්

ඉතා දුක සේ කළ යුතු දෙයක්. ඉතින් එහෙම එකේ මං දහම් දෙසන්න ගිහින් අනිත් උදවිය මා කියා දෙන ධර්මය අවබෝධ කරන්නෙ නැත්නම්, ඒක මට මහන්සියක්. ඒක මට වෙහෙසක්."

එතකොටම භාග්‍යවතුන් වහන්සේට කවදාවත් අහලා නැති මේ ආශ්චර්යවත් ගාථාවන් වැටහුනා.

"මං හරි අමාරුවෙන් අවබෝධ කළේ. අනිත් අයට කියා දීල වැඩක් නෑ. රාගයටත්, ද්වේෂයටත්, යටවෙලා ඉන්න ඒ උදවිය, මේ ධර්මය නම් ලේසියෙන් අවබෝධ කරන්නෙ නෑ.

මේක උඩුගං බලා යන දෙයක්. සියුම්. ගැඹුරුයි. දැකීමට දුෂ්කරයි. ගොඩාක්ම සියුම්. රාගයට ඇලිල ඉන්න උදවිය මේ ධර්මය දකින්නෙ නෑ. අවිද්‍යා අන්ධකාරයෙන් වැහිලයි ඔවුන් ඉන්නෙ."

ඉතින් භාග්‍යවතුන් වහන්සේ ඔය විදිහට හිතන කොට, මන්දෝත්සාහී බවටමයි හිත නැමෙන්නෙ, දහම් දෙසීමට නොවෙයි.

එතකොට සහම්පතී බ්‍රහ්මයාගෙ සිතින්, භාග්‍යවතුන් වහන්සේගේ සිතේ ඇතිවෙච්ච කල්පනාව දැනගෙන, මෙහෙම හිතුනා. "අහෝ! භවත්නි ඒකාන්තයෙන්ම ලෝකය ඉවරයි. අහෝ! භවත්නි, ඒකාන්තයෙන්ම ලෝකය විනාශ වෙලා යාවි. අහෝ! තථාගත වූ, අරහත් වූ සම්මා සම්බුදුරජාණන් වහන්සේගේ හිතත් මන්දෝත්සාහී වීමටමයි නැමෙන්නෙ, දහම් දෙසීමට නොවෙයි!"

ඉතින් සහම්පතී බ්‍රහ්මයා බලවත් පුරුෂයෙක් හැකිලූ අතක් දිගහරිනවා වගේ, දික් කළ අතක් හකුලනවා වගේ බඹලොවින් අතුරුදහන් වෙලා භාග්‍යවතුන් වහන්සේ ඉදිරියේ පහළ වුනා.

ඊට පස්සෙ සහම්පතී බ්‍රහ්මයා උතුරු සළුව එක පැත්තකට පොරවගෙන, දකුණු දණමඬල පොළොවේ තබාගෙන, භාග්‍යවතුන් වහන්සේට වන්දනා කරගෙන මෙහෙම කිව්වා. "ස්වාමීනි, භාග්‍යවතුන් වහන්ස, දහම් දෙසන සේක්වා! සුගතයන් වහන්සේ දහම් දෙසන සේක්වා! කෙලෙස් අඩු සත්වයෝ ඉන්නවා. ඔවුන්ට දහම් දෙසන්න නොලැබුනොත් පිරිහෙනවා. දහම් අසන්න ලැබුනොත් අවබෝධ කරන අය පහළ වෙනවා." මෙහෙම කියල සහම්පතී බ්‍රහ්මයා ආයෙමත් මේ කරුණ පැවසුවා.

"මගධ දේශයේ කලින් පහළවෙලා තිබුනෙ කෙලෙස් මල සහිත උදවිය

විසින් හිතපු අපිරිසිදු මතවාද ගොඩක්. ඒ නිසා අමා නිවන් දොර විවෘත කළ මැනව. නිර්මල බුද්ධි ඇති බුදු සමිඳුන්ගේ ධර්මය ලෝ වැස්සෝද අසත්වා!

ගල් පර්වතයක් මුදුනට නැග ගත් කෙනෙක්, හාත්පස බිම සිටින ජනතාව දකිනවා වගෙයි, හැමදේ දකින මුනිඳුනි, ප්‍රඥාවන්ත මුනිඳුනි, ඒ විදිහටම සද්ධර්මයෙන් කරන ලද සදහම් ප්‍රාසාදයට නැගල, ජාති ජරා දුකින් පෙළෙන, සෝ තැවුල් විඳින ජනතාව දෙස බලන සේක්වා!

මාර යුද්ධය ජයගත් වීරයන් වහන්ස, නැගී සිටිනු මැනව. උතුම් ගැල් කරුවාණෙනි, ණය නැති මුනිඳාණෙනි, ලොව සැරිසරා වඩිනු මැනව, භාග්‍යවතුන් වහන්ස, දහම් දෙසන සේක්වා! අවබෝධ කරන අය පහළ වෙනවාමයි.”

එතකොට භාග්‍යවතුන් වහන්සේ බ්‍රහ්මයාගේ ආරාධනාවත් දැනගෙන, ලෝ සතුන් කෙරෙහි පහළ මහා කරුණාවෙන් බුදු ඇසින් ලොව දෙස බලා වදාළා. භාග්‍යවතුන් වහන්සේ බුදු ඇසින් ලෝකය දෙස බලද්දි, ලෝක සත්වයාව දැක්කා. සමහරුන්ට කෙලෙස් ටිකයි තියෙන්නෙ. සමහරුන්ට ගොඩාක් කෙලෙස් තියෙනවා. සමහරුන්ගේ බුද්ධිමය හැකියාව තියුණුයි. සමහරුන්ගේ බුද්ධිමය හැකියාව අඩුයි. සමහරුන්ට තේරුම්ගන්න ලේසියි. සමහරුන්ව තේරුම්ගන්න අමාරුයි. සමහරුන්ට පහසුවෙන්ම තේරෙනවා. සමහරුන්ට අවබෝධ කරවන්න අමාරුයි. සමහරු පරලොව ගැනත්, වැරදි ගැනත් භය ඇතුව ඉන්නවා. සමහරු පරලොව ගැනත්, වැරදි ගැනත් කිසි භයක් නැතුව ඉන්නවා.

මේ ලෝකය විලක් වගෙයි. ඒ විලේ මහනෙල් තියෙනවා. නෙළුම් තියෙනවා. සමහර මහනෙල්, නෙළුම්, සුදු නෙළුම්, වතුරෙ හැදිල, වතුරෙ වැඩිල, ඒත් උඩට මතු නොවී වතුරෙ ගිලී තියෙනවා. සමහර මානෙල්, නෙළුම්, සුදු නෙළුම් වතුරෙ හැදිලා, වතුර වැඩිලා, වතුරෙන් උඩට ඇවිත් වතුරෙ ගෑවෙන්නෙ නැතුව තියෙනවා. අන්න ඒ විදිහමයි භාග්‍යවතුන් වහන්සේ බුදු ඇසින් ලෝකය දිහා බලද්දි, ලෝක සත්වයන්ව දැක්කා. සමහර සත්වයන්ට කෙලෙස් ටිකයි තියෙන්නෙ. සමහර සත්වයන්ට කෙලෙස් ගොඩක් තියෙනවා. සමහර සත්වයන්ගේ බුද්ධිමය හැකියාව තියුණුයි. සමහර සත්වයන්ගේ බුද්ධිමය හැකියාව මෘදුයි. සමහර සත්වයින්ව තේරුම්ගන්න ලේසියි. සමහර සත්වයින්ව තේරුම්ගන්න අමාරුයි. සමහර සත්වයින්ට අවබෝධ කරවන්න ලේසියි. සමහර සත්වයින්ට අවබෝධ කරවන්න අමාරුයි. සමහර සත්වයින් පරලොව ගැනත්, වැරදි ගැනත් භය ඇතුව ඉන්නවා. සමහර සත්වයින් පරලොව ගැනත්, වැරදි

ගැනත් භය නැතුව ඉන්නවා. මේ විදිහට ලෝක සත්වයන් දැකපු භාග්‍යවතුන් වහන්සේ සහම්පතී බ්‍රහ්මයාට ගාථාවකින් පිළිතුරු දුන්නා.

"ලෝක සත්වයන්ට අමා නිවන් දොර විවෘත කළා. සවන් යුග ලබාගත් පින්වතුන්ට දැන් ශ්‍රද්ධාව ඇති කරගන්න කාලයයි. පින්වත් බ්‍රහ්මය, මං හොඳින් ප්‍රගුණ කළ මේ ප්‍රණීත ධර්මය මිනිසුන්ට නොකීවේ එය වෙහෙසක්ය යන හැඟීම නිසයි."

එතකොට සහම්පතී බ්‍රහ්මයා 'භාග්‍යවතුන් වහන්සේ විසින් සදහම් දෙසන්නට ඉඩ ප්‍රස්ථා ලබාගත්තා' යි සිතල භාග්‍යවතුන් වහන්සේට වන්දනා කරල ප්‍රදක්ෂිණ කරලා, එතනම නොපෙනී ගියා.

සාදු! සාදු!! සාදු!!!

6.1.2.
ගාරව සූත්‍රය
ගුරු ගෞරවය ගැන වදාළ දෙසුම

173. මා හට අසන්නට ලැබුනේ මේ විදිහටයි.

ඒ දිනවල භාග්‍යවතුන් වහන්සේ උරුවෙල් ජනපදයේ නේරංජරා නදී තෙර, අජපල් නුග රුක සෙවනේ වැඩසිටියේ. ඒ සම්බුද්ධත්වයට පත් වී වදාළ මුල් අවදියයි.

එදා භාග්‍යවතුන් වහන්සේ හුදෙකලාවේ භාවනාවෙන් වැඩසිටිද්දී, උන්වහන්සේගේ සිතේ මේ වගේ කල්පනාවක් පහළ වුනා. 'ගුරුවරයෙක් නැතුව, ගුරුවරයෙකුගේ ඇසුරක් නැතුව හිටියොත් දුකින් තමයි ඉන්න වෙන්නෙ. ඉතින් මම කොයි වගේ ශ්‍රමණයෙක්ද, කොයි වගේ බ්‍රාහ්මණයෙක්ද, ගුරුවරයෙක් හැටියට සත්කාර සම්මාන කරගෙන, ඇසුරු කරගෙන වාසය කරන්නෙ.'

එතකොට භාග්‍යවතුන් වහන්සේට මෙහෙම හිතුනා. 'මං වෙන ශ්‍රමණයෙක්ව හරි, බ්‍රාහ්මණයෙක්ව හරි ගුරුවරයෙක් හැටියට සළකාගෙන ඇසුරු කළ යුත්තේ මට සම්පූර්ණ කරගන්න බැරිවෙච්ච සීලස්කන්ධයක් තියෙනවා නම්, අන්න ඒ සීලස්කන්ධය සම්පූර්ණ කරගැනීම පිණිසයි. නමුත්, මේ දෙවියන් සහිත, මරුන් සහිත, බඹුන් සහිත, ශ්‍රමණබ්‍රාහ්මණයින් සහිත

ලෝකයේ, දෙව්මිනිස් ප්‍රජාව තුළ ගුරුවරයෙක් හැටියට සත්කාර කළ යුතු, ඇසුරු කරගෙන සිටිය යුතු, මට වඩා සිල්වත් වූ වෙන ශ්‍රමණයෙක්වත්, බ්‍රාහ්මණයෙක්වත්, මං දකින්නෙ නෑ.

මට සම්පූර්ණ කරගන්න බැරිවෙච්ච සමාධි ස්කන්ධයක් තියෙනවා නම්, අන්න ඒ සමාධි ස්කන්ධය සම්පූර්ණ කරගැනීම පිණිස ....(පෙ).... ගුරුවරයෙක් වශයෙන් සැළකිය යුතු, ඇසුරු කළ යුතු මට වඩා සමාධියෙන් වැඩි, වෙන ශ්‍රමණයෙක්වත්, බ්‍රාහ්මණයෙක්වත් මං දකින්නෙ නෑ.

මට සම්පූර්ණ කරගන්න බැරිවෙච්ච ප්‍රඥා ස්කන්ධයක් තියෙනවා නම්, අන්න ඒ ප්‍රඥා ස්කන්ධය සම්පූර්ණ කරගැනීම පිණිස ....(පෙ).... ගුරුවරයෙක් හැටියට සැළකිය යුතු, ඇසුරු කොට විසිය යුතු, මට වඩා ප්‍රඥාව තියෙන වෙන ශ්‍රමණයෙක්ව හෝ බ්‍රාහ්මණයෙක්ව හෝ මං දකින්නෙ නෑ.

මට සම්පූර්ණ කරගන්න බැරිවෙච්ච විමුක්ති ස්කන්ධයක් තියෙනවා නම්, අන්න ඒ විමුක්ති ස්කන්ධය සම්පූර්ණ කරගැනීම පිණිස ....(පෙ).... ගුරුවරයෙක් හැටියට සැළකිය යුතු, ඇසුරු කරගෙන වාසය කළ යුතු, මට වඩා විමුක්ති සම්පන්න වූ වෙන ශ්‍රමණයෙක්ව හරි, බ්‍රාහ්මණයෙක්ව හරි, මං දකින්නෙ නෑ.

මට සම්පූර්ණ කරගන්න බැරිවෙච්ච විමුක්ති ඥාණදර්ශන ස්කන්ධයක් තියෙනවා නම්, ඒක සම්පූර්ණ කරගන්නයි වෙන ශ්‍රමණයෙක්ව හරි, බ්‍රාහ්මණයෙක්ව හරි, ගුරුවරයෙක් වශයෙන් සළකලා ඇසුරු කළ යුත්තේ. නමුත්, මේ දෙවියන් සහිත, මරුන් සහිත, බඹුන් සහිත, ශ්‍රමණබ්‍රාහ්මණයන් සහිත ලෝකයේ, මේ දෙව්මිනිස් ප්‍රජාව තුළ මං ගුරුවරයෙක් වශයෙන් සළකලා ඇසුරු කළ යුතු මට වඩා විමුක්ති ඥාණදර්ශන සම්පන්න වූ, වෙන ශ්‍රමණයෙක්ව හරි, බ්‍රාහ්මණයෙක්ව හරි, මං දකින්නෙ නෑ.

ඒ නිසා, ඉතා හොඳින් අවබෝධ කරගත්තු මේ ධර්මය තියෙනවා. ඒ ධර්මයම ගුරුවරයෙක් වශයෙන් සළකලා ඇසුරු කරගෙන ඉන්න එක තමයි හොඳ.

එතකොට සහම්පතී බ්‍රහ්මයා භාග්‍යවතුන් වහන්සේගේ හිතේ ඇතිවෙච්ච කල්පනාව තම සිතින් දැනගත්තා. බලවත් කෙනෙක් අතක් හකුළා දිගහරින වේගයෙන්, දික් කළ අතක් හකුළන වේගයෙන් බඹලොවින් අතුරුදහන් වුනා. භාග්‍යවතුන් වහන්සේ ඉදිරියේ පහළ වුනා.

ඉතින් සහම්පතී බ්‍රහ්මයා උතුරු සළුව එක පැත්තකට පොරවගෙන, භාග්‍යවතුන් වහන්සේට වන්දනා කරගෙන මෙහෙම කිව්වා. 'භාග්‍යවතුන්

වහන්ස, ඒක එහෙමමයි. සුගතයන් වහන්ස, ඒක එහෙමමයි. ස්වාමීනි, අතීතයේත් අරහත් වූ සම්බුදුරජාණන් වහන්සේලා වැඩසිටියා. ඒ භාග්‍යවතුන් වහන්සේලා පවා ධර්මයමයි ගුරුවරයෙක් වශයෙන් සළකාගෙන, ඇසුරු කරගෙන වාසය කළේ. ස්වාමීනි, අනාගතයේ අරහත් වූ සම්මා සම්බුදුරජාණන් වහන්සේලා පහළ වෙනවා. ඒ භාග්‍යවතුන් වහන්සේලාත් ධර්මයම ගුරුවරයෙක් වශයෙන් සළකාගෙන, ඇසුරු කරගෙන, වැඩවාසය කරාවි. ස්වාමීනි, දැන් අරහත් සම්මා සම්බුදුරජාණන් වහන්සේ වන භාග්‍යවතුන් වහන්සේත් ධර්මයම ගුරුවරයෙක් වශයෙන් සළකාගෙන, ඇසුරු කරගෙන වැඩසිටින සේක්වා! සහම්පතී බ්‍රාහ්මයා මෙය පැවසුවා. මෙය පවසලා යළිත් මෙහෙම කිව්වා.

"අතීතයේ සම්බුදුරජාණන් වහන්සේලා වැඩසිටියා. අනාගතයේ සම්බුදු රජාණන් වහන්සේලා පහළ වෙනවා. බොහෝ දෙනෙකුගේ දුක් තැවුල් නසන සම්බුදුරජාණන් වහන්සේ වර්තමානයෙත් වැඩඉන්නවා.

අතීතයේ වැඩසිටිය, දැන් පහළ වී වදාළ, අනාගතේ වැඩසිටින්නා වූ, සියලු බුදුවරයින් වහන්සේලා සද්ධර්මයම ගුරු තනතුරේ තබාගත්තා. ඒක බුදුවරයින් වහන්සේලාගේ ධර්මතාවක්.

ඒ නිසා යහපත කැමති කෙනා, මහත් දියුණුව කැමති කෙනා. බුදු සසුන සිහි කරන කෙනා සද්ධර්මයටමයි ගරු කළ යුත්තේ."

සාදු! සාදු!! සාදු!!!

6.1.3.
බ්‍රහ්මදේව සූත්‍රය
බ්‍රහ්මදේව තෙරුන් අරහයා මහා බ්‍රහ්මයා පැවසූ දෙසුම

174. මා හට අසන්නට ලැබුනේ මේ විදිහටයි. ඒ දිනවල භාග්‍යවතුන් වහන්සේ වැඩසිටියේ සැවැත් නුවර ජේතවනය නම් වූ අනේපිඬු සිටුතුමාගේ ආරාමයේ.

ඒ දිනවලම එක්තරා බැමිණියකගේ බ්‍රහ්මදේව නම් පුතෙක් ගිහි ගේ අත්හැරලා භාග්‍යවතුන් වහන්සේ සමීපයේ පැවිදි වුනා. ඉතින් ආයුෂ්මත් බ්‍රහ්මදේව තෙරුන් තනි වුනා. හුදෙකලා වුනා. අප්‍රමාදී වුනා. කෙලෙස් තවන වීරියෙන් දහමට දිවි පුරා වාසය කරන කොට කුලපුත්‍රයෝ ගිහි ජීවිතේ අත්හැරලා පැවිදි වෙන්නෙ යම් උතුම් අදහසකින්ද, අන්න ඒ නිවන් මගේ

අවසානය වන අරහත්වය සුළු කලක් ඇතුළත තමා තුළින්ම අවබෝධ කරගෙන වාසය කළා. ඉපදීම නැති වුනා. නිවන් මඟ සම්පූර්ණ කරගත්තා. කළයුතු දේ කර අවසන් වුනා. ආයෙ නම් සසර දුකක් නැතැයි අවබෝධ වුනා. ආයුෂ්මත් බ්‍රහ්මදේව තෙරුන් රහතන් වහන්සේලා අතර කෙනෙක් බවට පත්වුනා.

ඉතින් ආයුෂ්මත් බ්‍රහ්මදේව තෙරුන් එදා උදේ වරුවේ සිවුරු පොරෝගෙන, පාත්තර සිවුරු අරගෙන, සැවැත් නුවරට පිණ්ඩපාතෙ ගියා. සැවැත් නුවර ගෙපිළිවෙළින් පිඬු සිඟා වඩින කොට තම මව්ගේ නිවසටත් පැමිණුනා. ඒ මොහොතේ ආයුෂ්මත් බ්‍රහ්මදේව තෙරුන්ගේ මව් බැමිණිය, බ්‍රහ්මයාට නිතර පුදපූජාවල් තියනවා. එතකොට සහම්පතී බ්‍රහ්මයාට මෙහෙම හිතුනා. මේ ආයුෂ්මත් බ්‍රහ්මදේව තෙරුන්ගේ මව් බැමිණිය බ්‍රහ්මයාට නිතර පුදපූජාවල් තියනවා. මං ඈව සංවේගයට පත් කරවන්න ඕන.

ඊට පස්සෙ සහම්පතී බ්‍රහ්මයා බලවත් කෙනෙක් හැකිලූ අතක් දිගහරින වේගයෙන්, දික් කළ අතක් හකුළන වේගයෙන් බඹලොවින් අතුරුදහන් වෙලා ආයුෂ්මත් බ්‍රහ්මදේව තෙරුන්ගේ මෑණියන්ගේ නිවසේ පහළ වුනා. ඉතින් සහම්පතී බ්‍රහ්මයා අහසේ සිට ගෙන, ආයුෂ්මත් බ්‍රහ්මදේව තෙරුන්ගේ මව් බැමිණියට ගාථාවලින් පැවසුවා.

"පින්වත් බැමිණිය, ඔබ යම් බඹෙකුට හැමතිස්සෙම පුදපූජාවල් කළත්, බ්‍රහ්මලෝකෙ මෙහෙ ඉඳල කොයිතරම් දුරද? පින්වත් බැමිණිය, මේ ජාතියෙ දේවල් බ්‍රහ්මයෝ අනුභව කරන්නෙ නෑ. බඹලොවට යන මාර්ගය නොදැන ඔය ජප කරන්නෙ මොනවාද?

ඒත් පින්වත් බැමිණිය, ඔබේ පුතණුවන් වන බ්‍රහ්මදේව තෙරුන් කෙලෙස් රහිතයි. දේවාතිදේව බවට පත්වෙලා ඉන්නෙ. ඔහු නිකෙලෙස් භික්ෂුවක්. ඔහු වෙන කෙනෙක්ව පෝෂණය කරන්නෙ නෑ. දැන් ඔබේ නිවසට පිණ්ඩපාතෙ වැඩලයි ඉන්නෙ.

ඒ තෙරුන් දන්පැන් පිළිගැනීමට සුදුසුයි. දහමේ පරතෙරට වැඩල ඉන්නෙ. තමා තුළ වඩන ලද හිතක් තියෙනවා. දෙවිමිනිසුන්ගේ දානය පිළිග න්න සුදුසුයි. පව් බැහැර කරලයි ඉන්නෙ. පව් සමඟ ගණුදෙනුවක් නෑ. සිසිල් වෙලා ඉන්නෙ. කුසගිනි නිවාගන්න විතරයි දානෙ චුට්ටක් සොයන්නෙ.

උන්වහන්සේට අතීතය ගැන ආශාවක් නෑ. අනාගතේ ගැනත් ආශාවක් නෑ. ශාන්තයි. ක්‍රෝධ දුම් රහිතයි. දුකක් නෑ. තණ්හාවක් නෑ. තැතිගන්න තැති නොගන්න හැම කෙනෙක් කෙරෙහිම දඬුමුගුරු අත්හැර තියෙන්නෙ. අන්න ඒ තෙරුන්ට ඔබේ පූජාවේ අග්‍ර කොටස වළඳන්න ලැබේවා!

උන්වහන්සේ කෙලෙස් රහිතයි. උපශාන්ත සිතින් යුක්තයි. දමනය වුන හස්තිරාජයෙක් වගෙයි. තෘෂ්ණා රහිතයි. ඉතා සිල්වත් භික්ෂුවක්. ඉතා හොඳින් කෙලෙසුන්ගෙන් නිදහස් වූ සිතින් යුතුයි. අන්න ඒ තෙරුන්ට ඔබේ පූජාවේ අග්‍ර කොටස වළඳන්න ලැබේවා!

පින්වත් බැමිණිය, හිත පහදවාගන්න. අචල ශ්‍රද්ධාව පිහිටුවා ගන්න. දන්පැන් ලැබීමට සුදුසු වූ උන්වහන්සේට දානෙ ටිකක් පූජා කරගන්න. සසර සැඩපහර තරණය කළ මුනිවරයෙක් දැකලා, මතු සැප ලැබෙන පින් කරගන්න.

ඉතින් ඒ බැමිණිය හිත පහදවාගත්තා. අචල ශ්‍රද්ධාව පිහිටුවා ගත්තා. දන්පැන් ලැබීමට සුදුසු උන්වහන්සේට දානෙ පූජා කරගත්තා. සසර සැඩපහර තරණය කළ ඒ මුනිවරයා දැකලා, මතු සැප ලැබෙන පින් කරගත්තා."

සාදු! සාදු!! සාදු!!!

6.1.4.
බක බ්‍රහ්ම සූත්‍රය
බක බ්‍රහ්මයාට වදාළ දෙසුම

175. මා හට අසන්නට ලැබුනේ මේ විදිහටයි. ඒ දිනවල භාග්‍යවතුන් වහන්සේ වැඩසිටියේ සැවැත් නුවර ජේතවනය නම් වූ අනේපිඬු සිටුතුමාගේ ආරාමයේ. ඒ කාලයේම බක බ්‍රහ්මයාට මේ ආකාර වූ පාපී මිත්‍යා දෘෂ්ටියක් හටගෙන තිබුනා. 'මේ බඹලොව තමයි නිත්‍ය. මේක ස්ථිරයි. මේක සදාකාලිකයි. මේක පරිපූර්ණයි. මේක චුත නොවන ස්වභාවයෙන් යුක්තයි. මේ බ්‍රහ්ම ජීවිතේ උපදින්නෙත් නෑ. දිරන්නෙත් නෑ. මැරෙන්නෙත් නෑ. චුත වෙන්නෙත් නෑ. යළි උපදින්නෙත් නෑ. මේ දෙයින් තොර වෙන උත්තරීතර නිවනක් නම් නැහැ' කියලා.

එතකොට භාග්‍යවතුන් වහන්සේ තමන්වහන්සේගේ සිතින් බක බ්‍රහ්මයාගේ ඇතිවෙච්ච සිතුවිල්ල දැනගත්තා. බලවත් කෙනෙක් හැකිළූ අතක් දිගහරින වේගයෙන්, දික් කළ අතක් හකුළන වේගයෙන් භාග්‍යවතුන් වහන්සේ ජේතවනාරාමයෙන් අතුරුදහන් වෙලා ඒ බඹලොව පහළ වුනා. බක බ්‍රහ්මයාට දුරින්ම වඩින භාග්‍යවතුන් වහන්සේව දැකගන්න ලැබුනා.

දැකලා භාග්‍යවතුන් වහන්සේට මෙහෙම කිව්වා. "නිදුකාණෙනි, වඩිනු මැනව. නිදුකාණෙනි, ඔබවහන්සේට සුභ පැමිණීමක් වේවා! නිදුකාණෙනි, ඔබවහන්සේ මේ පැත්තෙ වැඩියේ බොහෝ කාලෙකින් නෙව. නිදුකාණෙනි, මේක තමයි නිත්‍ය. මේක තමයි ස්ථිර. මේක තමයි සදාකාලික. මේක සම්පූර්ණයි. මේක චුත නොවන ස්වභාවයෙන් යුක්තයි. මේකෙ ඉපදීමක් නෑ. දිරීමක් නෑ. මිය යාමක් නෑ. චුතවීමක් නෑ. යළි හටගැනීමක් නෑ. මෙතනින් තොර උත්තරීතර නිවනකුත් නෑ."

එතකොට භාග්‍යවතුන් වහන්සේ බක බ්‍රහ්මයාට මෙහෙම වදාළා. "අනේ! පින්වත් බක බ්‍රහ්මය, ඔබ අවිද්‍යාව ඇතුළටම ගියා නේද? අනේ පින්වත් බක බ්‍රහ්මය, ඔබ අවිද්‍යාව ඇතුළටම ගියා නේද? අනිත්‍ය වූ දෙයක් ගැනමනෙ නිත්‍යයි කියල කියන්නෙ. අස්ථිර වූ දෙයක් ගැනමනෙ ස්ථිරයි කියන්නෙ. සදාකාලික නොවූ දෙයක් ගැනමනෙ සදාකාලිකයි කියන්නෙ. අසම්පූර්ණ දෙයක් ගැනමනෙ සම්පූර්ණයි කියන්නෙ. චුත වන ස්වභාවයට අයිති දෙයක්ම නෙව, චුතවන ස්වභාවයට අයිති නැතෙයි කියන්නෙ. යම් තැනක ඉපදීම තියෙද්දි, දිරීම තියෙද්දි, මිය යෑම තියෙද්දි, චුතවීම තියෙද්දි, යළි ඉපදීම තියෙද්දිම මේ විදිහට කියන්නෙ, 'මේකෙ ඉපදීමක් නැත. දිරීමක් නැත. මිය යෑමක් නැත. චුත වීමක් නැත. යළි ඉපදීමක් නැත' කියලා. උත්තරීතර වූ අනිත් නිවනක් තියද්දිමනෙ, උත්තරීතර වූ අනිත් නිවනක් නැතෙයි' කියන්නෙ."

(බක බ්‍රහ්මයා) :

"ගෞතමයන් වහන්ස, අපි පින් කරපු හැත්තෑ දෙදෙනෙක් ඉන්නවා. අපි වසවර්ති බවට පත්වෙලා, ජාති, ජරා, ඉක්මවා ගිහිල්ලයි ඉන්නෙ. මේක තමයි අන්තිම ආත්මභාවය. ලෝකයෙ කෙළවරට ඇවිල්ලයි ඉන්නෙ. මේක බඹලොව උපතයි. නොයෙක් ජනයා ඔය ජප කර කර පතන්නෙ අපි ගැන නෙව."

(භාග්‍යවතුන් වහන්සේ) :

"පින්වත් බක බ්‍රාහ්මය, ඔබ ඔය දීර්ඝායුෂ තියෙනවා කියල හිතුවාට ඔය ජීවිතේ තුළ ඔබ හිතන තරම් දීර්ඝායුෂ නෑ. ඔතන ආයුෂ ස්වල්පයයි. බ්‍රහ්මය, ඔබට තව ඉතුරු වෙලා තියෙන්නෙ ආයුෂ නිරබ්බුද ලක්ෂයයි කියල මං දන්නවා."

(බක බ්‍රහ්මයා) :

"භාග්‍යවතුන් වහන්ස, මම අනන්තයට දකින කෙනෙක්. ජාති, ජරා, ශෝක, ඉක්මවා ගියපු කෙනෙක්ය කියල ඔබ වහන්සේ තමන් ගැන පවසනවා.

ඉතින්, එහෙම නම් මගේ පැරණි කර්මය මොකක්ද? මගේ ව්‍රතය මොකක්ද? සිල්වත්කම මොකක්ද? මට ඒක දැනගැනීමට කියල දෙනු මැනව."

(භාග්‍යවතුන් වහන්සේ) :

"පායන කාලෙ පිපාසෙන් පීඩා විඳපු බොහෝ මිනිසුන්ට ඔබ පැන් දීල තියෙනවා. ඔබගේ ඒ පුරාණ ව්‍රතයත්, සිල්වත් බවත්, මම සිහිකරන්නෙ නිදාගෙන නැගිට්ටා වගේ.

හොරුන් විසින් ගං ඉවුරෙදී මිනිසුන්ව අල්ලගෙන, අත් පා බැඳල අරගෙන යද්දි, ඔබ ඒ මිනිස්සුන්ව නිදහස් කෙරෙව්වා. ඔබේ ඒ පැරණි ව්‍රතය, සිල්වත්කම මං සිහිකරන්නෙ නිදාගෙන නැගිට්ටා වගේ.

මිනිසුන්ව බිල්ලට ගන්න හිතාගෙන, රුදුරු නාගයෙක් ගංගා සැඩ පහරෙදී නැවක් අල්ලගත්තා. ඉතින් ඔබ බලපරාක්‍රමයෙන් ඒ නයාව මර්දනය කරලා, මිනිසුන්ව නිදහස් කරගත්තා. ඔබේ ඒ පුරාණ ව්‍රතයත් සීලයත් මං සිහිකරන්නෙ නිදාගෙන නැගිට්ටා වගේ.

ඒ කාලෙ මං කප්ප කියල ඔබේ අතවැසියෙක් වෙලා හිටියා. ඒ කාලෙ මං හිතුවෙ ඔබ බුද්ධිමත්, ව්‍රත සම්පන්න කෙනෙක්ය කියලා. ඒ ඔබේ පැරණි ව්‍රතයත්, සීලයත් මං සිහිකරන්නෙ නිදාගෙන නැගිට්ටා වගේ."

(බක බ්‍රහ්මයා) :

"ඒකාන්තයෙන්ම ඔබ මගේ ආයුෂ දැනගත්තා නෙව. අනිත් දේවලුත් දැනගත්තො නෙව. ඔබවහන්සේ නම් බුදු කෙනෙක්ම තමයි. ඔබවහන්සේගේ මේ දිලිසී බබලන ආනුභාවය තුළින් බ්‍රහ්මලෝකය පවා ඒකාලෝක වෙලා."

සාදු! සාදු!! සාදු!!!

6.1.5.
අපරා දිට්ඨි සූත්‍රය
එක්තරා මිත්‍යා දෘෂ්ටිය මුල් කොට වදාළ දෙසුම

176. මා හට අසන්නට ලැබුනේ මේ විදිහටයි. ඒ දිනවල භාග්‍යවත් බුදුරජාණන් වහන්සේ වැඩසිටියේ සැවැත් නුවර ජේතවනය නම් වූ අනේපිඬු සිටුතුමාගේ ආරාමයේ.

එදා එක්තරා බ්‍රහ්මයෙකුට මෙන්න මේ වගේ පාපී මිත්‍යා දෘෂ්ටියක් ඉපදුනා. 'මේ බඹලොවට එන්න පුළුවන් කිසිම ශ්‍රමණයෙක් හරි බ්‍රාහ්මණයෙක් හරි නැහැ' කියලා.

ඒ වෙලාවෙ භාග්‍යවතුන් වහන්සේ ඒ බ්‍රහ්මයාගේ සිතේ ඇතිවෙච්ච අදහස, තමන්වහන්සේගේ සිතින් දැනගත්තා. ඊට පස්සෙ, පුරුෂයෙක් හැකිලූ අතක් දිගහරිනවා වගේ, දික් කරපු අතක් හකුලනවා වගේ ජේතවනාරාමයෙන් අතුරුදහන් වුනා. ඒ බඹලොව පහළ වුනා. ඊට පස්සෙ භාග්‍යවතුන් වහන්සේ ඒ බ්‍රහ්මයාට ඉහළින් අහසේ පළඟක් බැඳගෙන, තේජෝ ධාතු සමාපත්තියට සමවැදී වැඩසිටියා.

ඒ වෙලාවෙදී ආයුෂ්මත් මහාමොග්ගල්ලාන තෙරුන්ට මෙහෙම හිතුනා. 'මේ වෙලාවෙ භාග්‍යවතුන් වහන්සේ කොහේ වැඩඉන්නවා ඇද්ද?' කියලා. ඊට පස්සෙ මහාමොග්ගල්ලාන තෙරුන්, මිනිස් හැකියාව ඉක්මවා ගිය ඉතා පිරිසිදු වූ දිවැස් නුවණින් දැක්කා භාග්‍යවතුන් වහන්සේ තේජෝ ධාතු සමාපත්තියට සමවැදිලා, අර බ්‍රහ්මයාට ඉහළින් අහසේ පළඟක් බැඳගෙන, ඒ බ්‍රහ්ම ලෝකෙ වැඩඉන්න බව. ඒ වෙලාවෙ ආයුෂ්මත් මහාමොග්ගල්ලාන තෙරුන්ද, ශක්තිමත් පුරුෂයෙක් හැකිලූ අතක් දිග හරින වේගයෙන්, දිග හැරපු අතක් හකුලන වේගයෙන් ජේතවනාරාමයෙන් අතුරුදහන් වුනා. ඒ බ්‍රහ්ම ලෝකෙ පහළ වුනා.

ඊට පස්සෙ ආයුෂ්මත් මහාමොග්ගල්ලාන තෙරුන් නැගෙනහිර දිශාවෙන්, අර බ්‍රහ්මයාට වඩා ඉහළින්, ඒත් භාග්‍යවතුන් වහන්සේට වඩා පහළින්, තේජෝ ධාතු සමාපත්තියට සමවැදිලා වැඩසිටියා.

ඒ වෙලාවෙදී ආයුෂ්මත් මහාකස්සප තෙරුන්ට මෙහෙම හිතුනා. 'දැන් භාග්‍යවතුන් වහන්සේ කොහේ වැඩඉන්නවා ඇද්ද?' කියලා. ඊට පස්සෙ ආයුෂ්මත් මහාකස්සප තෙරුන්, මිනිස් හැකියාව ඉක්මවා ගිය පිරිසිදු දිවැස් නුවණින් දැක්කා භාග්‍යවතුන් වහන්සේ අර බ්‍රහ්මයාට ඉහළින් අහසේ පළඟක් බැඳගෙන, තේජෝ ධාතු සමාපත්තියට සමවැදී වැඩසිටින බව. ඉතින් ආයුෂ්මත් මහාකස්සප තෙරුන්ද බලවත් පුරුෂයෙක් හැකිලූ අතක් දිගහරින වේගයෙන්, දිගහැරපු අතක් හකුලන වේගයෙන්, ජේතවනාරාමයෙන් අතුරුදහන් වුනා. ඒ බඹලොව පහළ වුනා. ඊට පස්සෙ ආයුෂ්මත් මහාකස්සප තෙරුන්ද, දකුණු දිශාවට වෙන්න, ඒ බ්‍රහ්මයාට වඩා ඉහළින්, ඒත් භාග්‍යවතුන් වහන්සේට වඩා පහළින් පළඟක් බැඳගෙන තේජෝ ධාතු සමාපත්තියට සමවැදිල වැඩසිටියා.

ඊට පස්සෙ ආයුෂ්මත් මහාකප්පින තෙරුන්ට මෙහෙම හිතුනා. 'දැන් භාග්‍යවතුන් වහන්සේ කොහේ වැඩඉන්නවා ඇද්ද?' කියලා. ඒ වෙලාවෙ

ආයුෂ්මත් මහාකප්පින තෙරුන් මිනිස් හැකියාව ඉක්මවා ගිය පිරිසිදු දිවැස් නුවණින් දැක්කා භාග්‍යවතුන් වහන්සේ ....(පෙ).... බ්‍රහ්මයාට වඩා ඉහළින් අහසේ පළඟක් බැඳගෙන, තේජෝ ධාතු සමාපත්තියට සමවැදිල වැඩසිටිනවා. දැකල, යම් විදියකින් ශක්තිමත් පුරුෂයෙක් ....(පෙ).... ජේතවනාරාමයෙන් අතුරුදහන් වුනා. ඒ බ්‍රහ්ම ලෝකෙ පහළ වුනා. ඊට පස්සෙ ආයුෂ්මත් මහාකප්පින තෙරුන් බටහිර දිශාවට වෙන්න ඒ බ්‍රහ්මයාට වඩා ඉහළින්, අහසෙ පළඟක් බැඳගෙන, තේජෝ ධාතු සමාපත්තියට සමවැදිලා, භාග්‍යවතුන් වහන්සේට වඩා පහළින් වැඩසිටියා.

ඒ වෙලාවෙදී ආයුෂ්මත් අනුරුද්ධ තෙරුන්ට මෙහෙම හිතුනා. 'මේ වෙලාවෙ භාග්‍යවතුන් වහන්සේ කොහේ වැඩඉන්නවා ඇද්ද?' කියලා. ඊට පස්සෙ ආයුෂ්මත් අනුරුද්ධ තෙරුන් මිනිස් හැකියාව ඉක්මවා ලබන පිරිසිදු දිවැසින් දැක්ක දැන් භාග්‍යවතුන් වහන්සේ ....(පෙ).... ඊට පස්සෙ ආයුෂ්මත් අනුරුද්ධ තෙරුන් උතුරු දිශාවට වෙන්න, අර බ්‍රහ්මයාට වඩා ඉහළින්, පළඟක් බැඳගෙන, තේජෝ ධාතු සමාපත්තියට සමවැදිලා, ඒත් භාග්‍යවතුන් වහන්සේට වඩා පහළින් වැඩසිටියා.

ඊට පස්සෙ ආයුෂ්මත් මහාමොග්ගල්ලානයන් වහන්සේ ඒ බ්‍රහ්මයාට ගාථාවෙන් වදාළා.

"පින්වත් බ්‍රහ්මය, බලන්න මේ බඹලොව මැඩපවත්වමින් බබලන සම්බුදු රජාණන් වහන්සේ දෙස. ඉතින්, ඔබට කලින් ඇතිවෙලා තිබිච්ච දෘෂ්ටිය, දැනුත් ඔබ තුළ තියෙනවාද?"

(බ්‍රහ්මයා) :

"අනේ! නිදුකාණනි, මගේ ඒ කලින් තිබිච්ච පාපී දෘෂ්ටිය දැන් නම් මං තුළ නෑ. මේ මුළු බඹලොවම ඒකාලෝක කරගෙන බබලන සම්බුදුරජාණන් වහන්සේව පේනවා. ඉතින් එහෙම එකේ දැන් මං කොහොම කියන්නද 'මම ස්ථිරයි, මම සදාකාලිකයි' කියලා."

ඊට පස්සෙ භාග්‍යවතුන් වහන්සේ ඒ බ්‍රහ්මයාව සංවේගයට පත් කළා. බලවත් පුරුෂයෙක් හැකිලූ අතක් දිගහරිනවා වගේ, දිගහැරිය අතක් හකුලනවා වගේ, ඒ බ්‍රහ්ම ලෝකෙන් අතුරුදහන් වුනා. ජේතවනාරාමයේ පහළ වුනා.

ඊට පස්සෙ ඒ බ්‍රහ්මයා තමන්ගේ අතවැසි වූ බ්‍රහ්මයෙකුට කතා කළා. "නිදුකාණෙනි, දැන් එන්න. ඔබ දැන් ආයුෂ්මත් මහාමොග්ගල්ලාන තෙරුන් ළඟට යන්න. ගිහිල්ල ආයුෂ්මත් මහාමොග්ගල්ලානයන් වහන්සේට මෙහෙම කියන්න.

'නිදුක් වූ මොග්ගල්ලානයන් වහන්ස, මේ මොග්ගල්ලාන, කස්සප, කප්පින, අනුරුද්ධ වගේ මහා ඉර්ධි තියෙන, මහානුභාව සම්පන්න තවත් ශ්‍රාවකයින් ඒ භාග්‍යවතුන් වහන්සේට ඉන්නවාද?' කියලා." "හොඳමයි නිදුකාණෙනි" කියල ඒ අතවැසි බ්‍රහ්මයා ඒ බ්‍රහ්මයාට පිළිතුරු දුන්නා. ආයුෂ්මත් වූ මහාමොග්ගල්ලාන තෙරුන් ළඟට ගියා. ගිහිල්ල ආයුෂ්මත් මහාමොග්ගල්ලාන තෙරුන්ගෙන් මෙහෙම ඇහුවා. "නිදුක් වූ මොග්ගල්ලානයන් වහන්ස, මේ මොග්ගල්ලාන, කස්සප, කප්පින, අනුරුද්ධ වගේ මහා ඉර්ධිමත්, මහා බලසම්පන්න තවත් වෙන ශ්‍රාවකයොත් ඒ භාග්‍යවතුන් වහන්සේට ඉන්නවාද?"

ඊට පස්සෙ ආයුෂ්මත් මහාමොග්ගලාන තෙරුන් ඒ අතවැසි බ්‍රහ්මයාට ගාථාවකින් වදාළා.

"ත්‍රිවිද්‍යා ලැබූ, ඉර්ධි බල ලැබූ, අනුන්ගේ සිත් දැනගැනීමේ නුවණෙහිද අතිදක්ෂ, සියලුම ආශ්‍රවයන් ක්ෂය කරල දාපු, අරහත් වූ තව ගොඩාක් ශ්‍රාවකයො ඒ බුදුරජාණන් වහන්සේට ඉන්නවා."

ඊට පස්සෙ ඒ අතවැසි බ්‍රහ්මයා ආයුෂ්මත් මහාමොග්ගල්ලානයන් වහන්සේ වදාළ දේ සතුටින් පිළිගත්තා. අනුමෝදන් වුනා. අර බ්‍රහ්මයා ළඟට ගියා. ගිහිල්ල ඒ බ්‍රහ්මයාට මෙහෙම කිව්වා. "නිදුකාණෙනි, ආයුෂ්මත් මහා මොග්ගල්ලානයන් මෙහෙම වදාළා.

'ත්‍රිවිද්‍යා ලැබූ, ඉර්ධි බල ලැබූ, අනුන්ගේ සිත් දැනගැනීමේ නුවණෙහිද අතිදක්ෂ වූ, සියලුම ආශ්‍රවයන් ක්ෂය කරල දාපු, අරහත් වූ තව ගොඩාක් ශ්‍රාවකයො ඒ බුදුරජාණන් වහන්සේට ඉන්නවා' කියලා"

ඒ අතවැසි බ්‍රහ්මයා මෙහෙම කිව්වා. අර බ්‍රහ්මයා ගොඩක් සතුටු වුනා. ඒ අතවැසි බ්‍රහ්මයා කියූ කරුණ ඉතා සතුටින් පිළිගත්තා.

සාදු! සාදු!! සාදු!!!

6.1.6.
පමාද සූත්‍රය
එක්තරා බ්‍රහ්මයෙකුගේ ප්‍රමාදය ගැන කියවෙන දෙසුම

177. මා හට අසන්නට ලැබුනේ මේ විදිහටයි. ඒ දවස්වල භාග්‍යවතුන්

වහන්සේ වැඩසිටියේ සැවැත් නුවර ජේතවනය නම් වූ අනේපිඬු සිටුතුමාගේ ආරාමයේ.

ඒ වෙලාවෙ භාග්‍යවතුන් වහන්සේ දවල් කාලය විවේකයෙන් ගත කරන්න වැඩම කරල, භාවනාවෙන් වැඩසිටියා. පච්චේක බ්‍රහ්ම වූ සුබ්‍රහ්මද, පච්චේක බ්‍රහ්ම වූ සුද්ධාවාසද භාග්‍යවතුන් වහන්සේ කරා ආවා. ඇවිදින් වෙන වෙනම දොර කවුළුව අසල හිටගත්තා. එතකොට සුබ්‍රහ්ම පච්චේක බ්‍රහ්මයා සුද්ධාවාස පච්චේක බ්‍රහ්මයාට මෙහෙම කිව්වා. 'නිදුකාණෙනි, දැන් භාග්‍යවතුන් වහන්සේ සමඟ කතාබස් කරන්න කාලය නොවෙයි. දැන් භාග්‍යවතුන් වහන්සේ දවල් කාලෙ භාවනාවෙන් වැඩඉන්නෙ. අසවල් බ්‍රහ්ම ලෝකෙ ඉර්ධිමත් වූ, සමෘද්ධිමත් වූ බ්‍රහ්මයෙක් ඉන්නවා. ඔහු ප්‍රමාදයෙන් කල් ගෙවනවා. නිදුකාණෙනි, ඔබ එන්න. අපි ඒ බ්‍රහ්ම ලෝකෙට යමු. ගිහින් ඒ බ්‍රහ්මයාට සංවේගය ඇතිකරවමු.'

ඉතින් සුබ්‍රහ්මා පච්චේක බ්‍රහ්මයත්, සුද්ධාවාස පච්චේක බ්‍රහ්මයත්, බලවත් කෙනෙක් හකුලපු අතක් දිගහරින වේගෙන්, දිගහැරපු අතක් හකුලන වේගෙ න්, භාග්‍යවතුන් වහන්සේ ඉදිරියෙන් අතුරුදහන් වුනා. අර බ්‍රහ්මලෝකේ පහළ වුනා.

එතකොට ඒ බ්‍රහ්මයා දැක්ක දුරින්ම පැමිණෙන අර බ්‍රහ්මයන්ව. දැකල, ඒ බ්‍රහ්මයන්ගෙන් මෙහෙම ඇහුවා. "නිදුකාණෙනි, දැන් ඔබ කොහේ ඉඳලද එන්නෙ." "නිදුකාණෙනි, දැන් අපි එන්නෙ ඒ අරහත් සම්මා සම්බුද්ධ වූ භාග්‍යවතුන් වහන්සේ ළඟ ඉඳලයි. නිදුකාණෙනි, ඔබත් යනවාද ඒ භාග්‍යවත් අරහත් සම්මා සම්බුදුරජාණන් වහන්සේට උපස්ථාන කරන්න?"

මෙහෙම කිව්වට පස්සෙ, අර ප්‍රමාදී බ්‍රහ්මයාට මේ වචනෙ රුස්සන්නෙ නැතුව ගියා. තමන් වගේ දහස් වරක් මවාගෙන, පච්චේක බ්‍රහ්ම වූ සුබ්‍රහ්මට මෙහෙම කිව්වා. "නිදුකාණෙනි, පේනවා නේද මගේ මේ ඉර්ධි බල පරාක්‍රමය" කියලා.

"ඔව්. නිදුකාණෙනි, මට පේනවා. ඔබේ ඔය ඉර්ධි බල පරාක්‍රමය."

"ඉතින් නිදුකාණෙනි, මෙච්චර ඉර්ධි බල තියෙන මම, වෙන ශ්‍රමණයෙකුට, බ්‍රාහ්මණයෙකුට උපස්ථාන කරන්න යන්නද?"

ඊට පස්සෙ සුබ්‍රහ්මා පච්චේක බ්‍රහ්මයා තමන් වගේ දෙදහසක් මවාගෙන, ඒ බ්‍රහ්මයාට මෙහෙම කිව්වා. "නිදුකොණනි, පේනවාද මගෙත් තියෙන මේ ඉර්ධි බල පරාක්‍රමය" කියලා.

"ඔව්. නිදුකාණනි, මටත් පේනව ඔබේ ඔය ඉර්ධි බල පරාක්‍රමය."

"නිදුකාණෙනි, ඔබටත්, මටත් වඩා, ඒ භාග්‍යවතුන් වහන්සේම මහා ඉර්ධි බල සම්පන්නයි. මහා ආනුභාව සම්පන්නයි. ඒ නිසා නිදුකාණෙනි, ඔබත් යන්න. ඒ භාග්‍යවත් අරහත් සම්මා සම්බුදුරජාණන් වහන්සේට උපස්ථාන කරන්න."

ඊට පස්සේ ඒ ප්‍රමාදී බ්‍රහ්මයා, සුබ්‍රහ්මා පච්චේක බ්‍රහ්මයාට ගාථාවකින් කිව්වා.

"ඒයි බ්‍රහ්මය, ධ්‍යාන වඩන්නා වූ මට පහළ වෙච්ච බ්‍රහ්ම විමානය උතුරු දිශාවෙ තියෙන්නෙ. ආලෝකයෙන් බබලනවා. ඒ විමානෙ ගුරුළන් තුන්සීයක් ඉන්නවා. හංසයන් හාරසීයක් ඉන්නවා. ව්‍යාඝ්‍රයන් පන්සීයක් ඉන්නවා. (එබඳු සතුන්ගෙන් අලංකාර වූ දිව්‍ය විමානයක් තියෙන මං වෙන කාට නම් උපස්ථාන කරන්නද?)"

(පිළිතුරු ගාථාවකි)

"උතුරු දිශාවේ තියෙන කොච්චර ආලෝකවත් වුනත්, කොච්චර බැබලුනත්, ඔය රූපයෙහි දෝෂයත් හැම තිස්සෙම ඇති කම්පනයත් දකින, ප්‍රඥාවන්තයා රූපයට ඇලෙන්නෙ නෑ."

ඊට පස්සෙ, සුබ්‍රහ්මා පච්චේක බ්‍රහ්මයත්, සුද්ධාවාස පච්චේක බ්‍රහ්මයත්, ඒ ප්‍රමාදී බ්‍රහ්මයාව සංවේගයට පත්කරවල, එහි අතුරුදහන් වුනා. පස්සෙ කාලෙක ඒ ප්‍රමාදී බ්‍රහ්මයත් භාග්‍යවත්, අරහත් සම්මා සම්බුදුරජාණන් වහන්සේට උපස්ථාන කරන්න යන්න පටන් ගත්තා.

සාදු! සාදු!! සාදු!!!

6.1.7.
කෝකාලික සූත්‍රය
කෝකාලික භික්ෂුව මුල් කරගෙන බ්‍රහ්මයන් පැවසූ කරුණු ඇතුළත් දෙසුම

178. සැවැත් නුවරදී ....

එදා භාග්‍යවතුන් වහන්සෙ දවල් කාලෙ විවේකයෙන් ගතකරන්න වැඩම

කරලා, භාවනාවෙන් වැඩසිටියා. ඒ වෙලාවෙ පච්චේක බ්‍රහ්ම වූ සුබ්‍රහ්මත්, පච්චේක බ්‍රහ්ම වූ සුද්ධාවාසත්, භාග්‍යවතුන් වහන්සේ වැඩසිටි තැනට ආවා. ඇවිල්ලා වෙන් වෙන්ව දොරකඩ ලඟ හිටගත්තා. ඊට පස්සෙ පච්චේක බ්‍රහ්ම වූ සුබ්‍රහ්ම කෝකාලික භික්ෂුව මුල් කරගෙන, භාග්‍යවතුන් වහන්සේ සමීපයේ මේ ගාථාව කිව්වා.

"මේ ලෝකෙ අප්‍රමාණ ගුණ තියෙන රහතන් වහන්සේලාව මනින්න යන බුද්ධිමතා කවුද? අප්‍රමාණ ගුණ ඇති රහතන් වහන්සේලාව මනින්න යන්නෙ, මෝඩකමින් වැහිච්ච පෘථග්ජනයෙක් කියලයි මට හිතෙන්නෙ."

සාදු! සාදු!! සාදු!!!

6.1.8.
කතමෝරක තිස්ස සූත්‍රය
කතමෝරක භික්ෂුව මුල් කරගෙන බ්‍රහ්මයන් පැවසූ කරුණු ඇතුළත් දෙසුම

179. සැවැත් නුවරදී ....

එදා භාග්‍යවතුන් වහන්සේ දවල් කාලෙ විවේකයෙන් ගතකරන්න වැඩම කරලා, භාවනාවෙන් වැඩසිටියා. ඒ වෙලාවෙ පච්චේක බ්‍රහ්ම වූ සුබ්‍රහ්මත්, පච්චේක බ්‍රහ්ම වූ සුද්ධාවාසත්, භාග්‍යවතුන් වහන්සේ වැඩසිටි තැනට ආවා. ඇවිල්ලා වෙන් වෙන්ව දොරකඩ ලඟ හිටගත්තා. ඊට පස්සෙ පච්චේක බ්‍රහ්ම වූ සුද්ධාවාස කතමෝරක තිස්ස භික්ෂුව මුල් කරගෙන, භාග්‍යවතුන් වහන්සේ සමීපයේ මේ ගාථාව පැවසුවා.

"මේ ලෝකෙ අප්‍රමාණ ගුණ තියෙන රහතන් වහන්සේලාව මනින්න යන බුද්ධිමතා කවුද? අප්‍රමාණ ගුණ ඇති රහතන් වහන්සේලාව මනින්න යන්නෙ, මෝඩකමින් වැහිච්ච අඥානයෙක් කියලයි මට හිතෙන්නෙ."

සාදු! සාදු!! සාදු!!!

6.1.9.
තුදු බ්‍රහ්ම සූත්‍රය
තුදු බ්‍රහ්මයා විසින් කෝකාලික භික්ෂුවට කියූ කරුණු ඇතුළත් දෙසුම

180. සැවැත් නුවරදී ....

ඒ දවස්වල කෝකාලික භික්ෂුව ආබාධ හට අරගෙන, දුකට පත් වෙලා ගොඩාක් ලෙඩ වෙලයි හිටියෙ. එදා තුදු කියන පච්චේක බ්‍රහ්මයා බබලන සිරුරින් යුතුව, ඒ රාත්‍රිය පහන්වීගෙන එනකොට මුළු ජේතවනයම බබුලුවාගෙන, කෝකාලික භික්ෂුව සිටි තැනට ආවා. ඇවිල්ල අහසේ සිටිමින්ම, කෝකාලික භික්ෂුවට මෙහෙම කිව්වා.

"කෝකාලික, සැරියුත් මුගලන් පින්වතුන් වහන්සේලා ගැන සිත පහදවගන්න. ඒ සැරියුත් මුගලන් පින්වතුන් වහන්සේලා ගොඩාක් ප්‍රිය මනාපයි කියලා."

(කෝකාලික භික්ෂුව) :
"ඒයි ආයුෂ්මත, ඔබ කවුද?"

(තුදු පච්චේක බ්‍රහ්ම) :
"මම තමයි තුදු කියන පච්චේක බ්‍රහ්මයා."

(කෝකාලික භික්ෂුව) :
"හැබෑටම ආයුෂ්මත, භාග්‍යවතුන් වහන්සේ වදාළා නෙවද ඔබ අනාගාමී කෙනෙක්ය කියලා. ඉතින් එහෙව් එකේ මොකටද මෙහෙ ආවේ? බලන්න, මොකක්ද ඔබ මේ කරපු කමකට නැති දේ?"

(එතකොට තුදු පච්චේක බ්‍රහ්මයා ගාථාවලින් මෙහෙම කිව්වා.)

"අඥාන මිනිසා උපදින කොටම, කටේ කෙටේරියකුත් උපදිනවා. ඉතින් ඒ අඥානයා ඒ කෙටේරියෙන් දුෂ්ට වචන කියමින් තමන්ව නසාගන්නවා.

යම් කෙනෙක් නින්දා කළ යුතු කෙනාව ප්‍රශංසා කරනවා නම්, ප්‍රශංසා කළ යුතු කෙනාට නින්දා කරනවා නම්, ඒ කෙනා වචනයෙන් ගොඩාක් පව් රැස් කරනවා. ඒ රැස් කරගන්න පාපය නිසා, ඔහුට කවදාකවත් සැපක් නම් ලැබෙන්නෙ නෑ.

සූදු කෙලියෙන් සිද්ධවන පරාජය නිසා, තමනුත් සමඟම තමන්ගේ සියලුම වස්තුව නැතිවෙලා යන්න පුළුවනි. නමුත් ඒ හානිය ඉතා සුළු දෙයක්. ඒ වුනත් යම් කෙනෙක් රහතන් වහන්සේලා කෙරෙහි සිත දූෂිත කරගත්තොත්, අන්න ඒක තමයි තමන්ට කරගන්න ලොකුම අපරාධය.

අන්න ඒ වගේ කවුරු හරි කෙනෙක්, උතුම් වූ ආර්යන් වහන්සේලාට ගරහනවා නම්, වචනෙනුත්, සිතෙනුත් කරගන්න ඒ පාපය නිසා, ඔහු නිරයේ උපදිනවා. එහෙදි නිරබ්බුද ලක්ෂයක්, තිස් හයක්, තව අබ්බුද පහක කාලයක්, දුක් විඳින්න සිද්ධ වෙනවා.”

සාදු! සාදු!! සාදු!!!

6.1.10.
දුතිය කෝකාලික සූත්‍රය
කෝකාලික භික්ෂුව ගැන වදාළ දෙවෙනි දෙසුම

181. සැවැත් නුවරදී ....

එදා කෝකාලික භික්ෂුව භාග්‍යවතුන් වහන්සේ වෙත පැමිණුනා. පැමිණිලා භාග්‍යවතුන් වහන්සේට වන්දනා කරලා, පැත්තකින් වාඩිවුනා. පැත්තකින් වාඩිවුන කෝකාලික භික්ෂුව භාග්‍යවතුන් වහන්සේට මෙහෙම කිව්වා.

“ස්වාමීනි, ඔය සැරියුත්, මුගලන් දෙනම පාපී ආශාවන්ගෙන් යුක්තයි. පාපී ආශාවන්ට වසඟ වෙලයි ඉන්නෙ.”

ඔය විදිහට කිව්වම, භාග්‍යවතුන් වහන්සේ කෝකාලික භික්ෂුවට පැවසුවේ මෙහෙමයි.

“හා! හා! කෝකාලික, ඔහොම කියන්න එපා. හා! හා! කෝකාලික, ඔහොම කියන්න එපා. කෝකාලික, සාරිපුත්ත මොග්ගල්ලාන දෙනම ගැන හිත පහදවාගන්න. ඔය සාරිපුත්ත, මොග්ගල්ලාන දෙනම ඉතා ප්‍රියශීලී දෙනමක් නෙව.”

දෙවන වතාවේදී කෝකාලික භික්ෂුව භාග්‍යවතුන් වහන්සේට මෙහෙම කිව්වා.

"ස්වාමීනි, භාග්‍යවතුන් වහන්සේ ගැන මගේ පැහැදීමක් තියෙනවා, විශ්වාසයක් තියෙනවා. ඒ වුනාට, ඔය සැරියුත්, මුගලන් දෙනම නම් පාපී ආශාවන්ගෙන් යුක්තයි. ඒ දෙනම පාපී ආශාවන්ට වසඟ වෙලයි ඉන්නෙ.

දෙවන වතාවෙදීත් භාග්‍යවතුන් වහන්සේ කෝකාලික භික්ෂුවට මේ විදිහට පැවසුවා.

"හා! හා! කෝකාලික ඔහොම කියන්න එපා. හා! හා! කෝකාලික ඔහොම කියන්න එපා. කෝකාලික ඔය සැරියුත්, මුගලන් දෙනම ගැන හිත පහදවාගන්න. ඔය සැරියුත්, මුගලන් දෙනම ගොඩාක් ප්‍රියශීලී දෙනමක්."

තුන්වෙනි වතාවෙදිත් කෝකාලික භික්ෂුව භාග්‍යවතුන් වහන්සේට මෙහෙම කිව්වා ....(පෙ).... පාපී ආශාවන්ට වසඟ වෙලා ඉන්නෙ කියලා.

තුන්වෙනි වතාවටත් භාග්‍යවතුන් වහන්සේ කෝකාලික භික්ෂුවට මේ විදිහට වදාළා ....(පෙ).... සැරියුත්, මුගලන් දෙනම ගොඩාක් ප්‍රියශීලියි කියල.

එතකොට කෝකාලික භික්ෂුව අසුනෙන් නැගිට්ටා. භාග්‍යවතුන් වහන්සේට වන්දනා කළා. පැදකුණු කළා. පිටත් වෙලා ගියා. ගිහින් සුළු වෙලාවකින් කෝකාලික භික්ෂුවගේ මුළු ඇඟේම අබ ඇට විතර බිබිලි හටගත්තා. ඒ අබ ඇට විතර බිබිලි මුං ඇට තරමට ලොකු වුනා. මුං ඇට තරම් වෙච්ච ඒ බිබිලි කඩල ඇට තරමට ලොකු වුනා. කඩල ඇට තරමට වෙච්ච ඒ බිබිලි ඩෙබර ඇට තරමට ලොකු වුනා. ඩෙබර ඇට තරමට ලොකු වෙච්ච ඒවා නෙල්ලි ගෙඩි තරමට ලොකු වුනා. නෙල්ලි ගෙඩි තරමට ලොකු වෙච්ච ඒවා බෙලි ගැට තරමට ලොකු වුනා. බෙලි ගැට තරමට ලොකු වෙච්ච ඒවා, බෙලි ගෙඩි තරමට ලොකු වුනා. අන්තිමේදී ඒව බෙලි ගෙඩි තරම් වෙලා පිපිරිලා ගියා. ලේත්, සැරවත් ගලන්න පටන් ගත්තා. ඉතින් කෝකාලික භික්ෂුව ඒ අසනීපයෙන්ම මරණයට පත්වුනා. මරණයට පත් වුන ඒ කෝකාලික භික්ෂුව සාරිපුත්ත, මොග්ගල්ලාන පින්වතුන් වහන්සේලා දෙනම ගැන සිතින් වෛර බැඳගෙන, පදුම නිරයේ ඉපදුනා.

එදා සහම්පතී බ්‍රහ්මයා රැය පහන් වන වෙලාවේ, බබලන සිරුරින් යුතුව, මුළු මහත් ජේතවනයම ඒකාලෝක කරගෙන භාග්‍යවතුන් වහන්සේ ළඟට ආවා. ඇවිදින් භාග්‍යවතුන් වහන්සේට වන්දනා කරලා පැත්තකින් හිටගත්තා. පැත්තකින් සිටිය සහම්පතී බ්‍රහ්මයා භාග්‍යවතුන් වහන්සේට මෙහෙම කිව්වා.

"ස්වාමීනි, කෝකාලික භික්ෂුව කළුරිය කළා. ස්වාමීනි, කළුරිය කළ කෝකාලික භික්ෂුව, සැරියුත්, මුගලන් පින්වතුන් වහන්සේලා ගැන හිතෙන්

වෛර බැඳගෙන, පදුම නිරයේ ඉපදුනා.” සහම්පතී බ්‍රහ්මයා මෙහෙම කිව්වා. මෙහෙම කියලා භාග්‍යවතුන් වහන්සේට වන්දනා කළා. පැදකුණු කළා. එතනම නොපෙනී ගියා.

ඊට පස්සෙ භාග්‍යවතුන් වහන්සෙ ඒ රාත්‍රිය ඇවෑමෙන්, භික්ෂුසංඝයා ඇමතුවා.

“පින්වත් මහණෙනි, මේ රාත්‍රියේදී, මේ රැය පහන් වෙද්දි, සහම්පතී බ්‍රහ්මයා බබලන සිරුරෙන් යුක්තව මුළු මහත් ජේතවනයම ඒකාලෝක කරගෙන මං ළඟට ආවා. ඇවිදින් මට වන්දනා කළා. පැත්තකින් හිටගත්තා. පින්වත් මහණෙනි, පැත්තකින් හිටගත්තු ඒ සහම්පතී බ්‍රහ්මයා මට මෙහෙම කිව්වා. “ස්වාමීනි, කෝකාලික භික්ෂුව කළුරිය කළා. ස්වාමීනි, කළුරිය කරපු කෝකාලික භික්ෂුව සැරියුත්, මුගලන් පින්වතුන් වහන්සේලා ගැන හිතෙන් වෛර බැඳගෙන, පදුම නිරයේ ඉපදුනා. පින්වත් මහණෙනි, සහම්පතී බ්‍රහ්මයා මට ඔය විදිහට කිව්වා. එහෙම කියල මට වන්දනා කළා. පැදකුණු කළා. එතනම නොපෙනී ගියා.”

එතකොට, එක්තරා භික්ෂුවක් භාග්‍යවතුන් වහන්සේගෙන් මෙහෙම ඇහුවා. ස්වාමීනි, පදුම නිරයේ ආයුෂ කොච්චර දිගයිද?”

“පින්වත් භික්ෂුව, පදුම නිරයේ ආයුෂ ප්‍රමාණය ගොඩාක් දිගයි. අවුරුදු මෙච්චරයි කියල හරි, අවුරුදු දහස් ගණනින් මෙච්චරයි කියල හරි, අවුරුදු ලක්ෂ ගණනින් මෙච්චරයි කියල හරි, ගණන් කරල කෙළවර කරන එක ලේසි නෑ.”

“ස්වාමීනි, (ඒ ගැන) උපමාවක් කරන්න පුළුවන්ද?”

“පින්වත් භික්ෂුව, පුළුවනි” කියල භාග්‍යවතුන් වදාළා.

“පින්වත් භික්ෂුව, මේ කොසොල් රටේ තියෙනවා කියල හිතන්න විසි කාරියක තල පුරෝපු කරත්තයක්. ඉතින් මනුස්සයෙක් ඔතනට එනවා. ඇවිදින්, සියක්, සියක් අවුරුද්දකට වතාවක් එක තල ඇටය බැගින් ඉවත් කරනවා. පින්වත් භික්ෂුව, ඒ කොසොල් රටේ විසි කාරියක තල පිර වූ කරත්තය ඔය ක්‍රමයෙන් ඉක්මනින්ම ඉවර වෙලා යනවා. නමුත්, එකම අබ්බුද නිරයක්වත් එහෙම ඉවර වෙන්නෙ නෑ. පින්වත් භික්ෂුව, ඔය අබ්බුද නරකාදි විස්සක් ගෙවෙන කාලය එකම එක නිරබ්බුද නිරයේ ආයුෂයි. පින්වත් භික්ෂුව, ඒ නිරබ්බුද නිරය විස්සක කාලය, එකම එක අබබ නරකාදියට තියෙනවා. පින්වත් භික්ෂුව, ඒ අබබ නරකාදි විස්සක කාලය එකම එක අටට නරකාදියට තියෙනවා.

පින්වත් භික්ෂුව, ඒ අටට නරකාදි විස්සක කාලය එකම එක අහහ නරකාදියට තියෙනවා. පින්වත් භික්ෂුව, අහහ නරකාදි විස්සක කාලය එකම එක කුමුද නිරයට තියෙනවා. පින්වත් භික්ෂුව, කුමුද නිරයවල් විස්සක කාලය, එකම එක සෝගන්ධික නිරයට තියෙනවා. පින්වත් භික්ෂුව, සෝගන්ධික නරකාදි විස්සක කාලය එකම එක උප්පල නිරයට තියෙනවා. පින්වත් භික්ෂුව, උප්පල නරකාදි විස්සක කාලය එකම එක පුණ්ඩරීක නිරයට තියෙනවා. පින්වත් භික්ෂුව, ඒ පුණ්ඩරීක නරකාදි විස්සක කාලය එකම එකම පදුම නිරයට තියෙනවා. පින්වත් භික්ෂුව, අන්න ඒ පදුම නිරයේ තමයි කෝකාලික භික්ෂුව උපන්නෙ. (ඒ කෝකාලික භික්ෂුව, සැරියුත්, මුගලන් දෙනම ගැන වෛර බැඳගත්තු සිතක් ඇතිකරගත්තා නෙව.)"

භාග්‍යවතුන් වහන්සේ මෙය වදාළා. මෙය වදාළ සුගත වූ ශාස්තෘන් වහන්සේ යළි මේ ගාථාවන් ද වදාළා.

"අඥාන පුරුෂයා උපදිනකොටම කටේ කෙටේරියකුත් හටගන්නවා. ඉතින්, ඒ අඥානයා දුෂ්ට වචන කියමින් ඒ කෙටේරියෙන් තමන්වම වනසාගන්නවා.

යම් කෙනෙක් නින්දා ලැබිය යුත්තා ප්‍රශංසා කරනවා නම්, ප්‍රශංසා ලැබිය යුත්තාට නින්දා කරනවා නම්, ඔහු කට නිසා පව් රැස් කරගන්නවා. ඒ හේතුවෙන් ඔහුට සැපයක් නම් ලැබෙන්නෙ නෑ.

යමෙක් සූදු කෙළියට ගිහින්, තමාත් සමඟම සියලු ධනය පැරදුනත්, ඒ හානිය සුළු දෙයක්. නමුත්, යම් කෙනෙක් රහතන් වහන්සේලා ගැන හිත දූෂිත කරගත්තොත් ඒක තමයි තමන්ගේ ජීවිතයට සිදුවෙන විශාලම හානිය.

ආර්යන් වහන්සේලාට ගරහන පුද්ගලයා, පාපී විදිහට වචනත්, සිතත්, පිහිටුවා ගත්තොත්, ඔහු උපදින්නෙ නරකාදියේ. ඒ නිරයේ, නිරබ්බුද ලක්ෂයක, ඒ වගේම තිස් හයක, අබ්බුද පහක ආයුෂ තියෙනවා.

සාදු! සාදු!! සාදු!!!

පළමු වෙනි කෝකාලික වර්ගය අවසන් විය.

2. පරිනිබ්බාණ වර්ගය

6.2.1.
සනංකුමාර සූත්‍රය
සනංකුමාර බ්‍රහ්මයා පැවසූ ගාථාව අනුමත කොට වදාළ දෙසුම

182. මා හට අසන්නට ලැබුනේ මේ විදිහටයි. ඒ දිනවල භාග්‍යවතුන් වහන්සේ වැඩසිටියේ 'සප්පිනී' කියන නදිය අසලයි. එදා රැය පහන් වෙද්දි, සනංකුමාර බ්‍රහ්මයා බබලන සිරුරකින් යුතුව, මුළු මහත් සප්පිනී ගංතෙරම ඒකාලෝක කරගෙන, භාග්‍යවතුන් වහන්සේ ළඟට පැමිණුනා. පැමිණිලා භාග්‍යවතුන් වහන්සේට වන්දනා කළා. පැත්තකින් හිටගත්තා. පැත්තකින් හිටිය සනංකුමාර බ්‍රහ්මයා භාග්‍යවතුන් වහන්සේ ඉදිරියේ මේ ගාථාව පැවසුවා.

"ජනතාව තුළ වංශය සළකා බලනවා නම්, ශ්‍රේෂ්ඨ වන්නේ රජ පවුලෙ කෙනෙක් තමයි. නමුත්, දෙවිමිනිසුන් අතර පරම ශ්‍රේෂ්ඨ වන්නේ විජ්ජාචරණ සම්පන්න මුනිවරයෙක්මයි."

සනංකුමාර බ්‍රහ්මයා ඔය විදිහට කිව්වා. ශාස්තෘන් වහන්සේ එය අනුමත කොට වදාළා. එතකොට සනංකුමාර බ්‍රහ්මයා 'ශාස්තෘන් වහන්සේ මාගේ අදහස අනුමත කළ සේකැ' යි (සතුටු වෙලා) භාග්‍යවතුන් වහන්සේට වන්දනා කළා. පැදකුණු කළා. එතනම නොපෙනී ගියා.

සාදු! සාදු!! සාදු!!!

6.2.2.
දේවදත්ත සූත්‍රය
දේවදත්ත ගැන සහම්පතී බ්‍රහ්මයා පැවසූ කරුණ අනුමත කොට වදාළ දෙසුම

183. මා හට අසන්නට ලැබුනේ මේ විදිහටයි. ඒ දිනවල භාග්‍යවතුන් වහන්සේ වැඩසිටියේ රජගහ නුවර ගිජුකුළු පර්වතයේ. දේවදත්ත බුදු සසුනෙන් වෙන්වෙලා ගිහින් ඒ වනවිට ටික දවසක් වුනා. එදා රැය පහන් වෙද්දි, සහම්පතී බ්‍රහ්මයා බබලන සිරුරකින් යුතුව, මුළු මහත් ගිජුකුළු පර්වතයම ඒකාලෝක කරගෙන, භාග්‍යවතුන් වහන්සේ ළඟට පැමිණුනා. පැමිණිලා, භාග්‍යවතුන් වහන්සේට වන්දනා කළා. පැත්තකින් හිටගත්තා. පැත්තකින් හිටිය සහම්පතී බ්‍රහ්මයා දේවදත්ත ගැන, භාග්‍යවතුන් වහන්සේ ඉදිරියේ මේ ගාථාව කිව්වා.

"ඇත්තෙන්ම කෙහෙල් ගහක් පීදෙන්නෙ ඒ ගහ වනසන්නමයි. ඒ වගේම උණ ගහේ එල ගත්තත්, පොඩි උණ ගහේ එල ගත්තත්, ඒකෙන් තමයි ඒ ගස් විනාශ වෙන්නෙ. කොටළුවෙකුට දාව ගැබ් ගත් වෙළඹට ඒ නිසාම ජීවිතේ අවසන් වෙනවා. ඒ වගේමයි ලාභසත්කාර කියන්නෙ අසත්පුරුෂයා වැනසී යන දෙයක්."

සාදු! සාදු!! සාදු!!!

6.2.3.
අන්ධකවින්ද සූත්‍රය
අන්ධකවින්ද ගමේදී සහම්පතී බ්‍රහ්මයා පැවසූ ගාථා කරුණ අනුමත කොට වදාළ දෙසුම

184. මා හට අසන්නට ලැබුනේ මේ විදිහටයි. ඒ දිනවල භාග්‍යවතුන් වහන්සේ මගධ ජනපදයේ අන්ධකවින්ද ගමේ තමයි වැඩවාසය කළේ. එදා භාග්‍යවතුන් වහන්සේ රාත්‍රී ඝන අන්ධකාරයේ එළිමහනේ (පැණවූ අසුනේ) වැඩහිටියා. වැහි බිඳුත් එක දෙක වැටෙනවා.

ඒ රැය පහන් වෙද්දි, සහම්පතී බ්‍රහ්මයා බබලන සිරුරකින් යුතුව, මුළු මහත් අන්ධකවින්දයම ඒකාලෝක කරගෙන, භාග්‍යවතුන් වහන්සේ වෙත පැමිණුනා. පැමිණිලා භාග්‍යවතුන් වහන්සේට වන්දනා කළා. පැත්තකින් හිටගත්තා. පැත්තකින් හිටිය සහම්පතී බ්‍රහ්මයා භාග්‍යවතුන් වහන්සේ සමීපයේ මේ ගාථාවන් පැවසුවා.

"දුර ඈත සෙනසුන්වල තමයි ඉන්න ඕන. සසර බන්ධනවලින් නිදහස් වෙන්න හිතාගෙනමයි ධර්මයේ හැසිරෙන්න ඕන. එහෙත්, ඒ ගැන හිතේ ආශාවක් නැතිවුනොත්, තමන්ව රැකගෙන, සිහි ඇතිව සඟරුවන සෙවනේ ඉන්න ඕන.

ගෙයක් ගෙයක් පාසා පිඬු සිඟා වඩිද්දි, ඉඳුරන් රැකගන්න ඕන. නුවණින් යුතු වන්න ඕන. සිහි ඇතිව ඉන්න ඕන. දුර ඈත සෙනසුන්වලමයි ඉන්න ඕන. සසර බියෙන් නිදහස් වෙලා, ඒ අමා නිවනට පත් වෙලා ඉන්න ඕන.

(ඔය වන සෙනසුන්වල) බිහිසුණු අරමුණු තියෙනවා. සත්තුසර්පයෝ ඉන්නවා. විදුලි කොටනවා. වැහි වළාකුළු ගොරවනවා. ඝන අන්ධකාර රාත්‍රියේ එහි භික්ෂුවක් වැඩඉන්නවා. නමුත්, කිසිම ලොමු දැහගැනීමක් නෑ.

ඇත්තෙන්ම ඔය කාරණය මම දැකපු එකක්. මං මේ කාගෙන්වත් අහගෙන කියනව නොවෙයි. එක බණ පදයක් තුළ මාරයා පරදවන රහතුන් දහසක් සිටිනවා.

පන්සියයකට වැඩි මගඵල ලාභී උතුමන් (මේ අන්ධකවින්ද ගමේ) ඉන්නවා. දහ දෙනෙක්ද, සිය දෙනෙක්ද වූ හැම කෙනෙක්මත් නිවන් මඟට බැසගෙනයි ඉන්නෙ. අපාය ගමනෙන් තොරවයි ඉන්නෙ.

මට හිතෙන්නෙ මේ අනිත් පිරිසත්, සෑහෙන්න පිං කරගෙන ඇති. ඔවුන්ව ගණන් කරන්න මට බැරිවුනා. බොරු කියන්න මං භයයි."

සාදු! සාදු!! සාදු!!!

6.2.4.
අරුණවතී සූත්‍රය
අරුණවතී රාජධානිය මුල් කොට වදාළ දෙසුම

185. මා හට අසන්නට ලැබුනේ මේ විදිහටයි. ඒ දවස්වල භාග්‍යවතුන් වහන්සේ වැඩසිටියේ සැවැත් නුවර ජේතවනය නම් වූ අනේපිඬු සිටුතුමාගේ ආරාමයේ. එදා භාග්‍යවතුන් වහන්සේ, භික්ෂුසංඝයා ඇමතුවා. ඒ භික්ෂු පිරිසද "පින්වතුන් වහන්ස" කියල භාග්‍යවතුන් වහන්සේට පිළිතුරු දුන්නා. භාග්‍යවතුන් වහන්සේ ඒ වෙලාවේදී මෙය වදාළා.

"පින්වත් මහණෙනි, මේක ගොඩාක් කලකට ඉස්සෙල්ල සිද්ධ වෙච්ච දෙයක්. අරුණවා කියල රජෙක් හිටියා. පින්වත් මහණෙනි, ඒ අරුණවත් රජ්ජුරුවන්ට අරුණවතී කියල රාජධානියක් තිබුනා. පින්වත් මහණෙනි, ඒ කාලෙ සිඛී නම් වූ භාග්‍යවත්, අරහත් බුදුරජාණන් වහන්සේ වැඩසිටියේ මේ අරුණවතී කියන රාජධානියේ. පින්වත් මහණෙනි, ඒ භාග්‍යවත්, අරහත් සිඛී සම්මා සම්බුදුරජාණන් වහන්සේට අභිභූ, සම්භව නමින් අග්‍ර වූ, ඉතා යහපත් වූ ශ්‍රාවකයින් දෙනමක් සිටියා.

එදා භාග්‍යවත්, අරහත් සිඛී සම්මා සම්බුදුරජාණන් වහන්සේ අභිභූ භික්ෂුව ඇමතුවා. පින්වත් භික්ෂුව, පිණ්ඩපාතෙ වෙලාව එනතුරු, අපි එක්තරා බ්‍රහ්ම ලෝකෙකට යමු' කියලා. ඒ අභිභූ භික්ෂුවත් 'එසේය, ස්වාමීනි' කියල භාග්‍යවත්, අරහත් සිඛී සම්බුදුරජාණන් වහන්සේට පිළිතුරු දුන්නා.

ඊට පස්සෙ පින්වත් මහණෙනි, අරහත් සම්මා සම්බුද්ධ වූ සිඛී භාග්‍යවතුන් වහන්සේත්, අභිභූ භික්ෂුවත් බලවත් පුරුෂයෙක් හකුලපු අතක් දිගහරින වේගයෙන්, දිගහැරපු අතක් හකුලන වේගයෙන් ඒ අරුණවතී රාජධානියෙන් අතුරුදහන් වුනා. ඒ බ්‍රහ්ම ලෝකෙ පහළ වුනා.

ඊට පස්සෙ, අරහත්, සම්මා සම්බුද්ධ වූ සිඛී භාග්‍යවතුන් වහන්සේ අභිභූ භික්ෂුවට කතා කළා. 'පින්වත් බ්‍රාහ්මණය, මේ බ්‍රහ්මයාටත්, බ්‍රහ්ම පිරිසටත් මේ අතවැසි බ්‍රහ්මයන්ටත් කියාදෙන්න දැන් ඔබට ධර්ම කථාවක් වැටහේවා!' කියලා. එතකොට ඒ අභිභූ භික්ෂුව, 'එසේය ස්වාමීනි' කියල අරහත් සම්මා සම්බුද්ධ වූ, සිඛී භාග්‍යවතුන් වහන්සේට පිළිතුරු දුන්නා. ඊට පස්සෙ ධර්ම කථාවෙන් ඒ බ්‍රහ්මයාටත්, බ්‍රහ්ම පිරිසටත්, අතවැසි බ්‍රහ්මයන් පිරිසටත් කරුණු දැක්වූවා. සමාදන් කළා. උත්සාහවත් කළා. සතුටු කළා.

ඒ වෙලාවේදී පින්වත් මහණෙනි, ඒ බ්‍රහ්මයත්, බ්‍රහ්ම පිරිසත්, අතවැසි බ්‍රහ්ම පිරිසත් 'භවත්නි, පුදුමයක් නෙව. භවත්නි, හරිම අද්භූත දෙයක් නෙව. ශාස්තෘන් වහන්සේ ඉදිරියේ ඉඳගෙනම කොහොම නම් මේ ශ්‍රාවකයෙක් ධර්මය දේශනා කරනවාද?' කියලා අවමන් කළා, ගැරහුවා, දොස් කිව්වා.

ඊට පස්සෙ අරහත් සම්මා සම්බුද්ධ වූ සිඛී භාග්‍යවතුන් වහන්සේ අභිභූ භික්ෂුවට කතා කළා. 'පින්වත් බ්‍රාහ්මණය, මේ බ්‍රහ්මයාත්, බ්‍රහ්ම පිරිසත්, අතවැසි බ්‍රහ්ම පිරිසත් ඔබට මේ විදිහට අවමන් කරනවා නේද? 'හරි පුදුමයක් නෙව. හරිම අද්භූත දෙයක් නෙව. ශාස්තෘන් වහන්සේ ඉස්සරහ ඉඳගෙනම මේ ශ්‍රාවකයෙක් ධර්මය දේශනා කරන හැටි' කියලා. ඒ නිසා පින්වත් බ්‍රාහ්මණය, ඔබ දැන් මේ බ්‍රහ්මයාත්, බ්‍රහ්ම පිරිසත්, අතවැසි බ්‍රහ්ම පිරිසත්, හොඳ හැටියට සංවේගයට පත් කරවන්න ඕන' කියලා.

'එසේය ස්වාමීනි' කියල අභිභූ භික්ෂුව අරහත් සම්මා සම්බුද්ධ වූ සිඛී භාග්‍යවතුන් වහන්සේට පිළිතුරු දුන්නා. ඊට පස්සෙ ඒ අභිභූ භික්ෂුව කය පෙනී තිබියදීත් ධර්මය දේශනා කළා. කය නොපෙනී තිබියදීත් ධර්මය දේශනා කළා.

යටි කය විතරක් පෙනෙන්න තිබියදී, උඩු කය නොපෙනෙද්දි දහම් දෙසුවා. උඩු කය පෙනෙන්න තියෙද්දි, යටි කය නොපෙනෙන්න තියෙද්දිත් ධර්මය දේශනා කළා.

පින්වත් මහණෙනි, ඒ වෙලාවෙ ඒ බ්‍රහ්මයත්, බ්‍රහ්ම පිරිසත්, අතවැසි බ්‍රහ්ම පිරිසත් පුදුමයට පත්වුනා. 'හරි ආශ්චර්යයි නෙව. හරි අද්භූතයි නෙව. මේ භික්ෂුව මහා ඉර්ධි බල සම්පන්නයි නෙව. මහානුභාව සම්පන්නයි නෙව' කියලා.

පින්වත් මහණෙනි, ඊට පස්සෙ ඒ අභිභූ භික්ෂුව අරහත් සම්මා සම්බුද්ධ වූ සිඛී භාග්‍යවතුන් වහන්සේට මෙහෙම කිව්වා. 'ස්වාමීනි, මට මතකයි, පින්වත් භික්ෂුසංඝයා මැද, මම මෙන්න මේ විදිහේ වචනයක් කිව්වා. 'ආයුෂ්මතුනි, බඹලොව ඉඳගෙන දහසක් ලෝක ධාතුවට (සහස්‍රී ලෝක ධාතුව) ඇහෙන්න කටහඬ පතුරුවන්න පුළුවනි' කියලා.

'ඔව්, පින්වත් බ්‍රාහ්මණය! දැන් තමයි සුදුසුම කාලය. දැන් තමයි හොඳම වෙලාව. ඔබ දැන් මේ බ්‍රාහ්ම ලෝකෙ ඉඳගෙනම, සහස්‍රී ලෝක ධාතුවටම ඇහෙන්න ඔබේ කටහඬ පතුරුවන්න.'

'එසේය ස්වාමීනි' කියල ඒ අභිභූ භික්ෂුව භාග්‍යවත් අරහත් වූ සිඛී බුදුරජාණන් වහන්සේට පිළිතුරු දුන්නා. බ්‍රහ්ම ලෝකෙ සිටිමින්ම මේ ගාථාවන් වදාළා.

'වීරිය පටන් ගන්න. කෙලෙස්වලින් නික්මිලා යන්න. බුදු සසුනේ යෙදී වාසය කරන්න. බලවත් ඇතෙක් බට දඬුවලින් හදපු ගෙයක් සුණු විසුණු කරල දානව වගේ, මේ මාර සේනාවත් සුණු විසුණු කරල දාන්න.

යම් කෙනෙක් මේ ධර්ම විනය තුළ අප්‍රමාදීව සමථ විදර්ශනා පුරුදු කරන්න වෙහෙසෙනවා නම්, ඔහු සසරෙ ඉපදීම සදහටම නැතිකරල දාලා, සියලු දුක් කෙළවර කරල දානවා.'

පින්වත් මහණෙනි, අරහත් සම්මා සම්බුද්ධ වූ සිඛී භාග්‍යවතුන් වහන්සේත්, අභිභූ භික්ෂුවත්, ඒ බ්‍රහ්මයාවත්, බ්‍රහ්ම පිරිසවත්, අතවැසි බ්‍රහ්ම පිරිසවත් සංවේගයට පත්කළා. බලවත් පුරුෂයෙක් හකුලපු අතක් දික් කරනව වගේ, දික් කරපු අතක් හකුලනව වගේ ඒ බ්‍රහ්ම ලෝකෙන් අතුරුදහන් වුනා. අරුණවතී රාජධානියේ පහළ වුනා.

පින්වත් මහණෙනි, එදා අරහත් සම්මා සම්බුද්ධ වූ සිඛී භාග්‍යවතුන් වහන්සේ භික්ෂුසංඝයා ඇමතුවා. 'පින්වත් මහණෙනි, ඔබට ඇසුනද මේ අභිභූ භික්ෂුව බ්‍රහ්ම ලෝකෙ ඉඳන් ප්‍රකාශ කළ ගාථා?'

'එහෙමයි ස්වාමීනි, අපිට ඇහුනා අභිභූ භික්ෂුව බ්‍රහ්ම ලෝකෙ ඉඳගෙන ප්‍රකාශ කළ ගාථා.'

'ඉතින් පින්වත් මහණෙනි, මේ අභිභූ භික්ෂුව ඒ බ්‍රහ්ම ලෝකෙ ඉඳගෙන ප්‍රකාශ කළ ඒ ගාථා ඔබට කොයි විදිහටද ඇහුවේ?'

'ස්වාමීනි, අභිභූ භික්ෂුව බ්‍රහ්ම ලෝකෙ ඉඳගෙන ගාථා කියද්දි අපි මේ විදිහට ඇහුවා.'

'වීරිය ආරම්භ කරන්න. කෙලෙස්වලින් නික්මිලා යන්න. බුදු සසුනේ යෙදි වාසය කරන්න. බලවත් ඇතෙක්, බට දඬුවලින් හදපු ගෙයක් සුණු විසුණු කරලා දානවා වගේ, මේ මාර සේනාවත් සුණු විසුණු කරල දාන්න.

යම් කෙනෙක් මේ ධර්ම විනය තුළ අප්‍රමාදීව, සමථ විදර්ශනා වඩන්න වෙහෙස වෙනවා නම්, ඔහු සසරෙ ඉපදීම සදහටම නැතිකරල දාලා, සියලු දුක් කෙළවර කරල දානවා.'

'ස්වාමීනි, අභිභූ භික්ෂුව බ්‍රහ්ම ලෝකෙ ඉඳගෙන, ගාථා කියන කොට ඔන්න ඔය විදිහට තමයි අපි ඇහුවේ.'

"සාදු! සාදු! පින්වත් මහණෙනි, අභිභූ භික්ෂුව බ්‍රහ්ම ලෝකෙ ඉඳගෙන ගාථා කියද්දි ඔබත් අහගෙන හිටපු එක බොහොම හොඳයි."

භාග්‍යවතුන් වහන්සේ සිඛී බුදුරජාණන් වහන්සේ ගැන මේ තොරතුරු වදාළා. ඒ භික්ෂූන් වහන්සේලා ගොඩාක්ම සතුටු වුනා. භාග්‍යවතුන් වහන්සේ වදාළ මේ දෙසුම ඉතාම සතුටින් පිළිගත්තා.

සාදු! සාදු!! සාදු!!!

6.2.5.
පරිනිබ්බාණ සූත්‍රය
පිරිනිවන් පෑම ගැන වදාළ දෙසුම

186. මා හට අසන්නට ලැබුනේ මේ විදිහටයි. ඒ දිනවල භාග්‍යවතුන් වහන්සේ වැඩසිටියේ කුසිනාරා නුවර, උපවර්තන නම් වූ මල්ල රජුන්ගේ සල් උයනේ සල් ගස් දෙකක් අතරේ. ඒ භාග්‍යවතුන් වහන්සේගේ පරිනිර්වාණ සමයයි.

එදා භාග්‍යවතුන් වහන්සේ භික්ෂුසංඝයා ඇමතුවා. 'පින්වත් මහණෙනි, දැන් මා ඔබට මේ අවසන් මොහොතේද අමතමි. මේ සංස්කාර සියල්ලම නැසී යන සුළුයි. ඒ නිසා ඔබ අප්‍රමාදීව මේ සදහම් මගේ හැසිරෙන්න ඕන. මේ තථාගතයන් වහන්සේගේ අන්තිම ප්‍රකාශයයි' කියලා.

ඊට පස්සෙ භාග්‍යවතුන් වහන්සෙ පළවෙනි ධ්‍යානයට සමවැදුනා. පළවෙනි ධ්‍යානයෙන් නැගී සිටලා දෙවෙනි ධ්‍යානයට සමවැදුනා. දෙවෙනි ධ්‍යානයෙන් නැගී සිටලා තුන්වෙනි ධ්‍යානයට සමවැදුනා. තුන්වෙනි ධ්‍යානයෙන් නැගී සිටලා හතරවෙනි ධ්‍යානයට සමවැදුනා. හතරවෙනි ධ්‍යානයෙන් නැගී සිටලා, ආකාසානඤ්චායතන සමාපත්තියට සමවැදුනා. ආකාසානඤ්චායතන සමාපත්තියෙන් නැගී සිටලා, විඤ්ඤාණඤ්ඤායතන සමාපත්තියට සමවැදුනා. විඤ්ඤාණඤ්චායතන සමාපත්තියෙන් නැගී සිටලා, ආකිඤ්චඤ්ඤායතන සමාපත්තියට සමවැදුනා. ආකිඤ්චඤ්ඤායතන සමාපත්තියෙන් නැගී සිටලා, නේවසඤ්ඤානාසඤ්ඤායතන සමාපත්තියට සමවැදුනා. නේවසඤ්ඤා-නාසඤ්ඤායතන සමාපත්තියෙන් නැගී සිටලා, නිරෝධ සමාපත්තියට සමවැදුනා.

නිරෝධ සමාපත්තියෙන් නැගී සිටලා, නේවසඤ්ඤානාසඤ්ඤායතන සමාපත්තියට සමවැදුනා. නේවසඤ්ඤානාසඤ්ඤායතන සමාපත්තියෙන් නැගී සිටලා, ආකිඤ්චඤ්ඤායතන සමාපත්තියට සමවැදුනා. ආකිඤ්චඤ්ඤායතන සමාපත්තියෙන් නැගී සිටලා, විඤ්ඤාණඤ්චායතන සමාපත්තියට සමවැදුනා.

විඤ්ඤාණඤ්චායතන සමාපත්තියෙන් නැගී සිටලා, ආකාසානඤ්චායතන සමාපත්තියට සමවැදුනා. ආකාසානඤ්චායතන සමාපත්තියෙන් නැගී සිටලා, හතරවෙනි ධ්‍යානයට සමවැදුනා. හතරවෙනි ධ්‍යානයෙන් නැගී සිටලා, තුන් වෙනි ධ්‍යානයට සමවැදුනා. තුන්වෙනි ධ්‍යානයෙන් නැගී සිටලා, දෙවෙනි ධ්‍යානයට සමවැදුනා. දෙවෙනි ධ්‍යානයෙන් නැගී සිටලා, පළවෙනි ධ්‍යානයට සමවැදුනා.

පළවෙනි ධ්‍යානයෙන් නැගී සිටලා, දෙවෙනි ධ්‍යානයට සමවැදුනා. දෙවෙනි ධ්‍යානයෙන් නැගී සිටලා, තුන්වෙනි ධ්‍යානයට සමවැදුනා. තුන් වෙනි ධ්‍යානයේ නැගී සිටලා හතරවෙනි ධ්‍යානයට සමවැදුනා. හතරවෙනි ධ්‍යානයෙන් නැගී සිටිනවාත් සමඟම භාග්‍යවතුන් වහන්සේ පිරිනිවන් පා වදාළා.

භාග්‍යවතුන් වහන්සේගේ පිරිනිවන් පෑමත් සමඟම, සහම්පතී බ්‍රහ්මයා මේ ගාථාව පැවසුවා.

"මේ ලෝකයේ කිසි පුද්ගලයකුට සමාන නැති, තථාගත වූ, තථාගත බලයන්ට පැමිණ වදාළ, සම්බුදු වූ, මෙබඳු ශාස්තෘන් වහන්සේ පවා පිරිනිවන් පෑ සේක් නම්, එපරිද්දෙන්ම මේ ලෝකයේ උපන් හැම සත්වයෙක්ම මේ ශරීර අත්හැරලා දානවා."

භාග්‍යවතුන් වහන්සේගේ පිරිනිවන් පෑමත් සමඟම ශක්‍ර දේවේන්ද්‍රයනුත් මේ ගාථාව පැවසුවා.

"ඒකාන්තයෙන්ම සියලු සංස්කාර අනිත්‍යයි. හටඅරගෙන, වැනසිලා යන ස්වභාවයෙන් යුක්තයි. හටගන්නවා වගේම නැසී යනවා. ඒ ස්වභාවය සදහටම සංසිඳී යාමයි සැපය."

භාග්‍යවතුන් වහන්සේගේ පිරිනිවන් පෑමත් සමඟම ආයුෂ්මත් ආනන්දයන් වහන්සේ මේ ගාථාව ප්‍රකාශ කළා.

"සියලු ගුණසම්පත්තියෙන් පිරිපුන් සම්බුදුරජාණන් වහන්සේ පිරිනිවන් පා වදාළ මොහොතේ, (තුන් ලොවටම තිබූ රැකවරණය නැති වූ නිසා) බිහිසුණු බවක් ඇති වුනා. ලොමු දැහැගැන්වුනා."

භාග්‍යවතුන් වහන්සේගේ පිරිනිවන් පෑමත් සමඟම ආයුෂ්මත් අනුරුද්ධයන් වහන්සේ මේ ගාථාවන් ප්‍රකාශ කළා.

"අමා නිවනේ පිහිටි සිත් ඇති, අකම්පිත සිත් ඇති මුනිඳාණන්ගේ

ආශ්වාස ප්‍රශ්වාස නැතිවෙලා ගියා. තණ්හා රහිත වූ, සදහම් ඇස් ඇති, බුදු සමිඳුන් ඒ අමා නිවන අරමුණු කරගෙන පිරිනිවන් පා වදාළා.

ප්‍රබෝධමත් සිතින්මයි වේදනාවන් ඉවසුවේ. ඒ විමුක්ති සිත නිවිලා ගියේ, පහනක් නිවිල යනවා වගේ.”

සාදු! සාදු!! සාදු!!!

දෙවෙනි පරිනිබ්බාණ වර්ගය අවසන් විය.
බ්‍රහ්ම සංයුත්තය අවසන් විය.

නමෝ තස්ස භගවතෝ අරහතෝ සම්මාසම්බුද්ධස්ස
ඒ භාග්‍යවත් අරහත් සම්මා සම්බුදුරජාණන් වහන්සේට නමස්කාර වේවා!

7. බ්‍රාහ්මණ සංයුත්තය

1. අරහන්ත වර්ගය

7.1.1.
ධනඤ්ජානි සූත්‍රය
ධනඤ්ජානි බැමිණියගේ සැමියාට වදාළ දෙසුම

187. මා හට අසන්නට ලැබුනේ මේ විදිහටයි. ඒ දිනවල භාග්‍යවතුන් වහන්සේ වැඩසිටියේ රජගහ නුවර කලන්දක නිවාප නම් වේළුවනයේ.

ඒ කාලෙ එක්තරා භාරද්වාජ වංශයේ උපන් බමුණෙකුගේ ධනඤ්ජානි කියන බැමිණිය බුදු සමිඳුන් ගැනත්, සිරි සදහම් ගැනත්, ආර්ය සඟරුවන ගැනත් අතිශයින්ම පැහැදිලයි හිටියේ.

එදා ධනඤ්ජානි බැමිණිය ඒ භාරද්වාජ බමුණාට බත් ගෙනයමින් සිටියදී, පය පැටලිලා වැටෙන්න ගියා. ඒ වෙලාවෙ ඇය තුන්වතාවක් මේ විදිහේ ප්‍රීති වාක්‍යයක් ප්‍රකාශ කළා. 'ඒ භාග්‍යවත් අරහත්, සම්මා සම්බුදුරජාණන් වහන්සේට නමස්කාර වේවා! ඒ භාග්‍යවත් අරහත් සම්මා සම්බුදුරජාණන් වහන්සේට නමස්කාර වේවා! ඒ භාග්‍යවත් අරහත් සම්මා සම්බුදුරජාණන් වහන්සේට නමස්කාර වේවා!' කියලා.

මේ විදිහට කිව්වට පස්සෙ ඒ භාරද්වාජ වංශික බ්‍රාහ්මණයා ධනඤ්ජානි බැමිණියට මෙහෙම කිව්වා. "ඒයි වසලි! උඹ මෙතන ඉඳගෙන, ඒ මුඩු ශ්‍රමණයාගේ ගුණ වර්ණනා කරනවානේ. ඒයි වසලි, දැන් බලාගනින්, මං ගිහිල්ලා, නුඹේ ඒ ශාස්තෘන් වහන්සේත් එක්ක වාද කරන හැටි" කියලා.

"බමුණ, මම නම් දකින්නෙ නෑ මේ දෙවියන් සහිත, මාරයන් සහිත, ශ්‍රමණබ්‍රාහ්මණයන් සහිත, දෙව්මිනිසුන් සහිත මේ සත්ව ප්‍රජාව තුළ ඒ භාග්‍යවත් අරහත් සම්මා සම්බුදුරජාණන් වහන්සේට වාද ඉදිරිපත් කරන්න පුළුවන් කෙනෙක් නම් ඉන්නවා කියල. ඒ වුනාට කමක් නෑ බමුණ, ඔබම යන්න. ගිහිල්ලා ඔබම දැනගෙන එන්නකො" කියලා.

ඊට පස්සෙ භාරද්වාජ වංශික බමුණාට කේන්ති ගියා. නොසතුටු වුනා. භාග්‍යවතුන් වහන්සේ ළඟට ගියා. ගිහිල්ලා භාග්‍යවතුන් වහන්සේ සමඟ සතුටු වුනා. පිළිසඳර කතාබස් කළා. පැත්තකින් වාඩිවුනා. පැත්තකින් වාඩිවුන භාරජද්වාජ වංශික බ්‍රාහ්මණයා භාග්‍යවතුන් වහන්සේට ගාථාවකින් පැවසුවා.

"කුමක් නැති කළාමද සනීපෙට නින්ද යන්නෙ? කුමක් නැති කළාමද ශෝක නොකරන්නෙ? පින්වත් ගෞතමයන් වහන්ස, කවර නම් එකම එක දෙයක් නැසීම ගැනද සතුටු වන්නෙ?"

(භාග්‍යවතුන් වහන්සේ) :

"ක්‍රෝධය නැති කළාම තමයි සනීපෙට යන්නෙ. ක්‍රෝධය නැති කළාම තමයි ශෝකය නැතිවෙලා යන්නෙ. බමුණ, විෂ මුල් තියෙන (පළිගැනීම නම් වූ මිහිරි අග ඇති) ක්‍රෝධය නැසීම ගැන, ආර්යන් වහන්සේලා ප්‍රශංසා කරන්නෙ."

භාග්‍යවතුන් වහන්සේ මේ විදිහට වදාළා. ඊට පස්සෙ ඒ භාරද්වාජ වංශික බ්‍රාහ්මණයා භාග්‍යවතුන් වහන්සේට මෙහෙම කිව්වා. "පින්වත් ගෞතමයන් වහන්ස, හරිම මනහරයි! පින්වත් ගෞතමයන් වහන්ස, හරිම මනහරයි! පින්වත් ගෞතමයන් වහන්ස, යටිකුරු වෙච්ච දෙයක් උඩු අතට හැරෙව්වා වගෙයි. වහලා තිබ්බ්ච දෙයක් ඇරල පෙන්නුවා වගෙයි. මං මුළා වූ කෙනෙකුට හරි මග පෙන්නුවා වගෙයි. ඇස් ඇති උදවියට රූප දකින්න අඳුරේ තෙල් පහන් දැරුවා වගෙයි. පින්වත් ගෞතමයන් වහන්සේ ඔය විදිහට නොයෙක් ආකාරයෙන් ධර්මය වදාළා. මමත් පින්වත් ගෞතමයන් වහන්සේව සරණ යනවා. ශ්‍රී සද්ධර්මයත් සරණ යනවා. භික්ෂුසංඝයාත් සරණ යනවා. පින්වත් ගෞතමයන් වහන්සේ සමීපයේ මට පැවිද්ද ලැබෙනවා නම්, උපසම්පදාව ලැබෙනවා නම්, කොයිතරම් හොඳද."

ඉතින් ඒ භාරද්වාජ වංශික බ්‍රාහ්මණයා භාග්‍යවතුන් වහන්සේ ළඟ පැවිදි වුනා. උපසම්පදාවත් ලැබුවා. ඒ ආයුෂ්මත් භාරද්වාජයන් වහන්සේ උපසම්පදාවෙන් ටික කලකට පස්සෙ එකළා වුනා. හුදෙකලා වුනා. අප්‍රමාදීව කෙලෙස් තවන වීරිය ඇතිකර ගත්තා. දහමට දිවි පුදා වාසය කළා. යම් උතුම් අර්ථයක් පිණිස සැදැහැවතුන් ගිහි ගේ අත්හැරලා, බුදු සසුනේ යහපත් පැවිද්ද

ලබනවා නම්, අන්න ඒ උතුම් අර්ථය සුළු කලකදීම ලබාගත්තා. බඹසර ජීවිතයේ නිමාව වූ උතුම් අරහත්වයට මේ ජීවිතයේදීම පැමිණුනා. ඉපදීම නැතිවුනා. බ්‍රහ්මචාරී ජීවිතය සම්පූර්ණ කළා. නිවන් මඟ සම්පූර්ණ කළා. ආයෙමත් සසර දුකක් නැතැයි අවබෝධ කරගත්තා. ඉතින් ආයුෂ්මත් භාරද්වාජයන් වහන්සේ රහතන් වහන්සේලා අතර කෙනෙක් බවට පත්වුනා.

සාදු! සාදු!! සාදු!!!

7.1.2.
අක්කෝසක සූත්‍රය
අක්කෝසක භාරද්වාජ බ්‍රාහ්මණයාට වදාළ දෙසුම

188. මා හට අසන්නට ලැබුනේ මේ විදිහටයි. ඒ දිනවල භාග්‍යවතුන් වහන්සේ වැඩසිටියේ රජගහ නුවර කලන්දක නිවාප නම් වේළුවනයේ. එහිදී භාරද්වාජ වංශික බ්‍රාහ්මණයෙක් ගිහි ගෙයින් නික්ම ශ්‍රමණ ගෞතමයන් වහන්සේ ළඟ පැවිදි වෙච්ච බව අක්කෝසක භාරද්වාජ බ්‍රාහ්මණයාට අසන්න ලැබුනා. ඔහු ඒ ගැන කිපුනා. අසතුටු වුනා. භාග්‍යවතුන් වහන්සේ ළඟට ගියා. ගිහින් භාග්‍යවතුන් වහන්සේට අසභ්‍ය වචනවලින්, පරුෂ වචනවලින් ආක්‍රෝශ කරන්න පටන් ගත්තා. පරිභව කරන්න පටන් ගත්තා.

එහෙම බණින කොට අක්කෝසක භාරද්වාජ බමුණාට භාග්‍යවතුන් වහන්සේ මෙහෙම පැවසුවා.

"පින්වත් බ්‍රාහ්මණය, ඔබ මේ ගැන මොකක්ද හිතන්නෙ. ඔබේ නිවසට යාළු මිත්‍රයන්, ලේ ඥාතීන්, ආගන්තුකයො එනවාද?"

"භවත් ගෞතමයෙනි, ඔව්. මාගේ නිවසට සමහර දවස්වලට යාළු මිත්‍රයො, ලේ ඥාතීන්, ආගන්තුකයො එනවා."

"පින්වත් බ්‍රාහ්මණය, මේ ගැන ඔබ මොකක්ද හිතන්නෙ? ඉතින්, ඔවුන්ට කන දේවල්වලින් හරි, අනුභව කරන දේවල්වලින් හරි, රස විඳින දේවල්වලින් හරි සංග්‍රහ කරනවාද?"

"භවත් ගෞතමයෙනි, ඔව්. මං ඔවුන්ට ඇතැම් දවස්වල කන දේවල් වලින් හරි, අනුභව කරන දේවල්වලින් හරි, රස විඳින දේවල්වලින් හරි සංග්‍රහ කරනවා තමයි."

"එහෙම නම් පින්වත් බ්‍රාහ්මණය, ඔවුන් ඔබේ සංග්‍රහය නොපිළිගත්තොත්, ඒවා අයිති වෙන්නෙ කාටද?"

"භවත් ගෞතමයෙනි, ඉතින් ඔවුන් ඒවා පිළිගන්නෙ නැත්නම්, ඒවා ඉතින් අපට නෙව."

"පින්වත් බ්‍රාහ්මණය, අන්න ඒ වගේ තමයි, ඔබ කාටවත් ආක්‍රෝශ නොකරන අපට ආක්‍රෝශ කරනවා. කා සමඟවත් නොකිපෙන අප සමඟ කිපෙනවා. කා සමඟවත් රණ්ඩුවට නොයන අප සමඟ රණ්ඩුවට එනවා. නමුත් ඒවා අපි පිළිගන්නෙ නෑ. පින්වත් බ්‍රාහ්මණය, ඒවා අයිති වෙන්නෙ ඔබටමයි.

පින්වත් බ්‍රාහ්මණය, යම් කෙනෙක් ආක්‍රෝශ කරන කෙනෙකුට පෙරලා ආක්‍රෝශ කරනවා නම්, කිපෙන කෙනෙකුට පෙරලා කිපෙනවා නම්, රණ්ඩුවට එන කෙනෙක් එක්ක පෙරලා රණ්ඩු කරනවා නම්, පින්වත් බ්‍රාහ්මණ, ඔන්න ඕකටයි කියන්නෙ එකතු වෙලා අනුභව කරනවා කියලා. බෙදාගෙන කනවා කියලා. නමුත් ඒ අපි ඔබ සමඟ එකතු වෙලා අනුභව කරන්නෙ නෑ. බෙදාහදාගෙන කෑමක් නෑ. පින්වත් බ්‍රාහ්මණය, ඔබටමයි ඒවා අයිති වෙන්නෙ. පින්වත් බ්‍රාහ්මණය, ඔබට විතරමයි ඒවා අයිති වෙන්නෙ."

(බ්‍රාහ්මණය) :

"භවත් ගෞතමයන් වහන්සේ ගැන රජ්ජුරුවන් ඇතුළු ජනතාව මේ විදිහටයි දන්නෙ. 'ශ්‍රමණ ගෞතමයන් වහන්සේ රහතන් වහන්සේ නමක්' කියලා. ඒ වුනාට භවත් ගෞතමයන්ට කේන්ති යනවා නෙව."

(භාග්‍යවතුන් වහන්සේ) :

"දමනය වුන කෙනෙකුට, යහපත් ජීවිතයක් ඇති කෙනෙකුට, අවබෝධයෙන් යුක්තව දුකින් නිදහස් වුන කෙනෙකුට, උපශාන්ත කෙනෙකුට, අකම්පිත සිත් ඇති කෙනෙකුට, ක්‍රෝධයක් කොයින්ද?

යම් කෙනෙක් තමන් ගැන කිපුන කෙනාට, පෙරළා කිපුනොත්, ඒකෙන් හානි සිද්ධ වෙන්නෙ තමන්ටමයි. නමුත්, තමන් ගැන කිපෙන කෙනාට, පෙරළා කිපෙන්නෙ නැත්නම්, ඔහු තමයි ජයගන්න දුෂ්කර වූ යුද්ධය දිනන්නෙ.

අනිත් කෙනාට කේන්ති ගිය බව දැනගත් කෙනා සිහියෙන් යුක්තව ඉවසුවොත්, ඔහු තමයි තමාටත්, අනුන්ටත් යන දෙපැත්තටම යහපත හදන්නෙ.

තමන්ටත්, අනුන්ටත් දෙපැත්තටම යහපත සිදුකරන කෙනාව දැකලා, ධර්මයට අදක්ෂ අඥාන උදවිය හිතන්නෙ ඔහු මෝඩයි කියලා."

මෙහෙම වදාළ විට, අක්කෝසක භාරද්වාජ බ්‍රාහ්මණයා භාග්‍යවතුන් වහන්සේට මෙහෙම කිව්වා. "භවත් ගෞතමයන් වහන්ස ඉතා මනහරයි! ....(පෙ).... ඒ මම පින්වත් ගෞතමයන් වහන්සේව සරණ යනවා. ශ්‍රී සද්ධර්මයත්, භික්ෂුසංඝයාත් සරණ යනවා. භවත් ගෞතමයන් වහන්සේ ළඟ මටත් පැවිදි බව ලැබෙනවා නම්, උපසම්පදාව ලැබෙනවා නම් කොච්චර දෙයක්ද."

ඉතින් අක්කෝසක භාරද්වාර බ්‍රාහ්මණයා, භාග්‍යවතුන් වහන්සේ ළඟ පැවිදි වුනා. උපසම්පදා වුනා.

ඉතින් ඒ ආයුෂ්මත් අක්කෝසක භාරද්වාජයන් වහන්සේ උපසම්පදාවෙන් ටික කලකට පස්සෙ තනි වුනා. හුදෙකලා වුනා. අප්‍රමාදීව කෙලෙස් තවන වීරිය ඇතිකර ගත්තා. දහමට දිවි පුදා වාසය කළා. සැදැහැවතුන් ගිහි ගෙය අත්හැරලා බුදු සසුනේ උතුම් පැවිද්ද ලබන්නෙ යම් අර්ථයක් පිණිස නම්, අන්න ඒ උතුම් අර්ථය සුළු කලකදීම ලබාගත්තා. බඹසර ජීවිතයේ කෙළවර වූ උතුම් අරහත්වයට මේ ජීවිතේදීම පැමිණුනා. ඉපදීම නැතිවුනා. බඹසර වාසය සම්පූර්ණ කළා. නිවන් මඟ සම්පූර්ණ කළා. ආයෙමත් සසර දුකක් නැතැයි අවබෝධ කරගත්තා. ඉතින් ඒ ආයුෂ්මත් භාරද්වාරජයන් වහන්සේ රහතන් වහන්සේලා අතර කෙනෙක් බවට පත් වුනා.

සාදු! සාදු!! සාදු!!!

7.1.3.
අසුන්දරික සූත්‍රය
අසුන්දරික භාරද්වාජ බ්‍රාහ්මණයාට වදාළ දෙසුම

189. මා හට අසන්නට ලැබුනේ මේ විදිහටයි. ඒ දිනවල භාග්‍යවතුන් වහන්සේ වැඩසිටියේ රජගහ නුවර වේළුවනය නම් වූ කලන්දක නිවාපයේ.

එහිදී භාරද්වාජ වංශික බ්‍රාහ්මණයෙක් ගිහි ජීවිතේ අත්හැරලා, ශ්‍රමණ ගෞතමයන් වහන්සේ සමීපයේ පැවිදි වුන බවට අසුන්දරික භාරද්වාජ බ්‍රාහ්මණයාට ආරංචි වුනා. ඒ ගැන ඔහු කිපුනා. අසතුටු වුනා. අන්තිමේදී භාග්‍යවතුන් වහන්සේ ළඟට ගියා. ගිහින් භාග්‍යවතුන් වහන්සේට අසභ්‍ය වූ පරුෂ වචනයෙන් බණින්න පටන් ගත්තා. ආක්‍රෝශ කරන්න පටන් ගත්තා. පරිභව කරන්න පටන් ගත්තා. එහෙම බණින කොට භාග්‍යවතුන් වහන්සේ නිශ්ශබ්දව වැඩසිටියා.

එතකොට අසුන්දරික භාරද්වාජ බ්‍රාහ්මණයා භාග්‍යවතුන් වහන්සේට මෙහෙම කිව්වා. "ඒයි ශ්‍රමණය, දිනුවා කියල හිතුවාද? ඒයි ශ්‍රමණය දිනුවා කියලා හිතුවාද?"

(භාග්‍යවතුන් වහන්සේ) :

"ඇත්තෙන්ම අනුන්ට බණින මෝඩ කෙනා තමන් ජයගත්තා කියලයි හිතන්නෙ. නමුත් ඉවසීමේ ගුණ දන්න කෙනාගේ යම් ඉවසීමක් තියෙනවා නම්, එයාට තමයි ජය ලැබෙන්නෙ.

යම් කෙනෙක් තමන් ගැන කිපුන කෙනාට පෙරළා කිපුනොත් ඒකෙන් හානි සිද්ධ වෙන්නෙ තමන්ටමයි. නමුත් තමන් ගැන කිපෙන කෙනෙකුට පෙරළා කිපෙන්නෙ නැත්නම්, ඔහු තමයි ජයගන්න අමාරු යුද්ධය දිනන්නෙ.

අනිත් කෙනාට කේන්ති ගිය බව දැනගත් කෙනා, සිහියෙන් යුතුව ඉවසුවොත්, ඔහු තමයි තමාටත්, අනුන්ටත් යන දෙපැත්තටම යහපත හදන්නෙ.

තමන්ටත් අනුන්ටත්, දෙපැත්තටම යහපත සිදුකරන කෙනාව දැකලා, ධර්මයට අදක්ෂ අඥාන උදවිය හිතන්නෙ ඔහු මෝඩයි කියලා."

මෙහෙම වදාළ විට අසුන්දරික භාරද්වාජ බ්‍රාහ්මණයා භාග්‍යවතුන් වහන්සේට මෙහෙම කිව්වා. "භවත් ගෞතමයන් වහන්ස, ඉතා මනහරයි! ....(පෙ).... අවබෝධ කරගත්තා. ඉතින් ඒ ආයුෂ්මත් භාරද්වාජයන් වහන්සේ රහතන් වහන්සේලා අතර කෙනෙක් වුනා."

සාදු! සාදු!! සාදු!!!

7.1.4.
බිලංගික සූත්‍රය
බිලංගික භාරද්වාජ බ්‍රාහ්මණයාට වදාළ දෙසුම

190. මා හට අසන්නට ලැබුනේ මේ විදිහටයි. ඒ දිනවල භාග්‍යවතුන් වහන්සේ වැඩසිටියේ රජගහ නුවර කලන්දක නිවාප නම් වේළුවනාරාමයේ. එහිදී භාරද්වාජ වංශික බ්‍රාහ්මණයෙක් ගිහි ගේ අත්හැරලා, ශ්‍රමණ ගෞතමයන් වහන්සේ ළඟ පැවිදි වූ බව බිලංගික භාරද්වාජ බ්‍රාහ්මණයාට ආරංචි වුනා. ඒ ගැන ඔහු කිපුනා. අසතුටු වුනා. අන්තිමේ දී භාග්‍යවතුන් වහන්සේ ළඟට ගියා. ගිහින් (බලවත් කෝපයකින් යුතුව) නිශ්ශබ්දව පැත්තකින් වාඩිවෙලා හිටියා.

එතකොට භාග්‍යවතුන් වහන්සේ තමන් වහන්සේගේ සිතින් බිලංගික භාරද්වාජ බ්‍රාහ්මණයාගේ සිතුවිලි හඳුනගත්තා. බිලංගික භාරද්වාජ බ්‍රාහ්මණයාට ගාථාවකින් වදාළා.

"කවුරු හරි කෙනෙක් පිරිසිදු සිත් ඇති, නිකෙලෙස් නොකිපෙන සිත් ඇති කෙනෙකුට කිපුනොත්, ඒක උඩු සුළඟට දැමූ සියුම් දූවිල්ලක් වගේ ඒ පව ඒ අඥාන පුද්ගලයා කරාම එනවා."

මෙහෙම වදාළ විට බිලංගිකභාරද්වාජ බ්‍රාහ්මණයා භාග්‍යවතුන් වහන්සේට මෙහෙම කිව්වා. "භවත් ගෞතමයන් වහන්ස, ඉතා මනහරයි! ....(පෙ).... අවබෝධ කරගත්තා." ඉතින් ආයුෂ්මත් භාජද්වාජයන් වහන්සේ රහතන් වහන්සේල අතර කෙනෙක් වුනා.

සාදු! සාදු!! සාදු!!!

7.1.5.
අහිංසක සූත්‍රය
අහිංසක භාරද්වාජ බ්‍රාහ්මණයාට වදාළ දෙසුම

191. සැවැත් නුවරදී ....

එදා අහිංසක භාරද්වාජ බ්‍රාහ්මණයා භාග්‍යවතුන් වහන්සේ ළඟට ආවා. ඇවිදින් භාග්‍යවතුන් වහන්සේ සමඟ සතුටුවුනා. පිළිසඳර කතා බස් කළා. පැත්තකින් වාඩිවුනා. පැත්තකින් වාඩිවුන අහිංසක භාරද්වාජ බ්‍රාහ්මණයා භාග්‍යවතුන් වහන්සේට මෙහෙම කිව්වා.

"භවත් ගෞතමයන් වහන්ස, මට තමයි අහිංසක කියන්නෙ. භවත් ගෞතමයන් වහන්ස, මට තමයි අහිංසක කියන්නෙ."

(භාග්‍යවතුන් වහන්සේ) :

"ඔබේ නමත් ඒක නම්, ඔබ ඉන්නෙත් ඒ විදිහට නම්, අහිංසකයෙක්ම තමයි. යම් කෙනෙක් කයෙනුත්, වචනයෙනුත්, සිතිනුත් හිංසා කරන්නෙ නැත්නම්, යම් කෙනෙක් අනුන් වෙහෙසවන්නෙ නැත්නම්, ඇත්තෙන්ම ඔහු අහිංසකයි."

මෙහෙම වදාළ විට අහිංසක භාරද්වාජ බ්‍රාහ්මණයා භාග්‍යවතුන්

වහන්සේට මෙහෙම කිව්වා.

"භවත් ගෞතමයන් වහන්ස, ඉතා මනහරයි! ....(පෙ).... අවබෝධ කරගත්තා. ඉතින් ඒ ආයුෂ්මත් භාරද්වාජයන් වහන්සේ රහතන් වහන්සේලා අතර කෙනෙක් වුනා.

සාදු! සාදු!! සාදු!!!

7.1.6.
ජටා සූත්‍රය
ජටා භාරද්වාජ බ්‍රාහ්මණයාට වදාළ දෙසුම

192. සැවැත් නුවරදී ....

ඒ දිනවල භාග්‍යවතුන් වහන්සේ වැඩසිටියේ සැවැත් නුවර ජේතවනය නම් වූ අනේපිඬු සිටුතුමාගේ ආරාමයේ. එදා ජටා භාරද්වාජ බ්‍රාහ්මණයා භාග්‍යවතුන් වහන්සේ ළඟට ආවා. ඇවිදින් භාග්‍යවතුන් වහන්සේ සමඟ සතුටු වුනා. පිළිසඳර කතාබස් කළා. පැත්තකින් වාඩිවුනා. පැත්තකින් වාඩිවුන ජටා භාරද්වාජ බ්‍රාහ්මණයා භාග්‍යවතුන් වහන්සේට ගාථාවකින් මෙය පැවසුවා.

"ඇතුළත් අවුල් වෙලා. පිටත් අවුල් වෙලා. මේ මිනිස්සු ඉන්නෙ අවුලෙන් අවුලට පත් වෙලා. අන්න ඒ කාරණය ගැන ගෞතමයන් වහන්සේගෙන් අහන්න කැමතියි. මේ අවුල ලිහාගන්නෙ කවුද?"

(භාග්‍යවතුන් වහන්සේ) :

"ප්‍රඥාවන්ත මනුෂ්‍යයා සීලයක පිහිටලා, සිතත්, ප්‍රඥාවත් වඩනවා නම්, කෙලෙස් තවන වීරිය ඇති, තැනට සුදුසු නුවණ ඇති, අන්න ඒ භික්ෂුව තමයි ඔය අවුල ලිහාගන්නෙ.

යමෙක් තුළ රාගයත්, ද්වේෂයත්, අවිද්‍යාවත් නැත්නම්, ඔවුන් ආශ්‍රව රහිතයි. ඔවුන් රහතන් වහන්සේලා. ඔවුන් විසින් ඔය අවුල ලිහාගෙනයි තියෙන්නෙ.

යම් තැනක නාමත්, රූපත් එමෙන්ම මානසිකව ඇතිවෙන සඤ්ඤාවනුත්, ඉතිරි නැතිව නැති වෙනවා නම්, අන්න එතන තමයි මේ අවුල සිඳිල යන්නෙ."

මෙහෙම වදාළ විට ජටා භාරද්වාජ බ්‍රාහ්මණයා භාග්‍යවතුන් වහන්සේට මෙහෙම කිව්වා. "භවත් ගෞතමයන් වහන්ස, ඉතා මනහරයි! ....(පෙ).... අවබෝධ කරගත්තා." ඉතින් ආයුෂ්මත් භාරද්වාජයන් වහන්සේ රහතන් වහන්සේලා අතර කෙනෙක් වුනා.

සාදු! සාදු!! සාදු!!!

7.1.7.
සුද්ධික සූත්‍රය
සුද්ධික භාරද්වාජ බ්‍රාහ්මණයාට වදාළ දෙසුම

193. සැවැත් නුවරදී ....

එදා සුද්ධික භාරද්වාජ බ්‍රාහ්මණයා භාග්‍යවතුන් වහන්සේ ළඟට ආවා. ඇවිදින් භාග්‍යවතුන් වහන්සේ සමඟ සතුටු වුනා. පිළිසඳර කතාබස් කළා. පැත්තකින් වාඩිවුනා. පැත්තකින් වාඩිවුන සුද්ධික භාරද්වාජ බ්‍රාහ්මණයා භාග්‍යවතුන් වහන්සේ සමීපයේ මේ ගාථාව පැවසුවා.

"මේ ලෝකෙ කිසි බමුණෙක් සිල්වත් වුන පමණින්, තපස් රැක්ක පමණින් පිරිසිදු වෙන්නෙ නෑ. විජ්ජාචරණ සම්පන්න කෙනෙක්මයි පිරිසිදු වෙන්නෙ. මේ අනිත් ජනතාවට නම්, පිරිසිදු වීමක් ලැබෙන්නෙ නෑ." (මෙතනදී විජ්ජා චරණ සම්පන්න කියා බමුණා කියනුයේ වේදය ගැන දැනීමත්, උසස් කුලයක ඉපදීමත්ය.)

(භාග්‍යවතුන් වහන්සේ) :

"බොහෝ බොරු දේවල් ජප කළත්, උපතින් නම් බ්‍රාහ්මණයෙක් වෙන්නෙ නෑ. ඇතුළත කුණු වෙලා, කිලුටු වෙලා, වංචාවෙනුයි ඒ උදවිය ඉන්නෙ.

"රජ පවුලෙ වුනත්, බමුණු කුලේ වුනත්, වෙළඳ කුලේ වුනත්, කම්කරුවෙක් වුනත්, සැඩොලෙක් වුනත්, පුක්කුස කුලේ වුනත්, ඒ කවුරු නමුත් පටන් ගත් වීරියෙන් යුක්ත නම්, දහමට දිවි පුදා ඉන්නවා නම්, නිතර දැඩි වීරියකින් යුක්ත නම්, පරම පිරිසිදු බව වන ඒ අමා නිවනට පත්වෙනවා. පින්වත් බ්‍රාහ්මණය, ඔය විදිහටයි දැනගන්න තියෙන්නෙ."

මෙහෙම වදාළ විට, සුද්ධික භාරද්වාජ බ්‍රාහ්මණයා භාග්‍යවතුන් වහන්සේට මෙහෙම කිව්වා. "භවත් ගෞතමයන් වහන්ස, ඉතා මනහරයි! ....(පෙ).... අවබෝධ කරගත්තා." ඉතින් ඒ ආයුෂ්මත් භාරද්වාජයන් වහන්සේ රහතන් වහන්සේලා අතර කෙනෙක් බවට පත් වුනා.

සාදු! සාදු!! සාදු!!!

7.1.8.
අග්ගික සූත්‍රය
අග්ගික භාරද්වාජ බ්‍රාහ්මණයාට වදාළ දෙසුම

194. ඒ දිනවල භාග්‍යවතුන් වහන්සේ වැඩසිටියේ රජගහ නුවර කලන්දක නිවාප නම් වූ වේළුවනාරාමයේ. ඒ දිනවල අග්ගික භාරද්වාජ බ්‍රාහ්මණයා ගිනි පූජාවක් කරන්න ඕන කියලා, ගිනි යාගයක් කරන්න ඕන කියල ගිතෙල් දාපු කිරිබතක් සූදානම් කළා. එදා උදේ වරුවේ භාග්‍යවතුන් වහන්සේ සිවුරු පොරවාගෙන, පාත්‍රයත්, සිවුරුත් අරගෙන, පිණ්ඩපාතෙ වැඩියා. රජගහ නුවර ගෙපිළිවෙළින් පිණ්ඩපාතෙ වඩිද්දි, අග්ගික භාරද්වාජ බ්‍රාහ්මණයාගේ නිවසටත් වැඩියා. වැඩම කරලා පැත්තකින් හිටගත්තා. පිණ්ඩපාතෙ වැඩම කරල, හිටගෙන ඉන්න භාග්‍යවතුන් වහන්සේව අග්ගික භාරද්වාජ බ්‍රාහ්මණයාට දකින්න ලැබුනා. දැකල, භාග්‍යවතුන් වහන්සේට ගාථාවකින් මෙහෙම කිව්වා.

"ත්‍රිවිද්‍යාවෙන් (ත්‍රිවේදය හදාරලා) යුක්ත වෙලා, පිරිසිදු වංශෙක ඉපදිලා, ඉන්නවා නම්, ඔහු තමයි මේ කිරිබත වළඳන කෙනා." (මෙතනදී ඒ බමුණා විජ්ජාචරණ සම්පන්න වශයෙන් පැවසුවේ, ත්‍රිවේදය ගැන දැනීමත්, උසස් කුලයක ඉපදීලා ජීවත් වීමත් ගැනයි. මේ ගාථාවෙන් පැවසුවේ, බුදුරජාණන් වහන්සේට ඒ කිරිබත නුසුදුසු බවයි.)

(භාග්‍යවතුන් වහන්සේ) :

"බොහෝ බොරු දේවල් ජප කළත්, උපතින් නම් බ්‍රාහ්මණයෙක් වෙන්නෙ නෑ. ඇතුළත කුණු වෙලා, කිලුටු වෙලා, වංචාවෙනුයි ඒ උදවිය ඉන්නෙ.

යමෙකුට පුබ්බේනිවාස ඤාණය තියෙනවා නම්, ස්වර්ගයත්, අපායත් දකිනවා නම්, විශේෂ ඤාණයකින් යුතුව ඉපදීම නැති කරලා, අරහත්වයට පත් වුනා නම්, ඔහු මුනිවරයෙක්.

ඔන්න ඔය ත්‍රිවිද්‍යාවෙන් යුක්ත කෙනා තමයි ත්‍රිවිද්‍යාලාභී බ්‍රාහ්මණයෙක් වෙන්නෙ. ඔහු විජ්ජාචරණ සම්පන්න කෙනෙක්. ඔහුට මේ කිරිබත වළඳන්න පුළුවනි."

(බ්‍රාහ්මණයා) :

"භවත් ගෞතමයන් වහන්සේ (මේ කිරිබත) වළඳිනු මැනවි. භවතාණන් බ්‍රාහ්මණයෙක්ම තමයි."

(භාග්‍යවතුන් වහන්සේ) :

"පින්වත් බ්‍රාහ්මණය, ගාථා පවසා ලබන බොජුන් වළඳන්න සුදුසු නෑ. ඒක පිරිසිදු ජීවිතයක් ඇති කෙනෙකුගේ ස්වභාවය නොවෙයි. ගාථා පවසා ලබන බොජුන බුදුවරයන් වහන්සේලා පිළිගන්නෙ නෑ. පින්වත් බ්‍රාහ්මණය, ධර්මය තිබෙන ජීවිතයක ස්වභාවය ඕකයි.

සැක සංසිඳුන, පරිපූර්ණ ජීවිත ඇති මහඉසිවර රහතන් වහන්සේලා තව වැඩඉන්නවා. උන්වහන්සේලාට දන්පැන් වලින් උපස්ථාන කරන්න. පින් කැමති කෙනෙකුට ඒක කුඹුරක් වේවි."

මෙහෙම වදාළ විට, අග්ගික භාරද්වාජ බ්‍රාහ්මණයා භාග්‍යවතුන් වහන්සේට මෙහෙම කිව්වා. "භවත් ගෞතමයන් වහන්ස, ඉතා මනහරයි! ....(පෙ).... අවබෝධ කරගත්තා." ඉතින් ඒ ආයුෂ්මත් භාරද්වාජයන් වහ්නසේත් රහතන් වහන්සේලා අතර කෙනෙක් වුනා.

සාදු! සාදු!! සාදු!!!

7.1.9.
සුන්දරික සූත්‍රය
සුන්දරික භාරද්වාජ බ්‍රාහ්මණයාට වදාළ දෙසුම

195. මා හට අසන්නට ලැබුනේ මේ විදිහටයි. ඒ දිනවල භාග්‍යවතුන් වහන්සේ වැඩසිටියේ කොසොල් ජනපදයේ සුන්දරිකා කියන ගං තෙරය. එදා සුන්දරික භාරද්වාජ බ්‍රාහ්මණයා ඒ සුන්දරික ගංගා තීරයේ ගිනි පූජා කරයි. පූජා ද්‍රව්‍යයන් ගින්නට පුදයි. ඉතින් සුන්දරික භාරද්වාජ බ්‍රාහ්මණයා ගිනි පූජා පවත්වලා පූජා ද්‍රව්‍යයන් ගින්නට පුදලා, ආසනෙන් නැගිට්ටා. හාත්පස හතර දිශාව හොඳට බැලුවා. "මේ පූජාවේ ඉතිරි කොටස වළඳන්න දිය යුත්තෙ කාටද?"

එතකොට සුන්දරික භාරද්වාජ බ්‍රාහ්මණයා එක්තරා රුක් සෙවනක හිස වසා පෙරවාගෙන, වැඩසිටින භාග්‍යවතුන් වහන්සේව දැක්කා. දැකලා වම් අතින් පූජාවේ ඉතිරි කොටසත් අරගෙන, දකුණු අතින් පැන් කෙණ්ඩියක් අරගෙන භාග්‍යවතුන් වහන්සේ ළඟට ගියා. සුන්දරික භාරද්වාජ බ්‍රාහ්මණයාගේ පියවර හඬ ඇහිලා, භාග්‍යවතුන් වහන්සේ, තමන් වහන්සේගේ සිරස නිරාවරණය කළා.

ඒ වෙලාවේ සුන්දරික භාරද්වාජ බ්‍රාහ්මණයා, "ආ! මේ භවතා හිස මුඩු කළ කෙනෙක් නෙව. මේ භවතා හිස මුඩු කළ කෙනෙක් නෙව" කියලා, එතනින්ම හැරිලා ආපසු යන්න කැමති වුනා. ඒ වුනත්, සුන්දරික භාරද්වාජ බ්‍රාහ්මණයට මෙහෙම හිතුනා. "මෙතන කොහොමත් ඇතැම් බ්‍රාහ්මණවරු ඉන්නවා, හිස මුඩු කළ උදවිය. ඒ නිසා මං මේ තැනැත්තා ළඟට ගිහින් ජාතිය අහන එක තමයි හොඳ."

ඉතින්, සුන්දරික භාරද්වාජ බ්‍රාහ්මණයා භාග්‍යවතුන් වහන්සේ ළඟට ගියා. ගිහින්, භාග්‍යවතුන් වහන්සේගෙන් මෙහෙම ඇහුවා. "මේ භවතාගේ ජාතිය මොකක්ද?"

(භාග්‍යවතුන් වහන්සේ) :

"ඉපදිච්ච ජාතිය අහන්න එපා! ඇසිය යුත්තේ ජීවත් වන ආකාරයයි. ඇත්තෙන්ම දර කැබලිවලට ගිනි තිබ්බොත්, ඇවිලෙනවාම යි. උපන් කුලය හීන වුනත්, උපන් කුලය ශ්‍රේෂ්ඨ වුනත්, ඔහු වීරියවන්ත නම්, අවබෝධයකින් යුක්ත නම්, පවට ලැජ්ජා වෙලා, එයින් වැළකී ඉන්නවා නම්, ඔහු ශ්‍රේෂ්ඨ මුනිවරයෙක්මයි.

සත්‍යාවබෝධයෙන් දමනය වෙලා නම්, ඉන්ද්‍රිය දමනයෙන් යුක්ත නම්, ජීවිතාවබෝධය තුළින් පරතෙරට පත්වෙලා නම්, බ්‍රහ්මචාරී ජීවිතය සම්පූර්ණ කරලා නම්, දන්පැන් පූජාවකදී සුදුසු කාලයට කැඳවගත යුත්තේ අන්න ඒ කෙනාවයි. එහෙම කරන කෙනා තමයි දන් ලබන්න සුදුස්සා සොයාගෙන, නියම යාගය කරන්නෙ."

(සුන්දරික භාරද්වාජ බ්‍රාහ්මණයා) :

"ඇත්තෙන්ම දැනුයි මම අවබෝධයේ පරතෙරට පත් උත්තමයෙක්ව දැකගත්තෙ. මේක තමයි හැබෑම පූජාව. මේක තමයි හැබෑම ගිනි පිදීම. ඔබ වහන්සේ වැනි උත්තමයන් දැකගන්ට නැති නිසා, මේ පූජාවේ ඉතිරි කොටස වළඳන්නෙ අනිත් උදවිය නෙව. භවත් ගෞතමයන් වහන්ස, වළඳන සේක්වා! භවතාණෝ බ්‍රාහ්මණයෙක්මයි."

(භාග්‍යවතුන් වහන්සේ) :

"පින්වත් බ්‍රාහ්මණය, ගාථාවන් පවසලා, ලැබෙන දානෙ වැළඳීම සුදුසු නෑ. පිරිසිදු ජීවිතය හඳුනන අයගේ ස්වභාවය ඒක නොවෙයි. බුදුවරයන් වහන්සේලා ගාථා කියල ලබන බොජුන් බැහැර කරනවා. පින්වත් බ්‍රාහ්මණය, ජීවිතයක ධර්මය තියෙන කොට, පවතින්නෙ මේ විදිහට තමයි.

ගුණයෙන් පිරිපුන්, සැක-කුකුස් සංසිඳුන, කෙලෙසුන් නැති කළ, අරහත් මහ ඉසිවරයන් වහන්සේලා තව ඉන්නවා. උන්වහන්සේලාට දන්-පැන් වලින් උපස්ථාන කරන්න. පින්වලට ආශා කරන උදවියගේ පින්කෙත ඒක තමයි."

(සුන්දරික භාරද්වාජ බ්‍රාහ්මණයා) :

"එතකොට පින්වත් ගෞතමයන් වහන්ස, මං මේ පූජාවෙ ඉතුරු කොටස කාටද දෙන්නෙ?"

(භාග්‍යවතුන් වහන්සේ) :

"පින්වත් බ්‍රාහ්මණය, ඔය පූජාවේ ඉතිරි කොටස තථාගතයන් වහන්සේ හෝ තථාගත ශ්‍රාවකයෙක් හෝ, වැළඳුවොත් විතරයි හොඳට දිරවන්නෙ. එහෙම නැතුව පින්වත් බ්‍රාහ්මණය, මේ පූජාවෙ ඉතුරු කොටස වළඳලා, හොඳට දිරවන කෙනෙක් දෙවියන් සහිත වූ, මරුන් සහිත වූ, බඹුන් සහිත වූ, ශ්‍රමණ බ්‍රාහ්මණයන් සහිත වූ මේ දෙව්මිනිස් ප්‍රජාව තුළ මම නම් දකින්නෙ නෑ. පින්වත් බ්‍රාහ්මණය, එහෙම නම්, ඔය පූජාවේ ඉතුරු කොටස, තණකොළ නැති තැනක හරි දමන්න. ප්‍රාණීන් රහිත වතුරක හරි පා කරලා හරින්න."

එතකොට සුන්දරික භාරද්වාජ බ්‍රාහ්මණයා පූජාවේ ඉතිරි කොටස ප්‍රාණීන් රහිත වතුරේ පා කොට හැරියා. ඉතින් ඒ පූජාවේ ඉතිරි කොටස, වතුරට දැම්මට පස්සෙ 'චිටි, චිටි' කියන ශබ්දයෙන් දුම් දමන්න පටන් ගත්තා. වඩාත් දුම් දමන්න පටන් ගත්තා. දවල් කාලෙ හොඳට රත්වෙච්ච හී වැලක් වතුරට දමද්දී, 'චිටි, චිටි' ගාලා දුම් දානවා වගේ, ගොඩක් දුම් දමනවා වගේ, අන්න ඒ විදිහටම, ඒ පූජාවේ ඉතිරි කොටස වතුරට දැම්මාම 'චිටි, චිටි' ගාමින් දුම් දමන්න පටන් ගත්තා. ගොඩක් දුම් දමන්න පටන් ගත්තා.

ඒ මොහොතේ, සුන්දරික භාරද්වාජ බ්‍රාහ්මණයා සංවේගයට පත් වුනා. ඇගේ මවිල් කෙළින් වුනා. ඔහු භාග්‍යවතුන් වහන්සේ ළඟට ගියා. ගිහින්, පැත්තකින් හිටගත්තා. පැත්තකින් සිටගත් සුන්දරික භාරද්වාජ බ්‍රාහ්මණයාට භාග්‍යවතුන් වහන්සේ ගාථාවලින් වදාළා.

"පින්වත් බ්‍රාහ්මණය, ඔය දර පුච්චලා පිරිසිදු බවක් වෙයි කියල හිතන්න එපා. ඕක නිකම්ම නිකන් බාහිර දෙයක්. යම් කෙනෙක් ඔය බාහිර දේවල්

වලින් පිරිසිදු බවක් ලබන්න කැමති වුනත්, ඔවැනි දේවල් වලින් පිරිසිදු වෙනවා කියලා, පිරිසිදු බව ගැන හැබෑවටම දක්ෂ වූ ආර්යන් වහන්සේලා කියන්නෙ නෑ.

පින්වත් බ්‍රාහ්මණය, මම නම්, ඔය දර පිච්චිල්ල අත්හැරපු කෙනෙක්. මම ගින්න දල්වන්නෙ මේ හිත ඇතුළේ. නිතරම දැල්වුන ප්‍රඥාව නැමැති ගින්න තියෙනවා. නිතරම හිත එකඟ වෙලා තියෙන්නෙ. මං නිකෙලෙස් සිතක් ඇතුවයි මේ බ්‍රහ්මචාරී ජීවිතේ ගෙවන්නෙ.

පින්වත් බ්‍රාහ්මණය, ඔබේ ඔය තාපස පිරිකරවල තියෙන්නෙ මාන්නය විතරයි. ක්‍රෝධයෙන් දුම් දානවා. බොරු කීම නැමැති අළු ඉතුරු වෙනවා. දිව තමයි යාග කරන හැන්ද. නමුත්, ගිනි දැල්වෙන තැන විය යුත්තෙ හදවතයි. පුරුෂයෙකුගේ මැනවින් දමනය වෙච්ච හිත තමයි බබලන්නෙ.

පින්වත් බ්‍රාහ්මණය, ධර්මය තමයි ජලාශය. සීලය තමයි ඒකට බහින තොටුපල. නොකැළඹුණු සිත් ඇතිව ඉන්න කොට, සත්පුරුෂයන් හැමවිටම ප්‍රශංසා කරනවා. ඇත්තෙන්ම දහම තුළ පරතෙරට ගිය උතුමන්, ඒ ජලාශෙන් වතුර නානවා. ඒකට ඇඟ තෙමෙන්නෙ නැතුවමයි පරතෙරට යන්නෙ.

පින්වත් බ්‍රාහ්මණය, සත්‍ය වචනයත්. ආර්ය ධර්මයත්, සංවරකමත්, බ්‍රහ්මචාරී බවත්, කියන මධ්‍යම ප්‍රතිපදාවෙන් තමයි ශ්‍රේෂ්ඨත්වයට පත් වෙන්නෙ. ඒ නිසා ඔබත් ඇද නැති ගතිගුණ ඇති රහතුන්ට වන්දනා කරන්න. අන්න ඒ කෙනාට තමයි 'ධර්මයේ හැසිරෙන කෙනා' කියලා කියන්නෙ."

භාග්‍යවතුන් වහන්සේ මේ විදිහට වදාළ විට, සුන්දරික භාරද්වාජ බ්‍රාහ්මණයා භාග්‍යවතුන් වහන්සේට මෙහෙම කිව්වා. "භවත් ගෞතමයන් වහන්ස, ඉතාම සුන්දරයි! ....(පෙ).... ආයුෂ්මත් භාරද්වාජයන් වහන්සේත් රහතන් වහන්සේලා අතර කෙනෙක් වුනා.

සාදු! සාදු!! සාදු!!!

7.1.10.
බහු ධීතු සූත්‍රය
බොහෝ දියණියන් ඇති බ්‍රාහ්මණයාට වදාළ දෙසුම

196. මා හට අසන්නට ලැබුනේ මේ විදිහටයි. ඒ දිනවල භාග්‍යවතුන් වහන්සේ වැඩසිටියේ කොසොල් ජනපදයේ, එක්තරා වන ලැහැබකය. එදා භාරද්වාජ ගෝත්‍රයට අයත් එක්තරා බ්‍රාහ්මණයෙකුගේ, ගවයන් දාහතර දෙනෙක් නැතිවෙලා හිටියා. ඉතින්, ඒ භාරද්වාජ ගෝත්‍ර බ්‍රාහ්මණයා ඒ ගවයන්ව සොයාග න්න හිතලා, අර වන ලැහැබට ඇතුළු වුනා. වන ලැහැබට ඇතුළු වුන ඔහුට ඒ වනයේ කය සෘජු කොට පළඟක් බැඳගෙන වාඩි වෙලා, භාවනාවෙන් වැඩ සිටින භාග්‍යවතුන් වහන්සේව දැකගන්න ලැබුනා. දැකල, භාග්‍යවතුන් වහන්සේ ළඟට ගියා. ගිහින් භාග්‍යවතුන් වහන්සේ සමීපයේ මේ ගාථාවන් පැවසුවා.

"මගේ ගවයන් දාහතර දෙනා සොයාගන්න බැරුව අදට දවස් හයක් වෙනවා. අනේ මේ ශ්‍රමණයන් වහන්සේට එබඳු ප්‍රශ්නයක් නැහැ නෙව. ඒ නිසාමයි මේ ශ්‍රමණයන් වහන්සේ මේ සනීපෙට ඉන්නෙ.

කොළ එක දෙක තියෙන තල ගස් ඇති පව්කාර හේන මේ ශ්‍රමණයන් වහන්සේට නැහැ නෙව. ඒ නිසාමයි මේ ශ්‍රමණයන් වහන්සේ මේ සනීපෙට ඉන්නෙ.

මගේ හිස් වී අටුවෙ මීයො නටන්නෙ හිතට අරගෙන. මේ ශ්‍රමණයන් වහන්සේට ඒ කරදර නැහැ නෙව. ඒ නිසාමයි මේ ශ්‍රමණයන් වහන්සේ ඔය සනීපෙට ඉන්නෙ.

හත් මාසයක් පරණ මගේ පැදුරෙ මකුණො පිරිල ඉන්නවා. මේ ශ්‍රමණයන් වහන්සේට ඒ කරදරේ නැහැ නෙව. ඒ නිසාමයි මේ ශ්‍රමණයන් වහන්සේ ඔය සනීපෙට ඉන්නෙ.

ළමයි එකා දෙකා ඉන්න, පවුල් කැඩිච්ච, කණවැන්දුම් වෙච්ච ගෑණු දරුවො හත් දෙනෙක්ම මට ඉන්නවා. අනේ මේ ශ්‍රමණයන් වහන්සේට ඒ කරදරේ නැහැ නෙව. ඒ නිසාමයි මේ ශ්‍රමණයන් වහන්සේ ඔය සනීපෙට ඉන්නෙ.

දුඹුරු පාට ලප හැදිච්ච ඇඟක් තියෙන අපේ ගෙදර උන්දැ, මං නිදාගෙන

ඉන්න කොට, නැගිට්ටවන්නෙ පයින් ගහලා. මේ ශ්‍රමණයන් වහන්සේට ඒ කරදරේ නැහැ නෙව. ඒ නිසාමයි මේ ශ්‍රමණයන් වහන්සේ ඔය සනීපෙට ඉන්නෙ.

පාන්දර ජාමෙ නැගිටින කොටම ණයකාරයො එනවා. 'ගත්තු ණය දීපං, දීපං' කියල මට බැණවදිනවා. මේ ශ්‍රමණයන් වහන්සේට ඒ කරදරේ නැහැ නෙව. ඒ නිසාමයි මේ ශ්‍රමණයන් වහන්සේ ඔය සනීපෙට ඉන්නෙ.

(භාග්‍යවතුන් වහන්සේ) :

"පින්වත් බ්‍රාහ්මණය, දැන් හය දවසක් තිස්සෙ ඔබේ ගවයන් දාහතර දෙනා ආගිය අතක් නෑ. ඇත්තෙන්ම මට ඒ ප්‍රශ්නෙ නෑ. පින්වත් බ්‍රාහ්මණය, මං ඒ නිසා සුවපත් වුන කෙනෙක්.

පින්වත් බ්‍රාහ්මණය, කොළ එක දෙක තියෙන තල ගස් ඇති පච්කාර හේනක් මට නැහැ. පින්වත් බ්‍රාහ්මණය, ඒ නිසාම මං සුවපත් වූ කෙනෙක්.

පින්වත් බ්‍රාහ්මණය, හිස් වෙච්ච අටුවෙ හිතට ගත්තු මීයො ටිකක් නටනවා කිව්ව නේද? මට නම් ඒ ප්‍රශ්නෙ නෑ. පින්වත් බ්‍රාහ්මණය, ඒ නිසාම මං සුවපත් වෙච්ච කෙනෙක්.

පින්වත් බ්‍රාහ්මණය, ඔබේ පැදුර මාස හතක් පරණ වෙලා, මකුණන් ගෙන් පිරිලා තියෙනවා. නමුත් මට ඒ ප්‍රශ්නෙ නෑ. පින්වත් බ්‍රාහ්මණය, එනිසාම මම සුවපත් වූ කෙනෙක්.

පින්වත් බ්‍රාහ්මණය, ළමයි එකා දෙන්නා ඉන්න පවුල් කැඩිච්ච, කණවැන්දුම් දූලා හත් දෙනෙක් ඔබට ඉන්නවා. මට ඒ ප්‍රශ්නෙ නෑ. පින්වත් බ්‍රාහ්මණය, ඒ නිසාම මම සුවපත් වූ කෙනෙක්.

පින්වත් බ්‍රාහ්මණය, දුඹුරු පාට ලප හැදිච්ච ඇඟක් තියෙන ගෙදර උන්දැ, නිදිගත් ඔබව නැගිට්ටවන්නෙ පයින් ගහලා. මට ඒ ප්‍රශ්නෙ නෑ. පින්වත් බ්‍රාහ්මණය, ඒ නිසාම මම සුවපත් වූ කෙනෙක්.

පින්වත් බ්‍රාහ්මණය, පාන්දර ජාමෙ නැගිටින කොට ණයකාරයො ඇවිදින්, 'ගත්තු ණය දීපං, දීපං' කියල ඔබට බැණ වදිනවා. මට ඒ ප්‍රශ්නෙ නෑ. පින්වත් බ්‍රාහ්මණය, ඒ නිසාම මට සුවපත් වූ කෙනෙක්."

මෙසේ වදාළ විට භාරද්වාජ ගෝත්‍ර බ්‍රාහ්මණයා භාග්‍යවතුන් වහන්සේට මෙහෙම කිව්වා. "භවත් ගෞතමයන් වහන්ස, ඉතා මනහරයි! භවත් ගෞතමයන්

වහන්ස, ඉතා මනහරයි! භවත් ගෞතමයන් වහන්ස, යටිකුරුව තිබිච්ච දෙයක් උඩට හරවනවා වගෙයි. වහල තිබිච්ච දෙයක් ඇරල පෙන්නනවා වගේ. මංමුළා වුන කෙනෙකුට හරි මඟ පෙන්වනවා වගෙයි. ඇස් ඇති උදවියට රූප දකින්න අඳුරේ තෙල් පහන් දරනවා වගෙයි. ඔය විදිහට භවත් ගෞතමයන් වහන්සේ විසින් නොයෙක් ආකාරයෙන් ශ්‍රී සද්ධර්මය වදාළා. ඒ මම භවත් ගෞතමයන් වහන්සේව සරණ යනවා. ශ්‍රී සද්ධර්මයත්, භික්ෂුසංඝයාත් සරණ යනවා. භවත් ගෞතමයන් වහන්සේ ළඟ මටත් පැවිදි බව ලැබෙනවා නම්, උපසම්පදාව ලැබෙනවා නම් කොයිතරම් දෙයක්ද."

ඉතින් භාරද්වාජ ගෝත්‍ර බ්‍රාහ්මණයා භාග්‍යවතුන් වහන්සේ ළඟ පැවිදි වුනා. උපසම්පදා වුනා. ඒ ආයුෂ්මත් භාරද්වාජයන් වහන්සේ උපසම්දාවෙන් ටික කලකට පස්සෙ තනි වුනා. හුදෙකලා වුනා. අප්‍රමාදීව කෙලෙස් තවන වීරිය ඇති කරගත්තා. දහමට දිවි පුදා වාසය කළා. සැදැහැවතුන් ගිහි ගෙය අත්හැර බුදු සසුනේ යහපත් පැවිද්ද ලබන්නේ යම් උතුම් අර්ථයක් පිණිස නම්, අන්න ඒ උතුම් අර්ථය සුළු කලකදීම ලබාගත්තා. බඹසර ජීවිතයේ කෙළවර වූ උතුම් අරහත්වයට මේ ජීවිතේදීම පැමිණුනා. ඉපදීම නැති වුනා. බඹසර වාසය සම්පූර්ණ කළා. නිවන් මඟ සම්පූර්ණ කළා. ආයෙමත් සසර දුකක් නැතැයි අවබෝධ කරගත්තා. ඉතින් ඒ ආයුෂ්මත් භාරද්වාජයන් වහන්සේ රහතන් වහන්සේලා අතර කෙනෙක් බවට පත් වුනා.

සාදු! සාදු!! සාදු!!!

පළමු අරහන්ත වර්ගය අවසන් විය.

2. උපාසක වර්ගය

7.2.1.
කසී සූත්‍රය
කසී භාරද්වාජ බ්‍රාහ්මණයාට වදාළ දෙසුම

197. මා හට අසන්නට ලැබුනේ මේ විදිහටයි. ඒ දිනවල භාග්‍යවතුන් වහන්සේ මගධ ජනපදයේ දකුණු කඳුකරයේ ඒකනාළා නම් වූ බ්‍රාහ්මණ ගමකයි වැඩවිසුවේ. ඒ දිනවල කසී භාරද්වාජ බ්‍රාහ්මණයාගේ කුඹුරු වපුරන කාලය නිසා නගුල් පන්සීයක් පමණ යොදවලා තිබුනා.

එදා භාග්‍යවතුන් භාග්‍යවතුන් වහන්සේ උදේ වරුවෙ සිවුරු පොරවාගෙන, දෙපොට සිවුරත් අරගෙන, කසී භාරද්වාජ බ්‍රාහ්මණයාගේ වපුරන තැනට පිණ්ඩපාතෙ වැඩියා. ඒ වෙලාවේ කසී භාරද්වාජ බ්‍රාහ්මණයා පිරිසට ඇඹුල බෙදමින් හිටියා. භාග්‍යවතුන් වහන්සේ ඒ ඇඹුල බෙදන තැනට වැඩම කළා. වැඩම කරලා, පැත්තකින් හිටගෙන හිටියා.

එතකොට, කසී භාරද්වාජ බ්‍රාහ්මණයාට පිණ්ඩපාතයට වැඩම කරලා, හිටගෙන ඉන්න භාග්‍යවතුන් වහන්සේව දකින්න ලැබුනා. දැකලා, භාග්‍යවතුන් වහන්සේට මෙහෙම කිව්වා. "ශ්‍රමණය, මම නම් කුඹුරු සානවා. වපුරනවා. සීසෑමත් කරලා, වැපිරීමත් කරලයි අනුභව කරන්නෙ. ඉතින් ශ්‍රමණය ඔබත් සීසාන්න ඕන. වපුරන්න ඕන. සීසෑමත් කරලා, වැපිරීමත් කරලයි අනුභව කළ යුත්තේ."

(භාග්‍යවතුන් වහන්සේ) :

"පින්වත් බ්‍රාහ්මණය, මමත් සීසානවා. වපුරනවා. සීසෑමත් කරලයි, වැපිරීමත් කරලයි වළඳන්නේ."

(බ්‍රාහ්මණයා) :

"ඒ වුනාට භවත් ගෞතමයන් වහන්සේගේ විය දණ්ඩක්වත්, නගුලක් වත්,

හී වැලක්වත්, කෙවිටත්වත්, ගොනුන්වත්, අපට දකින්න නැහැ නෙව. නමුත්, භවත් ගෞතමයන් වහන්සේ මෙහෙම කියනවා. 'පින්වත් බ්‍රාහ්මණය, මමත් සීසානවා. වපුරනවා. සීසෑමත් කරලයි, වැපිරීමත් කරලයි අනුභව කරන්නේ' කියලා." ඊට පස්සෙ කසී භාරද්වාජ බ්‍රාහ්මණයා, භාග්‍යවතුන් වහන්සේට ගාථාවකින් පැවසුවා.

"ඔබ ගොවියෙක්ය කියල කියනවා. ඒ වුනත් ඔබේ සීසෑමක් මට පේන්නෙ නෑ. ඔබ ගොවියෙක්ද කියල අපි අහන කරුණ ගැන කියල දෙන්න. ඒ සීසෑම ගැන අපි දැනගන්නෙ කොහොමද?"

(භාග්‍යවතුන් වහන්සේ) :

"(පින්වත් බ්‍රාහ්මණය,) ශ්‍රද්ධාව තමයි බිත්තර වී. තපස තමයි වැස්ස. මගේ වියදණ්ඩත්, නගුලත් කියල කියන්නෙ ප්‍රඥාවටයි. ලැජ්ජාව තමයි නගුල් හිස. මනස තමයි යොත. මගේ හී වැලත්, කෙවිටත් කියල කියන්නෙ සිහියටයි.

මම කය රැකගෙන ඉන්නෙ. වචනයත් රැකගෙන ඉන්නෙ. කුසට වැටෙන ආහාරය ගැන මට පාලනයක් තියෙනවා. මම අස්වනු නෙළීම කරන්නෙ ආර්ය සත්‍යයෙනුයි. මගේ නිදහස්වීම කියන්නෙ ඒ අමා නිවනටයි.

යම් තැනකට ගිහින් ශෝක නොකරයි නම්, අන්න ඒ අමා නිවන දක්වාම, නොනැවතී ගමන් කරන, වගකීම ඉසිලීම කියන්නෙ මගේ වීරියටයි.

ඔන්න ඔය විදිහටයි මම සීසෑවේ. අස්වැන්න හැටියට ලැබුනෙ ඒ අමා නිවනයි. මේ සීසෑම කළාට පස්සෙ හැම දුකින්ම නිදහස් වෙනවා."

(බ්‍රාහ්මණය) :

"භවත් ගෞතමයන් වහන්සේ වළඳන සේක්වා! භවතාණෝ නම් ගොවියෙක්ම යි. භවත් ගෞතමයන් වහන්සේ ඉතින් අමා ඵල ඇති සීසෑම කරනවා නෙව."

(භාග්‍යවතුන් වහන්සේ) :

"පින්වත් බ්‍රාහ්මණය, ගාථා කියල ලැබෙන බොජුන් මං වළඳන එක සුදුසු නෑ. පිරිසිදු ජීවිතයක් ගෙවන කෙනෙකුගේ ස්වභාවය ඒක නොවෙයි. බුදුවරයන් වහන්සේලා ගාථා කියා ලැබෙන බොජුන් බැහැර කරනවා. පින්වත් බ්‍රාහ්මණය, යහපත් ධර්මයක් තියෙන කොට, තමයි ඔහොම පවතින්නෙ.

ගුණයෙන් පිරුණු, සැකකුකුස් සංසිඳුණු, නිකෙලෙස් මහඉසිවර රහතන් වහන්සේලා තව ඉන්නවා. උන්වහන්සේලාට දන්පැන්වලින් උපස්ථාන කරන්න. පින් කැමති උදවියට ඒක තමයි පින් කෙත."

මෙසේ වදාළ විට, කසී භාරද්වාජ බ්‍රාහ්මණයා භාග්‍යවතුන් වහන්සේට මෙහෙම කිව්වා.

"භවත් ගෞතමයන් වහන්ස, ඉතා මනහරයි! භවත් ගෞතමයන් වහන්ස, ඉතා මනහරයි! යටිකුරු වෙච්ච දෙයක් උඩට හැරෙව්වා වගේ. වහලා තිබිච්ච දෙයක් ඇරලා පෙන්නුවා වගෙයි. මංමුළා වූ කෙනෙකුට හරි මග කියා දුන්නා වගෙයි. ඇස් පෙනෙන උදවියට රූප දකින්නට අඳුරේ තෙල් පහනක් දරනවා වගෙයි. ඔය විදිහට භවත් ගෞතමයන් වහන්සේ විසින් නොයෙක් ආකාරයෙන් දහම් දෙසා වදාළා. මමත් භවත් ගෞතමයන් වහන්සේව සරණ යනවා. සද්ධර්මයත්, භික්ෂුසංඝයාත් සරණ යනවා. භවත් ගෞතමයන් වහන්සේ අද පටන්, දිවි හිමියෙන් තෙරුවන් සරණ ගිය උපාසකයෙක් ලෙසින් මාව පිළිගන්නා සේක්වා!"

සාදු! සාදු!! සාදු!!!

7.2.2.
උදය සූත්‍රය
උදය බ්‍රාහ්මණයාට වදාළ දෙසුම

198. සැවැත් නුවර ජේතවනාරාමයේදී ....

එදා භාග්‍යවතුන් වහන්සේ පෙරවරුවේ සිවුරු පොරවාගෙන, පාත්‍ර සිවුරු අරගෙන, උදය බ්‍රාහ්මණයාගේ නිවසට පිණ්ඩපාතෙ වැඩියා. එදා උදය බ්‍රාහ්මණයා භාග්‍යවතුන් වහන්සේගේ පාත්‍රයට දානෙ බෙදුවා. භාග්‍යවතුන් වහන්සේ දෙවෙනි දවසෙත් උදේ වරුවෙ සිවුරු පොරවාගෙන, පාත්‍ර සිවුරු අරගෙන උදය බ්‍රාහ්මණයාගේ නිවසට පිණ්ඩපාතෙ වැඩියා. දෙවෙනි දවසෙත් උදය බ්‍රාහ්මණයා භාග්‍යවතුන් වහන්සේගේ පාත්‍රයට දානෙ බෙදුවා. භාග්‍යවතුන් වහන්සේ තුන්වෙනි දවසෙත් උදේ වරුවේ සිවුරු පොරවාගෙන, පාත්‍ර සිවුරු අරගෙන උදය බ්‍රාහ්මණයාගේ නිවසට පිණ්ඩපාතෙ වැඩියා. තුන්වෙනි දවසෙත් උදය බ්‍රාහ්මණයා භාග්‍යවතුන් වහන්සේගේ පාත්‍රයට දානෙ පුරවලා භාග්‍යවතුන් වහන්සේට මෙහෙම කිව්වා. "රසයට ගිජු වෙච්ච මේ ශ්‍රමණ ගෞතමයන් වහන්සේ ආයෙ, ආයෙමත් වඩිනවා නෙව" කියලා.

(භාග්‍යවතුන් වහන්සේ) :

"ආයෙ ආයෙමත් බිත්තර වී වපුරනවා. ආයෙ ආයෙමත් වැස්ස වහිනවා.

ගොවියෝ එතකොට ආයෙ ආයෙමත් කුඹුරු හානවා. ආයෙ ආයෙමත් රටට අස්වැන්න ලැබෙනවා.

ආයෙ ආයෙමත් යාචකයො ඉල්ලගෙන යනවා. දානපතිවරු ආයෙ ආයෙමත් දන් දෙනවා. දානපතිවරු ආයෙ ආයෙමත් දන් දීලා, ආයෙ ආයෙමත් සුගතියෙ උපදිනවා.

කිරි දොවන උදවිය ආයෙ ආයෙමත් කිරි දොවනවා. වහු පැටියා ආයෙ ආයෙමත් වැස්සි ළඟට එනවා. සත්වයාට ආයෙ ආයෙමත් කලන්තෙ හැදෙනවා. ආයෙ ආයෙමත් සැලෙනවා. අඥාන පුද්ගලයා ආයෙ ආයෙමත් ගර්භාෂයකට එනවා.

එතකොට ආයෙ ආයෙමත් උපදිනවා. ආයෙ ආයෙමත් මැරෙනවා. එතකොට ආයෙ ආයෙමත් අමු සොහොනට ගෙනියනවා. තියුණු ප්‍රඥා ඇති කෙනාට ආර්ය අෂ්ටාංගික මාර්ගය ලැබුන විට, පුනර්භවය නැතුව යනවා. එතකොට ආයෙ ආයෙමත් උපදින්නෙ නැහැ."

මෙහෙම වදාළ විට උදය බ්‍රාහ්මණයා භාග්‍යවතුන් වහන්සේට මෙහෙම කිව්වා. "භවත් ගෞතමයන් වහන්ස, ඉතා මනහරයි! ....(පෙ).... භවත් ගෞතමයන් වහන්සේ අද පටන් දිවි හිමියෙන් සරණ ගිය උපාසකයෙකු වශයෙන් මාව පිළිගන්නා සේක්වා!"

සාදු! සාදු!! සාදු!!!

7.2.3.
දේවහිත සූත්‍රය
දේවහිත බ්‍රාහ්මණයාට වදාළ දෙසුම

199. සැවැත් නුවර ජේතවනාරාමයේදී ....

ඒ දිනවල භාග්‍යවතුන් වහන්සේ වාත අමාරුවක් නිසා, ගිලන් වෙලා හිටියා. ආයුෂ්මත් උපවාන තෙරුන් තමයි භාග්‍යවතුන් වහන්සේට උපස්ථාන කළේ. එදා භාග්‍යවතුන් වහන්සේ ආයුෂ්මත් උපවාන තෙරුන් අමතා වදාළා. "පින්වත් උපවාන, මට (නාගන්න) උණුවතුර ටිකක් ලැබෙන පිළිවෙළක් බලනවාද?"

"එසේය, ස්වාමීනි" කියලා, ආයුෂ්මත් උපවාන තෙරුන් භාග්‍යවතුන්

වහන්සේට පිළිතුරු දුන්නා. පිළිතුරු දීලා පාත්‍ර සිවුරු අරගෙන දේවහිත බ්‍රාහ්මණයාගේ නිවසට පැමිණුනා. පැමිණිලා නිශ්ශබ්දව පැත්තකින් වැඩහිටියා.

දේවහිත බ්‍රාහ්මණයා නිශ්ශබ්දව පැත්තකින් හිටගෙන ඉන්න ආයුෂ්මත් උපවාන තෙරුන්ව දැක්කා. දැකලා ආයුෂ්මත් උපවාන තෙරුන්ට ගාථාවකින් පැවසුවා.

"(ආ!) සඟල සිවුරු පොරවගත්තු, හිස මුඩු කළ ඔය භවතා නිශ්ශබ්දව හිටගෙන ඉන්නෙ මොකවත් බලාපොරොත්තුවෙන්ද? මොකවත් හොයනවාද? මොනව හරි ඉල්ලගන්නද ආවේ?"

(උපවාන තෙරුන්) :

"පින්වත් බ්‍රාහ්මණය, මේ ලෝකයේ නිකෙලෙස් උතුමාණන් වන සුගතයන් වහන්සේ වන මුනිරජාණන් වහන්සේ වාත අමාරුවකින් ගිලන් වෙලා වැඩඉන්නවා. ඉතින් උණුවතුර ටිකක් ඇත්නම් ඒ මුනිඳුන් උදෙසා දුන මැනව.

උන්වහන්සේ පූජනීය උතුමන්ගෙන් පිදුම් ලබන කෙනෙක්. සත්කාර ලබන උතුමන්ගෙන් සත්කාර ලබන කෙනෙක්. ගෞරව ලබන උතුමන්ගෙන් ගෞරව ලබන කෙනෙක්. ඉතින් ඒ බුදු සමිඳුන් උදෙසා තමයි මං උණුවතුර අරගෙන යන්න කැමති."

එතකොට දේවහිත බ්‍රාහ්මණයා පුරුෂයෙක් ලවා උණුවතුර කදක් ගෙන්වලා දුන්නා. ආයුෂ්මත් උපවාන තෙරුන්ට හකුරු පිඩකුත් පූජා කළා.

ඊට පස්සෙ ආයුෂ්මත් උපවාන තෙරුන් භාග්‍යවතුන් වහන්සේ ළඟට ගියා. ගිහින් උණු පැන්වලින් උන්වහන්සේව නැව්වා. උණුපැන්වලින්ම හකුරු දිය කරලා භාග්‍යවතුන් වහන්සේට පිළිගැන්නුවා. ඉතින් භාග්‍යවතුන් වහන්සේගේ ඒ අසනීපය සංසිඳිලා ගියා.

එදා දේවහිත බ්‍රාහ්මණයා භාග්‍යවතුන් වහන්සේ ළඟට ආවා. ඇවිදින් භාග්‍යවතුන් වහන්සේත් සමඟ සතුටුවුනා. පිළිසඳර කතාබහේ යෙදුනා. පැත්තකින් වාඩිවුනා. පැත්තකින් වාඩිවුන දේවහිත බ්‍රාහ්මණයා භාග්‍යවතුන් වහන්සේට ගාථාවකින් කිව්වා.

"දිය යුතු දේවල් කාටද දිය යුත්තෙ? කාට දුන්නොත්ද ගොඩාක් පින් ලැබෙන්නෙ? දන් දෙන කෙනෙක් කොයි ආකාරයෙන්, කාට දෙන කොටද, ඒ දානය සම්පූර්ණ වෙන්නෙ?"

(භාග්‍යවතුන් වහන්සේ) :

"යමෙක් තමන් පෙර ගතකළ ජීවිත ගැන දන්න ඤාණයකින් යුක්ත නම්, ස්වර්ගයත්, අපායත් දකින ඤාණයෙන් යුක්ත නම්, ඒ වගේම ඉපදීම නැති කරලා, අරහත්වයටත් පත්වෙලා ඉන්නවා නම්, ඔය විදිහට සුවිශේෂ අවබෝධ ඤාණයෙන් යුක්ත මුනිවරයෙක් ඉන්නවා නම්,

අන්න ඒ මුනිඳුන්ටයි දිය යුතු දෙයක් දිය යුත්තෙ. ඒ මුනිඳුන්ට දෙන දෙයින් ගොඩාක් පින් ලැබෙනවා. ඔය විදිහටයි දන් දෙන කෙනෙකුගේ ඔය දන් දීම සම්පූර්ණ වෙන්නෙ."

මෙසේ වදාළ විට දේවහිත බ්‍රාහ්මණයා භාග්‍යවතුන් වහන්සේට මෙහෙම කිව්වා. "භවත් ගෞතමයන් වහන්ස, ඉතා මනහරයි! ....(පෙ).... භවත් ගෞතමයන් වහන්සේ අද පටන් දිවිහිමියෙන් තෙරුවන් සරණ ගිය උපාසකයෙකු හැටියට මාව පිළිගන්නා සේක්වා!"

සාදු! සාදු!! සාදු!!!

7.2.4.
මහාසාළ සූත්‍රය
බ්‍රාහ්මණ ප්‍රභූවරයෙකුට වදාළ දෙසුම

200. සැවැත් නුවර ජේතවනාරාමයේදී ....

එදා එක්තරා බ්‍රාහ්මණ වංශික ප්‍රභූවරයෙක් භාග්‍යවතුන් වහන්සේ ළඟට ආවා. ඔහු ඇඳගෙන හිටියේ දිරා ගිය වැරහැලි වගේ වස්ත්‍රයක්. ඔහු භාග්‍යවතුන් වහන්සේ ළඟට පැමිණිලා සතුටු වුනා. පිළිසඳර කතාබස් කළා. පැත්තකින් වාඩිවුනා. පැත්තකින් වාඩිවුන ඒ බ්‍රාහ්මණ ප්‍රභූවරයාගෙන් භාග්‍යවතුන් වහන්සේ මෙහෙම ඇහුවා.

"පින්වත් බ්‍රාහ්මණය, මොකද ඔය දිරා ගිය වැරහැලි ඇතුව ඉන්නේ?"

(බ්‍රාහ්මණයා) :

"අනේ භවත් ගෞතමයන් වහන්ස, මට මෙහේ පුතාලා හතර දෙනෙක් ඉන්නවා. ඒ පුතාලා එයාලගේ බිරින්දෑවරුන් එක්ක සාකච්ඡා කරලා, මාව ගෙදරින් එළවගත්තා නෙව."

(භාග්‍යවතුන් වහන්සේ) :

"පින්වත් බ්‍රාහ්මණය, (මා දැන් උගන්වන) මේ ගාථාවන් හොඳට පාඩම් කරගෙන, මහා ජනකාය රැස්වන සභාවෙ ඔබේ පුතාලා වාඩිවෙලා ඉන්න වෙලාවට කියන්න.

'මට දාව උපන් දරුවන් ඉන්නවා. මං ඒ දරුවන් ගැන ගොඩාක් සතුටු වුනා. මං එයාලගේ දියුණුවක්මයි පැතුවේ. අන්තිමේදී ඒ දරුවො අඹුවන් එක්ක එකතු වෙලා, මං ගෙදරට එන එක වළක්වා ගත්තෙ, බලු රැලක් ඌරෙක්ව වළක්වනවා වගේ.

එවුන් අසත්පුරුෂයි. පහත් අදහස් තියෙන්නෙ. රාස්සයො වගයක්. පුතාලගේ වෙස් අරගෙන, මට 'තාත්තෙ, තාත්තෙ' කියල කියනවා. දැන් මේ නාකි මාව එළවගන්නවා.

දැන් මං වැඩක් ගන්න බැරි දිරාපු අස්සයෙක් වගෙයි. ජීවත්වෙන්න යමක්කමක් නැති මාව ඒ අඥානයින්ගේ වයසක තාත්තා වෙච්ච මාව, බත් ටිකක් නොදී එළවගන්නවා. අන්තිමේදී අනුන්ගේ ගෙවල්වලින් හිඟා කනවා.

මගේ ඒ අකීකරු පුතාලට වඩා, මේ හැරමිටිය මට හුඟක් වටිනවා. මේ හැරමිටියට පුළුවනි, නපුරු ගොනෙක්ව වළක්වන්න. මේ හැරමිටියට පුළුවනි නපුරු බල්ලන්වත් වළක්වන්න.

මං කළුවරේ යන කොට හැරමිටිය ඉස්සර වෙනවා. වළවල් තියෙන තැන්වල, හැරමිටිය පිහිට වෙනවා. පය පැකිළී වැටෙන්න යන කොට, මේ හැරමිටියේ ආනුභාවයෙනුයි මං කෙළින් හිටින්නේ."

ඉතින් ඒ බ්‍රාහ්මණ ප්‍රභූවරයා භාග්‍යවතුන් වහන්සේ කියා දීපු මේ ගාථාවන් පාඩම් කරගෙන, මහජනකාය රැස්වෙන තැන්වලදී පුතාලත් වාඩිවෙලා ඉන්න කොට කියන්න පටන් ගත්තා.

"මට දාව උපන් දරුවන් ඉන්නවා. මං ඒ දරුවන් ගැන ගොඩාක් සතුටු වුනා. මං එයාලගේ දියුණුවක්මයි පැතුවේ. අන්තිමේදී ඒ දරුවො අඹුවන් එක්ක එකතු වෙලා, මං ගෙදරට එන එක වළක්වා ගත්තෙ, බලු රැලක් ඌරෙක්ව වළක්වනවා වගේ.

එවුන් අසත්පුරුෂයි. පහත් අදහස් තියෙන්නෙ. රාස්සයො වගයක්. පුතාලගේ වෙස් අරගෙන, මට 'තාත්තෙ, තාත්තෙ' කියල කියනවා. දැන් මේ නාකි මාව එළවගන්නවා.

දැන් මං වැඩක් ගන්න බැරි දිරාපු අස්සයෙක් වගෙයි. ජීවත්වෙන්න යමක්කමක් නැති මාව ඒ අඥානයින්ගේ වයසක තාත්තා වෙච්ච මාව, බත්

ටිකක් නොදී එළවගන්නවා. අන්තිමේදී අනුන්ගේ ගෙවල්වලින් හිඟා කනවා.

මගේ ඒ අකීකරු පුතාලට වඩා, මේ හැරමිටිය මට හුඟක් වටිනවා. මේ හැරමිටියට පුළුවනි, නපුරු ගොනෙක්ව වළක්වන්න. මේ හැරමිටියට පුළුවනි නපුරු බල්ලන්වත් වළක්වන්න.

මං කළුවරේ යනකොට හැරමිටිය ඉස්සර වෙනවා. වළවල් තියෙන තැන්වල, හැරමිටිය පිහිට වෙනවා. පය පැකිළී වැටෙන්න යන කොට, මේ හැරමිටියේ ආනුභාවයෙනුයි මං කෙළින් හිටින්නේ."

එතකොට, ඒ පුතාලා ඒ බ්‍රාහ්මණ ප්‍රභූවරයව ගෙදර එක්කරගෙන ගියා. වතුර නැව්වා. වෙන අළුත් වස්ත්‍ර දෙකක් අරන් දුන්නා.

ඉතින් ඒ බ්‍රාහ්මණ ප්‍රභූවරයා එක වස්ත්‍ර යුගලයක් අරගෙන භාග්‍යවතුන් වහන්සේ ළඟට ගියා. ගිහින් භාග්‍යවතුන් වහන්සේ සමඟ සතුටු වුනා. පිළිසඳර කතාබස් කළා. පැත්තකින් වාඩිවුනා. පැත්තකින් වාඩිවුන ඒ බ්‍රාහ්මණ ප්‍රභූවරයා භාග්‍යවතුන් වහන්සේට මෙහෙම කිව්වා.

"භවත් ගෞතමයන් වහන්ස, අපි ඉතින් බ්‍රාහ්මණයො නෙව. අපි අපේ ගුරුවරුන්ට ගුරු පඬුරු සොයන උදවිය. භවත් ගෞතමයන් වහන්සේ දැන් මගේ ආචාර්යවරයෙක්. ඒ නිසා මේ ගුරු පඬුර පිළිගන්නා සේක්වා!"

භාග්‍යවතුන් වහන්සේ මහත් අනුකම්පා උපදවා, එය පිළිගෙන වදාළා.

ඉතින් ඒ බ්‍රාහ්මණ ප්‍රභූවරයා භාග්‍යවතුන් වහන්සේට මෙහෙම කිව්වා. "භවත් ගෞතමයන් වහන්සේ ඉතා මනහරයි! ....(පෙ).... භවත් ගෞතමයන් වහන්සේ අද පටන් දිවි හිමියෙන් තෙරුවන් සරණ ගිය උපාසකයෙක් ලෙසින් මාව පිළිගන්නා සේක්වා!"

සාදු! සාදු!! සාදු!!!

7.2.5.
මානත්ථද්ධ සූත්‍රය
මානත්ථද්ධ බ්‍රාහ්මණයාට වදාළ දෙසුම

201. සැවැත් නුවර ජේතවනාරාමයේදී ....

ඒ දිනවල මානත්ථද්ධ කියල බ්‍රාහ්මණයෙක් සැවැත් නුවර හිටියා. ඔහු තම මව්ට වඳින්නෙ නෑ. පියාට වඳින්නෙ නෑ. ගුරුවරයාට වඳින්නෙ නෑ. වැඩිමහල් සොහොයුරාට වඳින්නෙ නෑ.

එදා භාග්‍යවතුන් වහන්සේ විශාල පිරිසක් පිරිවරාගෙන දහම් දෙසමින් හිටියා. එතකොට මානත්ථද්ධ බ්‍රාහ්මණයාට මෙහෙම හිතුනා. 'මේ ශ්‍රමණ ගෞතමයන් විශාල පිරිසක් පිරිවරාගෙන දහම් දෙසනවා. හොඳයි, මාත් ශ්‍රමණ ගෞතමයන් ළඟට යනවා. හැබැයි ශ්‍රමණ ගෞතමයන් මට කතා කළොත් විතරක් මං කතා කරනවා. ඒ වගේම ශ්‍රමණ ගෞතමයන් මාත් එක්ක කතා නොකළොත් මං කතා කරන්නෙත් නෑ.'

ඉතින්, මානත්ථද්ධ බ්‍රාහ්මණයා භාග්‍යවතුන් වහන්සේ ළඟට ගියා. ගිහින් පැත්තකින් හිටගත්තා. නමුත් භාග්‍යවතුන් වහන්සේ ඔහු සමග කතා කළේ නෑ. එතකොට මානත්ථද්ධ බ්‍රාහ්මණයා 'මේ ශ්‍රමණ ගෞතමයන් කිසි දෙයක් දන්නෙ නැහැ නෙව' කියල හිතලා ආපසු හැරිල යන්න සූදානම් වුනා.

එතකොට භාග්‍යවතුන් වහන්සේ මානත්ථද්ධ බ්‍රාහ්මණයාගේ සිතේ ඇති අදහස් තම සිතින් දැනගෙන, මානත්ථද්ධ බ්‍රාහ්මණයාට ගාථාවකින් පැවසුවා.

"පින්වත් බ්‍රාහ්මණය, යම්කිසි ප්‍රයෝජනයක් බලාගෙන, මෙහි ආපු කෙනෙකුට, මාන්නය වැඩි කරගන්න එක හොඳ නෑ. යම්කිසි ප්‍රයෝජනයකට ආවා නම් ඒකම තමයි කරගත යුත්තෙ."

එතකොට මානත්ථද්ධ බ්‍රාහ්මණයා 'ශ්‍රමණ ගෞතමයන් වහන්සේ මගේ සිත දැනගත්තා නෙව' කියලා. භාග්‍යවතුන් වහන්සේගේ සිරිපතුල් අභියස හිසින් වැඳ වැටුනා. භාග්‍යවතුන් වහන්සේගේ සිරිපතුල් සිඹින්න පටන් ගත්තා. දෑතින් පිරිමදින්න පටන් ගත්තා. තමන්ගේ නම කියන්න පටන් ගත්තා. "භවත් ගෞතමයන් වහන්ස, මම තමයි මානත්ථද්ධ. භවත් ගෞතමයන් වහන්ස, මම තමයි මානත්ථද්ධ."

ඒ මොහොතේ, ඒ පිරිස අතිශයින්ම පුදුමයට පත්වුනා. "භවත්නි, මේක නම් ආශ්චර්යයක්. මේක නම් අද්භූත දෙයක්. මේ මානත්ථද්ධ බ්‍රාහ්මණයා අම්මට වඳින කෙනෙක් නොවෙයි. තාත්තට වඳින කෙනෙක් නොවෙයි. ගුරුවරයෙකුට වඳින කෙනෙක් නොවෙයි. වැඩිමහල් සහෝදරයෙකුට වඳින කෙනෙක් නොවෙයි. ඒ වුනාට ශ්‍රමණ ගෞතමයන් වහන්සේ ගැන පුදුමාකාර යටහත්පහත් කමකින් නෙව මේ කටයුතු කරන්නෙ."

එතකොට භාග්‍යවතුන් වහන්සේ මානත්ථද්ධ බ්‍රාහ්මණයාට මෙහෙම පැවසුවා. "පින්වත් බ්‍රාහ්මණය, දැන් ඔය ඇති. නැගිටින්න. තමන්ගේ ආසනෙන් වාඩිවෙන්න. ඔබේ සිත මා ගැන පැහැදිලා තියෙනවා."

ඊට පස්සෙ මානත්ථද්ධ බ්‍රාහ්මණයා තම ආසනේ ඉඳගෙන භාග්‍යවතුන් වහන්සේට ගාථාවකින් පැවසුවා.

"කවුරු ගැනද මාන්නයක් නැතිව කටයුතු කරන්න ඕන? කවුරු ගැනද ගෞරව කරන්න ඕන? කාටද උපස්ථාන කරන්න ඕන? ඉතා හොඳින් පිදිය යුත්තේ කවුරුන්වද?"

(භාග්‍යවතුන් වහන්සේ) :

"මව් ගැනත්, පියා ගැනත්, ඒ වගේම වැඩිමහල් සහෝදරයා ගැනත්, ආචාර්යවරයා ගැනත් කියන මේ හතර දෙනා ගැන මාන්නයෙන් කටයුතු කරන්නෙ නෑ. ඒ අය ගැනමයි ගෞරව කළ යුත්තෙ. ඒ අයටමයි සළකන්න ඕන. ඒ අයවමයි ඉතා හොඳින් පුදන්න ඕන.

අවබෝධය සම්පූර්ණ කරගත්ත, ආශ්‍රව රහිත, සිහිල් වෙලා ගිය රහතන් වහන්සේලා ඉන්නවා. ඒ අනුත්තර වූ මුනිවරුන්ට මාන්නයෙන් දැඩි වෙන්නෙ නැතුව, මාන්නය නැති කරගෙන වඳින්න ඕන."

මෙසේ වදාළ විට මානත්ථද්ධ බ්‍රාහ්මණයා භාග්‍යවතුන් වහන්සේට මෙහෙම කිව්වා. "භවත් ගෞතමයන් වහන්ස, ඉතා මනහරයි! ....(පෙ).... භවත් ගෞතමයන් වහන්ස, අද පටන් දිවි හිමියෙන් තෙරුවන් සරණ ගිය උපාසකයෙකු හැටියට මාව පිළිගන්නා සේක්වා!"

සාදු! සාදු!! සාදු!!!

7.2.6.
පච්චනීක සූත්‍රය
පච්චනීකසාත බ්‍රාහ්මණයාට වදාළ දෙසුම

202. මා හට අසන්නට ලැබුනේ මේ විදිහටයි. ඒ දිනවල භාග්‍යවතුන් වහන්සේ වැඩසිටියේ සැවැත් නුවර ජේතවනය නම් වූ අනේපිඬු සිටුතුමාගේ ආරාමයේ. ඒ දිනවලම පච්චනීකසාත කියල බ්‍රාහ්මණයෙක් සැවැත් නුවර හිටියා. එදා ඒ පච්චනීකසාත බ්‍රාහ්මණයාට මෙහෙම හිතුනා. 'මං ශ්‍රමණ ගෞතමයන් ළඟට අද යන්න ඕන. හැබැයි ශ්‍රමණ ගෞතමයන් මොකක්ද කියන්නෙ, මං ඒ හැම වචනයකටම විරුද්ධව කතාකරනවා.'

ඒ වෙලාවේ භාග්‍යවතුන් වහන්සේ එළිමහනේ සක්මන් කරමින් හිටියේ. එතකොට පච්චනීකසාත බ්‍රාහ්මණය භාග්‍යවතුන් වහන්සේ ළඟට ගියා. ගිහින් සක්මනේ වඩින භාග්‍යවතුන් වහන්සේත් සමඟම සක්මන් කරමින්, භාග්‍යවතුන් වහන්සේට මෙහෙම කිව්වා.

"ඒයි ශ්‍රමණය, බණ කියන්න."

(භාග්‍යවතුන් වහන්සේ) :

"කිලුටු වෙච්ච සිතක් තියෙන, බොහෝ විට එකටෙක කරන, විරුද්ධ කථාවලටම කැමති කෙනෙකුට සුභාෂිත ධර්මය ලේසියෙන් දැනගන්න බෑ.

යම් කෙනෙක් එකටෙක කිරීමත්, හිතේ අප්‍රසාදයත් දුරුකරලා, ක්‍රෝධයත් බැහැර කළොත් නම්, ඒකාන්තයෙන්ම එයාට සුභාෂිත ධර්මය අවබෝධ කරගන්න පුළුවන්."

මෙසේ වදාළ විට පච්චනීකසාත බ්‍රාහ්මණයා භාග්‍යවතුන් වහන්සේට මෙහෙම කිව්වා. "භවත් ගෞතමයන් වහන්ස, ඉතා මනහරයි! ....(පෙ).... භවත් ගෞතමයන් වහන්සේ අද පටන් දිවි තිබෙන තුරාවට, තෙරුවන් සරණ ගිය උපාසකයෙක් හැටියට මාව පිළිගන්නා සේක්වා!

සාදු! සාදු!! සාදු!!!

7.2.7.
නවකම්මික සූත්‍රය
නවකම්මික භාරද්වාජ බ්‍රාහ්මණයාට වදාළ දෙසුම

203. මා හට අසන්නට ලැබුනේ මේ විදිහටයි. ඒ දිනවල භාග්‍යවතුන් වහන්සේ වැඩසිටියේ කොසොල් ජනපදයේ එක්තරා වන ලැහැබක.

ඒ දිනවල නවකම්මික භාරද්වාජ බ්‍රාහ්මණයා ඒ වන ලැහැබේම (ලී ඉරීම් ආදිය) වැඩ කරවමින් ඉන්නවා. එදා නව කම්මික භාරද්වාජ බ්‍රාහ්මණයා එක්තරා සල් රුක් සෙවනක උඩු කය සෘජු කරගෙන, පළඟක් බැඳගෙන භාවනාවෙන් වැඩඉන්න භාග්‍යවතුන් වහන්සේව දැක්කා. දැකලා ඔහුට මෙහෙම හිතුනා. 'මං මේ වන ලැහැබට ඇවිදින් සතුටින් ඉන්නෙ මේ වැඩකටයුතු කරවන නිසා. මේ ශ්‍රමණ ගෞතමයන් වහන්සේ මොකක් කරවමින්ද වනයට ඇලී ඉන්නෙ?'

ඉතින්, නවකම්මික භාරද්වාජ බ්‍රාහ්මණයා භාග්‍යවතුන් වහන්සේ ළඟට ගියා. ගිහින් භාග්‍යවතුන් වහන්සේට ගාථාවකින් පැවසුවා.

"පින්වත් භික්ෂුව, ඔබ මේ සල් වනයේ මොන වගේ වැඩද කරමින් ඉන්නෙ? භවත් ගෞතමයන් වහන්ස, හුදෙකලාව අරණ්‍යයේ ඉන්න එක ගැන ඔබ ආසයි නේද?"

(භාග්‍යවතුන් වහන්සේ) :

"මේ වනයේ මට වැඩකටයුතු මොකවත් නෑ. මගේ කෙලෙස් වනය මං මුල්වලින්ම ගලෝල දැම්මා. කටු ගලෝලා දැම්මා. කිසි හුලක් නැති, කෙලෙස් වනයක් නැතුවයි මම ඉන්නෙ. ධර්මයට නොඇලෙන ගතිය මා තුළ නෑ. ඒ නිසයි මේ වනයේ මං හුදෙකලාවෙ ඇලී ඉන්නෙ."

මෙසේ වදාළ විට නවකම්මික භාරද්වාජ බ්‍රාහ්මණයා භාග්‍යවතුන් වහන්සේට මෙහෙම කිව්වා. "භවත් ගෞතමයන් වහන්ස, ඉතා මනහරයි! ....(පෙ).... භවත් ගෞතමයන් වහන්සේ අද පටන් දිවි හිමියෙන් තෙරුවන් සරණ ගිය උපාසකයෙකු හැටියට මාව දරන සේක්වා!"

සාදු! සාදු!! සාදු!!!

7.2.8.
කට්ඨහාර සූත්‍රය
දර ගෙන යන තරුණයින්ට වදාළ දෙසුම

204. මා හට අසන්නට ලැබුනේ මේ විදිහටයි. ඒ දිනවල භාග්‍යවතුන් වහන්සේ වැඩසිටියේ කොසොල් ජනපදයේ එක්තරා වන ලැහැබකය.

එදා භාරද්වාජ ගෝත්‍රයට අයත් එක්තරා බ්‍රාහ්මණයෙකුගේ ශිෂ්‍යයන් වූ බොහෝ තරුණ පිරිසක් දර ගෙන යන්නට ඒ වන ලැහැබට ඇතුළු වුනා. ඇතුල් වුන ඒ තරුණයින්ට ඒ වන ලැහැබේ උඩු කය සෘජු කරගෙන, පළඟක් බැඳගෙන වාඩිවෙලා භාවනා කරමින් ඉන්න භාග්‍යවතුන් වහන්සේව දකින්න ලැබුනා. දැකලා, ඔවුන් භාරද්වාජ ගෝත්‍ර බ්‍රාහ්මණයා ළඟට ගියා. ගිහින් භාරද්වාජ ගෝත්‍ර බ්‍රාහ්මණයාට මෙහෙම කිව්වා. "භවතාණනි, දන්නවාද වැඩක්? අන්න අසවල් වන ලැහැබෙ උඩු කය සෘජු කරගෙන පළඟක් බැඳගෙන වාඩිවෙලා, භාවනා කරමින් ඉන්න ශ්‍රමණයෙක් ඉන්නවා."

එතකොට භාරද්වාජ ගෝත්‍ර බ්‍රාහ්මණයා ඒ තරුණ පිරිසත් සමඟ අර වන ලැහැබට ගියා. ගිහිල්ලා උඩු කය සෘජු කරගෙන, පළඟක් බැඳගෙන, භාවනාවෙන් වැඩඉන්න භාග්‍යවතුන් වහන්සේව දැකගත්තා. දැකලා, භාග්‍යවතුන් වහන්සේ ළඟට ගියා. ගිහින් භාග්‍යවතුන් වහන්සේට ගාථාවලින් පැවසුවා.

"පින්වත් භික්ෂුව, මේ වනය හරි ගාම්භීරයි. බියජනකයි. පාළුයි. ජනයා

ගෙන් තොරයි. එබඳු වූ මේ වනාන්තරයට ඇවිදින්, කිසි තැතිගැනීමක් නැතුව, ස්ථිරව පිහිටලා, ලස්සන රූපයක් ඇති ඔබ ඇත්තෙන්ම හරිම සුන්දර විදිහටයි භාවනා කරන්නෙ.

යම් තැනක මිහිරි ගීත නැද්ද, යම් තැනක කර්ණ රසායන වාදන නැද්ද, එබඳු වනයකට ඇවිදින්, හුදෙකලාව, වනය ඇසුරු කරන මොහු මුනිවරයෙකි. ඔය විදිහට තනි පංගලමේ ප්‍රීතිමත් සිතින් වනයේ ඉන්නවා දකින කොට, මේක මට මහා පුදුමයක් වගෙයි.

"මට හිතෙන්නෙ ඔය භවතාණන් ලෝකාධිපති මහාබ්‍රහ්මයා සමඟ එකතු වෙන්න කැමති වෙලා, අනුත්තර වූ බඹලොව පතනවා වෙන්න ඇති. ඇත්තෙන්ම මේ භවතා ජනයාගෙන් තොර මේ වනාන්තර ඇසුරු කරන්නේ ඇයි? බ්‍රහ්ම ලෝකෙ උපදින්න හිතාගෙන නේද මේ වනයේ තපස් රකින්නේ?"

(භාග්‍යවතුන් වහන්සේ) :

"නොයෙක් ස්වභාවයෙන් යුතු ලෝකයේ, හැමතිස්සෙම පවතින්නෙ එක්කො ආශාවක්. එක්කො යම්කිසි සැකයක්. අවිද්‍යාව මුල් වෙලා ඒවා හැදෙනවා. තණ්හාවෙන් වැඩෙනවා. මං ඒ හැම දෙයක්ම මුලින්ම උදුරලා දැම්මා, ඉක්මවා ගියා.

පින්වත් බ්‍රාහ්මණය, ඒ මම සැක රහිත කෙනෙක්. තෘෂ්ණා රහිත කෙනෙක්. අරමුණුවලට නොබැසගන්න කෙනෙක්. හැම දෙයක් ගැනම පිරිසිදු දැක්මක් ඇති කෙනෙක්. මං අනුත්තර වූ සම්බෝධියට පත්වෙච්ච කෙනෙක්. පිරිසිදු බවට පත්වෙලා, දහම තුළ විශාරද වෙලා තමයි මං මේ රහසේ භාවනා කරන්නෙ."

මෙසේ වදාළ විට, භාරද්වාජ ගෝත්‍ර බ්‍රාහ්මණයා භාග්‍යවතුන් වහන්සේට මෙහෙම කිව්වා. භවත් ගෞතමයන් වහන්ස, ඉතා මනහරයි! ....(පෙ).... භවත් ගෞතමයන් වහන්සේ අද පටන් දිවි හිමියෙන් තෙරුවන් සරණ ගිය උපාසකයෙකු වශයෙන් මාව පිළිගන්නා සේක්වා!

සාදු! සාදු!! සාදු!!!

7.2.9.
මාතුපෝසක සූත්‍රය
මාතුපෝසක බ්‍රාහ්මණයාට වදාළ දෙසුම

205. සැවැත් නුවර ජේතවනාරාමයේදී ....

එදා මාතුපෝසක බ්‍රාහ්මණයා භාග්‍යවතුන් වහන්සේ ළඟට ආවා. ඇවිදින් භාග්‍යවතුන් වහන්සේ සමඟ සතුටු වුනා. පිළිසඳර කතා කළා. පැත්තකින් වාඩි වුනා. පැත්තකින් වාඩිවුන මාතුපෝසක බ්‍රාහ්මණයා භාග්‍යවතුන් වහන්සේට මෙහෙම කිව්වා. "භවත් ගෞතමයන් වහන්ස, මං ධාර්මිකවයි යමක්කමක් හොයාගන්නෙ. ධාර්මිකව යමක්කමක් හොයාගෙන, මං මගේ දෙමව්පියන්ව පෝෂණය කරනවා. භවත් ගෞතමයන් වහන්ස, ඒ විදිහට මං කටයුතු කිරීම ගැන මොකක්ද පවසන්නේ? හරි දෙයක් කරන කෙනෙක්ද?"

(භාග්‍යවතුන් වහන්සේ) :

"ඇත්ත වශයෙන්ම පින්වත් බ්‍රාහ්මණය, ඔය විදිහට කටයුතු කිරීමෙන් ඔබ හරි දෙයක්මයි කරන්නෙ. පින්වත් බ්‍රාහ්මණය, යම් කෙනෙක් ධාර්මිකව යමක්කමක් හොයාගන්නවා නම්, ධාර්මිකව යමක්කමක් හොයාගෙන, මව්පියන්ව පෝෂණය කරනවා නම්, ඔහු ගොඩාක් පින් රැස්කරනවා."

(ගාථාවකි) :

යමෙක් මවත්, පියාත් පෝෂණය කරයි නම්, මව්පියන්ට ඒ විදිහට උපස්ථාන කිරීම නිසා, ඔවුන්ව නුවණැත්තෝ මෙලොවදී ප්‍රශංසා කරනවා. පරලොව සුගතියෙ ඉපදිලා, සතුටු වෙනවා."

මෙසේ වදාළ විට මාතුපෝසක බ්‍රාහ්මණයා භාග්‍යවතුන් වහන්සේට මෙහෙම කිව්වා. "භවත් ගෞතමයන් වහන්ස, ඉතා මනහරයි! ....(පෙ).... භවත් ගෞතමයන් වහන්සේ අද පටන් දිවි හිමියෙන් තෙරුවන් සරණ ගිය උපාසකයෙකු හැටියට මාව පිළිගන්නා සේක්වා!"

සාදු! සාදු!! සාදු!!!

7.2.10.
භික්ඛක සූත්‍රය
භික්ඛක බ්‍රාහ්මණයාට වදාළ දෙසුම

205. සැවැත් නුවර ජේතවනාරාමයේදී ....

එදා භික්ඛක බ්‍රාහ්මණ භාග්‍යවතුන් වහන්සේ ළඟට ආවා. ඇවිදින් භාග්‍යවතුන් වහන්සේ සමඟ සතුටු වුනා. පිළිසඳර කතාබස් කළා. පැත්තකින් වාඩිවුනා. පැත්තකින් වාඩිවුන භික්ඛක බ්‍රාහ්මණයා භාග්‍යවතුන් වහන්සේට මෙහෙම කිව්වා.

"භවත් ගෞතමයන් වහන්ස, මමත් පිඬු සිඟා යන කෙනෙක්. ඔය භවතාත් පිඬුසිඟා යන කෙනෙක්. ඉතින් මේ කරුණෙහිදී අපි දෙන්නගේ තියෙන වෙනස මොකක්ද?"

(භාග්‍යවතුන් වහන්සේ) :

"අනුන් ළඟට පිඬු සිඟාගෙන ගියා කියලා, ඒ හේතුවෙන් කෙනෙක් භික්ෂුත්වයට අයිති කෙනෙක් වෙන්නෙ නෑ. ගඳ ගහන අකුසල් සමාදන් වෙලා ඉන්නකල් භික්ෂුවක් වෙන්න බෑ.

මේ කාරණයේදී යම් කෙනෙක් පිනුත්, පවුත් බැහැර කරලා, බ්‍රහ්මචාරී ජීවිතයක් ඇතිව, ලෝකය තුළ බුද්ධිමත්ව හැසිරෙනවා නම්, අන්න එයාට තමයි ඇත්තෙන්ම 'භික්ෂුව' කියලා කියන්නෙ."

මෙසේ වදාළ විට භික්ඛක බ්‍රාහ්මණයා භාග්‍යවතුන් වහන්සේට මෙහෙම කිව්වා. "භවත් ගෞතමයන් වහන්ස, ඉතා මනහරයි! ....(පෙ).... භවත් ගෞතමයන් වහන්ස, අද පටන් දිවි හිමියෙන් තෙරුවන් සරණ ගිය උපාසකයෙකු හැටියට මාව පිළිගන්නා සේක්වා!"

සාදු! සාදු!! සාදු!!!

7.2.11.
සංගාරව සූත්‍රය
සංගාරව බ්‍රාහ්මණයාට වදාළ දෙසුම

207. සැවැත් නුවර ජේතවනාරාමයේදී ....

ඒ දිනවල සංගාරව කියල බ්‍රාහ්මණයෙක් සැවැත් නුවර හිටියා. 'දියේ ගිලීමෙන් පව් සෝදා පිරිසිදු වෙන්න පුළුවන්' යන ඇදහීමෙන් යුක්ත වූ මොහු ජලයෙන්ම පිරිසිදු බව පැතුවා. උදේ හවස දියේ ගිලීම තමයි තමන්ගේ ආගමික ව්‍රතය කරගෙන හිටියේ.

එදා ආයුෂ්මත් ආනන්ද තෙරුන් උදේ වරුවේ සිවුරු පොරවාගෙන, පාත්‍රයත් සිවුරත් අරගෙන, සැවැත් නුවරට පිණ්ඩපාතෙ වැඩියා. සැවැත් නුවර පිණ්ඩපාතෙ කරගෙන දානෙ වළඳලා, භාග්‍යවතුන් වහන්සේ ළඟට ගියා. ගිහින් භාග්‍යවතුන් වහන්සේට වන්දනා කළා. පැත්තකින් වාඩිවුනා. පැත්තකින් වාඩිවුන ආයුෂ්මත් ආනන්ද තෙරුන්, භාග්‍යවතුන් වහන්සේට මෙහෙම කිව්වා.

"ස්වාමීනි, මේ සැවැත් නුවර සංගාරව කියලා බ්‍රාහ්මණයෙක් ඉන්නවා. 'දියේ ගිලී පව් සේදීමෙන් පිරිසිදු වෙනවා' කියන දේ අදහාගෙන, ජලයෙන්ම පිරිසිදු බව පතනවා. උදේ සවස දියට බැසීම තමයි එයාගේ ආගමික ව්‍රතය වෙලා තියෙන්නෙ. ස්වාමීනි, භාග්‍යවතුන් වහන්සේ ඒ සංගාරව බ්‍රාහ්මණයාගේ නිවසට, ඔහු ගැන අනුකම්පා කරලා, වඩින සේක් නම්, කොයිතරම් දෙයක්ද."

භාග්‍යවතුන් වහන්සේ එය නිශ්ශබ්දව ඉවසා වදාළා.

ඊට පස්සෙ භාග්‍යවතුන් වහන්සෙ උදේ වරුවේ සිවුරු පොරවාගෙන, පාත්‍ර සිවුරුත් අරගෙන සංගාරව බ්‍රාහ්මණයාගේ නිවසට වැඩියා. වැඩම කරලා, සකස් කරපු ආසනයෙහි වැඩහිටියා.

එතකොට සංගාරව බ්‍රාහ්මණයා භාග්‍යවතුන් වහන්සේ ළඟට ආවා. ඇවිදින් භාග්‍යවතුන් වහන්සේ සමඟ සතුටු වුනා. පිළිසඳර කතාබහේ යෙදුනා. පැත්තකින් වාඩිවුනා. පැත්තකින් වාඩිවුන සංගාරව බ්‍රාහ්මණයාගෙන් භාග්‍යවතුන් වහන්සේ මේ විදිහට ඇසුවා.

"පින්වත් බ්‍රාහ්මණය, ඔබ දියේ ගිලී පව් සේදීමෙන් පිරිසිදු වෙන බව අදහාගෙන, ජලයෙන් පිරිසිදු බව පතනවා කියන්නෙ ඇත්තද? උදේ හවස දියේ ගිලීම ආගමික ව්‍රතය කරගෙන ඉන්නවා කියන්නෙ?"

"භවත් ගෞතමයන් වහන්ස, ඒක එහෙම තමයි."

"භවත් බ්‍රාහ්මණය, දියේ ගිලීමෙන් පව් සෝදන්න පුළුවන් බව අදහාගෙන, දියේ ගිලීමෙන් පිරිසිදු බව පතන්න නම්, ඔබ දැකපු ආනිසංස මොනවාද? උදේ හවස දියට බැසීම ආගමික ව්‍රතයක් කරගන්න තරම් ඔබ දැකපු ආනිසංස මොනවාද?"

"භවත් ගෞතමයන් වහන්ස, කාරණය මේකයි. මං අතින් දවල් කාලෙත් යම්කිසි පවක් කෙරුණොත්, හවස නාන කොට ඒ පව් සෝදල දානවා. රාත්‍රී කාලෙ යම් පවක් කෙරුණොත්, උදේට නාන කොට ඒ පව සෝදල දානවා. භවත් ගෞතමයන් වහන්ස, ඔන්න ඔය ආනිසංසය මං දකිනවා. දියේ ගිලීමෙන් පව් සේදෙන බව අදහා ගෙන ජලයෙන් පිරිසිදු බව පතන්නෙ ඒකයි. උදේ හවස දියේ ගිලීම ආගමික ව්‍රතය කරගෙන ඉන්නෙ ඒකයි."

(භාග්‍යවතුන් වහන්සේ) :

"පින්වත් බ්‍රාහ්මණය, අවබෝධයේ පරතෙරට ගිය, ආර්යන් වහන්සේලා වතුර නාන තැනක් තියෙනවා. ඒකෙ වතුර නැවට ඇඟ තෙමෙන්නේ නෑ. ඇත්තෙන්ම ඒ උදවිය පරතෙරටම යනවා. ඒක නොකැළඹුණු තැනක්. සත්පුරුෂයන් ප්‍රශංසා කරපු තැනක්. ඒකට බහින්නෙ සීලය නැමැති තොටුපලින්. ඒ ජලාශය තමයි ධර්මය."

මෙසේ වදාළ විට සංගාරව බ්‍රාහ්මණයා භාග්‍යවතුන් වහන්සේට මෙහෙම කිව්වා. "භවත් ගෞතමයන් වහන්ස, ඉතා මනහරයි! ....(පෙ).... භවත් ගෞතමයන් වහන්සේ අද පටන් තෙරුවන් සරණ ගිය උපාසකයෙකු හැටියට දරන සේක්වා!"

සාදු! සාදු!! සාදු!!!

7.2.12.
බෝමදුස්ස සූත්‍රය
බෝමදුස්ස ගමේ වැසියන්ට වදාළ දෙසුම

208. මා හට අසන්නට ලැබුනේ මේ විදිහටයි. ඒ දිනවල භාග්‍යවතුන් වහන්සේ ශාක්‍ය ජනපදයේ, බෝමදුස්ස නම් ශාක්‍යයන්ගේ කුඩා නගරයේ වාසය කළේ.

එදා භාග්‍යවතුන් වහන්සේ, උදේ වරුවේ සිවුරු පොරවාගෙන, පාත්‍ර සිවුරු ගෙන, බෝමදුස්ස කුඩා නගරෙට පිණ්ඩපාතෙ වැඩියා.

ඒ වෙලාවෙ බෝමදුස්සයේ වාසය කරන බ්‍රාහ්මණ ගෘහපතිවරු, යම්කිසි කටයුත්තකට ඇවිදින් රැස්වෙලා හිටියා. එතකොට පොඩි වැහි පොදයක් ආවා.

ඉතින්, භාග්‍යවතුන් වහන්සේ අර රැස්වීම තිබුණු තැනට වැඩියා. බෝමදුස්සයේ බ්‍රාහ්මණ ගෘහපතිවරු දුරින්ම වඩින භාග්‍යවතුන් වහන්සේව දැක්කා. දැකලා, මෙහෙම කිව්වා. "මේ කවුද? හිස මුඩු කළ කෙනෙක්. ශ්‍රමණයෙක්. මේ මොකද? මේ රැස්වීමේ වැඩ ගැන මොනවා දන්නවාද?"

ඒ මොහොතේ බෝමදුස්සයේ බ්‍රාහ්මණ ගෘහපතිවරුන්ට භාග්‍යවතුන් වහන්සේ ගාථාකින් වදාළා.

"යම් තැනක ශාන්ත මුනිවරු නැත්නම්, එතන රැස්වීමක් නෑ. ධර්මය කියන අය නැත්නම්, එතන ශාන්ත මුනිවරුත් නෑ. රාගයත්, ද්වේෂයත්, මෝහයත් නැති කරලා, ධර්මය කියන උදවියමයි ශාන්ත මුනිවරු වෙන්නේ."

මෙසේ වදාළ විට, බෝමදුස්සයේ බ්‍රාහ්මණ ගෘහපතිවරු භාග්‍යවතුන් වහන්සේට මෙහෙම කිව්වා. "භවත් ගෞතමයන් වහන්ස, ඉතා මනහරයි! භවත් ගෞතමයන් වහන්ස, ඉතා මනහරයි! යටිකුරු වෙච්ච දෙයක් උඩට හැරෙව්වා වගේ. වැහිලා තිබ්බ්ච්ච දෙයක් ඇරලා පෙන්නුවා වගේ. මං මුළා වූ කෙනෙකුට හරි මඟ කියා දුන්නා වගේ. ඇස් ඇති උදවියට රූප දකින්නට, අඳුරේ තෙල් පහනක් දැරුවා වගේ. ඔය විදිහට භවත් ගෞතමයන් වහන්සේ නොයෙක් ආකාරයෙන් ධර්මය කියලා දුන්නා. ඉතින් අපි භවත් ගෞතමයන් වහන්සේව සරණ යනවා. ශ්‍රී සද්ධර්මයත්, භික්ෂුසංඝයාත් සරණ යනවා. භවත් ගෞතමයන් වහන්ස, අද පටන් දිවි හිමියෙන් තෙරුවන් සරණ ගිය උපාසකවරු වශයෙන් පිළිගන්නා සේක්වා!"

සාදු! සාදු!! සාදු!!!

දෙවෙනි උපාසක වර්ගය අවසන් විය.

බ්‍රාහ්මණ සංයුත්තය අවසන් විය.

නමෝ තස්ස භගවතෝ අරහතෝ සම්මාසම්බුද්ධස්ස
ඒ භාග්‍යවත් අරහත් සම්මා සම්බුදුරජාණන් වහන්සේට නමස්කාර වේවා!

8. වංගීස සංයුත්තය

1. වංගීස වර්ගය

8.1.1.
නික්ඛන්ත සූත්‍රය
ගිහි ගෙයින් නික්මීම ගැන වදාළ දෙසුම

209. මා හට අසන්නට ලැබුනේ මේ විදිහටයි. ඒ දිනවල වංගීස තෙරුන් අග්ගාලව චේතිය ආරාමයේ තම උපාධ්‍යායන් වහන්සේ වන ආයුෂ්මත් නිග්‍රෝධකප්ප තෙරුන් සමඟයි වාසය කළේ. ඒ වන විට ආයුෂ්මත් වංගීස තෙරුන් පැවිද්දෙන් නවකයෙක්. ආරාමය බලාගන්න වැඩේ පැවරිලයි තිබුනේ.

එදා බොහෝ කාන්තා පිරිසක් හැඩ වැඩ ඇතිව හැඳ පැළඳගෙන අග්ගාලව චේතිය බලන්නට ආවා. එදා ආයුෂ්මත් වංගීසයන් හට ඒ ළලනාවන් දකිද්දී, බඹසර ජීවිතය ගැන නොකැමැත්තක් ඇතිවුනා. රාගය විසින් කුසල් සිතට හානි කළා.

එතකොට ආයුෂ්මත් වංගීසයන් හට මෙහෙම හිතුනා. 'අයියෝ! මේක මට පාඩුවක්. අයියෝ! මේක මට ලාභයක් නොවෙයි. මේක මහා අවාසනාවක්. මේක මට වාසනාවක් නම් නොවෙයි. බඹසර ජීවිතේ ගැන ආශාව නැතිවුනා නෙව. මේ රාගය කුසල් සිත වැනසුවා නෙව. බඹසර ජීවිතය ගැන ඇතිවෙච්ච මේ එපාවීම නැතිකරලා බඹසර ජීවිතයට ආශාව ඇති කරවන එක පිට කෙනෙකුගෙන් කොහොම බලාපොරොත්තු වෙන්නද? මේක තමන් විසින්ම කරගත යුතු

දෙයක්. බඹසර ජීවිතය එපා වෙච්ච එක අත්හැරලා, බඹසර ජීවිතයට ආශාව ඇතිකරගන්න එක තමන් විසින්ම කරගත යුතු දෙයක්' කියලා.

ඉතින් ආයුෂ්මත් වංගීසයන් තමන්ගේ ජීවිතය ගැන ඇතිවෙච්ච එපාවීම දුරුකරලා, බඹසර ජීවිතයට ආශාවක් තමන් විසින්ම ඇති කරගත්තා. ඒ වෙලාවේ ආයුෂ්මත් වංගීසයන් මේ ගාථාවන් පැවසුවා.

"මං ගිහි ජීවිතේ අත්හැරලා, ශාසනේට ඇතුල් වුනේ අවංකවමයි. එහෙම එකේ මේ හිතුවක්කාර පව් සිතුවිලි පස්සෙන් එනවා නෙව.

රාජ කුමාරවරු ඉන්නවා. හොඳට පුහුණු වෙලා, මහත් දුනු ඊතල දරාගෙන, තමන් වටේට දහස් ගණනින් ඊතල ආවත් ඔවුන් පලා යන්නෙ නෑ.

ඉතින් ඒ විදිහටම ගෑණු වුනත් දහස් ගණනක් ආවත් දැන් ඉතින් ධර්මයේ හිත පිහිටුවාගත්තු මාව නම් පීඩාවකට පත් කරවන්න බෑ.

අනික මං මේ අමා නිවන් මඟ අසාගත්තෙ සූර්යබන්ධු වූ බුදුරජාණන් වහන්සේගේ සම්බුදු මුවින්මනෙ. දැන් මගේ සිත ඒ නිවන් මගේ තමයි ඇලෙන්නෙ.

ඒයි පව්ටු මාරය, මං ඒ විදිහට වාසය කරද්දීද, මං ළඟට එන්නෙ. මං ගිය මාර්ගය ඔබට හොයාගන්න බැරි විදිහටයි මං වැඩකරන්නෙ."

සාදු! සාදු!! සාදු!!!

8.1.2.
අරති සූත්‍රය
බ්‍රහ්මචාරී ජීවිතයට ආශාව නැතිවීම ගැන වදාළ දෙසුම

210. මා හට අසන්නට ලැබුනේ මේ විදිහටයි. ඒ දිනවල වංගීස තෙරුන් තමන්ගේ උපාධ්‍යායන් වහන්සේ වන නිග්‍රෝධකප්ප තෙරුන් සමඟ අග්ගාලව චෛතිය ආරාමයේ වැඩසිටියේ. ඒ කාලේ ආයුෂ්මත් නිග්‍රෝධකප්ප තෙරුන් පිණ්ඩපාතෙ වැඩියට පස්සේ කුටිය ඇතුළට වඩිනවා. ආයෙමත් එළියට වඩින්නෙ හවසට හරි, පසුවදා පිණ්ඩපාතෙට හරි විතරයි. එතකොට ආයුෂ්මත් වංගීසයන්ට බ්‍රහ්මචාරී ජීවිතය ගැන එපාවීමක් ඇති වුනා. රාගය විසින් කුසල් සිත වනසලා දැම්මා.

ඉතින් ආයුෂ්මත් වංගීසයන්ට මෙහෙම හිතුනා. 'අයියෝ! මේක මට මහා පාඩුවක්. මේක මට ලාභයක් නම් නොවෙයි. මේක මහා අවාසනාවක්. මේක මට වාසනාවක් නම් නොවේ. අනේ! මටත් බ්‍රහ්මචාරී ජීවිතය ගැන ආශාව නැතිවුනා නෙව. රාගය විසින් කුසල් සිත වනසනවා නෙව. අනික බ්‍රහ්මචාරී ජීවිතයට ඇති එපාවීම නැති කරලා, එපාවීම දුරු කරලා, බඹසර රකින ආශාව උපදවාගන්න එක මං බාහිර කෙනෙකුගෙන් කොහොම බලාපොරොත්තු වෙන්නද? තමන් විසින්මයි මේක කරගත යුත්තේ. තමන් තුළ ඇතිවෙච්ච බඹසර ජීවිතයේ එපාවීම දුරු කරගැනීමත්, බඹසර ජීවිතයට ආශාව උපදවා ගැනීමත් තමන්මයි කරගන්න ඕන' කියලා. එතකොට ආයුෂ්මත් වංගීසයන් තමන් තුළ ඇතිවෙච්ච බඹසර ජීවිතේ ගැන එපාවීම තමන්ම දුරු කරගත්තා. බඹසර ජීවිතය ගැන ආශාව උපදවා ගත්තා. අන්න ඒ වෙලාවේ මේ ගාථාවන් පැවසුවා.

"බඹසර ජීවිතය ගැන එපාවීමත්, කාම සැපයට ඇලීමත්, ගිහියෙක් හිතන විදිහේ ළාමක විතර්කත් සම්පූර්ණයෙන්ම නැතිකරන්න ඕන. කෙලෙස් වනය කිසිසේත් රෝපණය කරන්නෙ නෑ. කෙලෙස් වනයෙන් තොර, තෘෂ්ණා රහිත කෙනා තමයි හැබෑම හික්ෂුව.

මේ ලෝකෙ අහසෙත් පොළොවෙත්, මේ ලෝකයට අයිති සතර මහා ධාතුන්ගෙන් හටගත් යමක් ඇත්නම්, ඒ හැමදෙයක්ම දිරලා යනවා. හැම දෙයක්ම අනිත්‍යයයි. මේ කාරණය දන්න උදවිය අවබෝධයෙන් තමයි හැසිරෙන්නෙ.

සාමාන්‍ය ජනතාව කෙලෙස් තුළ ඉඳගෙන, ඇසින් රූප දැකලා, කණින් ශබ්ද අහලා, ඒ වගේම ගඳ සුවඳත්, රසත් දැනගෙන, ඒ වගේම කයින් පහසත් ලබලා, සිතින් ඒවා පිළිගන්නවා. යම්කිසි කෙනෙක් ඔය පංච කාමය ගැන තියෙන ආශාව දුරු කරගෙන, ආශා රහිත වුනොත්, එයා කිසි දේකට ඇලෙන්නෙ නෑ. එයාට තමයි මුනිවරයා කියන්නෙ.

නමුත් සය ඉඳුරන්ගෙන් ලැබෙන අරමුණුවල ඇසුරට වැටෙන බොහෝ ජනතාවක් ඉන්නවා. ඔවුන් කල්පනා කර කර අධර්මයටමයි වැටෙන්නෙ. ඒ වුණාට, කොහේදිවත් රණ්ඩු වෙලා බෙදෙන්නෙ නැත්නම්, නපුරු වචන කීමක් නැත්නම්, එයා තමයි හික්ෂුව.

බුද්ධිමත් කෙනා බොහෝ කලක් සමාහිත සිතින් ඉන්නවා. කුහක නෑ. තැනට සුදුසු නුවණ තියෙනවා. තෘෂ්ණාව නෑ. ඔහු ඒ අමා නිවනට පැමිණිච්ච මුනිවරයෙක්. ඒ නිසාම පිරිනිවන් පාන්නයි කල් බලාගෙන ඉන්නෙ."

සාදු! සාදු!! සාදු!!!

8.1.3.
පේසල අතිමඤ්ඤනා සූත්‍රය
සුපේශල භික්ෂූන් පහත්කොට සිතීම ගැන වදාළ දෙසුම

211. මා හට අසන්නට ලැබුනේ මේ විදිහටයි. ඒ දිනවල වංගීස තෙරුන් තම උපාධ්‍යායන් වහන්සේ වන නිග්‍රෝධකප්ප තෙරුන් සමඟ අග්ගාලව චේතිය ආරාමයේ වැඩසිටියේ. ඒ කාලෙ ආයුෂ්මත් වංගීසයන් තමන්ගේ කාව්‍යමය ප්‍රතිභානයෙන් සුපේශල භික්ෂූන් පහත් කොට සිතනවා.

එතකොට ආයුෂ්මත් වංගීසයන්ට මෙහෙම හිතුනා. 'අයියෝ! මට වෙච්ච පාඩුවක්. මේක මට ලාභයක් නම් නොවෙයි. මේක මහා අවාසනාවක්. මේක වාසනාවක් නම් නොවෙයි. මං තමන්ගේ කාව්‍යමය ප්‍රතිභානයෙන් අනිත් සුපේශල භික්ෂූන් පහත් කළා නෙව' කියලා.

ඉතින් ආයුෂ්මත් වංගීසයන් තමන්ම තමන් තුළ පසුතැවිල්ලක් උපදවාගෙන ඒ වෙලාවෙ මේ ගාථාවන් පැවසුවා.

"ඒයි ගෞතම, දැන්වත් මානය අත්හැරපන්. මානය ඇතිවෙන මගත් අත්හැරපන්. මානය ඇතිවෙන මග තුළ සම්පූර්ණයෙන්ම මුසපත් වෙලා නේද සිටියේ? ඒ නිසා බොහෝ කාලයක් පසුතැවෙන්න සිද්ධ වුනා.

ගුණමකුකමෙන් වෙළිලා ගිය සාමාන්‍ය ජනතාව වනසන්නෙ ඔය මාන්නය තමයි. අන්තිමේදී නිරයට තමයි වැටෙන්නෙ. මාන්නය තුළින් වැනසිච්ච ජනතාව නිරයේ ඉපදිලා, බොහෝ කලක් ශෝක කරනවා.

යහපත් ප්‍රතිපදාවට බැසගත් භික්ෂුව නිවන් මඟ ජයගත්තට පස්සේ කවදාවත් ශෝක කරන්නෙ නෑ. කීර්තියත්, සැපයත් ලැබෙනවා. සත්‍යයට පැමිණි සිත් ඇති ඔහුට කියන්නේ ධර්මය දකපු කෙනා කියලයි.

ඒ නිසා කෙලෙස් හුල් නැතිව, බලවත් වීරියකින් ඉන්න ඕන. පංච නීවරණ දුරු කරලා, පිරිසිදු වෙන්න ඕන. මාන්නය සම්පූර්ණයෙන්ම දුරු කරන්න ඕන. අන්තිමේදී විද්‍යාව උපදවා ගැනීමෙන් ශාන්ත වෙලා ඒ මග නිමා වෙලා යනවා."

සාදු! සාදු!! සාදු!!!

8.1.4.
ආනන්ද සූත්‍රය
ආනන්ද තෙරුන් වදාළ දෙසුම

212. මා හට අසන්නට ලැබුනේ මේ විදිහටයි. ඒ දිනවල ආයුෂ්මත් ආනන්ද තෙරුන් වැඩසිටියේ සැවැත් නුවර ජේතවනය නම් වූ අනේපිඬු සිටුතුමාගේ ආරාමයේ. එදා ආයුෂ්මත් ආනන්ද තෙරුන් උදේ වරුවේ සිවුරු පොරවා ගෙන, පාත්‍ර සිවුරු අරගෙන, සැවැත් නුවරට පිණ්ඩපාතේ වැඩියා. ආයුෂ්මත් වංගීසයන්ද උන්වහන්සේගේ පිටිපස්සෙන් වැඩියා.

අතරමගදී වංගීසයන්ට බඹසර ජීවිතය ගැන එපාවීමක් ඇතිවුනා. රාගය විසින් කුසල් සිත වැනසුවා. එතකොට ආයුෂ්මත් වංගීසයන් ආයුෂ්මත් ආනන්ද තෙරුන්ට ගාථාවකින් පැවසුවා.

"අනේ ගෞතමයන් වහන්ස, කාම රාගයෙන් මාව පිච්චෙනවා. මගේ මුළු සිතම කාමයෙන් පිච්චෙනවා. අනේ මට අනුකම්පා කරලා, මේ ගින්න නිවාගන්න ක්‍රමයක් කියා දෙන්න."

(ආනන්ද තෙරුන්) :

"වැරදි ක්‍රමයට නෙව හඳුනගත්තෙ. ඒකයි ඔබේ මුළු හිතම පිච්චෙන්නෙ. රාගය මතුවෙන විදිහේ සුභ අරමුණු ගන්න එක දුරුකරන්න.

මේ සකස්වෙච්ච දේවල් අනුන්ගේ දෙයක් හැටියට බලන්න. දුකට අයිති දෙයක් හැටියට බලන්න. තමන්ගේ දෙයක් වශයෙන් බලන්න එපා! ඔය මහා රාග ගින්න ඉක්මනට නිවාගන්න. ආයෙ ආයෙමත් ඔය ගින්නට පිච්චෙන්නට එපා!

හොඳට සිත එකඟ කරගෙන, සමාධිමත් කරගෙන, අශුභය තුළමයි සිත පිහිටුවා ගන්න ඕන. කායානුපස්සනාව තුළම සිහිය පිහිටුවා ගන්න ඕන. සංසාරෙ ගැන හොඳටම කළකිරෙන්න ඕන.

නිමිති රහිත විදර්ශනාව වඩන්න. හිත ඇතුළෙ තිබෙන මානය උදුරලා දාන්න ඕන. මානයේ ස්වභාවය අවබෝධ වුනාම උපශාන්ත කෙනෙක් හැටියට හැසිරෙන්න පුළුවනි."

සාදු! සාදු!! සාදු!!!

8.1.5.
සුභාසිත සූත්‍රය
ඉතා යහපත් වචන ගැන වදාළ දෙසුම

213. මා හට අසන්නට ලැබුනේ මේ විදිහටයි. ඒ දිනවල භාග්‍යවතුන් වහන්සේ වැඩසිටියේ සැවැත් නුවර ජේතවනය නම් වූ අනේපිඬු සිටුතුමාගේ ආරාමයේ. එදා භාග්‍යවතුන් වහන්සේ "පින්වත් මහණෙනි" කියා භික්ෂුසංඝයා ඇමතුවා. "පින්වතුන් වහන්ස" කියලා ඒ භික්ෂූන් වහන්සේලාත් භාග්‍යවතුන් වහන්සේට පිළිතුරු දුන්නා. භාග්‍යවතුන් වහන්සේ ඒ මොහොතේදී මෙය වදාළා.

"පින්වත් මහණෙනි, ඉතා යහපත් වචනය කරුණු හතරකින් යුක්තයි. ඒවා නරක වචන නොවෙයි. වැරදි වචන නොවෙයි. නුවණැත්තන් ගරහන වචන නොවෙයි. ඒ කරුණු හතර මොනවාද?

පින්වත් මහණෙනි, මේ ශාසනයේ භික්ෂුව ඉතා හොඳ වචනමයි කියන්නෙ. නරක වචන කියන්නෙ නෑ. ධර්මයමයි කියන්නෙ. අධර්මය කියන්නෙ නෑ. ප්‍රිය වචනමයි කියන්නෙ. අප්‍රිය වචන කියන්නෙ නෑ. සත්‍යමයි කියන්නෙ. බොරු කියන්නෙ නෑ. පින්වත් මහණෙනි, ඉතා හොඳ වචනය ඔන්න ඔය කරුණු හතරෙන් යුක්තයි. ඒ වචනය නරක වචනයක් නොවෙයි. නිවැරදි වචනයක්. නුවණැත්තන් ගර්හා නොකරන වචනයක්.

භාග්‍යවතුන් වහන්සේ මෙය වදාළා. මේ කරුණ වදාළ සුගත වූ ශාස්තෘන් වහන්සේ යළි මේ ගාථාවත් වදාළා.

"ශාන්ත වූ මුනිවරුමයි උතුම්, යහපත් වචන කියන්නෙ. ධර්මයමයි කියන්නෙ. අධර්මය කියන්නෙ නෑ. ඒක තමයි දෙවෙනි කරුණ. ප්‍රිය දෙයක්මයි කියන්නෙ. අප්‍රිය දෙයක් කියන්නෙ නෑ. ඒක තුන්වෙනි කරුණ. සත්‍යයක්මයි කියන්නෙ. බොරු කියන්නෙ නෑ. ඒක හතරවෙනි කරුණ."

එතකොට ආයුෂ්මත් වංගීසයන් ආසනෙන් නැගිට්ටා. සිවුර ඒකාංශ කරගත්තා. භාග්‍යවතුන් වහන්සේට වන්දනා කරගත්තා. භාග්‍යවතුන් වහන්සේට මෙහෙම කිව්වා. "භාග්‍යවතුන් වහන්ස, මට කාරණයක් වැටහෙනවා. සුගතයන් වහන්ස, මට කාරණයක් වැටහෙනවා."

"පින්වත් වංගීස, ඔබට එය වැටහේවා!" කියල භාග්‍යවතුන් වහන්සේ වදාළා.

ඉතින් ආයුෂ්මත් වංගීසයන් භාග්‍යවතුන් වහන්සේ ඉදිරියේ භාග්‍යවතුන් වහනසේට ප්‍රශංසා කෙරෙන මේ ගාථාවන් ප්‍රබන්ධ කළා.

"යම් වචනයකින් තමා පීඩා විඳින්නෙ නැත්නම්, අනුන්ටත් හිංසාවක් නැත්නම්, ඒ වචන තමයි කියන්න ඕන. අන්න ඒ වචන තමයි යහපත් වචන කියන්නෙ.

ප්‍රිය වචනමයි කිව යුත්තේ. ඒ වචන සතුටින් පිළිගන්නවා. පව් වචන අත්හැරලා, අනුන්ට කිව යුත්තේ ප්‍රිය වචනමයි.

ඇත්ත වශයෙන්ම සත්‍ය වචනමයි අමෘත වචනය. මේක සනාතන ධර්මයක්. ශාන්ත මුනිවරු සත්‍ය තුළත්, අර්ථය තුළත් පිහිටා ඉන්නවා කියලයි කියන්නෙ.

ඒ අමා නිවන ලබාගන්න බුදු සමිඳුන් නිර්භය වචන වදාළා. දුක් කෙළවර කරන ඒ වචන තමයි ලෝකයේ ශ්‍රේෂ්ඨතම වචන වන්නේ."

සාදු! සාදු!! සාදු!!!

8.1.6.
සාරිපුත්ත සූත්‍රය
සාරිපුත්ත තෙරුන් ගැන වදාළ දෙසුම

214. මා හට අසන්නට ලැබුනේ මේ විදිහටයි. ඒ දිනවල ආයුෂ්මත් සාරිපුත්ත තෙරුන් වැඩසිටියේ සැවැත් නුවර ජේතවනය නම් වූ අනේපිඬු සිටුතුමාගේ ආරාමයේ. ඒ දිනවලම ආයුෂ්මත් සාරිපුත්ත තෙරුන් භික්ෂූන්ට ධර්මය කියා දෙනවා. මතු කරලා පෙන්නනවා. සමාදන් කරවනවා. උනන්දුව ඇතිකරවනවා. සතුටු කරවනවා. සැරියුත් තෙරුන් පවසන ඒ වචන ශිෂ්ට සම්පන්නයි. දොස් රහිතයි. අර්ථ ගිලිහෙන්නෙ නෑ. අර්ථය අවබෝධ වෙනවා. ඉතින් ඒ භික්ෂූන් වහන්සේලාත්, මේ ප්‍රයෝජනය සළකාගෙන, හොඳට සිත යොමු කරගෙන, මුළු හිතම යොමු කරගෙන හොඳට කන් යොමාගෙන, ධර්මයට සවන් දීගෙන ඉන්නවා.

එතකොට ආයුෂ්මත් වංගීස තෙරුන්ට මෙහෙම හිතුනා 'මේ ආයුෂ්මත් සාරිපුත්තයන් වහන්සේ භික්ෂූන්ට ධර්මය කියා දෙනවා. මතු කරලා

පෙන්නනවා. සමාදන් කරවනවා. උනන්දුව ඇතිකරවනවා. සතුටු කරවනවා. සැරියුත් තෙරුන් පවසන ඒ වචන ශිෂ්ට සම්පන්නයි. දොස් රහිතයි. අර්ථ ගිලිහෙන්නෙ නෑ. අර්ථය අවබෝධ වෙනවා. ඉතින් ඒ භික්ෂූන් වහන්සේලාත්, මේ ප්‍රයෝජනය සළකාගෙන, හොඳට සිත යොමු කරගෙන, මුළු හිතම යොමු කරගෙන හොඳට කන් යොමාගෙන, ධර්මයට සවන් දීගෙන ඉන්නවා. මං ආයුෂ්මත් සාරිපුත්තයන් වහන්සේට ප්‍රශංසා ලැබෙන විදිහේ ගාථාවන් ඉදිරිපත් කරන්න ඕන' කියලා.

ඉතින් ආයුෂ්මත් වංගීසයන් ආසනයෙන් නැගිට්ටා. සිවුරු ඒකාංශ කරගත්තා. ආයුෂ්මත් සාරිපුත්ත තෙරුන්ට වැඳගත්තා. ආයුෂ්මත් සාරිපුත්ත තෙරුන්ට මෙහෙම කිව්වා.

"ප්‍රිය ආයුෂ්මත් සාරිපුත්තයන් වහන්ස, මට කාරණයක් වැටහෙනවා. ප්‍රිය ආයුෂ්මත් සාරිපුත්තයන් වහන්ස, මට කාරණයක් වැටහෙනවා."

"ප්‍රිය ආයුෂ්මත් වංගීස, ඔබට එය වැටහේවා!"

එතකොට ආයුෂ්මත් වංගීසයන් ආයුෂ්මත් සැරියුත් තෙරුන් ඉදිරියේ සුදුසු ගාථාවලින් ප්‍රශංසා කළා.

"සාරිපුත්තයන් වහන්සේ මහා ප්‍රඥාවන්තයි. ගම්භීර ප්‍රඥාවක් තියෙනවා. හරිම බුද්ධිමත්. නිවන් මගත්, සසර මගත් ගැන තේරුම් ගන්න අතිශයින්ම දක්ෂයි. උන්වහන්සේ භික්ෂූන්ට දහම් දෙසනවා.

කෙටියෙනුත් දහම් දෙසනවා. විස්තර වශයෙනුත් දහම් දෙසනවා. සැළලිහිණියෙකුගේ වගේ ඉතා මිහිරි හඬක් උන්වහන්සේට තියෙන්නෙ. ප්‍රතිභාන ශක්තිය ඉස්මතු වෙවී එනවා.

අර්ථ රස වෑහෙන, සවන් යුග ඇදී යන මිහිරි කන්කළු ස්වරයෙන් උන්වහන්සේ දහම් දෙසන කොට භික්ෂූන් සවන් දීගෙන ඉන්නවා. භික්ෂූන් ඒ ධර්මයට සවන් දෙන්නෙ හරිම ප්‍රීතියෙන්, ඔද වැඩුණු සිතින්."

සාදු! සාදු!! සාදු!!!

8.1.7.
පවාරණ සූත්‍රය
වස් පවාරණය ගැන වදාළ දෙසුම

215. මා හට අසන්නට ලැබුනේ මේ විදිහටයි. ඒ දිනවල භාග්‍යවතුන් වහන්සේ වැඩසිටියේ සැවැත් නුවර මිගාරමාතා නම් වූ විශාඛාව විසින් කරවන ලද පූර්වාරාමයේ මිගාර මාතු ප්‍රාසාදයේ. ඒ දිනවල භාග්‍යවතුන් වහන්සේ වැඩසිටියේ සියලු දෙනාම අරහත්වයට පත් වූ භික්ෂූන් පන්සිය නමක් සමඟයි. එදා පුන් පොහෝ දවසේ වස් පවාරණය පිණිස භික්ෂුසංඝයා පිරිවරා ගත් භාග්‍යවතුන් වහන්සේ එළිමහනේ වාඩිවෙලා වැඩසිටියා.

එතකොට භාග්‍යවතුන් වහන්සේ ඉතාම නිශ්ශබ්දව, හාත්පස වැඩසිටින භික්ෂුසංඝයා දෙස හොඳින් නෙත් විදහා බලා වදාළා. ඊට පස්සේ භික්ෂුසංඝයා අමතා වදාළා.

"පින්වත් මහණෙනි, මං දැන් ඔබට මේ කාරණය පවරනවා. මා තුළ ඔබෙන් ගර්හා ලැබිය යුතු කායික හෝ වාචසික හෝ කිසි දෙයක් නැද්ද?"

මෙසේ වදාළ විට ආයුෂ්මත් සාරිපුත්ත තෙරුන් ආසනෙන් නැගිට්ටා. සිවුර ඒකාංශ කරගත්තා. භාග්‍යවතුන් වහන්සේට වන්දනා කරගෙන භාග්‍යවතුන් වහන්සේට මේ කාරණය පැවසුවා.

"ස්වාමීනී, භාග්‍යවතුන් වහන්සේගේ කායික හෝ වාචසික හෝ කිසි දේකට අපි ගරහන්නෙ නෑ. ස්වාමීනී, භාග්‍යවතුන් වහනසේ තමයි (කාශ්‍යප බුදුරජාණන් වහන්සේගෙන් පස්සේ) නූපන් නිවන් මග උපදවා වදාළේ. භාග්‍යවතුන් වහන්සේම හටනොගත් නිවන් මග හටගන්වා වදාළා. කිසිවෙක් නොපැවසූ නිවන් මග පවසා වදාළේ. භාග්‍යවතුන් වහන්සේමයි නිවන් මග අවබෝධ කළේ. නිවන් මග දැනගත්තේ. නිවන් මගේ දක්ෂ වුනේ. ස්වාමීනී, දැන් ශ්‍රමණයෝ ඒ මාර්ගය අසා දැනගෙනයි භාග්‍යවතුන් වහන්සේගේ පස්සෙන් එන්නේ.

ස්වාමීනී, මමත් භාග්‍යවතුන් වහන්සේට මේ කාරණය පවරනවා. භාග්‍යවතුන් වහන්සේ මගේ කායික හෝ වාචසික හෝ කිසි දේකට ගර්හා නොකරන සේක්ද?"

"පින්වත් සාරිපුත්ත, කායික හෝ වාචසික හෝ ඔබේ කිසි දේකට මම ගරහන්නේ නෑ. පින්වත් සාරිපුත්ත, ඔබ බුද්ධිමත්. පින්වත් සාරිපුත්ත, ඔබ මහා ප්‍රඥාවන්තයි. පින්වත් සාරිපුත්ත, ඔබේ ප්‍රඥාව පළල්. පින්වත් සාරිපුත්ත, ඔබ ප්‍රඥාවෙන් ප්‍රභාවිත කෙනෙක්. පින්වත් සාරිපුත්ත, ඔබ වේගවත් ප්‍රඥාවක් ඇති කෙනෙක්. පින්වත් සාරිපුත්ත, ඔබ තීක්ෂණ ප්‍රඥාවක් ඇති කෙනෙක්. පින්වත් සාරිපුත්ත, ඔබ අවබෝධයෙන්ම කළකිරෙන ප්‍රඥාවක් ඇති කෙනෙක්.

පින්වත් සාරිපුත්ත, සක්විති රජ්ජුරුවන්ට ජ්‍යෙෂ්ඨ පුත්‍රයෙක් ඉන්නවා. ඔහු තම සක්විති පියා විසින් පවත්වන ධර්ම රාජ්‍යය ඒ අනුවම පවත්වාගෙන යනවා. පින්වත් සාරිපුත්ත, ඔබත් ඒ වගේ කෙනෙක්. මා විසින් පවත්වන මේ අනුත්තර ධර්මචක්‍රය ඔබ ඉතා හොඳින් ඒ විදිහට පවත්වනවා."

"ඉතින් ස්වාමීනී, භාග්‍යවතුන් වහන්සේ කායික හෝ වාචසික හෝ මගේ කිසිවකට ගර්හා නොකරන සේක් නම්, ස්වාමීනී, මේ පන්සියයක් වූ භික්ෂුසංඝයාගේත් කායික හෝ වාචසික හෝ කිසිවකට ගර්හා නොකරන සේක්ද?"

"පින්වත් සාරිපුත්ත, මේ පන්සියයක් භික්ෂූන්ගේ කායික හෝ වාචසික හෝ කිසිවකට මං ගර්හා කරන්නෙ නෑ. පින්වත් සාරිපුත්ත, මේ පන්සියයක් භික්ෂූන් අතුරින් භික්ෂූන් හැට නමක් ත්‍රිවිද්‍යාවෙන් යුක්තයි. භික්ෂූන් හැට නමක් අභිඥා හයකින් යුක්තයි. භික්ෂූන් හැට නමක් අෂ්ට සමාපත්තිලාභීව, විදර්ශනා වඩා නිවනට පත් වූ උභතෝභාග විමුක්තයි. අනිත් භික්ෂූන් සමඟ විදර්ශනාව වඩා විමුක්තියට පත් වූ ප්‍රඥා විමුක්තිකයන්.

එවේලෙහි ආයුෂ්මත් වංගීස තෙරුන් ආසනයෙන් නැගිට්ටා. සිවුර ඒකාංශ කරගත්තා. භාග්‍යවතුන් වහන්සේ වන්දනා කරගත්තා. භාග්‍යවතුන් වහන්සේට මෙහෙම පැවසුවා.

"භාග්‍යවතුන් වහන්ස, මට කාරණයක් වැටහෙනවා. සුගතයන් වහන්ස, මට කාරණයක් වැටහෙනවා."

"පින්වත් වංගීස, ඔබට එය වැටහේවා!" කියල භාග්‍යවතුන් වහන්සේ වදාළා.

එතකොට ආයුෂ්මත් වංගීසයන් භාග්‍යවතුන් වහන්සේ ඉදිරියේ සුදුසු ගාථාවලින් ප්‍රශංසා කළා.

"අද පුන් පොහෝ දවසයි. පිරිසිදු පවාරණය පිණිස පන්සියයක් භික්ෂූන්

එකට එක්වුනා. උන්වහන්සේලා භව බන්ධන සිඳලයි ඉන්නෙ. කිසි දුකක් නැහැ. පුනර්භවය නැතිකරලා ඉන්නෙ. උන්වහන්සේලා තමයි ඉසිවරු.

සයුරු සීමා ඇති මේ මහා පොළොව සිසාරා ඇමැතිවරු පිරිවරා ගෙන ගමන් කරන සක්විති රජ්ජුරුවො වගෙයි.

ඒ විදිහමයි මාර යුද්ධය ජයගත්ත, අනුත්තර වූ ගැල්කරුවාණන් මරණය නසා දැම්මා. ත්‍රිවිද්‍යාවෙන් යුක්ත වෙලයි බුදු සමිඳුන් ශ්‍රාවක ජනයා ඇසුරු කරන්නෙ.

මේ හැමදෙනාම භාග්‍යවතුන් වහන්සේගේ දරුවෝ. මෙතන හිස් පුද්ගලයෝ නෑ. තණ්හා හුල නසා දමන, සූර්යබන්ධු වූ සම්බුදු සමිඳුන්ට නමස්කාර වේවා!"

සාදු! සාදු!! සාදු!!!

8.1.8.
පරෝසහස්ස සූත්‍රය
දහසකට වැඩි භික්ෂූන් අරහයා වදාළ දෙසුම

216. මා හට අසන්නට ලැබුනේ මේ විදිහටයි. ඒ දිනවල භාග්‍යවතුන් වහන්සේ වැඩසිටියේ සැවැත් නුවර ජේතවනය නම් වූ අනේපිඬු සිටුතුමාගේ ආරාමයේ. භික්ෂූන් වහන්සේලා එක්දහස් දෙසිය පනහක් වූ මහත් භික්ෂු පිරිසකුත් වැඩසිටියා. එදා භාග්‍යවතුන් වහන්සේ ඒ අමා නිවන ගැන වූ ධර්මයක් භික්ෂූන් වහන්සේලාට දේශනා කළා. පහදලා දුන්නා. සමාදන් කෙරෙව්වා. උත්සාහවත් කෙරෙව්වා. සතුටු කළා. ඒ භික්ෂු පිරිසත් ප්‍රයෝජනය සළකා ගෙන, හිත පිහිටුවා ගෙන, මුළු හිතම යොමු කරගෙන, කන් යොමා ගෙන ධර්මයට සවන් දීගෙන සිටියා. එතකොට ආයුෂ්මත් වංගීසයන්ට මෙහෙම හිතුනා. 'මේ භාග්‍යවතුන් වහන්සේ ඒ අමා නිවන ගැන භික්ෂූන්ට ධර්මය කියා දෙනවා. සමාදන් කරවනවා. උත්සාහවත් කරවනවා. සතුටු කරවනවා. ඒ භික්ෂූන් වහන්සේලාත් ප්‍රයෝජනය සලකා ගෙන, හිත පිහිටුවා ගෙන, මුළු හිතම යොමුකරගෙන, කන් යොමාගෙන ධර්මයට සවන් දීගෙන ඉන්නවා. භාග්‍යවතුන් වහන්සේ ඉදිරියේ මමත් සුදුසු ගාථාවලින් උන්වහන්සේට ප්‍රශංසා කරන්න ඕන' කියලා.

ඉතින් ආයුෂ්මත් වංගීසයන් ආසනයෙන් නැගිට්ටා. සිවුර ඒකාංශ

කරගත්තා. භාග්‍යවතුන් වහන්සේට වන්දනා කරගත්තා. භාග්‍යවතුන් වහන්සේට මෙහෙම කිව්වා.

"භාග්‍යවතුන් වහන්ස, මට කාරණයක් වැටහෙනවා. සුගතයන් වහන්ස, මට කාරණයක් වැටහෙනවා."

"පින්වත් වංගීස, ඔබට එය වැටහේවා!" කියලා භාග්‍යවතුන් වහන්සේ වදාළා.

එතකොට ආයුෂ්මත් වංගීසයන් භාග්‍යවතුන් වහන්සේ ඉදිරියේ සුදුසු ගාථාවලින් ප්‍රශංසා කළා.

"මේ දහසකට වැඩි භික්ෂූන් වහන්සේලා, කිසිසේත් බියක් නැති, නිකෙලෙස් වූ, ඒ අමා නිවන් දහම් දේශනා කරන සුගතයන් වහන්සේමයි ඇසුරු කරන්නෙ.

සම්මා සම්බුදු සමිඳුන් විසින් මනා කොට වදාළ ඒ නිර්මල ධර්මයටයි සවන් දීගෙන ඉන්නෙ. භික්ෂුසංඝයා පෙරටු කරගෙන වැඩසිටින බුදු සමිඳාණන් ඒකාන්තයෙන්ම සුන්දරයි.

භාග්‍යවතුන් වහන්ස, ඔබ වහන්සේ උතුම් ඇත් රජාණන් වන සේක. විපස්සී, සිඛී ආදී සම්බුදු ඉසිවරුන් අතරේ හත්වැනි ඉසිවරයාණන් වන සේක. ශ්‍රාවකයන්ව සදහම් අමා වැස්සෙන් තෙමා දමන්නේ ඇද හැලෙන මහා වැස්සක් වගේ.

මහා වීරයාණෙනි, ශාස්තෘන් වහන්සේව දැකගන්න ආශාවෙන් දිවා විහරණයෙන් නික්මිලා ඇවිත්, ඔබවහන්සේගේ ශ්‍රාවක වූ මේ වංගීසයි සම්බුදු සිරිපතුල් වන්දනා කරන්නෙ."

"පින්වත් වංගීස, දැන් ඔය ගාථාවන් ඔබ කලින් හිතාපු දේවල්ද? එහෙම නැත්නම්, අවස්ථාවලට අනුව ඒ මොහොතේම නිර්මාණය කරන දේවල්ද?"

"ස්වාමීනී, මේ ගාථාවන් මං කලින් හිතපුවා නො වෙයි. අවස්ථානුකූලව ඒ මොහොතේමයි මේවා ප්‍රබන්ධ කරන්නෙ."

"එහෙම නම් පින්වත් වංගීස, ඔබ කලින් හිතපු නැති තව තවත් ගාථාවන් ඔබට බොහෝ සෙයින් වැටහේවා!"

"එසේය, ස්වාමීනී" කියලා ආයුෂ්මත් වංගීසයන් භාග්‍යවතුන් වහන්සේට පිළිතුරු දුන්නා. කලින් හිතපු නැති ගාථාවලින් භාග්‍යවතුන් වහන්සේට බොහෝ

සෙයින් ප්‍රශංසා කළා.

"මාරයාගේ වැරදි මාවත යටපත් කරලා, කෙලෙස් හුල් බිඳගෙන නේද සැරිසරා වඩින්නේ. මාර බන්ධනයෙන් නිදහස් කරවන, විස්තර විභාග වශයෙන් පෙන්වා දෙමින් නිකෙලෙස් ධර්මය බෙදා වදාරණ මුනිඳාණන්ව දැකබලා ගන්න.

කෙලෙස් සැඩ පහරින් එතෙර වීම පිණිසම නොයෙක් අයුරින් නිවන් මග වදාළා නෙව. ඉතින් ඒ අමා නිවන් දහම් පවසද්දී, බුදු සමිඳුන්ගේ ශ්‍රාවකයෝ ඒ ධර්මය දැකලා නොවෙනස්ව ස්ථිරව දහම තුළ පිහිටියා.

බුදු සමිඳුන් තමයි ප්‍රඥාලෝකය ඇතිකරලා දෙන්නේ. ධර්මය විනිවිද දැකපු නිසා උන්වහන්සේ හැමදේම ඉක්මවා ගිය අමා නිවන දැකගත්තා. උන්වහන්සේ දැනගෙන, සාක්ෂාත් කරපු ඒ අග්‍ර ධර්මය පස්වග මහණුන්ටයි ඉස්සෙල්ලාම වදාළේ.

ඔය විදිහට ඉතා සුන්දර ලෙස වදාළ ධර්මයක් තියෙද්දී, ඒ ධර්මය දැනගත් අය කොහොම ප්‍රමාද වෙන්නද? ඒ නිසා ඒ භාග්‍යවතුන් වහන්සේට නමස්කාර කරමින් හැමවිටම අප්‍රමාදී වෙලා ඒ භාග්‍යවතුන් වහන්සේගේ ශාසනයේමයි හික්මෙන්නට ඕන."

සාදු! සාදු!! සාදු!!!

8.1.9.
කොණ්ඩඤ්ඤ සූත්‍රය
කොණ්ඩඤ්ඤ තෙරුන්ට වදාළ දෙසුම

217. මා හට අසන්නට ලැබුනේ මේ විදිහටයි. ඒ දිනවල භාග්‍යවතුන් වහන්සේ වැඩසිටියේ රජගහ නුවර ලෙහෙනුන්ගේ අභය භූමියක් වූ වේළුවනාරාමයේ. එදා ආයුෂ්මත් අඤ්ඤාකොණ්ඩඤ්ඤ තෙරුන් සෑහෙන කාලෙකට පස්සේ භාග්‍යවතුන් වහන්සේව බැහැදකින්නට ආවා. ඇවිදින් භාග්‍යවතුන් වහන්සේගේ සිරිපතුල් අභියස සිරසින් වැඳ වැටුනා. භාග්‍යවතුන් වහන්සේගේ සිරිපතුල් මුවින් සිඹින්නට පටන් ගත්තා. දෑත් වලින් පිරිමදින්නට පටන් ගත්තා. තමන්ගේ නම කියන්නට පටන් ගත්තා. 'භාග්‍යවතුන් වහන්ස, මම තමයි කොණ්ඩඤ්ඤ. සුගතයන් වහන්ස, මම තමයි කොණ්ඩඤ්ඤ' කියලා.

එතකොට ආයුෂ්මත් වංගීසයන්ට මෙහෙම හිතුනා. මේ ආයුෂ්මත් අඤ්ඤාකොණ්ඩඤ්ඤයන් වහන්සේ සෑහෙන කාලෙකිනුයි භාග්‍යවතුන් වහන්සේව බැහැදකින්නට ආවේ. ඇවිදින් භාග්‍යවතුන් වහන්සේගේ සිරිපතුල් අභියස සිරසින් වැඳ වැටුනා. භාග්‍යවතුන් වහන්සේගේ සිරිපතුල් මුවින් සිඹින්නට පටන් ගත්තා. දෑතින් පිරිමදින්නට පටන් ගත්තා. නමත් කියනවා. 'භාග්‍යවතුන් වහන්ස, මම තමයි කොණ්ඩඤ්ඤ. සුගතයන් වහන්ස, මම තමයි කොණ්ඩඤ්ඤ' කියලා. ඉතින් මමත් භාග්‍යවතුන් වහන්සේ ඉදිරියේ සුදුසු ගාථා වලින් ආයුෂ්මත් කොණ්ඩඤ්ඤයන් වහන්සේට ප්‍රශංසා කරන්න ඕන.

ඊට පස්සේ ආයුෂ්මත් වංගීසයන් වහන්සේ ආසනයෙන් නැගිට්ටා. සිවුර ඒකාංශ කරලා පොරවගත්තා. භාග්‍යවතුන් වහන්සේට වන්දනා කරගත්තා. භාග්‍යවතුන් වහන්සේට මෙහෙම කිව්වා. 'භාග්‍යවතුන් වහන්ස, මට කාරණයක් වැටහෙනවා. සුගතයන් වහන්ස, මට කාරණයක් වැටහෙනවා' කියලා.

'පින්වත් වංගීස, ඔබට එය වැටහේවා!' කියලා භාග්‍යවතුන් වහන්සේ වදාළා.

ඉතින් ආයුෂ්ත් වංගීසයන් භාග්‍යවතුන් වහන්සේ ඉදිරියේ සුදුසු ගාථා වලින් ආයුෂ්මත් අඤ්ඤා කොණ්ඩඤ්ඤයන් වහන්සේට ප්‍රශංසා කළා.

"ඒ කොණ්ඩඤ්ඤ තෙරුන් බුද්ධානුබුද්ධ කෙනෙක්. බලවත් වීරියකින් දුකෙන් නිදහස් වෙච්ච කෙනෙක්. නිතරම චිත්ත විවේකය ඇති ධ්‍යාන සමාපත්ති සැප ලබන කෙනෙක්.

ශාස්තෘ ශාසනය අනුගමනය කරන ශ්‍රාවකයෙක් විසින් යම් ශ්‍රේෂ්ඨ දෙයක් ලැබිය යුතු නම්, අප්‍රමාදීව දහම තුළ හික්මෙන කොණ්ඩඤ්ඤයන් වහන්සේ ඒ හැම දෙයක්ම ලබාගත්තා.

කොණ්ඩඤ්ඤයන් වහන්සේ මහානුභාව සම්පන්නයි. ත්‍රිවිද්‍යාවෙන් යුක්තයි. අනුන්ගේ සිත් දකින්න හැබෑම දක්ෂයි. බුදු සමිඳුන්ගේ දායාදයක්. උන්වහන්සේ තමයි ශාස්තෘන් වහන්සේගේ සිරිපා වඳින්නේ."

සාදු! සාදු!! සාදු!!!

8.1.10.
මොග්ගල්ලාන සූත්‍රය
මහාමොග්ගල්ලාන තෙරුන්ට වදාළ දෙසුම

218. මා හට අසන්නට ලැබුනේ මේ විදිහටයි. ඒ දිනවල භාග්‍යවතුන් වහන්සේ සියලු දෙනාම අරහත් වූ භික්ෂූන් වහන්සේලා පන්සිය නමක් සමඟ රජගහ නුවර ඉසිගිලි පර්වත බෑවුමේ කළුගල් තලාවේ වැඩසිටියා. එතකොට ආයුෂ්මත් මොග්ගල්ලාන තෙරුන් තම සිතින් අනික් භික්ෂූන් වහන්සේලාගේ සිත්වල විමුක්තියයි, නිකෙලෙස් බවයි සොයන්න පටන් ගත්තා.

එතකොට ආයුෂ්මත් වංගීසයන්ට මෙහෙම හිතුනා. 'මේ භාග්‍යවතුන් වහන්සේ සියලු දෙනාම අරහත් වූ භික්ෂූන් වහන්සේලා පන්සිය නමක් සමඟ රජගහ නුවර ඉසිගිලි පර්වත බෑවුමේ, කළුගල් තලාවේ වැඩඉන්නවා. ආයුෂ්මත් මොග්ගල්ලානයන් වහන්සේ ඒ භික්ෂූන්ගේ විමුක්ති සිත, නිකෙලෙස් සිත ගැන තම සිතින් සොයා බලනවා. ඉතින් මමත් භාග්‍යවතුන් වහන්සේ ඉදිරියේ ආයුෂ්මත් මොග්ගල්ලානයන් වහන්සේට සුදුසු ගාථාවලින් ප්‍රශංසා කරන්න ඕන' කියලා.

ඉතින් ආයුෂ්මත් වංගීසයන් ආසනෙන් නැගිට්ටා. සිවුර ඒකාංශ කරගත්තා. භාග්‍යවතුන් වහන්සේට වන්දනා කරගත්තා. භාග්‍යවතුන් වහන්සේට මෙහෙම කිව්වා. "භාග්‍යවතුන් වහන්ස, මට කාරණයක් වැටහෙනවා. සුගතයන් වහන්ස, මට කාරණයක් වැටහෙනවා."

"පින්වත් වංගීස, ඔබට එය වැටහේවා!" කියලා භාග්‍යවතුන් වහන්සේ වදාළා.

ඉතින් ආයුෂ්මත් වංගීසයන් භාග්‍යවතුන් වහන්සේ ඉදිරියේ සුදුසු ගාථා වලින් ආයුෂ්මත් මහාමොග්ගල්ලානයන් වහන්සේට ප්‍රශංසා කළා.

"පර්වතයේ බෑවුමට වෙන්ට, නිකෙලෙස් වූ, හැම දුකින් එතෙරට වැඩි, මුනිරජාණන් වැඩඉන්නවා. මාරයා පැරද වූ, ත්‍රිවිද්‍යාලාභී ශ්‍රාවකයන්ව තමයි උන්වහන්සේ ඇසුරු කරන්නෙ.

මහා ඉර්ධි ඇති මොග්ගල්ලානයන් වහන්සේ තම සිතින් ඒ ශ්‍රාවකයන්ගේ නිකෙලෙස් සිත, විමුක්ති සිත සොය සොයා ඔවුන්ගේ සිත් ලුහු බඳිනවා.

හැම දුකින් එතෙරට වැඩිය, සියලු ගුණයෙන් පිරිපුන් වූ නොයෙක් ආකාර වූ ගුණ මහිමයෙන් යුතු ගෞතම මුනිරාජාණන් වහන්සේවයි ඇසුරු කරන්නෙ."

සාදු! සාදු!! සාදු!!!

8.1.11.
ගග්ගරා සූත්‍රය
ගග්ගරා පොකුණු තෙරදී වදාළ දෙසුම

219. මා හට අසන්නට ලැබුනේ මේ විදිහටයි. ඒ දිනවල භාග්‍යවතුන් වහන්සේ පන්සිය නමක් භික්ෂූන් වහන්සේලාද, උපාසකවරු හත්සීයයක්ද, නොයෙක් දහස් ගණන් දෙවියන්ද සමඟ චම්පා නගරයේ ගග්ගරා පොකුණු තෙර වැඩසිටියා. එතකොට භාග්‍යවතුන් වහන්සේගේ ශ්‍රී ශරීරය සුන්දර පැහැයෙනුත් ඒ වගේම යසසිනුත් හැමදෙනාම පරදවා බබලන්න පටන් ගත්තා.

ඒ වෙලාවේ ආයුෂ්මත් වංගීසයන්ට මෙහෙම හිතුනා. 'මේ භාග්‍යවතුන් වහන්සේ පන්සිය නමක් භික්ෂූන් වහන්සේලාද, උපාසකවරු හත්සීයයක්ද, නොයෙක් දහස් ගණන් දෙවියන්ද සමඟ චම්පා නගරයේ ගග්ගරා පොකුණු තෙර වැඩඉන්නවා. එතකොට භාග්‍යවතුන් වහන්සේගේ ශ්‍රී ශරීරය සුන්දර පැහැයෙනුත් ඒ වගේම යසසිනුත් හැමදෙනාම පරදවා බබලන්න පටන් ගත්තා. ඉතින් මම භාග්‍යවතුන් වහන්සේට සුදුසු ගාථාවකින් ප්‍රශංසා කරන්න ඕන' කියලා.

ඉතින් ආයුෂ්මත් වංගීසයන් ආසනෙන් නැගිට්ටා. සිවුර ඒකාංශ කරගත්තා. භාග්‍යවතුන් වහන්සේට වන්දනා කරගත්තා. භාග්‍යවතුන් වහන්සේට මෙහෙම කිව්වා. "භාග්‍යවතුන් වහන්ස, මට කාරණයක් වැටහෙනවා. සුගතයන් වහන්ස, මට කාරණයක් වැටහෙනවා."

"පින්වත් වංගීස, ඔබට එය වැටහේවා!" කියලා භාග්‍යවතුන් වහන්සේ වදාළා.

එතකොට ආයුෂ්මත් වංගීසයන් භාග්‍යවතුන් වහන්සේ ඉදිරියේ සුදුසු ගාථාවකින් ප්‍රශංසා කළා.

"වළාකුළු පහව ගිය අහසේ නැගී දිළෙන පුන් සඳක් වගේ, නිර්මලව රැස් විහිදා බබලන හිරු මඬලක් වගේ, මහා මුනිරජාණන් වූ අංගීරස බුදු

සම්බුදාණෙනි, ඔබවහන්සේත් අන්න ඒ වගේමයි. සියලු ලොව අභිබවා යසසින් බබලනවා."

සාදු! සාදු!! සාදු!!!

8.1.12.
වංගීස සූත්‍රය
වංගීස තෙරුන් වදාළ දෙසුම

220. මා හට අසන්නට ලැබුනේ මේ විදිහටයි. ඒ දිනවල භාග්‍යවතුන් වහන්සේ වැඩසිටියේ සැවැත් නුවර ජේතවනය නම් වූ අනේපිඬු සිටුතුමාගේ ආරාමයේ. ඒ දිනවල ආයුෂ්මත් වංගීසයන් අරහත්වයට පත්වෙලා වැඩි දවසක් වුනේ නෑ. අරහත් ඵල සැපය විඳිමින් හිටියේ. ඒ වෙලාවේ තමයි මේ ගාථාවන් පැවසුවේ.

"කාව්‍යමය හැකියාව නිසා මං මත්වෙලා හිටියා. ඉතින් මං ගමෙන් ගමට නගරයෙන් නගරයට ඇවිදගෙන ගියා. අන්තිමේදී සම්බුදුරජාණන් වහන්සේව දැකගන්න ලැබුනා. මා තුළ උන්වහන්සේ ගැන ශ්‍රද්ධාවක් හටගත්තා.

ඒ බුදු සම්දාණන් පංච උපාදානස්කන්ධය ගැන, මේ ආයතන ගැන, මේ ධාතු ස්වභාව ගැන මට ශ්‍රී සද්ධර්මය වදාළා. උන්වහන්සේගේ ධර්මය ඇහුවට පස්සේ මං ගිහි ජීවිතේ අත්හැරලා මහණ වුනා.

ඇත්ත වශයෙන්ම බොහෝ දෙනෙකුට යහපත සළසන්නමයි මුනිරජාණන් වහන්සේ සම්බුද්ධත්වයට පත්වුනේ. ඒ භික්ෂූන්ටත් භික්ෂුණීන්ටත් නිවන් මග දැකගන්න පුළුවන් වුනා.

බුදු සම්ඳුන් ළඟට මම මේ ආපු ගමන ඒකාන්තයෙන්ම මට යහපත් පැමිණීමක් වුනා. මමත් ත්‍රිවිද්‍යාව ලබාගත්තා. බුද්ධ ශාසනය සම්පූර්ණ කරගත්තා.

කලින් ගතකරපු ජීවිත ගැන මං දැන් දන්නවා. මං දිවැස් නුවණත් පිරිසිදු කරගත්තා. ත්‍රිවිද්‍යාව ඇතුව තමයි ඉර්ධිබලත් ලැබුවේ. අනුන්ගේ සිත් දකින්නත් මං දැන් දක්ෂයි."

සාදු! සාදු!! සාදු!!!

පළමු වෙනි වංගීස වර්ගය අවසන් විය.

වංගීස සංයුත්තය අවසන් විය.

නමෝ තස්ස භගවතෝ අරහතෝ සම්මාසම්බුද්ධස්ස
ඒ භාග්‍යවත් අරහත් සම්මා සම්බුදුරජාණන් වහන්සේට නමස්කාර වේවා!

9. වන සංයුත්තය

1. වන වර්ගය

9.1.1.
විවේක සූත්‍රය
විවේකය ගැන දෙවි කෙනෙක් පැවසූ දෙසුම

221. මා හට අසන්නට ලැබුනේ මේ විදිහටයි. ඒ දිනවල එක්තරා භික්ෂුවක් කොසොල් ජනපදයේ එක්තරා වන ලැහැබක වාසය කළා. ඒ කාලෙ ඒ භික්ෂුව දවල් කාලෙ ගතකරන කොට ගිහියෙක් හිතන ජාතියෙ පාපී අකුසල් සිතුවිලි හිත හිතා හිටියා.

එතකොට ඒ වන ලැහැබට අරක් ගත් දෙවියෙකුට ඒ භික්ෂුව ගැන අනුකම්පා හිතුනා. ඒ භික්ෂුවගේ යහපත කැමති වුනා. ඒ භික්ෂුව තුළ සංවේගය උපදවන්න කැමති වුනා. ඉතින් ඒ දෙවියා ඒ භික්ෂුව ළඟට ගියා. ගිහින් ඒ භික්ෂුවට ගාථාවලින් මෙහෙම කිව්වා.

"ඔබ මේ වනය ඇතුළට ආවෙ භාවනා කරන්න ආශාවෙන් නේද? ඒ වුනාට දැන් ඔබේ හිත බාහිර අරමුණුවලමයි විසිරෙන්නෙ. ගිහි ජනතාවට අයිති ඔබ ජනතාව ගැන ඇති ආශාව දුරුකරන්න. වීතරාගී වෙලා, සුවසේ වාසය කරන්න.

බ්‍රහ්මචාරී ජීවිතය ගැන ඇතිවෙච්ච එපා වීම දුරුකරන්න. සිහිය උපදවා ගන්න. ඒ සිහි ඇති බව සත්පුරුෂ ධර්මයක් හැටියටයි අපි අදහන්නෙ. මේ කෙලෙස් පාතාලයෙන් එතෙර වෙන එක දුෂ්කර තමයි. මේ කාම දූවිල්ල ඔබව අපායට ගෙනියන්න එපා!

අත්තටුවල පස් තැවරුණ කුරුල්ලෙක් අත්තටු සොළවමින් ඇගේ තැවරුණ ඒ දූවිලි ගසලා දානවා වගේ පින්වත් භික්ෂුව, ඔබත් වීරිය ගන්න. සිහිය ඇති කරගන්න. සිතේ ඇතිවෙච්ච කෙලෙස් දූවිලි ගසලා දමන්න.”

ඉතින් ඒ භික්ෂුව ඒ දෙවියා විසින් සංවේගයට පත් කරවපු නිසා, සංවේග වෙලා පවට බිය ඇති කරගත්තා.

සාදු! සාදු!! සාදු!!!

9.1.2.
උපට්ඨාන සූත්‍රය
දෙවියෙකුගේ උපස්ථානය ගැන වදාළ දෙසුම

222. මා හට අසන්නට ලැබුනේ මේ විදිහටයි. ඒ දිනවල එක්තරා භික්ෂුවක් කොසොල් ජනපදයේ එක්තරා වන ලැහැබක වාසය කළා. ඉතින් ඒ භික්ෂුව දවල් කාලෙ ගතකරන්න ගිහින් නිදන එකමයි වැඩේ. එතකොට, ඒ වනයට අරක් ගත් දෙවියාට ඒ භික්ෂුව ගැන අනුකම්පා හිතුනා. යහපත සළසන්න කැමැති වුනා. ඒ භික්ෂුවට සංවේගය ඇතිකරවන්න කැමැති වුනා. ඒ දෙවියා ඒ භික්ෂුව ළඟට ගියා. ගිහින් ඒ භික්ෂුවට ගාථාවලින් මෙහෙම කිව්වා.

“ඒයි භික්ෂුව, නැගිටින්න. මොනවට නිදනවාද? ඔය නින්දෙන් ඇති ප්‍රයෝජනේ මොකක්ද? කෙලෙස්වලින් ලෙඩ වෙලා, කෙලෙස් හුල්වලින් පහර කාපු ඔබට මොන නින්දක්ද?

ගිහි ජීවිතේ අත්හැරලා, ශ්‍රද්ධාවෙන්ම නේද ඔබ මහණ වුනේ? ඉතින් ඒ ශ්‍රද්ධාව නෙව දියුණු කරන්න ඕන. නින්දට නම් වසඟ වෙන්න එපා!

අඥාන උදවිය මේ කාම සැපයට මුසපත් වෙනවා. නමුත් මේ කාමයන් අනිත්‍යයයි. අස්ථිරයි. පංච උපාදානස්කන්ධයෙන් නිදහස් වුන, තෘෂ්ණා රහිත පැවිද්දෙකු වෙන්න හිතන ඔබ ඔය දවල් නින්දෙන් ඔහොම කෙලෙස් තවන්නෙ කොහොමද?

ඡන්දරාගය දුරුකරගෙන, අවිද්‍යාව ඉක්මවා ගිහින්, ආර්ය සත්‍යය අවබෝධයෙන් පිරිසිදු වන මේ පැවිදි ජීවිතය ඇති ඔබ ඔය දවල් නින්දෙන් කෙලෙස් තවන්නෙ කොහොමද?

උපදවගන්න විද්‍යාවෙන්, අවිද්‍යාව බිඳලා, ආශ්‍රවයන් ක්ෂය කරලා, ශෝක රහිත, පීඩා රහිත පැවිදි ජීවිතය කරා යන ඔබ ඔය දවල් නින්දෙන් කෙලෙස් තවන්නෙ කොහොමද?

පටන් ගත් වීරිය ඇති, ජීවිත ආශාව අත්හැරලා දැඩි වීරියෙන් ධර්මයේ හැසිරෙන, ඒ අමා නිවන පතාගෙන සිටින පැවිදි ජීවිතේ ඇති ඔබ ඔය දවල් නින්දෙන් කෙලෙස් තවන්නෙ කොහොමද?"

සාදු! සාදු!! සාදු!!!

9.1.3.
කස්සපගොත්ත සූත්‍රය
කස්සපගොත්ත තෙරුන්ට පැවසූ දෙසුම

223. මා හට අසන්නට ලැබුනේ මේ විදිහටයි. ඒ දිනවල ආයුෂ්මත් කස්සපගොත්ත තෙරුන් කොසොල් ජනපදයේ එක්තරා වන ලැහැබකයි වාසය කළේ. ඒ කාලෙ ආයුෂ්මත් කස්සපගොත්ත තෙරුන් දවල් කාලෙ ගතකරන්න ගිය විට එක්තරා මුව වැද්දෙකුට අවවාද කරනවා.

එතකොට ඒ වන ලැහැබට අරක් ගත් දෙවියෙක් ආයුෂ්මත් කස්සපගොත්ත තෙරුන්ට අනුකම්පා කළා. යහපත සළසන්න කැමති වුනා. සංවේගය ඇති කරවන්න කැමති වුනා. ඉතින් ඒ දෙවියා ආයුෂ්මත් කස්සපගොත්ත තෙරුන් ළඟට ගියා. ගිහින් ආයුෂ්මත් කස්සපගොත්ත තෙරුන්ට ගාථාවලින් පැවසුවා.

"ගිරි දුර්ග අතරෙ ඇවිදගෙන යන මුව වැද්දට ප්‍රඥාවක් නෑ. ඔහුට හිතන්න බෑ. එබඳු කෙනෙකුට අකාලෙට අවවාද කරන භික්ෂුවට නුවණ මදි කියලයි මට වැටහෙන්නෙ.

ඔහු බණ අහනවා තමයි. නමුත් අවබෝධ කරන්නෙ නෑ. වටපිට බලනව තමයි. නමුත් පේන්නෙ නෑ. බණ කියන කොට වුනත් ඒකෙ අර්ථය අඥාන පුද්ගලයාට අවබෝධ වෙන්නෙ නෑ.

පින්වත් කස්සප, ඔහොම නෙවෙයි පහන් දහයක් දල්වාගෙන හිටියත් ඔහුට රූප පේන්නෙ නෑ. රූප දකින්න ඔහුට ඇස් නැහැ නෙව."

එතකොට ආයුෂ්මත් කස්සප ගෝත්තයන්ව ඒ දෙවියා විසින්

සංවේගයට පත් කරන කොට, ඒ කාරණය හිතට අරගෙන සංවේග වුනා.

සාදු! සාදු!! සාදු!!!

9.1.4.
සම්බහුලා සූත්‍රය
බොහෝ භික්ෂූන් ගැන පැවසූ දෙසුම

224. මා හට අසන්නට ලැබුනේ මේ විදිහටයි. ඒ දිනවල බොහෝ භික්ෂූන් වහන්සේලා කොසොල් ජනපදයේ එක්තරා වන ලැහැබක වාසය කළා. වස් කාලය තුළත් ඒ වන ලැහැබේමයි වස් වැසුවේ. වස් තුන් මාසය අවසන් වෙන කොට චාරිකාවේ වඩින්නට පිටත් වුනා. එතකොට ඒ වන ලැහැබට අරක්ගත් දෙවියෙක් ඒ භික්ෂූන් වහන්සේලා දකින්නට නැති නිසා වැළපෙන්නට පටන් ගත්තා. ඒ වෙලාවේ මේ ගාථාව පැවසුවා.

"අද මට මේ පාළු වෙලා තියෙන ආසන පෙනෙන කොට හැමදෙයක්ම එපා වෙලා යනවා. ඒ භික්ෂූන් වහන්සේලා කොච්චර ලස්සනට කතා බස් කරනවාද? කොයිතරම් බණ දහම් දන්නවාද? ඇත්තෙන්ම මේ ගෞතම ශ්‍රාවකයන් වහන්සේලා කොහේද වැඩියේ?"

එහෙම කිව්වම එක්තරා දෙවියෙක් ඒ දෙවියාට ගාථාවකින් පැවසුවා.

"සමහරු මගධ ජනපදයට වැඩියා. සමහරු කොසොල් ජනපදයට වැඩියා. සමහරු වජ්ජි දේශයට වැඩියා. ඒ භික්ෂූන් වහන්සේලා ඇලීම් රහිතවයි ඉන්නෙ. නවාතැනක් නැති මුව රංචුවක් වගේ."

සාදු! සාදු!! සාදු!!!

9.1.5.
ආනන්ද සූත්‍රය
ආනන්ද තෙරුන්ට පැවසූ දෙසුම

225. මා හට අසන්නට ලැබුනේ මේ විදිහටයි. ඒ දිනවල ආයුෂ්මත් ආනන්ද

තෙරුන් කෙසොල් ජනපදයේ එක්තරා වන ලැහැබක වාසය කළා. ඒ කාලෙ ආයුෂ්මත් ආනන්ද තෙරුන් ගිහියන්ව සනසවමින් වැඩි කාලයක් ඒ කටයුතුවල යෙදී ඉන්නවා.

එතකොට, ඒ වන ලැහැබේ අරක්ගත් ඒ දෙවියාට ආයුෂ්මත් ආනන්දයන් ගැන අනුකම්පාව ඇති වුනා. සෙත සළසන්න කැමති වුනා. ආයුෂ්මත් ආනන්දයන්ව සංවේග කරවන්නට කැමති වුනා. ඉතින් ඒ දෙවියා ආයුෂ්මත් ආනන්ද තෙරුන් ළඟට ගියා. ගිහින් ආයුෂ්මත් ආනන්ද තෙරුන්ට ගාථාවකින් පැවසුවා.

"රුක් සෙවනේ සේනාසනයක ඉන්න නේද ආවේ? හදවතේ ඒ අමා නිවන තබාගෙන නේද ඉන්නෙ? පින්වත් ගෞතමයෙනි, ධ්‍යාන වඩන්න. පමා වෙන්න එපා! ගිහියන් සමඟ ඔබ ඔය කරන 'බිලි බිලි' කතාව මොකක්ද?"

එතකොට ආයුෂ්මත් ආනන්ද තෙරුන්ව ඒ දෙවියා විසින් සංවේගයට පත්කරපු නිසා සංවේග වුනා.

සාදු! සාදු!! සාදු!!!

9.1.6.
අනුරුද්ධ සූත්‍රය
අනුරුද්ධ තෙරුන් වදාළ දෙසුම

226. මා හට අසන්නට ලැබුනේ මේ විදිහටයි. ඒ දිනවල ආයුෂ්මත් අනුරුද්ධ තෙරුන් කොසොල් ජනපදයේ එක්තරා වන ලැහැබකයි වාසය කළේ. එදා තව්තිසා දෙව්ලොව වාසය කරන ජාලිනී නම් එක්තරා දෙවඟනක් ආයුෂ්මත් අනුරුද්ධයන් ළඟට ආවා. ඇය ආයුෂ්මත් අනුරුද්ධ තෙරුන්ගේ පෙර ජීවිතයක බිරිඳක්. ඇය ඇවිදින් ආයුෂ්මත් අනුරුද්ධ තෙරුන්ට ගාථාවලින් පැවසුවා.

"ඉස්සර ඔයා හිටියෙ එහෙ තමයි. ආයෙමත් ඒ දෙව්ලොවම හිත පිහිටුවාගන්න. හැම සැපයෙන්ම සමෘද්ධිමත් වෙච්ච තව්තිසා දෙව්ලොව දෙවියන් අතරදී දේව කන්‍යාවන් පිරිවරා ගෙන ඔයාට බබලන්නට පුළුවන්.

ඒ දිව්‍ය ආත්මවල පිහිටලා ඉන්න දිව්‍ය කන්‍යාවන් දුකෙන් ඉන්නෙ. දිව්‍ය කන්‍යාවන් විසින් සමහරුන්ව පතාගෙන ඉන්නවා. නමුත් ඔවුන්ට එතනට යන එක ලේසි නෑ. යම් කෙනෙක් ලස්සන මාළිගා තියෙන කීර්තිමත් තව්තිසා

දෙවියන්ගේ නන්දන උද්‍යානය දකින්නේ නැත්නම්, සැපය මොකක්ද කියලා ඔවුන් දන්නෙ නෑ."

(අනුරුද්ධ තෙරුන්) :

"ඒයි මෝඩි! රහතුන්ගේ වචන ඔබ දන්නෙ නෑ නේද? සකස් වෙච්ච හැම දෙයක්ම අනිත්‍යයයි. හට අරගෙන නැසී යන ස්වභාවයෙන් යුක්තයි. හට ගත්තාට පස්සේ නැතිවෙලා යනවා. ඔය ස්වභාවය සංසිඳීමයි සැපය කියන්නේ.

පින්වත් ජාලිනී, දිව්‍ය ජීවිතයකට මං ආයෙමත් යන්නෙ නෑ. ඉපදෙන සංසාරෙ ගෙවිලා ඉවරයි. මට ආයෙමත් පුනර්භවයක් නෑ."

සාදු! සාදු!! සාදු!!!

9.1.7.
නාගදත්ත සූත්‍රය
නාගදත්ත තෙරුන්ට පැවසූ දෙසුම

227. මා හට අසන්නට ලැබුනේ මේ විදිහටයි. ඒ දිනවල ආයුෂ්මත් නාගදත්ත තෙරුන් කොසොල් ජනපදයේ එක්තරා වන ලැහැබකයි වාසය කළේ. ඒ දිනවල ආයුෂ්මත් නාගදත්තයන් වේලාසනින් ගමට වදිනවා. පරක්කු වෙලා ගමෙන් පිටත් වෙනවා.

එතකොට ඒ වන ලැහැබට අරක්ගත් ඒ දෙවියාට ආයුෂ්මත් නාගදයත්තයන් ගැන අනුකම්පා හිතුනා. සෙත සළසන්නට කැමති වුනා. ආයුෂ්මත් නාගදත්තයන්ව සංවේගයට පත්කරන්නට කැමති වුනා. ආයුෂ්මත් නාගදත්තයන් ළඟට ආවා. ඇවිල්ලා ආයුෂ්මත් නාගදත්තයන්ට ගාථාවලින් පැවසුවා.

"පින්වත් නාගදත්ත, හිමිදිරියේම පිණ්ඩපාතේ ඇවිදින් දවල් කාලෙ ගෙවුනට පස්සෙත් ඇවිද, ඇවිද ඉඳලා ගිහියන් එක්ක එක ගොඩේ ඉඳලා ගිහියන් හා සමාන සැප දුක් ඇති කෙනෙක් වුනා නේද?

ඔය හිතුවක්කාර ගෙවල් එක්ක ඇඟෑලුම්කම් පාන පින්වත් නාගදත්තයන් ගැන මට භයත් හිතෙනවා. මාරයා හරි බලවත්. ඒ මාරයා ඔබව නම් වසඟ කරගන්න එපා!"

එතකොට ආයුෂ්මත් නාගදත්තයන්ව ඒ දෙවියා විසින් සංවේග කරවීමෙන් සංවේග වුනා.

සාදු! සාදු!! සාදු!!!

9.1.8.
කුලඝරණී සූත්‍රය
ගෘහණියකගේ වේශයෙන් පැවසූ දෙසුම

228. මා හට අසන්නට ලැබුනේ මේ විදිහටයි. ඒ දිනවල එක්තරා භික්ෂුවක් කොසොල් ජනපදයේ එක්තරා වන ලැහැබකයි වාසය කළේ. ඒ කාලෙ ඒ භික්ෂුව එක්තරා නිවසකට හිතවත් වෙලා, පවුලෙ කෙනෙක් වගේ බොහෝ වෙලාවක් කල් ගතකරන්නට පටන් ගත්තා.

එතකොට ඒ වන ලැහැබට අරක්ගත් ඒ දෙවියාට ඒ භික්ෂුව ගැන අනුකම්පා හිතුනා. සෙත සළසන්න කැමති වුනා. ඒ භික්ෂුව තුළ සංවේගය ඇතිකරවන්නට කැමති වුනා. ඒ භික්ෂුව හිතවත් පවුලේ ගෘහණියගේ වෙස් අරගෙන ඒ භික්ෂුව ළඟට ආවා. ඇවිදින් ඒ භික්ෂුවට ගාථාවලින් පැවසුවා.

"ගං තොටේදීත්, අම්බලමේදීත්, සභාවේදීත්, පාර තොටේදීත් ජනයා එකතු වුනාම මං ගැනත්, ඔබවහන්සේ ගැනත් කතා බස් කරනවා. ඒ මොකද?

ඔය වගේ බොහෝ සද්ද බද්ද තපස් රකින උදවිය ඉවසන්න ඕන. ඒ ගැන අමුතුවෙන් ලැජ්ජාවෙන්න දෙයක් නෑ. එහෙම කිව්වා කියලා කිලිටි වුනේ නෑ නෙව.

සමහරු මේ චූටි කතාවටත් තැති ගන්නවා. ශබ්දයෙන් තැතිගන්න වනයේ මුවෙක් වගේ. එහෙම කෙනාට තියෙන්නෙ පටු සිතක්. ඔහුට ගුණ ධර්ම රකින එක කරන්න බැරුව යනවා."

සාදු! සාදු!! සාදු!!!

9.1.9.
වජ්ජිපුත්ත සූත්‍රය
වජ්ජිපුත්තක භික්ෂුවට පැවසූ දෙසුම

229. මා හට අසන්නට ලැබුනේ මේ විදිහටයි. ඒ දිනවල එක්තරා වජ්ජිපුත්තක භික්ෂුවක් විශාලා මහනුවර එක්තරා වන ලැහැබක වාසය කළා. එදා විශාලා මහනුවර මුළු රැයක් පුරාම උත්සවයක් තිබුනා. විශාලා මහනුවර ඒ උත්සවයේදී හඬ නැගූ තූර්ය වාදන ශබ්ද ඇහිලා, ඒ භික්ෂුව අඬා වැළපුනා. ඒ වෙලාවේ මේ ගාථාව පැවසුවා.

"අයියෝ! අපි මේ තනියම කැලේකට වෙලා ඉන්නවා. වනයේ පැත්තකට දාපු දර කැලි වගේ. මේ වගේ රාත්‍රියකත් (අපි) තනි වෙලා නෙව. අපිට වඩා අවාසනාවන්තයෝ තව ඉන්නවාද?"

ඒ මොහොතේ වන ලැහැබට අරක්ගත් ඒ දෙවියාට ඒ භික්ෂුව ගැන අනුකම්පා හිතුනා. සෙත සළසන්න කැමති වුනා. ඒ භික්ෂුවට සංවේගය ඇතිකරවන්න කැමති වුනා. ඒ භික්ෂුව ළඟට ගියා. ගිහින් ඒ භික්ෂුවට ගාථාවකින් පැවසුවා.

"ඔබ වනයේ අත්හැරපු දර කැල්ලක් වගේ, වනාන්තරයට වෙලා තනියම ඉන්නවා නේද? ඒ වුනාට දෙව්ලොව යන්නට කැමති නිරි සතුන් වගේ බොහෝ දෙනෙක් ඔබේ ජීවිතයට කැමතියි."

ඉතින් ඒ භික්ෂුව ඒ දෙවියා විසින් සංවේගය ඇති කරලා, සංවේග වුනා.

සාධු! සාධු!! සාධු!!!

9.1.10.
සජ්ඣාය සූත්‍රය
දහම් පද හඬනගා ගැන වදාළ දෙසුම

230. මා හට අසන්නට ලැබුනේ මේ විදිහටයි. ඒ දිනවල එක්තරා භික්ෂුවක් කොසොල් ජනපදයේ එක්තරා වන ලැහැබක වාසය කළා. ඒ කාලෙ ඒ භික්ෂුව කලක පටන් බොහෝ වෙලාවක් දහම් පද හඬ නගා කියමිනුයි හිටියේ. නමුත්

ඔහු පස්සෙ කාලෙක ඒවා නවත්වලා නිශ්ශබ්දව කල් ගෙව්වා.

එතකොට ඒ වන ලැහැබට අරක්ගත් ඒ දෙවියාට ඒ භික්ෂුවගේ ධර්මය අසන්නට ලැබුනේ නෑ. ඉතින් ඒ දෙවියා ඒ භික්ෂුව ළඟට ගියා. ගිහින් ඒ භික්ෂුවට ගාථාවලින් පැවසුවා.

"පින්වත් භික්ෂුව, භික්ෂූන් සමඟ එකතු වෙලා ඉඳගෙන, දූන් දහම් පද ඉගෙන ගන්නෙ නැත්තෙ ඇයි? ධර්මය අහන කොටනෙ පැහැදීම ඇතිවෙන්නෙ. මේ ජීවිතයේදීම ප්‍රශංසා ලැබෙනවා නෙව."

(භික්ෂුව) :

"ඉස්සර දහම් පද ගැන ඡන්දරාගය තිබුනා. නිවන් මඟට එක්වෙන කල්ම ඒක තිබුනා. යම් දවසක නිවන් මඟට එක්වුනාද, එදා ඉඳලා දකින දේවල්, අසන දේවල්, ආඝ්‍රාණය කරන දේවල්, රස විඳින දේවල්, පහස ලබන දේවල් ගැන 'යථාර්ථය අවබෝධ කරගත්තා. එහි ඇල්ම නැති කරගත්තා' කියලයි ශාන්ත මුනිවරු කියන්නෙ."

සාදු! සාදු!! සාදු!!!

9.1.11.
අයෝනිසෝ සූත්‍රය
වැරදි විදිහට කල්පනා කිරීම ගැන පැවසූ දෙසුම

231. මා හට අසන්නට ලැබුනේ මේ විදිහටයි. ඒ දිනවල එක්තරා භික්ෂුවක් කොසොල් ජනපදයේ එක්තරා වන ලැහැබක වාසය කළා. ඉතින් ඒ භික්ෂුව දවල් කාලෙ ගතකරන්නට ගිහින්, කාම විතර්ක, ව්‍යාපාද විතර්ක, විහිංසා විතර්ක කියන ලාමක අකුසල් සිතුවිලි සිතන්නට පටන් ගත්තා.

එතකොට ඒ වනයට අරක්ගත් ඒ දෙවියන්ට ඒ භික්ෂුව ගැන අනුකම්පා හිතුනා. සෙත සලසන්න කැමති වුනා. ඒ භික්ෂුව තුළ සංවේගය උපදවන්න කැමති වුනා. ඒ භික්ෂුව ළඟට ගියා. ගිහින්, ඒ භික්ෂුවට ගාථාවලින් පැවසුවා.

"වැරදි ක්‍රමේට සිතන්නට ගිහින්, ඒ පාපී සිතුවිලි විසින් ඔබව කාලා දානවා. වැරදි විදිහට හිතන එක අත්හරින්න. නුවණින් සිහිකිරීම පටන් ගන්න.

ශාස්තෲන් වහන්සේ ගැනත්, සද්ධර්මය ගැනත්, සඟරුවන ගැනත්, තමන්ගේ සීලය ගැනත් ප්‍රීතියෙන්, සැපතින් යුතු ප්‍රමුදිතභාවය ඇති කරගන්න.

එතකොට ප්‍රමුදිතභාවය හොඳට තිබුණොත් දුක් කෙළවර කරන්නට පුළුවනි.”

එතකොට ඒ භික්ෂුව ඒ දෙවියා විසින් සංවේග කරවීමෙන් සංවේගයට පත් වුනා.

සාදු! සාදු!! සාදු!!!

9.1.12.
මජ්ඣන්තික සූත්‍රය
ගිනි මද්දහන ගැන පැවසූ දෙසුම

232. මා හට අසන්නට ලැබුනේ මේ විදිහටයි. ඒ දිනවල එක්තරා භික්ෂුවක් කොසොල් ජනපදයේ එක්තරා වන ලැහැබකයි වාසය කළේ. එදා ඒ වන ලැහැබට අරක්ගත් දෙවියා ඒ භික්ෂුව වෙත ගියා. ගිහින් ඒ භික්ෂුව සමීපයේ මේ ගාථාව පැවසුවා.

“ගිනි මද්දහනේ කුරුල්ලන් හයියෙන් තටු සලා කෑගහන කොට මහා වනාන්තරයම හඬ තලනවා වගෙයි. එතකොට මට බියක් දැනෙනවා.”

(භික්ෂුව) :

“ගිනි මද්දහනට කුරුල්ලන් හයියෙන් තටු සලා කෑගහන කොට මහා වනයම හඬ තලනවා වගේ තමයි. නමුත් මං ඒකට හරි කැමතියි.”

සාදු! සාදු!! සාදු!!!

9.1.13.
පාකතින්ද්‍රිය සූත්‍රය
සිත දියුණු නොකළ භික්ෂූන්ට පැවසූ දෙසුම

233. මා හට අසන්නට ලැබුනේ මේ විදිහටයි. ඒ දිනවල බොහෝ භික්ෂූන් වහන්සේලා කොසොල් ජනපදයේ එක්තරා වන ලැහැබක වාසය කළා. ඔවුන් හරි උඩඟුයි. හිතට අරගෙන හිටියේ. චපලයි. කට වාචාලයි. සිහියෙන් තොරයි. අවබෝධයෙන් තොරයි. සිත සමාහිත නෑ. විසිරුණු සිත් ඇතිව නොදියුණු සිතකින් තමයි සිටියේ.

එතකොට ඒ වන ලැහැබට අරක්ගත් ඒ දෙවියාට ඒ භික්ෂූන් ගැන අනුකම්පා හිතුනා. සෙත සළසන්න කැමති වුනා. ඒ භික්ෂූන්ව සංවේග කරවන්න කැමති වුනා. ඒ භික්ෂූන් ළඟට ගියා. ගිහින් ඒ භික්ෂූන්ට ගාථාවලින් පැවසුවා.

"ඒ කාලෙ ගෞතම ශ්‍රාවක වූ පින්වත් භික්ෂූන් වහන්සේලා සැපසේ ජීවත් වුනා. ආශා රහිතවමයි පිණ්ඩපාතේ වැඩියේ. ආශා රහිතවමයි සෙනසුන් වල හිටියේ. ලෝකය අනිත්‍ය බව අවබෝධ කරගෙන, උන්වහන්සේලා දුක් කෙළවර කළා. (ඒ වුනාට දැන්) පෝෂණය කරන්නත් දුෂ්කරයි. තමන්ගේ ගමේ ගම් දෙටුවෝ වගේ. අනුන්ගේ ගෙවල්වල ගිහින් කකා, බිබී මුසපත් වෙලා ඒකෙම වැටෙනවා.

මං සංඝයාට වැඳලයි මේ කියන්නෙ. සමහර උදවිය ඉන්නවා ඒ විදිහට. බුද්ධ ශාසනෙන් බැහැරව ඔවුන් අනාථ වෙලා ඉන්නෙ. ඔවුන්ගේ ජීවිතේ අමු සොහොනෙ දාපු මළකඳන් වගේ.

යමෙක් ප්‍රමාදීව ඉන්නවා නම්, අන්න ඒ උදවියටයි මං මේක කිව්වේ. යමෙක් අප්‍රමාදීව ඉන්නවා නම්, මං උන්වහන්සේලාට නමස්කාර කරනවා."

එතකොට ඒ භික්ෂු පිරිස, ඒ දෙවියා විසින් සංවේගයට පත් කරවලා, සංවේග වුනා.

සාදු! සාදු!! සාදු!!!

9.1.14.
පදුම පුප්ඵ සූත්‍රය
නෙළුම් මල ගැන පැවසූ දෙසුම

234. මා හට අසන්නට ලැබුනේ මේ විදිහටයි. ඒ දිනවල එක්තරා භික්ෂුවක් කොසොල් ජනපදයේ එක්තරා වන ලැහැබක වාසය කළා. එදා ඒ භික්ෂුව පිණ්ඩපාතෙ කරගත්තාට පස්සේ පොකුණකට බැහැලා නෙළුම් මලක් අල්ලලා ඉම්බා.

එතකොට ඒ වන ලැහැබට අරක්ගත් දෙවියෙකුට ඒ භික්ෂුව ගැන අනුකම්පා හිතුනා. සෙත සළසන්න කැමති වුනා. ඒ භික්ෂුවට සංවේග ඇතිකරවන්න කැමති වුනා. ඒ භික්ෂුව ළඟට ගියා. ගිහින් ඒ භික්ෂුවට

ගාථාවකින් පැවසුවා.

"නිදුකාණන් වහන්ස, වතුරේ හටගත් ඔය නෙළුම ඔබට කවුරුවත් දුන්නෙ නෑ. නමුත් ඔබ ඒක ඉම්බා. ඕකත් එක්තරා හොරකමක්. ඕකෙන් ඔබ සුවඳ හොරෙක් වෙනවා."

(භික්ෂුව) :

"ඉතින් මං ඒ මල ගෙනියන්නෙ නෑනෙ. කඩන්නෙත් නෑනෙ. දුර ඉඳලනෙ ඉම්බෙ. එහෙම එකේ සුවඳ හොරෙක් කියල කියන්නෙ මොන දේකින්ද?"

(දෙවියා):

"යම් කෙනෙක් නෙළුම් අල ගැලෙව්වාට, නෙළුම් මල් කැඩුවාට, ඒ අපිරිසිදු ජීවිකා ඇති තවුසන්ට සුවඳ හොරා කියල කියන්නෙ නැත්තෙ ඇයි?

ඒ පුද්ගලයා අපිරිසිදු ක්‍රියාවෙන් වෙලිච්ච කෙනෙක්. ඔහුගේ ජීවිතය කිරි අම්මාගේ ඇඳි වතේ මළ මුත්‍ර තැවරුනා වගේ. එබඳු අය ගැන මගේ කතාවක් නෑ. නමුත් ඔබට නම් මේ ගැන කියන්න ඕන.

උපක්ලේශ නැති කෙනෙකුට නිතරම පිරිසිදු බවම සොයන කෙනෙකුට අස් ලොමක අග ගෑවුණු පොඩි වරද පවා වළාකුලක් වගේ ලොකුවට පේනවා."

(භික්ෂුව) :

"පින්වත් දෙවිය, ඇත්ත වශයෙන්ම ඔබ මං ගැන දන්නවා. ඔබ මට අනුකම්පා කළා. පින්වත් දෙවිය, ආයෙමත් ඔය වගේ වරදක් දැක්කොත් ඒක මට පෙන්නලා දෙන්න."

(දෙවියා) :

"පින්වත් භික්ෂුව, මං ඔබ නිසා ජීවත් වෙන කෙනෙක් නොවෙයි. මං ඔබේ දාසයෙකුත් නොවෙයි. යම්කිසි දේකින් සුගතියට යනවා නම්, ඒක ඔබම නෙව දැනගන්න ඕන."

එතකොට ඒ භික්ෂුව ඒ දෙවියා විසින් සංවේග කරවීමෙන් සංවේගයට පත් වුනා.

සාදු! සාදු!! සාදු!!!

පළමු වෙනි වන වර්ගය අවසන් විය.

වන සංයුත්තය අවසන් විය.

නමෝ තස්ස භගවතෝ අරහතෝ සම්මාසම්බුද්ධස්ස
ඒ භාග්‍යවත් අරහත් සම්මා සම්බුදුරජාණන් වහන්සේට නමස්කාර වේවා!

10. යක්ඛ සංයුත්තය

1. ඉන්දක වර්ගය

10.1.1.
ඉන්දක සූත්‍රය
ඉන්දක යක්ෂයාට වදාළ දෙසුම

235. මා හට අසන්නට ලැබුනේ මේ විදිහටයි. ඒ දිනවල භාග්‍යවතුන් වහන්සේ ඉන්ද්‍රකූට පර්වතයේ ඉන්දක යක්ෂයාගේ භවනේ වැඩසිටියේ. එදා ඉන්දක යක්ෂයා භාග්‍යවතුන් වහන්සේ ලඟට ආවා. ඇවිදින් භාග්‍යවතුන් වහන්සේට ගාථාවෙන් පැවසුවා.

"සතර මහා ධාතූන් ගෙන් හටගත් රූපය ජීවයක්ය කියලා, බුදුවරයන් වහන්සේලා කියන්නෙ නෑ. එහෙම නම්, සත්වයාට මේ සිරුරක් ලැබුනෙ කොහොමද? සත්වයාගේ ඇට, අක්මා පිඬ ආදිය කොහෙන්ද ආවේ? ගර්භාෂයක මේක හටගත්තෙ කොහොමද?"

(භාග්‍යවතුන් වහන්සේ) :

"ඉස්සෙල්ලාම ඇතිවෙන්නෙ කළල රූපය. ඒ කළලෙන් හැදෙනවා පොඩි මස් ගුලියක්. ඒ මස් ගුලිය මස් වැදැල්ලක් වෙනවා. ඒ මස් වැදැල්ල තමයි ටික ටික හයි වෙන්නෙ. ඒකෙන් අතු බෙදෙනවා. අන්තිමේ, කෙස්, ලොම්, නිය හටගන්නවා.

ඒ දරුවාගේ අම්මා යම්කිසි දෙයක් කනවා බොනවා නම්, මව් කුසට

පැමිණි මිනිසාත්, ඒකෙන්මයි යැපෙන්නෙ.

සාදු! සාදු!! සාදු!!!

10.1.2.
සක්ක සූත්‍රය
ශක්‍ර නම් යක්ෂයාට වදාළ දෙසුම

236. මා හට අසන්නට ලැබුනේ මේ විදිහටයි. ඒ දිනවල භාග්‍යවතුන් වහන්සේ වැඩසිටියේ රජගහ නුවර ගිජ්ඣකූට පර්වතයේ. එදා ශක්‍ර නම් වූ යක්ෂයෙක් භාග්‍යවතුන් වහන්සේ ළඟට ආවා. ඇවිදින් භාග්‍යවතුන් වහන්සේට ගාථාවෙන් පැවසුවා.

"සියලු කෙලෙස් ගැට නැති කළ, මනා කොට දුකින් මිදුණ ශ්‍රමණයෙක් වන ඔබ, ඔය අනුන්ට අනුශාසනා කරන වැඩේ ගැලපෙන්නෙ නෑ."

(භාග්‍යවතුන් වහන්සේ) :

"පින්වත් ශක්‍රය, යම්කිසි බාහිර දෙයකින් යාළු මිත්‍රකමක් ඇතිවෙනවා නම්, ඒ හේතුවෙන් සිතින් අනුකම්පා කරන්න බුද්ධිමත් කෙනෙකුට වටින්නෙ නෑ. (මෙහි තේරුම අනවශ්‍ය මිත්‍ර ධර්ම ඇති කරගෙන උදව් කරන්න ගිහින් ඇතිවන පිරිහීම ගැනයි.)

නමුත් පහන් සිතින් යම් කෙනෙකුට අනුශාසනාවක් කරනවා නම්, එතන කිසි බැඳීමක් නෑ. එතන තියෙන්නෙ දයාවත්, අනුකම්පාවත් විතරයි."

සාදු! සාදු!! සාදු!!!

10.1.3.
සූචිලෝම සූත්‍රය
සූචිලෝම නම් යක්ෂයාට වදාළ දෙසුම

237. මා හට අසන්නට ලැබුනේ මේ විදිහටයි. එදා භාග්‍යවතුන් වහන්සේ වැඩසිටියේ ගයාවේ ටංකිතමඤ්ච නම් සූචිලෝම යක්ෂයාගේ භවනේ. ඒ

වෙලාවේ ඛර කියන යක්ෂයාත්, සූචිලෝම යක්‍ෂයාත් භාග්‍යවතුන් වහන්සේට නුදුරින් ගමන් ගත්තා.

එතකොට ඛර යක්ෂයා සූචිලෝම යක්ෂයාට මෙහෙම කිව්වා.

"ඒයි! මෙන්න ශ්‍රමණයෙක්."

"මෙයා ශ්‍රමණයෙක් නෙවෙයි. මෙයා ශ්‍රමණයෙක් වගේ කෙනෙක්."

"හරි, මම දැන් බලන්නම්. මෙයා ශ්‍රමණයෙක්ද? එහෙම නැත්නම් ශ්‍රමණයෙක් වගේ කෙනෙක්ද කියලා."

ඉතින් සූචිලෝම යක්‍ෂයා භාග්‍යවතුන් වහන්සේ ළඟට ගියා. ගිහින් භාග්‍යවතුන් වහන්සේට හේත්තු වුනා. එතකොට භාග්‍යවතුන් වහන්සේ ශ්‍රී ශරීරය මෑතට ගත්තා. ඒ මොහොතේ මෙහෙම ඇහුවා.

"ඒයි ශ්‍රමණය, ඔබ මට හයයි නේද?"

(භාග්‍යවතුන් වහන්සේ) :

"ආයුෂ්මත, ඔබ ගැන මට භයක් නෑ. නමුත් ඔබේ ඔය ස්පර්ශය නම් හරි රළුයි."

(සූචිලෝම) :

"ඒයි ශ්‍රමණය, මම දැන් ප්‍රශ්නයක් අහනවා. හැබැයි ශ්‍රමණය, මට උත්තර නොදුන්නොත්, ඔබේ හිත හරි විකල් කරලා දානවා. එක්කො පපුව හරි පළලා දානවා. එක්කො පාවලින් අල්ලලා, ගඟෙන් එතෙරට වීසිකරලා දානවා."

(භාග්‍යවතුන් වහන්සේ) :

"ආයුෂ්මත, මගේ හිත විකල් කරන්න පුළුවන් කෙනෙක්, හදවත පලා දමන්න පුළුවන් කෙනෙක්, පාවලින් අල්ලලා, ගඟෙන් එතෙරට වීසිකරන්න පුළුවන් කෙනෙක්, මේ දෙවියන්, බඹුන්, මරුන්, ශ්‍රමණ බමුණන් සහිත මේ ලෝකයේ, මේ දෙව්මිනිස් ප්‍රජාව තුළ මම නම් දකින්නෙ නෑ. නමුත් ආයුෂ්මත, ඔබ කැමති ඒ කරුණ අහන්න."

එතකොට සූචිලෝම යක්‍ෂයා භාග්‍යවතුන් වහන්සේට ගාථාවකින් පැවසුවා.

"රාගයත්, ද්වේෂයත් හටගන්නෙ මොකෙන්ද? ධර්මයට නොඇලීමත්, කම් සුවයට ඇලීමත්, ලොමු දහගැනීමත් හටගන්නෙ කොතනින්ද? ගමේ ළමයි කපුටෙක් අල්ලගෙන නූල්වලින් කකුල් ගැට ගහලා, කොන අල්ලගෙන අත්හරිනවා වගේ, මේ මනෝ විතර්ක පටන් ගන්නෙ කොතනින්ද?"

(භාග්‍යවතුන් වහන්සේ) :

"රාගයත්, ද්වේෂයත් හටගන්නෙ මේ ජීවිතය තුළින්මයි. කුසලයට නොඇල්මත්, පංච කාමයට ඇල්මත්, ලොමු දහගැනීමත් හටගන්නෙ මෙතනින්ම තමයි. ගමේ ළමයි කපුටෙක්ව අල්ලලා, කකුල් නූලකින් ගැට ගහලා, කොන අල්ලගෙන අතඅරිනවා වගේ, මනෝ විතර්කත් මෙතනින්ම තමයි ඇතිවෙන්නෙ.

තණ්හාවෙන් හටගන්නවා. තමන් තුළයි ඇතිවෙන්නෙ. නුග ගහක අතු ඉති බෙදෙනවා වගේ, වනාන්තරේක ගහක් වෙලා ගෙන මාලුවා වැලක් තියෙනවා වගෙයි, මේ කාමයන් ගැන තමයි හිත බොහෝ සෙයින් වෙලී යන්නෙ.

යම් කෙනෙක් ඔය කාරණේ දන්නවා නම්, ඒවා පටන් ගන්න තැන තේරුම් අරගෙන, ඒක දුරුකරනවා. පින්වත් යක්ෂය, හොඳට අහගන්න. අන්න එහෙම කිරීමෙන් එතෙර වෙන්න දුෂ්කර වූ ඒ සැඩ පහරින් ඒ උදවිය එතෙර වෙනවා. පුනර්භවය නැතිකර ගැනීම පිණිස කලින් එතෙර නොවුනු සැඩ පහරින් එතෙර වෙනවා."

සාදු! සාදු!! සාදු!!!

10.1.4.
මණිභද්ද සූත්‍රය
මණිභද්ද නම් යක්ෂයාට වදාළ දෙසුම

238. මා හට අසන්නට ලැබුනේ මේ විදිහටයි. එදා භාග්‍යවතුන් වහන්සේ මගධ ජනපදයේ මණිමාළක චේතිය භූමියේ මණිභද්ද යක්ෂයාගේ භවනේ වැඩසිටියේ. එතකොට මණිභද්ද යක්ෂයා භාග්‍යවතුන් වහන්සේ වෙත ආවා. ඇවිදින් භාග්‍යවතුන් වහන්සේ සමීපයේ මේ ගාථාව පැවසුවා.

"සිහි ඇති කෙනාට හැමදාම යහපත උදාවෙනවා. සිහි ඇති කෙනා සැපවත් වෙනවා තමයි. සිහි ඇති කෙනාගේ ජීවිතය හැම තිස්සෙම ශ්‍රේෂ්ඨයි. වෛරයෙනුත් නිදහස් වෙනවා."

(භාග්‍යවතුන් වහන්සේ) :

"සිහි ඇති කෙනාට හැමදාම යහපත උදාවෙනවා තමයි. සිහි ඇති කෙනා සැපවත් තමයි. සිහි ඇති කෙනාගේ ස්වභාවය හැමදාම ශ්‍රේෂ්ඨ තමයි.

ඒ වුනාට වෛරයෙන් නිදහස් වෙන්නෙ නෑ.

යම් කෙනෙකුගේ සිත දිවා රාත්‍රී හැමවිටම අහිංසාවේ ඇලී තියෙනවාද, ඔහු සියලු සතුන් කෙරෙහි මෙත් සිත වඩනවා. ඔහු තුළ කා ගැනවත් වෛරයක් ඇතිවෙන්නෙ නෑ."

සාදු! සාදු!! සාදු!!!

10.1.5.
සානු සූත්‍රය
සානු නම් සාමණේර පුත්‍රයාට වදාළ දෙසුම

239. මා හට අසන්නට ලැබුනේ මේ විදිහටයි. ඒ දිනවල භාග්‍යවතුන් වහන්සේ වැඩසිටියේ සැවැත් නුවර ජේතවනය නම් වූ අනේපිඬු සිටුතුමාගේ ආරාමයේ. ඒ වන විට එක්තරා උපාසිකාවකගේ සානු නම් සාමණේර පුත්‍රයාව යකෙක් විසින් අල්ලගත්තා. එතකොට ඒ උපාසිකාව හඬ හඬා ඒ වෙලාවෙ මේ ගාථාවන් කිව්වා.

"තුදුස්වකටත්, පසළොස්වකටත්, අඩ මසක් පාසා අටවකටත්, සඳ නැගෙන කාලෙටත්, යම් කෙනෙක් අෂ්ඨාංග උපෝසථය සමාදන් වෙලා ඉන්නවා නම්, බ්‍රහ්මචාරීව ඉන්නවා නම්,

ඒ උදවිය සමඟ යක්ෂයො සෙල්ලමට යන්නෙ නෑ කියලා රහතන් වහන්සේලාගෙන් මං අහලා තියෙනවා. අද මම ඒක දකිනවා. සානු පුතාත් එක්ක මේ යක්ෂයො සෙල්ලම් කරනවා නෙව."

(යක්ෂයා) :

"තුදුස්වකටත්, පසළොස්වකටත්, අඩ මසක් පාසා අටවකටත්, හඳ වැඩෙන කාලෙමත්, අෂ්ටාංග උපෝසථයත්, බඹසරත් යමෙක් රකිනවා නම්,

ඔවුන් සමඟ යක්කු සෙල්ලම් කරන්නෙ නෑ කියල ඔබ ඇසූ කරුණ හොඳයි. දැන් මේ කියන යක්ෂයින්ගේ වචනත් සානු නැගිට්ටට පස්සෙ කියන්න.

ඉතින් එළිපිට හෝ රහසින් හෝ පව් කරන්න එපා! යමෙක් පව් කරනවා නම්, පව් කළොත්, අහසට නැගී පැනලා යන්න හැදුවත් ඔබට ඒ දුකින් නිදහස් වෙන්න බෑ."

(සානු) :

"අම්මේ, කෙනෙක් මැරුණාමනෙ අඬන්නෙ. එහෙම නැත්නම්, ජීවත් වෙන කෙනෙක් දකින්න නැත්නම්නෙ අඬන්නෙ. ඉතින් අම්මෙ, මං ජීවත් වන බව ඔබ හොඳට පේනවානෙ. අම්මෙ, දැන් මොකටද අඬන්නෙ?"

(උපාසිකාව) :

"පුතේ, කෙනෙක් මැරුණට පස්සෙ අඬනවා තමයි. ජීවත් වෙලා ඉන්න කෙනෙක් නොදකින කොටත් අඬනවා තමයි. යම් කෙනෙක් කාමයන් දුරු කරලා, පැවිදි වෙලා ඉඳලා, ආයමත් මේ දුකට ආපු නිසා පුතේ, අඬනවා. ඉතින් එයා ජීවත් වුනත් මැරුණා වගේ තමයි.

පුතේ, යන්තම් උණු අළු නිරයෙන් ගොඩ ඇවිල්ලයි මේ ඉන්නෙ. ආයෙමත් උණු අළු නිරයට යන්න කැමති ද? පුතේ, නිරයෙන් ගොඩ ඇවිල්ලා ඉඳගෙන ආයමත් නිරයට වැටෙන්න කැමතිද?

ආපහු යන්න. යහපතක්ම වෙන්න ඕන. ඒ ගැන කාට දොස් කියන්නද? ගිනි ගත්තු ගෙදරකින් එළියට ගත්තු බඩුවක් ආයෙත් ගින්නට දමන්න කැමතිද?"

සාදු! සාදු!! සාදු!!!

10.1.6.
පියංකර සූත්‍රය
පියංකර මාතාව පැවසූ දෙසුම

240. මා හට අසන්නට ලැබුනේ මේ විදිහටයි. ඒ දිනවල ආයුෂ්මත් අනුරුද්ධ තෙරුන් සැවැත් නුවර ජේතවනය නම් වූ අනේපිඬු සිටුතුමාගේ ආරාමයේ වැඩසිටියා. එදා ආයුෂ්මත් අනුරුද්ධ තෙරුන් රෑ අළුයමින් අවදි වෙලා, දහම් පද හඬ නගා කියමින් හිටියා. එවේලෙහි පියංකර මාතා යක්ෂණිය කුඩා දරුවාව මේ විදිහට නැලෙව්වා.

"පුතේ පියංකර, සද්ද කරන්න එපා! භික්ෂුව දහම් පද හඬ නගා කියනවානෙ. බණ පදයක් ඉගෙන ගෙන, පිළිපැදගන්න පුළුවන් වුනොත්, ඒක අපට යහපතක්ම නෙව.

අපි සත්ව හිංසාවෙන් වැළකිලා ඉන්නෙ. දැන දැන බොරු කියන්නෙ

නෑ. අපි පිරිසිදු විදිහට සිලුත් රකිනවා. කොහොම හරි මේ පිසාච යෝනියෙන් අත්මිදෙන්න ඕන."

සාදු! සාදු!! සාදු!!!

10.1.7.
පුනබ්බසු සූත්‍රය
පුනබ්බසු මාතාව පැවසූ දෙසුම

241. මා හට අසන්නට ලැබුනේ මේ විදිහටයි. ඒ දිනවල භාග්‍යවතුන් වහන්සේ වැඩසිටියේ සැවැත් නුවර ජේතවනය නම් වූ අනේපිඬු සිටුතුමාගේ ආරාමයේ. එදා භාග්‍යවතුන් වහන්සේ භික්ෂූන්ට ඒ අමා නිවන ගැන දහම් දෙසමින් හිටියා. දහම් කරුණුවල සමාදන් කළා. උත්සාහය ඇතිකොට වදාළා. සතුටු කරවා වදාළා. ඒ භික්ෂූන් වහන්සේලාත් ප්‍රයෝජනය සළකා ගෙන, මෙනෙහි කරගෙන, මුළු සිතම එයට යොමු කරගෙන, කන් යොමා ගෙන ඒ ධර්මයට සවන් දීගෙන හිටියා.

ඒ මොහොතේ පුනබ්බසු මාතා යක්ෂණිය පොඩි දරුවන්ව මේ විදිහට නැලෙව්වා.

"උත්තරා, නිහඬ වෙන්න. පුනබ්බසු, නිහඬ වෙන්න. බුද්ධ ශ්‍රේෂ්ඨ වූ ශාස්තෘන් වහන්සේගේ බණ ටිකක් මමත් අහගන්න ඕන. සියලු කෙලෙස් ගැට වලින් නිදහස් වන ඒ අමා නිවන ගැනයි භාග්‍යවතුන් වහන්සේ වදාරන්නෙ. ඒ ධර්මය අවබෝධ කරන්න මගේ හිතේ තියෙන ඕනකම කියල නිම කරන්න බෑ.

මේ ලෝකෙ තමන්ගේ පුතා ප්‍රියමනාප තමයි. මේ ලෝකෙ තමන්ගෙ' ස්වාමියා ප්‍රිය මනාප තමයි. මට නම් ඒ නිවන් මග හැමදේටම වඩා ප්‍රියයි.

ප්‍රියමනාප පුතා හෝ ප්‍රියමනාප ස්වාමියා හෝ අපිව දුකින් නිදහස් කරවන්නෙ නෑ. සත්වයන්ට දුකෙන් නිදහස් වෙන්න පුළුවන් වෙන්නෙ ශ්‍රී සද්ධර්මයට සවන් දීමෙනුයි.

දුකින් පෙළෙන ලෝකයේ, ජරාමරණ එකතු වුන ලෝකයේ ඒ ජරාමරණ වලින් නිදහස් වෙන්ට අවබෝධ කළ යුතු ධර්මයක් තියෙනවා. පුතේ පුනබ්බසු,

මං ඒ ධර්මය අසන්න කැමතියි, ඔයා නිශ්ශබ්ද වෙලා ඉන්න.”

(පුනබ්බසු) :

“අම්මේ, මං කෑගහන්නෙ නෑ. මේ උත්තරාත් නිශ්ශබ්දයි. බණ ටික අහගෙන ඉන්න. ශ්‍රී සද්ධර්මයට සවන් දෙන එක සැපයක් තමයි.

අම්මේ, සද්ධර්මය අවබෝධ නොවීම නිසානෙ මේ දුකසේ ජීවත් වෙන්න සිද්ධ වුනේ. ප්‍රඥා ආලෝකය ලබා දෙන, අන්තිම සිරුරක් දරාගෙන සිටින, සදහම් ඇස් ඇති මේ බුදු සමිඳුන් හොඳටම මුළා වෙච්ච දෙව්මිනිසුන්ටයි දහම් දෙසන්නෙ.”

(පුනබ්බසු මාතා) :

“ඉපදිලා, උරයෙන් වැඩෙන පුතේ, නුවණැති කෙනෙක් වීම කොයිතරම් හොඳයිද? මගේ පුතත් බුද්ධ ශ්‍රේෂ්ඨයන් වහන්සේගේ පිරිසිදු සද්ධර්මයට ආසයි නේද?

පුතේ පුනබ්බසු, ඔයා සුවපත් වෙන්න ඕන. යාන්තං මං අද ගැලවුනා. චතුරාර්ය සත්‍ය අවබෝධ කරගත්තා. මගේ උත්තරා දරුවත් මේ ධර්මයමයි අහන්න ඕන.”

සාදු! සාදු!! සාදු!!!

10.1.8.
සුදත්ත සූත්‍රය
අනාථ පිණ්ඩික සිටුතුමා (සුදත්ත) ට වදාළ දෙසුම

242. මා හට අසන්නට ලැබුනේ මේ විදිහටයි. ඒ දිනවල භාග්‍යවතුන් වහන්සේ වැඩසිටියේ රජගහ නුවර සීතවනයේ. එදා අනාථපිණ්ඩික ගෘහපතියාද යම්කිසි කටයුත්තකට රජගහ නුවරට ඇවිත් හිටියා. අනාථපිණ්ඩික ගෘහපතියාට ‘බුදුරජාණන් වහන්සේ නමක් ලෝකයේ පහළ වුනා’ කියලා අහන්න ලැබුනා. ඒ ඇසීමත් සමඟම භාග්‍යවතුන් වහන්සේ ළඟට යන්න ඔහු තුළ ලොකු ආශාවක් ඇතිවුනා.

එතකොට අනාථපිණ්ඩික ගෘහපතියාට මෙහෙම හිතුනා. ‘අද භාග්‍යවතුන් වහන්සේව බැහැදකින්න යන්න කාලෙ නොවෙයි. මං හෙට වේලාසනින්ම

භාග්‍යවතුන් වහන්සේව බැහැදකින්න යනවා.' ඉතින් බුදු සමිඳුන් ගැනම හිත හිතා ඔහු නිදාගත්තා. අළුයම කියලා හිතාගෙන රෑ තුන් වරක්ම නැගිට්ටා. අන්තිමේ දී අනාථපිණ්ඩික ගෘහපතියා සොහොන් පිට්ටනියෙ දොර ළඟටත් ආවා. අමනුස්සයෝ දොර ඇරලා දුන්නා.

එතකොට අනාථපිණ්ඩික ගෘහපතියා නගරයෙන් නික්මෙද්දි, එළිය අතුරුදහන් වුනා. කළුවර වෙලා ගියා. භයත්, තැති ගැනීමත්, ලොමු දහගැනීමත් ඇතිවුනා. එතකොට ආපහු හැරිල යන්ට හිතුනා. ඒ මොහොතේ සීවක යක්ෂයා නොපෙනී ඉඳලා හඬනගා කිව්වා.

"ඇත්තු ලක්‍ෂයක් ලැබුනත්, අශ්වයන් ලක්ෂයක් ලැබුනත්, වෙළඹුන් ලක්‍ෂයක් ලැබුනත්, අශ්ව රිය ලක්ෂයක් ලැබුනත්, මුතුමැණික් ආභරණවලින් සැරසුන කන්‍යාවන් ලක්‍ෂයක් ලැබුණත් ඒවා බුදු සමිඳුන්ව බැහැදකින්න තබන එක පියවරකින් සොළොස් කලාවෙන් කලාවක් තරම්වත් වටින්නෙ නෑ.

පින්වත් ගෘහපතිය, ඉස්සරහට යන්න. පින්වත් ගෘහපතිය, ඉස්සරහට යන්න. ඉස්සරහට යන එකමයි ඔබට උතුම්. ආපහු හැරිලා යන්න ඕන නෑ."

එතකොට අනාථපිණ්ඩික ගෘහපතියාට කළුවර ගතිය නැතිවුනා. ආලෝකය ඇතිවුනා. කලින් තිබ්බ්ච භය, තැති ගැනීම, ලොමු දහගැනීම සංසිඳුනා.

දෙවෙනි වතාවටත් ....(පෙ).... තුන්වෙනි වතාවටත් අනාථපිණ්ඩික සිටුතුමාට ආලෝකය නැතිවුනා. කළුවරක් ඇතිවුනා. භයත්, තැති ගැනීමත්, ලොමු දහගැනීමත් ඇතිවුනා. එතනින් ආපහු හැරිලා යන්න හිතුනා. තුන්වෙනි වතාවෙත් සීවක යක්‍ෂයා නොපෙනී ඉඳලා හඬ නගා කිව්වා.

"ඇත්තු ලක්ෂයක් ලැබුනත්, අශ්වයන් ලක්‍ෂයක් ලැබුනත්, වෙළඹුන් ලක්ෂයක්, ලැබුනත්, අශ්ව රිය ලක්ෂයක් ලැබුනත්, මුතුමැණික්, ආභරණ වලින් සැරසුන කන්‍යාවන්ව ලක්ෂයක් ලැබුනත්, බුදු සමිඳුන්ව බැහැදකින්න තබන එක පියවරකින් සොළොස් කලාවෙන් කලාවක් තරම්වත් වටින්නෙ නෑ.

පින්වත් ගෘහපතිය, ඉස්සරහට යන්න. පින්වත් ගෘහපතිය, ඉස්සරහට යන්න. ඔබට ඉස්සරහට යන එකම තමයි උතුම්. හැරිලා යන්න ඕන නෑ."

එතකොට අනාථපිණ්ඩික ගෘහපතියාට කළුවර ගතිය නැතුව ගියා. ආලෝකය ඇතිවුනා. කලින් තිබ්බ්ච භය, තැතිගැනීම, ලොමු දහගැනීම නැතිව ගියා.

ඉතින් අනාථපිණ්ඩික ගෘහපතියා සීත වනයට ආවා. ඒ මොහොතේ භාග්‍යවතුන් වහන්සේ රාත්‍රී හිමිදිරියේ අවදිවෙලා, එළිමහනේ සක්මන් කරමින් හිටියේ. භාග්‍යවතුන් වහන්සේ දුරින්ම පැමිණෙන අනාථපිණ්ඩික ගෘහපතියාව දැක්කා. දැකලා, සක්මනින් ඉවත් වෙලා, පැණ වූ ආසනේ වැඩසිටියා. වැඩ හිඳගත් භාග්‍යවතුන් වහන්සේ අනාථපිණ්ඩික ගෘහපතියාට මෙහෙම වදාළා.

"පින්වත් සුදත්ත, මෙහෙ එන්න."

එතකොට අනාථපිණ්ඩික ගෘහපතියා "භාග්‍යවතුන් වහන්සේ මගේ නමින්ම කථාකොට වදාළා" කියලා, එතනම භාග්‍යවතුන් වහන්සේගේ සිරිපතුල් අභියස වැඳ වැටුනා. භාග්‍යවතුන් වහන්සේගෙන් මෙහෙම ඇහුවා.

"ස්වාමීනි, භාග්‍යවතුන් වහන්ස, සුවසේ සැතපුණු සේක්ද?"

(භාග්‍යවතුන් වහන්සේ) :

"යම් කෙනෙක් කාමයන්ට ඇලෙන්නෙ නැත්නම්, සිහිල් වෙලා නම්, කෙලෙස් රහිත නම් පිරිනිවිලා නම්, අන්න ඒ බ්‍රාහ්මණයා හැමදාම ඒකාන්තයෙන්ම සුවසේ සැතපෙනවා.

සියලු තණ්හාව නැති කරලා, හදවතේ පීඩාව දුරු කරලා, සිතේ සංසිඳීමට පැමිණිච්ච උපශාන්ත කෙනා සුවසේ සැතපෙනවා."

සාදු! සාදු!! සාදු!!!

10.1.9.
පඨම සුක්කා සූත්‍රය
සුක්කා තෙරණිය ගැන වදාළ පළමු දෙසුම

243. මා හට අසන්නට ලැබුනේ මේ විදිහටයි. ඒ දිනවල භාග්‍යවතුන් වහන්සේ වැඩසිටියේ රජගහ නුවර ලේහෙනුන්ගේ අභය භූමිය වූ වේළුවනාරාමයේ. ඒ කාලෙ සුක්කා භික්ෂුණිය මහත් සෙනඟ පිරිවරා ගෙන දහම් දෙසනවා.

එතකොට සුක්කා භික්ෂුණිය ගැන බොහෝ සෙයින් පැහැදුන යක්ෂයෙක් රජගහ නුවර පාරක් පාරක් ගානෙ, හන්දියක් හන්දියක් ගානෙ මේ ගාථාවන් කිය කියා ගියා.

"මේ රජගහ නුවර මිනිස්සු මොනවා කරනවාද මන්දා? මත්පැන් බීපු එවුන් වගේ ඔහේ වැටිල ඉන්නවා. අමා නිවන් දහම දේශනා කරන සුක්කා භික්ෂුණිය ඇසුරු නොකරන උදවියත් ඒ වගේ තමයි.

නමුත් නුවණැති උදවියට ගුණදහම්වල ඕජා ගුණයෙන් රසවත් වූ මේ ධර්මය කොච්චර ඇසුවත් ඇති වෙන්නෙ නැත්තෙ, වලාකුලු අතරින් වෑහෙන දිය බොන මගියන් වගෙයි."

සාදු! සාදු!! සාදු!!!

10.1.10.
දුතිය සුක්කා සූත්‍රය
සුක්කා තෙරණිය ගැන වදාළ දෙවෙනි දෙසුම

244. මා හට අසන්නට ලැබුනේ මේ විදිහටයි. ඒ දිනවල භාග්‍යවතුන් වහන්සේ වැඩසිටියේ රජගහ නුවර ලේහෙනුන්ගේ අභය භූමිය වූ වේළුවනාරාමයේ. දිනක් එක්තරා උපාසකයෙක් සුක්කා භික්ෂුණියට දානයක් පූජා කළා.

එතකොට සුක්කා භික්ෂුණිය ගැන බොහෝ සෙයින් පැහැදුන යක්ෂයෙක් රජගහ නුවර පාරක් පාරක් ගානෙ, හන්දියක් හන්දියක් ගානෙ මේ ගාථාව කිය කියා ගියා.

"හැම කෙලෙස් ගැටයකින්ම නිදහස් වෙලා ඉන්න සුක්කා භික්ෂුණියට යම් කෙනෙක් දානයක් පූජා කරගත්තා නම්, ඒ මේ නුවණැති පින්වත් උපාසකතුමා අතිවිශාල පිනක් රැස් කරගත්තා."

සාදු! සාදු!! සාදු!!!

10.1.11.
වීරා සූත්‍රය
වීරා තෙරණියට වදාළ දෙසුම

245. මා හට අසන්නට ලැබුනේ මේ විදිහටයි. ඒ දිනවල භාග්‍යවතුන් වහන්සේ

වැඩසිටියේ රජගහ නුවර ලෙහෙනුන්ගේ අභය භූමිය වූ වේළුවනාරාමයේ. දිනක් එක්තරා උපාසකයෙක් වීරා භික්ෂුණියට සිවුරක් පූජා කළා.

එතකොට වීරා භික්ෂුණිය ගැන බොහෝ සෙයින් පැහැදුන යක්ෂයෙක් රජගහ නුවර පාරක් පාරක් ගානෙ, හන්දියක් හන්දියක් ගානෙ මේ ගාථාව කිය කියා ගියා.

"හැම කෙලෙස් බන්ධනයකින්ම නිදහස් වෙලා ඉන්න වීරා භික්ෂුණියට යම් කෙනෙක් සිවුරක් පූජා කරගත්තා නම්, ඒ මේ නුවණැති පින්වත් උපාසකතුමා අතිවිශාල පිනක් රැස් කරගත්තා."

සාදු! සාදු!! සාදු!!!

10.1.12.
ආළවක සූත්‍රය
ආළවක යක්ෂයාට වදාළ දෙසුම

246. මා හට අසන්නට ලැබුනේ මේ විදිහටයි. එදා භාග්‍යවතුන් වහන්සේ වැඩසිටියේ අළව් නුවර ආළවක යක්ෂයාගේ භවනේ. ඒ වෙලාවේ ආළවක යක්ෂයා භාග්‍යවතුන් වහන්සේ ළඟට ආවා. ඇවිදින් භාග්‍යවතුන් වහන්සේට මෙහෙම කිව්වා.

"ඒයි ශ්‍රමණය, යනවා එළියට."

"හොඳයි, ආයුෂ්මත" කියල භාග්‍යවතුන් වහන්සේ එළියට වැඩියා.

"ඒයි ශ්‍රමණය, එනවා ඇතුළට"

"හොඳයි, ආයුෂ්මත" කියල භාග්‍යවතුන් වහන්සේ ඇතුළට වැඩියා.

දෙවන වතාවෙත් ආළවක යක්ෂයා භාග්‍යවතුන් වහන්සේට මෙහෙම කිව්වා.

"ඒයි ශ්‍රමණය, යනවා එළියට."

"හොඳයි ආයුෂ්මත" කියල භාග්‍යවතුන් වහන්සේ එළියට වැඩියා.

"ඒයි ශ්‍රමණය, එනවා ඇතුළට."

"හොඳයි ආයුෂ්මත" කියල භාග්‍යවතුන් වහන්සේ ඇතුළට වැඩියා.

තුන්වෙනි වතාවෙත් ආළවක යක්ෂයා භාග්‍යවතුන් වහන්සේට මෙහෙම කිව්වා.

"ඒයි ශ්‍රමණය, යනවා එළියට."

"හොඳයි ආයුෂ්මත" කියල භාග්‍යවතුන් වහන්සේ එළියට වැඩියා.

"ඒයි ශ්‍රමණය, එනවා ඇතුළට."

"හොඳයි ආයුෂ්මත" කියල භාග්‍යවතුන් වහන්සේ ඇතුළට වැඩියා.

හතරවෙනි වතාවෙත් ආළවක යක්ෂා භාග්‍යවතුන් වහන්සේට මෙහෙම කිව්වා.

"ඒයි, ශ්‍රමණය, යනවා එළියට."

"ආයුෂ්මත, මං යන්නෙ නෑ එළියට. ඔබට පුළුවන් දෙයක් තියෙනවා නම් කරන එකයි ඇත්තෙ."

(ආළවක යක්ෂයා) :

"ශ්‍රමණය, මං ඔබෙන් දැන් ප්‍රශ්නයක් අහනවා. හැබැයි මට උත්තර දුන්නෙ නැත්නම්, ඔබගේ සිත විකල් කරල දානවා. එහෙම නැත්නම් හදවත පලල දානවා. එහෙමත් නැත්නම්, පාවලින් අල්ලල ගඟෙන් එහා පැත්තට වීසිකරල දානවා."

(භාග්‍යවතුන් වහන්සේ) :

"ආයුෂ්මත, මගේ සිත විකල් කරන්න පුළුවන් කෙනෙක්, මගේ හදවත පලා දමන්න පුළුවන් කෙනෙක්, මගේ පාවලින් අල්ලල ගඟෙන් එතෙරට වීසි කරන්න පුළුවන් කෙනෙක්, මේ දෙවියන්, මරුන්, බඹුන් සහිත ලෝකයේ, මේ දෙව්මිනිස් ප්‍රජාව තුළ මම නම් දකින්නෙ නෑ. නමුත් ආයුෂ්මත, ඔබ දැනග න්න කැමති ප්‍රශ්නයක් තියෙනවා නම් අහන්න.

එතකොට ආළවක යක්ෂයා භාග්‍යවතුන් වහන්සේට ගාථාවකින් පැවසුවා.

"මෙලොව සත්වයාට තියෙන ශ්‍රේෂ්ඨ ධනය මොකක්ද? සැප ලබන්න පුළුවන් වෙන්නෙ කුමක් හොඳින් පුරුදු කළොත්ද? රසවත් දේ අතරින් වඩාත්ම රසවත් දේ මොකක්ද? කොහොම ජීවත් වෙන එකටද ශ්‍රේෂ්ඨ ජීවිතය කියන්නෙ?"

(භාග්‍යවතුන් වහන්සේ) :

"මෙලොව මනුෂ්‍යයාට තියෙන ශ්‍රේෂ්ඨ ධනය ශ්‍රද්ධාවයි. ධර්මය හොඳින් පුරුදු කළොත් තමයි සැප ලබන්න පුළුවන් වෙන්නෙ. රසවත් දේ අතරින් වඩාත්ම රසවත් දේ සත්‍යයයි. ප්‍රඥාවෙන් ගත කරන ජීවිතය තමයි ශ්‍රේෂ්ඨ ජීවිතය වන්නෙ."

(ආළවක යක්ෂයා) :

"සසර සැඩ පහරින් එතෙර වෙන්නෙ කොහොමද? සසර සයුරෙන් එතෙර වෙන්නෙ කොහොමද? සසර දුක ඉක්මවා යන්නෙ කොහොමද? පාරිශුද්ධත්වයට පත්වෙන්නෙ කොහොමද?"

(භාග්‍යවතුන් වහන්සේ) :

"ශ්‍රද්ධාවෙන් තමයි සසර සැඩ පහරින් එතෙර වෙන්නෙ. සසර සයුරෙන් එතෙර වෙන්නෙ අප්‍රමාදයෙන්. වීරියෙන්මයි සසර දුක ඉක්මවා යන්න තියෙන්නෙ. ප්‍රඥාවෙනුයි පාරිශුද්ධත්වය ලැබෙන්නෙ."

(ආළවක යක්ෂයා) :

"ප්‍රඥාව ලබාගන්නෙ කොහොමද? ධනය හම්බ කරගන්නෙ කොහොමද? කීර්තියට පත්වෙන්නෙ කොහොමද? යාළුවන් ඇති කරගන්නෙ කොහොමද? මෙලොවින් පරලොවට ගිහින් ශෝක නොකර ඉන්නෙ කොහොමද?"

(භාග්‍යවතුන් වහන්සේ) :

"ඒ අමා නිවනට පමුණුවන රහතුන් පවසන ධර්මය ගැන ශ්‍රද්ධාව ඇති කරගන්න ඕන. ඒ ධර්මය ආශාවෙන් අහන්න ඕන. ඒ ධර්මය අප්‍රමාදීව නුවණින් විමසන කොට ප්‍රඥාව ලැබෙනවා.

වගකීම් ඉසිලිය හැකිව වීර්යයෙන්, ධෛර්යයෙන් කටයුතු කරන කොට ධනය හම්බ කරන්න පුළුවන්. සත්‍යවාදීව කටයුතු කිරීමෙන් කීර්තියට පත් වෙනවා. දන් දෙන කෙනා යාළුවන් ඇති කරගන්නවා.

සත්‍යය, ධර්මය, උත්සාහය, ත්‍යාගය යන කරුණු හතර ශ්‍රද්ධාවන්ත ගිහි කෙනෙක් ළඟ තියෙනවා නම් ඇත්තෙන්ම ඔහු පරලොව ශෝක කරන්නෙ නෑ. ඔන්න ඔය විදිහටයි මෙලොවින් පරලොව ගිහින් ශෝක නොකර ඉන්නෙ.

සත්‍යයටත්, ඉන්ද්‍රිය දමනයටත්, ත්‍යාගයටත්, ඉවසීමටත් වඩා වටිනා දෙයක් ලෝකෙ තියෙනවාද, කියල ඕන නම් අනික් බොහෝ ශ්‍රමණ බ්‍රාහ්මණයන් ගෙනුත් ගිහින් අහන්න."

(ආළවක යක්ෂයා) :

"අනේ, මං දැන් අනික් බොහෝ ශ්‍රමණ බ්‍රාහ්මණයන් ළඟට ගිහින් මොනවට අහන්නද? පරලොව ජීවිතයට යම් යහපතක් වෙනවා නම්, මං අද ඒක දැනගත්තා නෙව.

ඇත්ත වශයෙන්ම මට යහපත සලසන්නමයි බුදුරජාණන් වහන්සේ අළව් නුවරට වැඩම කළේ. යම්කිසි කෙනෙකුට දෙන දේ මහත් ඵල ආනිසංස ලබාදෙනවා නම් මං අද ඒ ගැන දැනගත්තා.

ඒ මම් බුදුරජාණන් වහන්සේටත්, ශ්‍රී සද්ධර්මයටත් මහ සඟරුවනටත් වන්දනා කරමින් ගමින් ගමට, නගරෙන් නගරෙට ගුණ කිය කියා යනවා."

සාදු! සාදු!! සාදු!!!

පළමු ඉන්දක වර්ගය අවසන් විය.
යක්ඛ සංයුත්තය අවසන් විය.

නමෝ තස්ස භගවතෝ අරහතෝ සම්මාසම්බුද්ධස්ස
ඒ භාග්‍යවත් අරහත් සම්මා සම්බුදුරජාණන් වහන්සේට නමස්කාර වේවා!

11. සක්ක සංයුත්තය

1. සුවීර වර්ගය

11.1.1.
සුවීර සූත්‍රය
සුවීර දිව්‍යපුත්‍රයා ගැන වදාළ දෙසුම

247. මා හට අසන්නට ලැබුනේ මේ විදිහටයි. ඒ දිනවල භාග්‍යවතුන් වහන්සේ වැඩසිටියේ සැවැත් නුවර ජේතවනය නම් වූ අනේපිඬු සිටුතුමාගේ ආරාමයේ. එදා භාග්‍යවතුන් වහන්සේ "පින්වත් මහණෙනි" කියල භික්ෂූන් වහන්සේලා ඇමතුවා. "පින්වතුන් වහන්ස" කියල ඒ භික්ෂූන් වහන්සේලා භාග්‍යවතුන් වහන්සේට පිළිතුරු දුන්නා. ඒ මොහොතේදී භාග්‍යවතුන් වහන්සේ මෙම කරුණ වදාළා.

"පින්වත් මහණෙනි, මේක ඉස්සර වෙච්ච දෙයක්. අසුරයෝ දෙවියන් ඉස්සරහට (සටනට) ආවා. එතකොට පින්වත් මහණෙනි, ශක්‍ර දේවේන්ද්‍රයා සුවීර කියන දිව්‍යපුත්‍රයාව ඇමතුවා.

'පුතේ සුවීර, ඔන්න! අසුරයෝ දෙවියන් ඉස්සරහට ඇවිල්ලා. යන්න සුවීර පුතේ, අසුරයන්ව යට කරගෙන ඉස්සරහට යන්න.'

පින්වත් මහණෙනි, එතකොට සුවීර දිව්‍යපුත්‍රයා 'එහෙමයි, ඒක ඔබගේ යහපත වේවා!' කියල ශක්‍ර දේවේන්ද්‍රයාට පිළිතුරු දීලා ඒ ගමන ප්‍රමාද කළා.

පින්වත් මහණෙනි, දෙවෙනි වතාවටත් ශක්‍ර දේවේන්ද්‍රයා සුවීර දිව්‍ය

පුත්‍රයා අමතා මෙහෙම කිව්වා.

'පුතේ සුවීර, ඔන්න! අසුරයෝ දෙවියන් ඉස්සරහට ඇවිල්ලා. යන්න සුවීර පුතේ, අසුරයන්ව, යට කරගෙන ඉස්සරහට යන්න.'

පින්වත් මහණෙනි, එතකොට සුවීර දිව්‍ය පුත්‍රයා 'එහෙමයි, ඒක ඔබගේ යහපත වේවා!' කියල ශක්‍ර දේවේන්ද්‍රයාට පිළිතුරු දීලා දෙවන වතාවටත් ගමන ප්‍රමාද කළා.

පින්වත් මහණෙනි, තුන්වෙනි වතාවටත් ශක්‍ර දේවේන්ද්‍රයා සුවීර දිව්‍ය පුත්‍රයා අමතා මෙහෙම කිව්වා.

'පුතේ සුවීර, ඔන්න! අසුරයෝ දෙවියන් ඉස්සරහට ඇවිල්ලා. යන්න සුවීර පුතේ, අසුරයන්ව යට කරගෙන ඉස්සරහට යන්න.'

පින්වත් මහණෙනි, එතකොට සුවීර දිව්‍යපුත්‍රයා 'එහෙමයි, ඒක ඔබගේ යහපත වේවා!' කියල ශක්‍ර දේවේන්ද්‍රයාට පිළිතුරු දීලා තුන්වෙනි වතාවටත් ගමන ප්‍රමාද කළා.

පින්වත් මහණෙනි, එතකොට, ශක්‍ර දේවේන්ද්‍රයා සුවීර දිව්‍යපුත්‍රයාට ගාථාවකින් මෙහෙම කිව්වා.

'උත්සාහයකින් නැගීසිටීමක් නැතිව, වීරිය කිරීමක් නැතිව යම්කිසි සැපයක් කරා යන්න පුළුවන්කමක් තියෙනවා නම්, සුවීර, ඔබ එහි යන්න. මාවත් එතනටම කැඳවාගෙන යන්න.'

(සුවීර) :

'උත්සාහයකින් නැගී සිටීමක් නැතිනම් කම්මැලි වෙලා යනවා. කිසි වැඩක් කරන්නෙ නෑ. ශක්‍ර දේවේන්ද්‍රය, සියලු කාම සම්පත්වලින් සමෘද්ධිමත් තැනකට එබඳු පුද්ගලයෙකුට යන්න පුළුවන් නම්, ඒ තැන තමයි මට ගොඩාක් උතුම්.'

(ශක්‍රයා) :

'සුවීර උත්සාහ රහිත වූ කම්මැලි තැනැත්තා අතිශයින්ම සැපවත් බවට පත්වෙනවා නම්, එහි යන්න ඔබ. මාවත් එතැනට කැඳවා ගෙන යන්න.'

(සුවීර) :

'ශ්‍රේෂ්ඨ දෙවිඳුනි, කිසි වැඩකටයුත්තක් නොකිරීමෙන් යම්කිසි සැපයක් විඳගන්න පුළුවන් නම්, ශක්‍රදේවේන්ද්‍රය, ශෝක නැති පීඩා නැති ඒ උතුම් තැන ගැන මට කියනු මැනව.'

(ශක්‍රයා) :

'වැඩ කටයුත්තක් නොකරන තැනක් තියෙනවා නම්, එතැන කවුරුවත් කිසිම විදිහයකින් ජීවත් වෙන තැනත් නම් නොවේ. එහෙමනම් සුවීර, ඒ මාර්ගය තිබෙන්නෙ නිවනටමයි. සුවීර, ඒ මාර්ගය තිබෙන්නෙ නිවනටමයි. සුවීර, ඔබ ඒ නිවනට යන්න. මාවත් කැඳවා ගන්න.'

පින්වත් මහණෙනි, ඔය ශක්‍ර දේවේන්ද්‍රයා තමන්ගේම පුණ්‍ය විපාකයෙන් ජීවත් වෙන කෙනෙක්. තව්තිසා දෙවියන් අතර ඉසුරුමත් බවින් හා අධිපති බවින් රජකරන කෙනෙක්. ඔහු පවා උත්සාහයෙන් නැගීසිටීම ගැනයි ගුණ කියන්නෙ.

පින්වත් මහණෙනි, ඒ උත්සාහයෙන් නැගීසිටීමේ වීරියෙන්ම මේ ශාසනය තුළ ශෝභමාන වෙන්න. ඉතා යහපත් කොට දේශනා කර තිබෙන ධර්මවිනය තුළයි ඔබ පැවිදි වෙලා ඉන්නෙ. ඒ නිසා නොපැමිණි අරහත්වයට පැමිණෙන්න ඕන කියල, අවබෝධ නොකළ ධර්මය අවබෝධ කරගන්න ඕන කියල, සාක්ෂාත් නොකළ ඒ අමා නිවන සාක්ෂාත් කරගන්න ඕන කියල උත්සාහවත් වෙන්න. ගොඩාක් උත්සාහ කරන්න. ගොඩාක් වීරිය ගන්න."

සාදු! සාදු!! සාදු!!!

11.1.2.
සුසීම සූත්‍රය
සුසීම දිව්‍යපුත්‍රයාට වදාළ දෙසුම

248. මා හට අසන්නට ලැබුනේ මේ විදිහටයි. ඒ දිනවල භාග්‍යවතුන් වහන්සේ වැඩසිටියේ සැවැත් නුවර ජේතවනය නම් වූ අනේපිඬු සිටුතුමාගේ ආරාමයේ. එදා භාග්‍යවතුන් වහන්සේ "පින්වත් මහණෙනි" කියල භික්ෂූන් වහන්සේලා ඇමතුවා. ඒ භික්ෂූන් වහන්සේලාත් "පින්වතුන් වහන්ස" කියල භාග්‍යවතුන් වහන්සේට පිළිතුරු දුන්නා. ඒ මොහොතේදී භාග්‍යවතුන් වහන්සේ මෙය වදාළා.

"පින්වත් මහණෙනි, මේක ඉස්සර වෙච්ච දෙයක්. අසුරයෝ දෙවියන් ඉස්සරහට (සටනට) ආවා. එතකොට ශක්‍ර දේවේන්ද්‍රයා සුසීම දිව්‍ය පුත්‍රයා ඇමතුවා.

'පුතේ සුසීම, ඔන්න! අසුරයෝ දෙවියන් ඉස්සරහට ඇවිල්ලා. යන්න සුසීම පුතේ, අසුරයන්ව යටකරගෙන ඉස්සරහට යන්න.'

පින්වත් මහණෙනි, එතකොට සුසීම දිව්‍යපුත්‍රයා 'එහෙමයි, ඒක ඔබගේ යහපත වේවා!' කියල ශක්‍ර දේවේන්ද්‍රයාට පිළිතුරු දීලා ඒ ගමන ප්‍රමාද කළා.

පින්වත් මහණෙනි, දෙවන වතාවටත් ශක්‍ර දේවේන්ද්‍රයා සුසීම දිව්‍ය පුත්‍රයා අමතා මෙහෙම කිව්වා ....(පෙ).... දෙවන වතාවටත් ඒ ගමන ප්‍රමාද කළා.

පින්වත් මහණෙනි, තුන්වෙනි වතාවටත් ශක්‍ර දේවේන්ද්‍රයා සුසීම දිව්‍ය පුත්‍රයා අමතා මෙහෙම කිව්වා ....(පෙ).... තුන්වන වතාවටත් ඒ ගමන ප්‍රමාද කළා.

පින්වත් මහණෙනි, එතකොට ශක්‍ර දේවේන්ද්‍රයා සුසීම දිව්‍යපුත්‍රයාට ගාථාවකින් මෙහෙම කිව්වා.

'උත්සාහයකින් නැගීසිටීමක් නැතිව, වීරිය කිරීමක් නැතිව, යම්කිසි සැපයක් කරා යන්න පුළුවන්කමක් තියෙනවා නම්, සුසීම, ඔබ එහි යන්න. අනික මාවත් එතනටම කැඳවා ගෙන යන්න.'

(සුසීම) :

'උත්සාහයකින් නැගීසිටීමක් නැතිනම් කම්මැලි වෙලා යනවා. කිසි වැඩක් කරන්නෙ නෑ. ශක්‍ර දේවේන්ද්‍රය, එබඳු පුද්ගලයෙකුට සියලු කාම සම්පත් වලින් සමෘද්ධිමත් තැනකට යන්න පුළුවන් නම්, ඒ තැන තමයි මට ගොඩාක් උතුම්.'

(ශක්‍රයා) :

'සුසීම, උත්සාහ රහිත වූ කම්මැලි තැනැත්තා අතිශයින්ම සැපවත් බවට පත්වෙනවා නම්, එහි යන්න ඔබ. මාවත් එතැනට ගෙන යන්න.'

(සුසීම) :

'ශ්‍රේෂ්ඨ දෙවිඳුනි, කිසි වැඩකටයුත්තක් නොකිරීමෙන් යම්කිසි සැපයක් විඳගන්න පුළුවන් නම්, ශක්‍ර දේවේන්ද්‍රය, ශෝක නැති පීඩා නැති ඒ උතුම් තැන ගැන මට කියනු මැනව.'

(ශක්‍රයා) :

'වැඩ කටයුත්තක් නොකරන තැනක් තියෙනවා නම්, එතන කවුරුවත් කිසිම විදිහකින් ජීවත් වෙන තැනක් නම් නොවේ. එහෙම නම් සුසීම, ඒ

මාර්ගය තිබෙන්නෙ නිවනටමයි. සුසීම ඔබ ඒ නිවනට යන්න. මාවත් කැඳවා ගන්න.'

පින්වත් මහණෙනි, ශක්‍ර දේවේන්ද්‍රයා තමන්ගේම පුණ්‍ය විපාකයෙන් ජීවත් වෙන කෙනෙක්. තව්තිසා දෙවියන් අතර ඉසුරුමත් බවින් හා අධිපති බවින් රජ කරන කෙනෙක්. ඔහු පවා උත්සාහයෙන් නැගීසිටීම ගැනයි ගුණ කියන්නේ.

පින්වත් මහණෙනි, ඒ උත්සාහයෙන් නැගීසිටීමේ වීරියෙන්ම මේ ශාසනය තුළ ශෝභමාන වෙන්න. ඉතා යහපත් කොට දේශනා කර තිබෙන ධර්මවිනය තුළයි ඔබ පැවිදි වෙලා ඉන්නෙ. ඒ නිසා නොපැමිණි අරහත්වයට පැමිණෙන්න ඕන කියල, අවබෝධ නොකළ ධර්මය අවබෝධ කරගන්න ඕන කියල, සාක්ෂාත් නොකළ ඒ අමා නිවන සාක්ෂාත් කරගන්න ඕන කියල, උත්සාහවත් වෙන්න. ගොඩාක් උත්සාහ කරන්න. ගොඩාක් වීරිය ගන්න."

සාදු! සාදු!! සාදු!!!

11.1.3.
ධජග්ග සූත්‍රය
මුදුන් කොඩිය ගැන වදාළ දෙසුම

249. මා හට අසන්නට ලැබුනේ මේ විදිහටයි. ඒ දිනවල භාග්‍යවතුන් වහන්සේ වැඩසිටියේ සැවැත් නුවර ජේතවනය නම් වූ අනේපිඬු සිටුතුමාගේ ආරාමයේ. එදා භාග්‍යවතුන් වහන්සේ "පින්වත් මහණෙනි" කියල භික්ෂූන් වහන්සේලා ඇමතුවා. ඒ භික්ෂූන් වහන්සේලත් "පින්වතුන් වහන්ස" කියල භාග්‍යවතුන් වහන්සේට පිළිතුරු දුන්නා. ඒ මොහොතේදී භාග්‍යවතුන් වහන්සේ මෙය වදාළා.

"පින්වත් මහණෙනි, මේක ඉස්සර වෙච්ච දෙයක්. දෙවියන්ගේත් අසුරයන් ගේත් යුද්ධයක් ඇතිවෙන විදිහේ රැස්වීමක් ඇති වුනා. පින්වත් මහණෙනි, එතකොට ශක්‍ර දේවේන්ද්‍රයා තව්තිසාවේ දෙවියන් ඇමතුවා.

'පින්වත්නි, ඉදින් යුද්ධයට ගියාට පස්සෙ දෙවියන් තුළ භයක් හරි, තැති ගැනීමක් හරි, ලොමු දැහැගැනීමක් හරි ඇති වුනොත්, අන්න ඒ වෙලාවට මගේ මුදුන් කොඩිය දෙස හොඳට ඇස් ඇරල බලන්න ඕන. මගේ මුදුන් කොඩිය

දිහා හොඳින් බලන කොට, ඔබ තුළ කලින් යම්කිසි භයක් හරි, තැති ගැනීමක් හරි, ලොමු දැහැගැනීමක් හරි තිබුනා නම්, ඒක නැතිවෙලා යාවි.

යම් හෙයකින් මගේ මුදුන් කොඩිය දිහා බලන්න බැරි වුනොත්, එතකොට ප්‍රජාපති දිව්‍යරාජයාගේ මුදුන් කොඩිය දිහා හොඳට ඇස් ඇරල බලන්න ඕන. ප්‍රජාපතී දිව්‍ය රාජයාගේ මුදුන් කොඩිය දිහා හොඳින් බලන කොට, ඔබ තුළ කලින් යම්කිසි භයක් හරි, තැති ගැනීමක් හරි, ලොමුදහගැනීමක් හරි තිබුන නම්, ඒක නැතිවෙලා යාවි.

යම් හෙයකින් ප්‍රජාපතී දිව්‍යරාජයාගේ මුදුන් කොඩිය දිහා බලන්න බැරි වුනොත් එතකොට වරුණ දිව්‍යරාජයාගේ මුදුන් කොඩියා දිහා හොඳට ඇස් ඇරල බලන්න ඕන. වරුණ දිව්‍යරාජයාගේ මුදුන් කොඩිය දිහා හොඳින් බලන කොට, ඔබ තුළ කලින් යම්කිසි භයක් හරි, තැති ගැනීමක් හරි, ලොමු දහගැනීමක් හරි තිබුනා නම්, ඒක නැතිවෙලා යාවි.

යම් හෙයකින් වරුණ දිව්‍යරාජයාගේ මුදුන් කොඩිය දිහා බලන්න බැරි වුනොත්, එතකොට ඊසාන දිව්‍යරාජයාගේ මුදුන් කොඩිය දිහා හොඳට ඇස් ඇරල බලන්න ඕන. ඊසාන දිව්‍යරාජයාගේ මුදුන් කොඩිය දිහා හොඳින් බලන කොට, ඔබ තුළ කලින් යම්කිසි භයක් හරි, තැති ගැනීමක් හරි, ලොමු දහ ගැනීමක් හරි තිබුනා නම්, ඒක නැතිවෙලා යාවි' කියලා.

පින්වත් මහණෙනි, ශක්‍ර දේවේන්ද්‍රයාගේ මුදුන් කොඩිය දිහා හොඳින් බැලීමෙන් හරි, ප්‍රජාපතී දිව්‍යරාජයාගේ මුදුන් කොඩිය දිහා හොඳින් බැලීමෙන් හරි, වරුණ දිව්‍යරාජයාගේ මුදුන් කොඩිය දිහා හොඳින් බැලීමෙන් හරි, ඊසාන දිව්‍යරාජයාගේ මුදුන් කොඩිය දිහා හොඳින් බැලීමෙන් හරි, අර ඇති වෙන්න තිබ්ච්ච භය, තැති ගැනීම, ලොමු දහ ගැනීම වැනි දේවල් නැතිවෙලා යන්නත් පුළුවනි, නැති නොවෙන්නත් පුළුවනි. මොකක්ද ඒකට හේතුව?

පින්වත් මහණෙනි, ඔය ශක්‍ර දේවේන්ද්‍රයා රාගය දුරු නොකළ කෙනෙක්. ද්වේෂය දුරු නොකළ කෙනෙක්. මෝහය දුරු නොකළ කෙනෙක්. බිය වන කෙනෙක්. තැති ගන්නා සුළු කෙනෙක්. පළායන සුළු කෙනෙක්.

පින්වත් මහණෙනි, මමත් ඔබට මෙහෙම කියනවා. පින්වත් මහණෙනි, අරණ්‍යයකට ගියාම හරි, රුක් සෙවනකට ගියාම හරි, පාළු තැනකට ගියාම හරි, යම් හෙයකින් ඔබට බියක් වේවා, තැතිගැනීමක් වේවා, ලොමු දහගැනීමක් වේවා, හටගත්තොත්, අන්න ඒ වෙලාවට මා ගැනමයි සිහිකරන්න ඕන. 'මෙසේ ඒ භාග්‍යවතුන් වහන්සේ අරහත් වන සේක. සම්මාසම්බුද්ධ වන සේක.

විජ්ජාචරණ සම්පන්න වන සේක. සුගත වන සේක. ලෝකවිදූ වන සේක. අනුත්තර පුරිසදම්මසාරථී වන සේක. සත්ථා දේවමනුස්සානං වන සේක. බුද්ධ වන සේක. භගවත් වන සේක' කියලා. එතකොට පින්වත් මහණෙනි, මං ගැන සිහිකරන ඔබට භයක් හරි, තැතිගැනීමක් හරි, ලොමු දහගැනීමක් හරි ඇතිවෙන්න තියෙනවා නම්, ඒක නැතිවෙලා යනවා.

ඉතින් ඔබට මං ගැන සිහිකරගන්න බැරි වුනොත් එතකොට ධර්මය ගැන සිහිකරන්න ඕන. 'භාග්‍යවතුන් වහන්සේ විසින් මනා කොට වදාළ නිසා, ශ්‍රී සද්ධර්මය ස්වාක්ඛාතයි, සන්දිට්ඨිකයි, අකාලිකයි, ඒහිපස්සිකයි, ඕපනයිකයි, බුද්ධිමත් දෙවිමිනිසුන් විසින් වෙන් වෙන් වශයෙන් අවබෝධ කළ යුතුයි' කියලා. එතකොට පින්වත් මහණෙනි, ධර්මය ගැන සිහිකරන ඔබට ඇතිවෙන්න තිබ්ච්ච යම්කිසි භයක් හරි, තැතිගැනීමක් හරි, ලොමු දහගැනීමක් හරි තියෙනවා නම්, ඒක නැතිවෙලා යනවා.

ඉතින් ධර්මය සිහිකරගන්න බැරි වුනොත් එතකොට මාර්ගඵලලාභී සඟ පිරිස ගැනත් සිහිකරන්න ඕන. 'භාග්‍යවතුන් වහන්සේගේ ශ්‍රාවක සඟ පිරිස සුපටිපන්නයි. භාග්‍යවතුන් වහන්සේගේ ශ්‍රාවක සඟ පිරිස උජුපටිපන්නයි. භාග්‍යවතුන් වහන්සේගේ ශ්‍රාවක සඟ පිරිස ඤායපටිපන්නයි. භාග්‍යවතුන් වහන්සේගේ ශ්‍රාවක සඟ පිරිස සාමීචිපටිපන්නයි. මාර්ග ඵලලාභී යුගල වශයෙන් උතුම් පුරුෂ යුගල හතරක් වෙනවා. මාර්ගයේ ගමන් කරන කෙනා, ඵලයට පත්වුන කෙනා වශයෙන් පුද්ගලයන් අට දෙනෙක් වෙනවා. භාග්‍යවතුන් වහන්සේගේ මේ ශ්‍රාවක සඟ පිරිස දුර සිට ගෙනවුත් දැන්පැන් පිළිගැන්වීමට සුදුසුයි. ආගන්තුක සත්කාරවලට සුදුසුයි. පින් සලකා දන්පැන් දෙන්න සුදුසුයි. වැඳුම්පිදුම් කිරීමට සුදුසුයි. දෙවිමිනිස් ලෝකයාගේ උත්තරීතර පින්කෙත' කියලා. එතකොට පින්වත් මහණෙනි, මගඵලලාභී ශ්‍රාවක පිරිස ගැන සිහි කරන කොට, කලින් ඇතිවෙන්න තිබ්ච්ච භයක් හරි, තැති ගැනීමක් හරි, ලොමු දහගැනීමක් හරි තියෙනවා නම්, ඒක නැතිවෙලා යනවා.

ඒකට හේතුව මොකක්ද? පින්වත් මහණෙනි, තථාගත වූ, අරහත් සම්මා සම්බුදුරජාණන් වහන්සේ කියල තියෙන්නෙ රාගයෙන් තොර කෙනෙක්. ද්වේෂයෙන් තොර කෙනෙක්. මෝහයෙන් තොර කෙනෙක්. බිය නොවන කෙනෙක්. තැති නොගන්න කෙනෙක්. කම්පා නොවන කෙනෙක්. පලා නොයන කෙනෙක්."

භාග්‍යවතුන් වහන්සේ මෙය වදාළා. සුගත වූ ශාස්තෘන් වහන්සේ මෙය වදාළාට පස්සෙ නැවත මේ ගාථාවනුත් වදාළා.

"පින්වත් මහණෙනි, වනාන්තරේක හරි, රුක් සෙවනක හරි, පාළු තැනක හරි, ඔබ ඉන්න කොට, බුදු සමිඳුන්ව සිහි කරන්න. එතකොට, ඔබට බියක් ඇතිවෙන්නෙ නෑ.

ඉතින්, ලෝක නායක වූ, නර ශ්‍රේෂ්ඨ වූ, බුදු සමිඳුන්ව සිහිකරගන්න බැරි වුනොත්, මනා කොට දෙසන ලද ඒ අමා නිවනට පමුණුවන සද්ධර්මය සිහි කරන්න ඕන.

ඉතින්, මනා කොට දේශනා කරන ලද ඒ අමා නිවනට පමුණුවන ධර්මය සිහිකරගන්න බැරි වුනොත්, එතකොට උත්තරීතර පින්කෙත වන, මගඵලලාභී ආර්ය සඟ පිරිස සිහිකරන්න ඕන.

ඔය විදිහට පින්වත් මහණෙනි, බුදු සමිඳුන්වත්, ශ්‍රී සද්ධර්මයත්, ශ්‍රාවක සඟ පිරිසත් සිහිකරන කොට, භයක් වත්, තැතිගැනීමක් වත්, ලොමු දහගැනීමක් වත් ඇතිවෙන්නෙ නෑ."

සාදු! සාදු!! සාදු!!!

11.1.4.
වේපචිත්ති සූත්‍රය
වේපචිත්ති අසුරේන්ද්‍රයා ගැන වදාළ දෙසුම

250. මා හට අසන්නට ලැබුනේ මේ විදිහටයි. ඒ දිනවල භාග්‍යවතුන් වහන්සේ වැඩසිටියේ සැවැත් නුවර ජේතවනය නම් වූ අනේපිඬු සිටුතුමාගේ ආරාමයේ. ....(පෙ).... භාග්‍යවතුන් වහන්සේ මෙය වදාළා.

"පින්වත් මහණෙනි, මේක ඉස්සර සිදුවෙච්ච දෙයක්. දෙවියොත්, අසුරයොත් අතර යුද්ධයක් පටන් ගත්තා. එතකොට පින්වත් මහණෙනි, වේපචිත්ති අසුරේන්ද්‍රයා අසුර පිරිස ඇමතුවා. 'පින්වත්නි, ඔන්න දිව්‍ය අසුර යුද්ධයක් පටන් ගත්තා. අසුරයො දින්නොත්, දෙවියො පැරදුණොත්, එතකොට, ඔය ශක්‍ර දේවේන්ද්‍රයාව දෑත් දෙපා ඇතුළු, බෙල්ල පස්වෙනි කොට, බන්ධනයෙන් බැඳලා, අසුරපුරයේ මං ළඟට අරගෙන එන්න ඕන.'

පින්වත් මහණෙනි, ශක්‍ර දේවේන්ද්‍රයාත්, තව්තිසා දෙවියන් ඇමතුවා. 'පින්වත්නි, ඔන්න දිව්‍ය අසුර යුද්ධයක් පටන් ගත්තා. දෙවියෝ දිනුවොත්,

අසුරයන් පැරදුණොත්, එතකොට ඔය වේපචිත්ති අසුරේන්ද්‍රයාව දෙඅත් දෙපාත් එක්ක, බෙල්ල පස්වෙනි කොට, බන්ධනයෙන් බැඳලා, සුධර්මා දිව්‍ය සභාවෙ මං ළඟට අරගෙන එන්න ඕන.'

පින්වත් මහණෙනි, ඉතින් ඒ යුද්ධයේදී දෙවියෝ දිනුනා. අසුරයො පැරදුනා. එතකොට පින්වත් මහණෙනි, තව්තිසා දෙවියො දෙඅත්, දෙපාත් එක්ක බෙල්ල පස්වෙනි කොට, වේපචිත්ති අසුරේන්ද්‍රයාව බන්ධනයෙන් බැඳලා, සුධර්මා දිව්‍ය සභාවේ ශක්‍ර දේවේන්ද්‍රයා ළඟට අරගෙන ගියා.

එතකොට පින්වත් මහණෙනි, දෑත්, දෙපාත් එක්ක, බෙල්ල පස්වෙනි කොට, බන්ධනයෙන් බැඳලා ඉන්න වේපචිත්ති අසුරේන්ද්‍රයා සුධර්මා දිව්‍ය සභාවට ඇතුළු වෙන කොටත්, පිටවෙන කොටත්, ශක්‍ර දේවේන්ද්‍රයාට අසභ්‍ය වචනවලින්, පරුෂ වචනවලින්, ආක්‍රෝශ කරනවා. පරිභව කරනවා.

පින්වත් මහණෙනි, එතකොට මාතලී රථාචාර්යා ශක්‍ර දේවේන්ද්‍රයාට ගාථාවකින් පැවසුවා.

"පින්වත්, සක් දෙවිඳුනි, වේපචිත්තිගේ නපුරු වචන ඉදිරියේ, ඒවා අසමින් ඉවසගෙන ඉන්නෙ මොකද? භයටද? බැරිකමටද?"

(සක් දෙවිඳුන්) :

"මං වේපචිත්තිට භයෙන් ඉවසනවා නොවෙයි. බැරිකමකට ඉවසනවාත් නොවෙයි. බුද්ධිමත්ව කටයුතු කරන මං වගේ කෙනෙක්, මේ බාලයෙක් එක්ක හැප්පෙන්න යන්නෙ මොකටද?

ඉතින් වළක්වන්න කෙනෙක් නැත්නම්, අඥාන උදවිය බොහෝ සෙයින් යුද්ධවලට පැටලෙනවා. ඒ නිසා තමයි නුවණැත්තා දැඩි දඬුවම් දීලා හරි, බාලයාව මේච්චල් කරන්නෙ.

අනුන්ට කේන්ති ගිය බව දැනගෙන, තමන් සිහි නුවණින් යුක්තව සංසිඳෙනවා නම්, මං හිතන්නෙ බාලයාව පාලනය කරන්න ඒක තමයි හොඳ කියලා."

(මාතලී) :

"පින්වත් සක් දෙවිඳුනි, ඔය ඉවසීම ගැන මම එක්තරා වරදක් දකිනවා. යම් විටක ඉවසන කොට, මෝඩයා හිතන්නෙ මෙයා මේ මට භයෙන් ඉවසනවා කියලා, පැනලා දුවනවා වගේ, අඥාන කෙනා, ඉවසන කෙනාවමයි යට කරගෙන යන්නෙ."

(සක් දෙවිඳුන්) :

"මෙයා මේ ඉවසන්නෙ මට භයෙන්ය කියලා, කෙනෙක් හිතුවත් කමක් නෑ, නැතත් කමක් නෑ. උතුම් යහපත නම් තමා තුළ යහපත් ගුණධර්ම ඇතිකර ගැනීමයි. ඉවසීමට වඩා උතුම් දෙයක් නෑ.

යම් කෙනෙක් අතිශයින්ම බලවත්ව ඉඳගෙන, දුර්වල කෙනෙකුගේ නින්දා අපහාස ආදිය ඉවසනවා නම්, ඒක තමයි ලොකුම ඉවසීම. බැරි කෙනා හැම තිස්සෙම ඉවසනවා නෙව.

යම් කෙනෙක් කිපෙන කෙනාට පෙරළා කිපුනොත්, ඒකෙන් පාඩු සිදුවෙන්නෙ තමාටමයි. කේන්ති ගිය කෙනාව හඳුනගෙන, පෙරළා කිපෙන්නෙ නැත්නම්, එයා තමයි ජයගන්න දුෂ්කර වූ යුද්ධය දිනාගන්නෙ.

අනුන් කිපුන බව දැනගෙන, තමන් සිහි නුවණින් සංසිඳෙනවා නම්, තමාටත්, අනුන්ටත් දෙපැත්තට යහපත සළසගන්නවා.

තමාටත්, අනුන්ටත්, දෙපැත්තටම සෙත සළසන කෙනා ගැන ධර්මයේ අදක්ෂ ජනයා හිතන්නෙ ඔහු මෝඩයෙක්ය කියලා."

"පින්වත් මහණෙනි, ඔය ශක්‍ර දේවේන්ද්‍රයා තමන්ගේම පුණ්‍ය විපාකයෙන් ජීවත් වන කෙනෙක්. තව්තිසා දෙවියන් අතර සැපසම්පත් වලිනුත්, අධිපති බවෙනුත් ආණ්ඩු කරන කෙනෙක්. එබඳු කෙනෙක් පවා, ඉවසීමේ, කීකරු බවේ, ගුණ කියනවා නෙව. ඉතින් පින්වත් මහණෙනි, මෙබඳු ඉතා පිරිසිදුව දේශනා කරන ලද ධර්ම විනය ඇති ශාසනේ පැවිදි වෙලා ඉන්න ඔබ ඉවසන්න ඕන. කීකරු වෙන්න ඕන. මේ ශාසනය සෝභමාන කරන්න ඕන."

සාදු! සාදු!! සාදු!!!

11.1.5.
සුභාෂිත ජය සූත්‍රය
යහපත් වචනයෙන් ජය ගැනීම ගැන වදාළ දෙසුම

251. මා හට අසන්නට ලැබුනේ මේ විදිහටයි. ඒ දිනවල භාග්‍යවතුන් වහන්සේ වැඩසිටියේ සැවැත් නුවර ජේතවනය නම් වූ අනේපිඬු සිටුතුමාගේ ආරාමයේ. ....(පෙ).... භාග්‍යවතුන් වහන්සේ මෙය වදාළා.

පින්වත් මහණෙනි, මේක ඉස්සර වෙච්ච දෙයක්. දෙවියන් හා අසුරයන් අතර යුද්ධයක් පටන් ගත්තා. එතකොට පින්වත් මහණෙනි, වේපචිත්ති අසුරේන්ද්‍රයා ශක්‍ර දේවේන්ද්‍රයාට මෙහෙම කිව්වා.

"දේවේන්ද්‍රය, යහත් වචනයෙන් ජයවේවා!" කියලා. "වේපචිත්ති, ඔව්! යහපත් වචනයෙන් ජය වේවා!"

එතකොට පින්වත් මහණෙනි, "මේ උදවිය අපගේ යහපත් වචනත්, නරක වචනත් ගැන තීරණයක් ගනීවි" කියල විනිශ්චයකාරයන්ව තැබුවා. ඉතින් පින්වත් මහණෙනි, වේපචිත්ති අසුරේන්ද්‍රයා ශක්‍ර දේවේන්ද්‍රයාට මෙහෙම කිව්වා.

"දේවේන්ද්‍රය, ගාථාවක් කියන්න."

පින්වත් මහණෙනි, මෙහෙම කිව්වම ශක්‍ර දේවේන්ද්‍රයා වේපචිත්ති අසුරේන්ද්‍රයාට මේ විදිහට කිව්වා.

"මෙතනදි වේපචිත්ති, ඔබ තමයි කලින්ම දෙවි වුනේ. එහෙම එකේ වේපචිත්ති, ගාථාව කියන්න."

මෙහෙම කිව්වම, පින්වත් මහණෙනි, වේපචිත්ති අසුරේන්ද්‍රයා මේ ගාථාව කිව්වා.

"ඉතින් වළක්වන්න කෙනෙක් නැත්නම්, අඥාන උදවිය බොහෝ සෙයින් යුද්ධවලට පැටලෙනවා. ඒක තමයි නුවණැත්තා දැඩි දඬුවම් දීලා හරි, බාලයාව මේච්චල් කරන්නෙ."

පින්වත් මහණෙනි, වේපචිත්ති අසුරේන්ද්‍රයා ඔය ගාථාව කියන කොට, අසුරයො අනුමෝදන් වුනා. දෙවියෝ නිශ්ශබ්ද වුනා. එතකොට පින්වත් මහණෙනි, වේපචිත්ති අසුරේන්ද්‍රයා ශක්‍ර දේවේන්ද්‍රයාට මෙහෙම කිව්වා.

"දේවේන්ද්‍රය, දැන් ගාථාව කියන්න." එහෙම කිව්වම ශක්‍ර දේවේන්ද්‍රයා මේ ගාථාව කිව්වා.

"අනුන්ට කේන්ති ගිය බව දැනගෙන, තමන් සිහි නුවණින් යුතුව සංසිඳෙනවා නම්, මං හිතන්නෙ බාලයාව පාලනය කරන්න ඒක තමයි හොඳ කියලා."

පින්වත් මහණෙනි, ශක්‍ර දේවේන්ද්‍රයා ඔය ගාථාව කියන කොට දෙවියො අනුමෝදන් වුනා. අසුරයො නිශ්ශබ්ද වුනා. එතකොට පින්වත් මහණෙනි, ශක්‍ර දේවේන්ද්‍රයා වේපචිත්ති අසුරේන්ද්‍රයට මෙහෙම කිව්වා.

"වේපචිත්ති, ගාථාවක් කියන්න."

එහෙම කිව්වම පින්වත් මහණෙනි, වේපචිත්ති අසුරේන්‍ද්‍රයා මේ ගාථාව කිව්වා.

"සක් දෙවිඳුනි, ඔය ඉවසීම ගැන මම එක්තරා වරදක් දකිනවා. යම් විටෙක ඉවසන කොට, මෝඩයා හිතන්නෙ මෙයා මේ මට භයෙන් ඉවසනවා කියල. පැනල දුවන ගවයෙක්ව යටකරගෙන, ගව රංචුවක් දුවනව වගේ අඥාන කෙනා ඉවසන කෙනාවමයි යටකරගෙන යන්නෙ."

පින්වත් මහණෙනි, වේපචිත්ති අසුරේන්‍ද්‍රයා ඔය ගාථාව කියන කොට අසුරයො අනුමෝදන් වුනා. දෙවියො නිශ්ශබ්ද වුනා.

ඉතින් පින්වත් මහණෙනි, වේපචිත්ති අසුරේන්‍ද්‍රයා ශක්‍ර දේවේන්‍ද්‍රයාට මෙහෙම කිව්වා.

"දේවේන්‍ද්‍රය, ගාථාවක් කියන්න." එහෙම කිව්වම පින්වත් මහණෙනි, ශක්‍ර දේවේන්‍ද්‍රයා මේ ගාථාවන් කිව්වා.

"මෙයා මේ ඉවසන්නෙ මට භයෙන්ය කියල, කෙනෙක් හිතුවත් කමක් නෑ. නැතත් කමක් නෑ. උතුම් යහපත නම් තමා තුළ යහපත් ගුණධර්ම ඇති කරගැනීමයි. ඉවසීමට වඩා උතුම් දෙයක් නෑ.

යම් කෙනෙක් අතිශයින්ම බලවත්ව ඉඳගෙන, දුර්වල කෙනෙකුගේ නින්දා අපහාස ඉවසනවා නම්, ඒක තමයි ලොකුම ඉවසීම. බැරි කෙනා හැම තිස්සෙම ඉවසනවා නෙව.

යම් අඥානයෙකුගේ බලයක් වේද, ඒකට බලය කියල කිව්වට, එතන බලයක් නෑ. ධර්මය තුළ සුරැකී ඉන්න කෙනාගේ ඉවසීම අභිභවා කියන්න දෙයක් නෑ.

යම් කෙනෙක් කිපෙන කෙනාට පෙරළා කිපුනොත්, ඒකෙන් පාඩු සිදුවෙන්නෙ තමාටමයි. කේන්ති ගිය කෙනාව හඳුනගෙන, පෙරළා කිපෙන්නෙ නැත්නම්, එයා තමයි ජයගන්න දුෂ්කර වූ යුද්ධය ජයගන්නෙ.

අනුන් කිපුන බව දැනගෙන, තමන් සිහිනුවණින් සංසිඳෙනවා නම්, තමාටත්, අනුන්ටත් දෙපැත්තටම යහපත සළසා ගන්නවා.

තමාටත්, අනුන්ටත් දෙපැත්තටම සෙත සළසන කෙනා ගැන, ධර්මයේ අදක්ෂ කෙනා හිතන්නෙ ඔහු මෝඩයෙක්ය කියලා."

පින්වත් මහණෙනි, ශක්‍ර දේවේන්ද්‍රයා ඔය ගාථාවන් කියනකොට, දෙවියෝ අනුමෝදන් වුනා. අසුරයෝ නිශ්ශබ්ද වුනා.

එතකොට පින්වත් මහණෙනි, දෙවියන්ගේත්, අසුරයන්ගේත් විනිශ්චයකාරයෝ මෙහෙම කිව්වා.

"වේපචිත්ති අසුරේන්ද්‍රයා ගාථාවන් කිව්වා තමයි. නමුත් ඒ ගාථාවලින් දඬුවම් කිරීමක් ගැන කියවෙනවා. ආයුධ ගැනීමක් ගැන කියවෙනවා. 'මෙහෙමයි දඬුවම්, මෙහෙමයි රණ්ඩුව, මෙහෙමයි කෝළාහලේ' කියල කියවෙනවා.

ශක්‍ර දේවේන්ද්‍රයාත් ගාථා කිව්වා තමයි. නමුත් ඒ ගාථාවන්වල දඬුවම් කියවෙන්නෙ නෑ. ආයුධ ගැනීම ගැන කියවෙන්නෙ නෑ. 'දඬුවම් නොකිරීම මෙහෙමයි, රණ්ඩු නොවීම මෙහෙමයි, කෝළාහල නොවීම මෙහෙමයි' කියල කියවෙන්නෙ.

ඒ නිසා, මේ යහපත් වචනයෙන් ජය අත්වෙන්නේ ශක්‍ර දේවේන්ද්‍රයාටයි!"

පින්වත් මහණෙනි, ඉතින්, සුභාෂිත වචනය නිසා ශක්‍ර දේවේන්ද්‍රයාට ජය ලැබුනා.

සාදු! සාදු!! සාදු!!!

11.1.6.
කුලාවක සූත්‍රය
කැදැල්ල ගැන වදාළ දෙසුම

252. සැවැත් නුවර ජේතවනාරාමයේදී ....

පින්වත් මහණෙනි, මේක ඉස්සර වෙච්ච දෙයක්. දෙවියන් හා අසුරයන් අතර යුද්ධයක් ඇතිවුනා. ඉතින් පින්වත් මහණෙනි, ඒ යුද්ධයේදී අසුරයෝ දිනුවා. දෙවියෝ පැරදුනා.

පින්වත් මහණෙනි, පැරදිච්ච දෙවියෝ උතුරු දිශාවට පළා ගියා. එතකොට අසුරයෝ ඔවුන්ගේ පස්සෙ ලුහුබැන්දා. පින්වත් මහණෙනි, ඒ වෙලාවෙ ශක්‍ර දේවේන්ද්‍රයා මාතලී රථාචාර්යාට ගාථාවකින් පැවසුවා.

"මාතලී බලාගෙනයි! ඉඹුල් වනයේ ගුරුළන්ගේ කැදලි ඇති. ඒ නිසා

ඔවුන්ව බේරලා, රථය හරවන්න. ඊට හොඳයි අසුරයන්ගේ පහරින් මැරිලා යන එක. මේ කුරුළු පැටවුන්ට කුරුළු කූඩු නැතිවෙන්න එපා!"

එතකොට පින්වත් මහණෙනි, මාතලී රථාචාර්යා "එහෙමයි, ඔබට සෙතක්ම වෙන්න ඕන" කියල, රෝද දාහක් ඇති, ආජානීය අසුන් යෙදූ රථය ආපහු හැරෙව්වා.

එතකොට පින්වත් මහණෙනි, අසුරයන්ට මෙහෙම හිතුනා. "ඔන්න දැන් ශක්‍ර දේවේන්ද්‍රයාගේ රෝද දාහකින් යුතු ආජානීය අසුන් යෙදූ රථය ආපහු හැරෙව්වා නෙව. දෙවන වතාවටත් දෙවියො අසුරයන් එක්ක යුද්ධ කරන්න එන හැඩයි" කියල භය වුනා. ඔවුන් අසුර පුරයටම ගියා.

පින්වත් මහණෙනි, ඉතින් ඔන්න ඔය විදිහටයි ශක්‍ර දේවේන්ද්‍රයාට ධර්මයෙන්ම ජය ලැබුනෙ.

සාදු! සාදු!! සාදු!!!

11.1.7.
න දුබ්භිය සූත්‍රය
ද්‍රෝහී නොවීම ගැන වදාළ දෙසුම

253. සැවැත් නුවර ජේතවනාරාමයේදී ....

පින්වත් මහණෙනි, මේක ඉස්සර සිදුවෙච්ච දෙයක්. හුදෙකලාවේ විවේකයෙන් හිටිය ශක්‍ර දේවේන්ද්‍රයාට මේ විදිහේ අදහසක් ඇතිවුනා. "මට කවුරු හරි හතුරුකම් කළොත්, මම ඔහුට පවා ද්‍රෝහී නොවී ඉන්නවා."

පින්වත් මහණෙනි, එතකොට වේපචිත්ති අසුරේන්ද්‍රයා තමන්ගේ සිතින් ශක්‍ර දේවේන්ද්‍රයාගේ අදහස දැනගෙන, ශක්‍ර දේවේන්ද්‍රයා ළඟට ගියා.

පින්වත් මහණෙනි, එතකොට ශක්‍ර දේවේන්ද්‍රයා දුරින්ම එන වේපචිත්ති අසුරේන්ද්‍රයාව දැක්කා. දැකලා වේපචිත්ති, ශක්‍ර දේවේන්ද්‍රයාට මෙහෙම කිව්වා.

"ඊයි! වේපචිත්ති, ඔහොම ඉන්නවා. දැන් ඔබව අපට අහුවුනා."

"හා! නිදුකාණෙනි, ඔබ කලින් හිතපු දේ නිදුකාණෙනි, ඔබ ඒ හිතපු දේ අත්හැරියාද?"

"මේ! වේපචිත්ති, ඔබ එහෙනම් දිවුරන්න ඕන, මට ද්‍රෝහි වෙන්නෙ නෑ" කියල.

"බොරු කියන කෙනෙකුට යම් පාපයක් වෙනවා නම්, ආර්ය උපවාද කරන කෙනෙකුට යම් පාපයක් වෙනවා නම්, මිත්‍ර ද්‍රෝහියෙකුට යම් පාපයක් වෙනවා නම්, අකෘතඥ කෙනෙකුට යම් පාපයක් වෙනවා නම්, සක් දෙවිඳුනි, යම් කෙනෙක් ඔබට ද්‍රෝහි වුනොත්, ඒ විදිහේම පවක් ඔහු කරා එනවා."

සාදු! සාදු!! සාදු!!!

11.1.8.
වේරෝචන අසුරින්ද සූත්‍රය
වේරෝචන අසුරේන්ද්‍රයාට වදාළ දෙසුම

254. සැවැත් නුවර ජේතවනාරාමයේදී ....

එදා භාග්‍යවතුන් වහන්සේ දවල් කාලෙ ගතකිරීම පිණිස භාවනාවෙන් වැඩසිටියා. එතකොට ශක්‍ර දේවේන්ද්‍රයාත්, වේරෝචන අසුරේන්ද්‍රයාත්, භාග්‍යවතුන් වහන්සේ වෙත ආවා. ඇවිදින් දොරකඩ හිටගත්තා. ඒ මොහොතේ වේරෝචන අසුරේන්ද්‍රයා භාග්‍යවතුන් වහන්සේ සමීපයේ මේ ගාථාව පැවසුවා.

"යහපත ඉෂ්ට කරගන්නා තෙක්ම පුරුෂයෙක් උත්සාහ කරන්න ඕන. ඉෂ්ට වන යහපත් දේ නිසාමයි කෙනෙක් බබලන්නෙ. මේක වේරෝචනගේ කියමනක්."

(ශක්‍ර දෙවි) :

"යහපත ඉෂ්ට කරගන්නා තෙක්ම පුරුෂයෙක් වීරිය කරන්න ඕන තමයි. ඉෂ්ට වන යහපත් දේ නිසා, කෙනෙක් බබලනවා තමයි. ඉවසීමට වඩා උතුම් දෙයක් නෑ."

(වේරෝචන) :

"හැම සත්වයෙක්ම ඒ ඒ තැනදී සුදුසු පරිදි, යහපත ඇති කරගන්නවා. සියලු සත්වයන් එකට ජීවත් වෙන්නෙ, එකට එකතුවීමම උතුම්ය කියලයි. ඉෂ්ට වන යහපත් දේ නිසා කෙනෙක් බබලනවා. මේක වේරෝචනගේ වචනයක්."

(ශක්‍ර දෙවි) :

"හැම සත්වයෙක්ම ඒ ඒ සුදුසු පරිදි, යහපත ඇතිකරගන්නවා තමයි.

සියලු සත්වයන් එකට ජීවත් වෙන්නෙ, එකට එකතුවීමම උතුම් කියල හිතාගෙන තමයි. ඉෂ්ට වන යහපත් දේ නිසා, කෙනෙක් බබලනවා තමයි. ඉවසීමට වඩා උතුම් දෙයක් නෑ."

සාදු! සාදු!! සාදු!!!

11.1.9.
අරඤ්ඤායතන ඉසි සූත්‍රය
වනාන්තරයේ සිටින ඉසිවරු ගැන වදාළ දෙසුම

255. සැවැත් නුවර ජේතවනාරාමයේදී ....

"පින්වත් මහණෙනි, මේක ඉස්සර සිදුවෙච්ච දෙයක්. හොඳ, යහපත් ගුණධර්ම ඇති, සිල්වත්, ගොඩක් ඉසිවරු වනාන්තරේක කුටිවල හිටියා. ඉතින් පින්වත් මහණෙනි, ශක්‍ර දේවේන්ද්‍රයයි, වේපචිත්ති අසුරේන්ද්‍රයයි, අර යහපත් ගුණධර්ම තියෙන සිල්වත් ඉසිවරු ළඟට ගියා.

පින්වත් මහණෙනි, එතකොට වේපචිත්ති අසුරේන්ද්‍රයා පොටවල් කීපයක් තියෙන සෙරප්පු දෙකක් දාගෙන, කඩුවත් එල්ලගෙන, කුඩේකුත් ඉහලගෙන, ප්‍රධාන දොරටුවෙන් සෙනසුනට ගියා. ඒ යහපත් ගුණදහම් ඇති සිල්වත් ඉසිවරුන්ට අගෞරව කරලා යන්න ගියා.

එතකොට පින්වත් මහණෙනි, ශක්‍ර දේවේන්ද්‍රයා පොටවල් කීපයක් ඇති සෙරප්පු දෙක ගැලෙව්වා. කඩුව වෙන කෙනෙකුට දුන්නා. කුඩේ අකුලගත්තා. පසු දොරටුවෙන් සෙනසුනට ගියා. ඒ යහපත් ගුණදහම් ඇති සිල්වත් ඉසිවරුන්ගේ පැත්තෙන් හමාගෙන එන යටි හුළඟේ වැඳගෙන, හිටගත්තා.

එතකොට පින්වත් මහණෙනි, ඒ යහපත් ගතිගුණ ඇති සිල්වත් ඉසිවරු ශක්‍ර දේවේන්ද්‍රයාට ගාථාවකින් මෙහෙම කිව්වා.

"නෙත් දහසක් ඇති පින්වත් ශක්‍රය, ඔතනින් අයින් වෙන්න. බොහෝ කලක් ව්‍රත සමාදන් වෙලා ඉන්න ඉසිවරුන්ගේ ශරීරවල ගඳත් එක්කයි ඔය හුළඟ එන්නෙ. දෙව්රජුනි, ඉසිවරුන්ගේ ශරීරවල ගඳ අපවිත්‍රයි නෙව."

(ශක්‍ර දෙව්) :

"ස්වාමීනි, බොහෝ කළක් ව්‍රත සමාදන් වෙලා ඉන්න, ඉසිවරයන්

වහන්සේලාගේ සිරුරු පිසදාගෙන, හමන, සුළඟින්, ඒ ගඳද හමාවා! ඒ සිරුරු ගඳ ලස්සන මල් මාලයක් හිසේ පළඳනවා වගෙයි මං පිළිගන්නෙ. ස්වාමීනි, දෙවිවරු ඔය කාරණයේදී පිළිකුල්ය යන හැඟීම ඇතිකරගන්නෙ නෑ."

සාදු! සාදු!! සාදු!!!

11.1.10.
ඉසයෝසමුද්දක සූත්‍රය
මුහුදු තෙර සිටින ඉසිවරු ගැන වදාළ දෙසුම

256. සැවැත් නුවර ජේතවනාරාමයේදී ....

පින්වත් මහණෙනි, මේක ඉස්සර සිදුවෙච්ච දෙයක්. හොඳ, යහපත් ගුණධර්ම ඇති සිල්වත් ඉසිවරු ගොඩාක් මුහුදු තෙර කුටිවල වාසය කළා.

පින්වත් මහණෙනි. ඒ කාලෙ දෙවියන් හා අසුරයන් අතර යුද්ධයක් හටගත්තා. පින්වත් මහණෙනි, එතකොට ඒ යහපත් ගුණදහම් ඇති සිල්වත් ඉසිවරුන්ට මෙහෙම හිතුනා. "දෙවියෝ නම් ධාර්මිකයි. නමුත් අසුරයො අධාර්මිකයි. අසුරයන්ගෙන් අපට භය ඇතිවෙන්න පුළුවනි. අපි එහෙම නම් සම්බර අසුරේන්ද්‍රයා ළඟට ගිහින් අභය දානය ඉල්ලගන්න ඕන."

පින්වත් මහණෙනි. ඉතින් බලවත් පුරුෂයෙක් අකුලපු අතක් දික් කරනවා වගේ, දික් කළ අතක් අකුලගන්නවා වගේ, ඒ යහපත් ගුණධර්ම ඇති යහපත් ඉසිවරු ඒ විදිහටම මුහුදු තීරයේ කුටිවලින් අතුරුදහන් වුනා. සම්බර අසුරේන්ද්‍රයා ඉදිරියේ පහළ වුනා. පින්වත් මහණෙනි, ඉතින් ඒ යහපත් ගුණධර්ම ඇති යහපත් ඉසිවරු සම්බර අසුරේන්ද්‍රයාට ගාථාවකින් පැවසුවා.

"සම්බර ළඟට මේ ඉසිවරු ආවේ අභය දානය ඉල්ලගෙනයි. භය දෙන්නත්, අභය දෙන්නත් පුළුවන්කම තිබෙන ඔබ, කැමැත්තක් කළ මැනව."

(සම්බර) :

"අපට සතුරු වූ ශක්‍රයාත් එක්ක හිතවත්කම් පාන ඉසිවරුන්ට අභය දානයක් නැත. අභය දානය ඉල්ලන ඔබට භයමයි මම දෙන්නෙ."

(ඉසිවරු) :

"අභය දානය ඉල්ලද්දිත්, ඔබ අපට දෙන්නෙ භයම නම්, ඔබේ ඒ කීම

අපි පිළිගන්නවා. ඔබේ බිය ද නැති නොවේවා!

වපුරන්නේ යම් ආකාර බීජයක්ද, අස්වැන්නට ලැබෙන්නේ එබඳු බීජයන්මයි. යහපත් දේ කරන කෙනා, යහපත් විපාක ලබනවා. පව් කරන කෙනා පව් විපාක ලබනවා. දරුව, ඔබත් යම්කිසි බීජයක් වැපුරුවා. ඒකෙ ඵලය ඔබමයි ලබන්න ඕන."

පින්වත් මහණෙනි, ඉතින් ඒ යහපත් ගුණධර්ම ඇති යහපත් ඉසිවරු ඒ සම්බර අසුරේන්ද්‍රයාට ශාප කළා. ඊට පස්සෙ බලවත් පුරුෂයෙක් හකුලපු අතක් දික්කරගන්නවා වගේ, දික් කළ අතක් හකුළගන්නවා වගේ ඒ ඉසිවරු සම්බර අසුරේන්ද්‍රයා ඉදිරියේ අතුරුදහන් වුනා. මුහුදු තෙර කුටිවල පහළ වුනා.

පින්වත් මහණෙනි, ඒ යහපත් ගුණදහම් ඇති සිල්වත් ඉසිවරුන්ගෙන් ශාප ලැබූ සම්බර අසුරේන්ද්‍රයා රාත්‍රියට තැති අරගෙන තුන් වතාවක් නැගිටිනවා.

සාදු! සාදු!! සාදු!!!

පළමු සුවීර වර්ගය අවසන් විය.

2. සත්තවත වර්ගය

11.2.1.
දේවා සත්තවතපද සූත්‍රය
සක් දෙවිඳුගේ උතුම් ව්‍රත හත ගැන වදාළ දෙසුම

257. මා හට අසන්නට ලැබුනේ මේ විදිහටයි. ඒ දිනවල භාග්‍යවතුන් වහන්සේ වැඩසිටියේ සැවැත් නුවර ජේතවනය නම් වූ අනේපිඬු සිටුතුමාගේ ආරාමයේ.

එහිදී ....(පෙ).... භාග්‍යවතුන් වහන්සේ මෙය වදාළා.

පින්වත් මහණෙනි, ඔය ශක්‍ර දෙවියන් ඉස්සර මිනිස් ජීවිතේ ගෙවන කාලෙ උතුම් ව්‍රත හතක් සමාදන් වෙලා හිටියා. ඒ ව්‍රත සමාදන් වීම නිසයි, ශක්‍රයාට ඔය ශක්‍ර පදවිය ලැබුනෙ.

ඒ උතුම් ව්‍රත හත මොනවාද? මං දිවි තිබෙන තුරා මව්පියන්ට සළකන කෙනෙක් වෙනවා. මං දිවි තිබෙන තුරා කුලදෙටුවන් පුදන කෙනෙක් වෙනවා. මං දිවි තිබෙන තුරා මධුර වූ වචන කියන කෙනෙක් වෙනවා. මං දිවි තිබෙන තුරා කේළාම් නොකියන කෙනෙක් වෙනවා. මං දිවි තිබෙන තුරා ගිහි ගෙදර වාසය කරන්නෙ මසුරුමල දුරුකරපු සිතින්. දන් දෙන්න හිතාගෙනම අත්හරින කෙනෙක් වෙනවා. දන් දෙන්න හිතාගෙනම දෑත් සෝදාගත්තු කෙනෙක් වෙනවා. දන් දීමටම කැමති වුන කෙනෙක් වෙනවා. අනුන් විසින් යමක් ඉල්ලාගෙන තමන් ලඟට එනවාට කැමති කෙනෙක් වෙනවා. දන් බෙදන්න කැමති කෙනෙක් වෙනවා. මං දිවි තිබෙන තුරා සත්‍ය වචන කියන කෙනෙක් වෙනවා. මං දිවි තිබෙන තුරාවට ක්‍රෝධ නැතුව ඉන්නවා. යම් හෙයකින් මං තුළ ක්‍රෝධයක් ඇතිවුනොත්, ඒක ඉක්මනින්ම දුරුකරලා දානවා.

පින්වත් මහණෙනි, ශක්‍ර දෙවියන් ඉස්සර මනුස්ස ජීවිතේ ගතකරද්දි සමාදන් වෙලා හිටියේ ඔන්න ඔය ව්‍රත හතයි. ඔය ව්‍රත හත සමාදන් වෙච්ච නිසා තමයි ශක්‍ර දෙවියන්ට ශක්‍ර පදවිය ලැබුනේ.

(ගාථාවකි)

"මව්පියන්ට සළකනවා නම්, කුල දෙටුවන් පුදනවා නම්, මිහිරි වූ වචන, ප්‍රිය වූ වචන කියනවා නම්, කේළාම් කියන්නෙ නැත්නම්, මසුරු මල දුරු කරනවා නම්, සත්‍ය වචන කියනවා නම්, ක්‍රෝධය පාලනය කරනවා නම්, අන්න ඒ මනුෂ්‍යයාට හැබෑම සත්පුරුෂයා කියලයි තව්තිසාවේ දෙවියො කියන්නෙ."

සාදු! සාදු!! සාදු!!!

11.2.2.
දුතිය දේවා සත්තවතපද සූත්‍රය
සක් දෙවිඳුගේ උතුම් ව්‍රත හත ගැන වදාළ දෙවෙනි දෙසුම

258. ඒ දිනවල භාග්‍යවතුන් වහන්සේ වැඩසිටියේ සැවැත් නුවර ජේතවනය නම් වූ අනේපිඬු සිටුතුමාගේ ආරාමයේ. එදා භාග්‍යවතුන් වහන්සේ භික්ෂූන් වහන්සේලා ....(පෙ).... මෙය වදාළා.

"පින්වත් මහණෙනි, ඔය ශක්‍ර දෙවියන් ඉස්සර මනුස්ස ලෝකෙ ඉන්න කොට ඔහුගෙ නම 'මඝ'. ඒ නිසයි ශක්‍ර දෙවියන්ට 'මඝවා' කියන්නෙ. පින්වත් මහණෙනි, ඔය ශක්‍ර දෙවියන් ඉස්සර මනුස්ස ජීවිතය ගතකරන කොට, හැම තැනකදීම මුලින්ම දන් දෙන්නෙ ඔහු තමයි. ඒ නිසා ඔහුට 'පුරින්දද' කියල කියනවා. පින්වත් මහණෙනි, ඔය ශක්‍ර දෙවියන් ඉස්සර මනුස්ස ජීවිතේ ගත කරන කොට, පිළිවෙළකට සකස් කරලයි දන් දුන්නෙ. ඒ නිසයි ඔහුට 'ශක්‍රයා' කියන්නෙ. පින්වත් මහණෙනි. ඔය ශක්‍ර දෙවියන් ඉස්සර මනුස්ස ජීවිතය ගත කරන කොට වාසස්ථාන දන් දුන්නා. ඒ නිසා ඔහුට 'වාසව' කියල කියනවා. පින්වත් මහණෙනි, ශක්‍ර දෙවියන්ට එක මොහොතකින් කරුණු දාහක් ගැන හිතන්න පුළුවන්. ඒ නිසයි 'සහස්ස නෙත්ත' කියන්නෙ. පින්වත් මහණෙනි, ශක්‍ර දෙවියන්ට බිරිඳ හැටියට ඉන්නෙ සුජා කියල අසුර කන්‍යාවක්. ඒ නිසයි 'සුජම්පති' කියන්නෙ. පින්වත් මහණෙනි, ඔය ශක්‍ර දෙවියන් තමයි තව්තිසා දෙවියන් අතර සැප සම්පත් වලිනුත්, අධිපති භාවයෙනුත් යුක්තව රජ කරන්නෙ. ඒ නිසයි ඔහුට 'දේවානමින්ද' කියන්නෙ.

පින්වත් මහණෙනි, ශක්‍ර දෙවියන් ඉස්සර මනුස්ස ජීවිතේ ගෙවනකොට උතුම් ව්‍රත හතක් සමාදන් වෙලා හිටියා. ඒ ව්‍රත සමාදන් වෙලා හිටපු නිසයි ශක්‍ර දෙවියන්ට ශක්‍ර පදවිය ලැබුනේ.

මොනවද ඒ උතුම් ව්‍රත හත? මං දිවි තිබෙන තුරා මව්පියන්ට සළකන කෙනෙක් වෙනවා. මං දිවි තිබෙන තුරා කුලදෙටුවන් පුදන කෙනෙක් වෙනවා. මං දිවි තිබෙන තුරා මිහිරි වචන කතා කරන කෙනෙක් වෙනවා. මං දිවි තිබෙන තුරා කේළාම් නොකියන කෙනෙක් වෙනවා. මං දිවි තිබෙන තුරා ගිහි ගෙදර වාසය කරන්නෙ මසුරුමල දුරුකරපු සිතින්. දන් දෙන්ට හිතාගෙනම අත්හරින කෙනෙක් වෙනවා. දන් දෙන්න හිතාගෙනම දෑත් සෝදාගත්තු කෙනෙක් වෙනවා. දන් දීමටම කැමති කෙනෙක් වෙනවා. අනුන් විසින් යමක් ඉල්ලා ගෙන, තමන් ළඟට එනවාට කැමති කෙනෙක් වෙනවා. දන් බෙදන්න කැමති කෙනෙක් වෙනවා. මං දිවි තිබෙන තුරාවට සත්‍ය වචන කතා කරන කෙනෙක් වෙනවා. මං දිවි තිබෙන තුරාවට ක්‍රෝධ නැතුව ඉන්නවා. යම් හෙයකින් මං තුළ ක්‍රෝධයක් ඇති වුනොත්, ඉක්මනින්ම ඒක දුරුකරල දානවා.

පින්වත් මහණෙනි, ශක්‍ර දෙවියන් ඉස්සර මනුස්ස ජීවිතේ ගත කරද්දි, සමාදන් වෙලා හිටියේ ඔන්න ඔය ව්‍රත හතයි. ඔය ව්‍රත හත සමාදන් වෙලා හිටපු නිසා, තමයි ශක්‍ර දෙවියන්ට ශක්‍ර පදවිය ලැබුනේ."

(ගාථාවකි)

"මව්පියන්ට සළකනවා නම්, කුලදෙටුවන් පුදනවා නම්, මිහිරි වූ වචන, ප්‍රිය වූ වචන කියනවා නම්, කේළාම් කියන්නෙ නැත්නම්, මසුරුමල දුරු කරනවා නම්, සත්‍ය වචන කියනවා නම්, අන්න ඒ මනුෂ්‍යයාට හැබෑම සත්පුරුෂයා කියලයි තව්තිසාවෙ දෙවියෝ කියන්නෙ."

සාදු! සාදු!! සාදු!!!

11.2.3.
මහාලී සත්තවතපද සූත්‍රය
උතුම් ව්‍රත හත ගැන මහාලී ලිච්ඡවියාට වදාළ දෙසුම

259. මා හට අසන්නට ලැබුනේ මේ විදිහටයි. ඒ දිනවල භාග්‍යවතුන් වහන්සේ වැඩසිටියේ විශාලා මහනුවර මහාවනයේ කූටාගාර ශාලාවේ. එදා මහාලි කියන ලිච්ඡවි වංශිකයා භාග්‍යවතුන් වහන්සේ ළඟට ගියා. ගිහින් භාග්‍යවතුන් වහන්සේට වන්දනා කරලා, පැත්තකින් වාඩිවුනා. පැත්තකින් වාඩිවුන මහාලි ලිච්ඡවි වංශිකයා භාග්‍යවතුන් වහන්සේගෙන් මෙහෙම ඇහුවා.

"ස්වාමීනි, ඔබවහන්සේ ශක්‍ර දෙවියන්ව දැකලා තියෙනවාද?"

"ඔව්! පින්වත් මහාලි. මං ශක්‍ර දෙවියන්ව දැකලා තියෙනවා."

"ස්වාමීනි, එහෙනම් ඔය පුද්ගලයා ශක්‍රයා වගේ වෙන කෙනෙක් වෙන්න ඇති. ස්වාමීනි, ශක්‍ර දෙවියන් දකින එක අමාරු දෙයක් නේද?"

"පින්වත් මහාලි, මම ශක්‍ර දෙවියන්වත් දන්නවා. ශක්‍රයා බවට පත්වෙන්න ඕන කරන දේවලුත් දන්නවා. යම් දෙයක් සමාදන් වුනාම ශක්‍රයාට ශක්‍ර පදවි ලැබෙනවා නම්, ඒ දේ ගැනත් දන්නවා.

පින්වත් මහාලි, ඔය ශක්‍ර දෙවියන් ඉස්සර මනුස්ස ලෝකෙ ඉන්නකොට ඔහුගේ නම 'මඝ'. ඒ නිසයි ශක්‍ර දෙවියන්ට 'මඝවා' කියන්නෙ. පින්වත් මහාලි, ඔය ශක්‍ර දෙවියන් ඉස්සර මනුස්ස ජීවිතේ ගතකරන කොට හැම තැනදීම මුළින්ම දන් දෙන්නෙ ඔහු තමයි. ඒ නිසයි, ඔහුට 'පුරින්දද' කියන්නෙ. පින්වත් මහාලි, ඔය ශක්‍ර දෙවියන් ඉස්සර මනුස්ස ජීවිතේ ගත කරන කොට, පිළිවෙළකට සකස් කරලයි දන් දුන්නෙ. ඒ නිසයි ඔහුට 'ශක්‍රයා' කියන්නෙ. පින්වත් මහාලි, ඔය ශක්‍ර දෙවියන් ඉස්සර මනුස්ස ජීවිතේ ගතකරන කොට වාසස්ථාන දන් දුන්නා. ඒ නිසයි ඔහුට 'වාසව' කියල කියන්නෙ. පින්වත් මහාලි, ශක්‍ර දෙවියන්ට එක මොහොතකින් කරුණු දාහක් ගැන හිතන්න පුළුවන්. ඒ නිසයි 'සහස්ස නෙත්ත' කියන්නෙ. පින්වත් මහාලි, ශක්‍ර දෙවියන්ට බිරිඳ හැටියට ඉන්නෙ 'සුජා' කියන අසුර කන්‍යාව. ඒ නිසයි 'සුජම්පති' කියන්නෙ. පින්වත් මහාලි, ඔය ශක්‍ර දෙවියන් තමයි තව්තිසා දෙවියන් අතර සැපසම්පත් වලිනුත්, අධිපති භවයෙනුත් යුක්තව රජ කරන්නෙ. ඒ නිසයි ඔහුට 'දේවානමින්ද' කියන්නෙ. පින්වත් මහාලි, ශක්‍ර දෙවියන් ඉස්සර මනුස්ස ජීවිතේ ගෙවන කොට උතුම් ව්‍රත හතක් සමාදන් වෙලා හිටියා. ඒ ව්‍රත සමාදන් වෙලා හිටපු නිසයි ශක්‍ර දෙවියන්ට ශක්‍ර පදවිය ලැබුනේ.

මොනවද ඒ උතුම් ව්‍රත හත? මං දිවි තිබෙන තුරාවට මව්පියන්ට සළකන කෙනෙක් වෙනවා. මං දිවි තිබෙන තුරා කුලදෙටුවන් පුදන කෙනෙක් වෙනවා. මං දිවි තිබෙන තුරාවට මිහිරි වචන කතාකරන කෙනෙක් වෙනවා. මං දිවි තිබෙන තුරාවට කේලාම් නොකියන කෙනෙක් වෙනවා. මං දිවි තිබෙන තුරාවට ගිහි ගෙදර වාසය කරන්නෙ මසුරුමල දුරුකරපු සිතින්. දන් දෙන්න හිතාගෙ නම අත්හරින කෙනෙක් වෙනවා. දන් දෙන්න හිතාගෙනම දැත් සෝදාගත්තු කෙනෙක් වෙනවා. දන් දීමටම කැමති කෙනෙක් වෙනවා. අනුන් විසින් යමක් ඉල්ලා ගෙන තමන් ළඟට එනවාට කැමති කෙනෙක් වෙනවා. දන් බෙදන්න කැමති කෙනෙක් වෙනවා. මං දිවි තිබෙන තුරාවට සත්‍ය වචන කතාකරන

කෙනෙක් වෙනවා. මං දිවි තිබෙන තුරාවට ක්‍රෝධ නැතුව ඉන්නවා. මං තුළ ක්‍රෝධයක් ඇතිවුනොත් ඉක්මනින්ම ඒක දුරුකරල දානවා.

පින්වත් මහාලි, ශක්‍ර දෙවියන් ඉස්සර මනුස්ස ජීවිතය ගත කරද්දී සමාදන් වෙලා හිටියේ ඔන්න ඔය ව්‍රත හතයි. ඔය ව්‍රත හත සමාදන් වෙලා හිටපු නිසා තමයි ශක්‍ර දෙවියන්ට ශක්‍ර පදවිය ලැබුනේ.

(ගාථාවකි)

"මව්පියන්ට සළකනවා නම්, කුළ දෙටුවන් පුදනවා නම්, මිහිරි වූ වචන, ප්‍රිය වූ වචන කියනවා නම්, කේළාම් කියන්නෙ නැත්නම්, මසුරුමල දුරු කරනව නම්, සත්‍ය වචන කියනවා නම්, ක්‍රෝධය පාලනය කරනවා නම්, ඔහුට තමයි 'සත්පුරුෂයා' කියලා කියන්නෙ."

සාදු! සාදු!! සාදු!!!

11.2.4.
දළිද්ද සූත්‍රය
දිළිඳු මිනිසෙක් ගැන වදාළ දෙසුම

260. මා හට අසන්නට ලැබුනේ මේ විදිහටයි. ඒ දිනවල භාග්‍යවතුන් වහන්සේ වැඩසිටියේ රජගහ නුවර ලෙහෙනුන්ගේ අභයභූමිය වූ වේළුවනාරාමයේ. එදා භාග්‍යවතුන් වහන්සේ "පින්වත් මහණෙනි" කියල භික්ෂුසංඝයා ඇමතුවා. "පින්වතුන් වහන්ස" කියල ඒ භික්ෂූන් වහන්සේලා භාග්‍යවතුන් වහන්සේට පිළිතුරු දුන්නා. භාග්‍යවතුන් වහන්සේ මෙය වදාළා.

"පින්වත් මහණෙනි, මේක ඉස්සර සිදුවෙච්ච දෙයක්. ඒ කාලෙ මේ රජගහ නුවර බොහොම දුප්පත් මනුස්සයෙක් හිටියා. ඔහු කාගෙත් අනුකම්පාවට ලක්වුනා. ඔහු අසරණ මනුස්සයෙක්. නමුත් ඔහු තථාගතයන් වහන්සේ වදාළ ධර්මවිනය ගැන ශ්‍රද්ධාව ඇති කරගත්තා. සිල්වත් වුනා. ධර්ම ඥානයක් ඇතිකර ගත්තා. දන් දුන්නා. ප්‍රඥාව ඇති කරගත්තා.

ඉතින්, ඔහු තථාගතයන් වහන්සේ වදාළ ධර්මවිනය ගැන ශ්‍රද්ධාව ඇති කරගෙන, සිල් සමාදන් වෙලා, ධර්ම ඥානයක් ඇතිකරගෙන, දන් දීලා, ප්‍රඥාවත් ඇති කරගෙන, කය බිඳී මරණයට පත්වුනාට පස්සෙ තව්තිසාවෙ දෙවියන් අතර ඉපදුනා. ඔහු සැප සම්පත් වලිනුත්, රූප සෝභාවෙනුත් අනිත් දෙව්වරුන් අභිබවා බබලන්න වුනා.

එතකොට පින්වත් මහණෙනි, තව්තිසාවැසි දෙවියො නින්දා කරන්න පටන් ගත්තා. දොස් කියන්න පටන් ගත්තා. අවමන් කරන්න පටන් ගත්තා. "භවත්නි, මේක හරි අපූරු දෙයක් නෙව. භවත්නි මේක හරි අද්භූත දෙයක් නෙව. මේ දිව්‍යපුත්‍රයා කලින් මනුස්ස ලෝකෙ ඉන්න කොට මහ දුප්පතෙක්. අනුකම්පාව ලැබිය යුතු කෙනෙක්. අසරණ මනුස්සයෙක්. ඔහු එතනින් මැරිලා, මේ සුගති සංඛ්‍යාත ස්වර්ග ලෝකෙ වන තව්තිසා දෙවියන් අතර උපන්නා. දැන් ඔහු සැපසම්පත් වලිනුත්, රූප සෝභාවෙනුත්, අනිත් දෙවියන්ව යටපත් කරගෙන බබලනවා."

එතකොට පින්වත් මහණෙනි, ශක්‍ර දේවේන්ද්‍රයා තව්තිසාවෙ දෙවියන් ඇමතුවා. "පින්වත්නි, ඔබ මේ දිව්‍යපුත්‍රයාට නින්දා කරන්න එපා! මේ දිව්‍යපුත්‍රයා කලින් මනුස්ස ජීවිතේ ඉන්න කොට, තථාගතයන් වහන්සේ වදාළ ධර්මවිනය ගැන ශ්‍රද්ධාව ඇතිකර ගත්තා. සිල්වත් වුනා, ධර්ම ඥානයත් ඇතිකර ගත්තා. දන් දුන්නා. ප්‍රඥාව ඇති කරගත්තා. ඉතින් ඔහු තථාගතයන් වහන්සේ වදාළ ධර්මවිනය ගැන ශ්‍රද්ධාව ඇති කරගෙන, සිල් සමාදන් වෙලා, ධර්ම ඥානයක් ඇති කරගෙන, දන් දීලා, ප්‍රඥාවක් ඇතිකරගත්තු නිසා, කය බිඳී මැරුණට පස්සෙ සුගති සංඛ්‍යාත ස්වර්ගය වූ තව්තිසාවෙ ඉපදුනා. ඔහු දැන් අනිත් දෙවියන් යටපත් කරගෙන, සැපසම්පත් වලිනුත්, රූප සෝභාවෙනුත් බබලනවා."

ඉතින් පින්වත් මහණෙනි, ඒ වෙලාවෙ ශක්‍ර දෙවියා තව්තිසාවෙ දෙවියන් සතුටු කරවමින් මේ ගාථාවන් පැවසුවා.

"යමෙක් තුළ තථාගතයන් වහන්සේ ගැන අචල ශ්‍රද්ධාවක් හොඳින් පිහිටලා තියෙනවා නම්, සත්පුරුෂයන් විසින් ප්‍රශංසා කරන ආර්යකාන්ත වූ යහපත් සීලයකුත් ඔහුට තියෙනවා නම්,

ඔහුට මාර්ගඵලලාභී සංඝයා කෙරෙහි ප්‍රසාදයක් තියෙනවා නම්, ඔහුට ඍජු වූ අවබෝධ ඥානයක් තියෙනවා නම්, ඔහු ගැන කියන්නේ දිළිඳු නැති කෙනෙක් කියලයි. ඔහුට තියෙන්නෙ හිස් ජීවිතයක් නොවෙයි.

ඒ නිසා බුද්ධිමත් කෙනෙක් නම්, බුද්ධානුශාසනාව සිහිකරන්න ඕන. ධර්මයේ හැසිරෙන්න ඕන. ශ්‍රද්ධාවත්, සීලයත්, පැහැදීමත්, ධර්මාවබෝධයත් ලබාගන්න ඕන."

සාධු! සාධු!! සාධු!!!

11.2.5.
රාමණෙය්‍යක සූත්‍රය
රමණීය භූමිය ගැන වදාළ දෙසුම

261. සැවැත් නුවර ජේතවනාරාමයේදී ....

එදා ශක්‍ර දෙවියන් භාග්‍යවතුන් වහන්සේ ළඟට ආවා. ඇවිදින් භාගයවතුන් වහන්සේට වන්දනා කරලා පැත්තකින් හිටගත්තා. පැත්තකින් හිටගත්ත ශක්‍ර දෙවියා භාග්‍යවතුන් වහන්සේගෙන් මෙහෙම ඇහුවා.

"ස්වාමීනි, රමණීය භූමිය කියල කියන්නෙ මොකක්ද?"

(භාග්‍යවතුන් වහන්සේ) :

"ලස්සනට නිර්මාණය කරපු ආරාම, චෛත්‍යය, විශාල රුක්ගොමු, පැන් පොකුණු ආදිය තියෙනවා. නමුත්, මනුෂ්‍යයාගේ රමණීයත්වයෙන් දහසයෙන් එකක් තරම්වත් ඒක වටින්නෙ නෑ.

ගමක වේවා, අරණ්‍යයක වේවා, නිම්නයක වේවා, කඳු ගැටයක වේවා, යම් තැනක රහතන් වහන්සේලා වැඩසිටිනවා නම්, අන්න ඒක තමයි රමණීය භූමිය."

සාදු! සාදු!! සාදු!!!

11.2.6.
යජමාන සූත්‍රය
යාග කිරීම ගැන වදාළ දෙසුම

262. සැවැත් නුවර ජේතවනාරාමයේදී ....

ඒ දිනවල භාග්‍යවතුන් වහන්සේ වැඩසිටියේ රජගහ නුවර ගිජ්ඣකූට පර්වතයේ. එදා ශක්‍ර දෙවියන් භාග්‍යවතුන් වහන්සේ ළඟට ආවා. ඇවිදින් භාග්‍යවතුන් වහන්සේට වන්දනා කරලා, පැත්තකින් හිටගත්තා. පැත්තකින් හිටගත් ශක්‍ර දෙවියන් භාග්‍යවතුන් වහන්සේට ගාථාවකින් පැවසුවා.

"පින් කැමතිව පුණ්‍ය යාග කරන්න කැමති මනුෂ්‍යයින්, අනාගතයේ සැප විපාක ඇති පින් ලබන්න නම්, කාට දන් දුන්නොත්ද මහත්ඵල වෙන්නෙ?"

(භාග්‍යවතුන් වහන්සේ) :

"මාර්ගයේ ගමන් කරන්නා වූ හතර දෙනෙකුත්, ඵලයට පත්වුන හතර දෙනෙකුත් ඉන්නවා. මේ තමයි ඍජු මගක ගමන් කරන, ප්‍රඥාවන්ත, සීලවන්ත, සමාහිත සිත් ඇති ශ්‍රාවක සංඝයා.

පින් කැමතිව පුණ්‍ය යාග කරන්න කැමති මනුෂ්‍යයින්, අනාගතයේ සැප විපාක ලබන්න කැමති නම්, සංඝයාට දෙන දානයයි මහත් ඵල වෙන්නෙ."

සාදු! සාදු!! සාදු!!!

11.2.7.
වන්දනා සූත්‍රය
වන්දනාව ගැන වදාළ දෙසුම

263. සැවැත් නුවර ජේතවනාරාමයේදී ....

එදා භාග්‍යවතුන් වහන්සේ දවල් කාලෙ විවේකයෙන් වැඩසිටියා. ඒ වෙලාවෙ ශක්‍ර දෙවියාත්, සහම්පතී බ්‍රහ්මයාත් භාග්‍යවතුන් ළඟට ආවා. ඇවිදින් දොරකඩ හිටගත්තා. එතකොට ශක්‍ර දෙවියා භාග්‍යවතුන් වහන්සේ සමීපයේ ගාථාව පැවසුවා.

"මාර යුද්ධය ජයගත් මහා වීරයන් වහන්ස, උපාදානස්කන්ධ බර බැහැර කළ පින්වතුන් වහන්ස, ණය නැති උතුමාණන් වහන්ස, නැගී සිටින සේක්වා! ලොවේ, සැරිසරා වඩින සේක්වා! ඔබවහන්සේගේ මැනැවින් නිදහස් වූ සිත පුන් පොහෝ දා බබලන සඳ මඩලක් වැන්න."

(භාග්‍යවතුන් වහන්සේ) :

"පින්වත් දේවේන්ද්‍රය, තථාගතයන්ට වන්දනා කළ යුත්තේ ඔය විදිහට නොවෙයි. පින්වත් දේවේන්ද්‍රය තථාගතයන්ට වන්දනා කළ යුත්තේ මෙන්න මේ විදිහටයි.

මාර යුද්ධය ජයගත් මහා වීරයන් වහන්ස, සසර කතරින් සත්වයන් එතෙර කරවන ගැල්කරුවාණන් වහන්ස, ණය නැති උතුමන් වහන්ස, නැගී

සිටින සේක්වා! ලොව සැරිසරා වඩින සේක්වා! භාග්‍යවතුන් වහන්ස, දහම් දෙසන සේක්වා! අවබෝධ කරන අය ඇතිවෙනවාමයි!"

සාදු! සාදු!! සාදු!!!

11.2.8.
සක්ක නමස්සන සූත්‍රය
ශක්‍රයාගේ නමස්කාර කිරීම ගැන වදාළ දෙසුම

264. සැවැත් නුවර ජේතවනාරාමයේදී ....

පින්වත් මහණෙනි, මේක ඉස්සර සිදුවෙච්ච දෙයක්. ශක්‍ර දේවේන්ද්‍රයා මාතලී රථාචාර්යා ඇමතුවා. "ඒයි මිත්‍රයා දහසක් රෝද ඇති, ආජානීය අසුන් යෙදූ රථය සූදානම් කරන්න. යහපත් උයන් බිම දකින්න යමු."

"එතකොට පින්වත් මහණෙනි, මාතලී රථාචාර්යා 'එසේය, ඔබට යහපතක් වේවා!' කියල ශක්‍ර දෙවියන්ට උත්තර දුන්නා. ඊට පස්සෙ රෝද දාහකින් යුතු ආජානීය අසුන් යෙදූ රථය පිළියෙළ කරලා, ශක්‍ර දේවේන්ද්‍රයාට දැනුම් දුන්නා. 'නිදුකාණෙනි, රෝද දාහකින් යුතු ආජානීය අසුන් යෙදූ රථය පිළියෙළ කළා. ගමනට කල් දැනගත මැනව.'

ඉතින් පින්වත් මහණෙනි, ශක්‍ර දේවේන්ද්‍රයා වෛජයන්ත නම් දිව්‍ය ප්‍රාසාදයෙන් බහිද්දි, දෙඅත් එකතු කොට හැම දිශාවකටම නමස්කාර කළා. එතකොට පින්වත් මහණෙනි, මාතලී රථාචාර්යා සක් දෙවිඳුට ගාථාවකින් පැවසුවා.

"වේදය හදාරන පෘථුවිවාසී සියලු දෙනාත්, රජවරුත්, සතරවරම් දෙවියොත්, සැපසම්පත් ඇති තව්තිසා දෙවියොත් ඔබට වඳිනවා. නමුත් සක් දෙවිඳුනි, ඔබ යම් කෙනෙකුට වඳිනවා නම්, ඒ දෙවියා කවුද?"

(ශක්‍ර දෙවි) :

"ත්‍රිවේදය හදාරන පෘථුවිවාසී සියලු දෙනාත්, රජවරුත්, සතරවරම් දෙවිවරුත්, යසස් ඇති තව්තිසා දෙවියොත් මට වඳිනවා තමයි. මම වඳින්නෙ සිල්වත් වූ බොහෝ කලක් සමාධිමත් සිත් ඇති උතුම් බ්‍රහ්මචාරී ජීවිත ගෙවන, මනාකොට පැවිදි ජීවිත ගෙවන උතුමන්ටයි.

මාතලී, ඒ වගේම තිසරණයේ පිහිටලා, උපාසක බවට පත්වුන, ගිහිගෙයි වසන, සිල්වත්, පින්-දහම් කරන, ධාර්මිකව අඹුදරුවන් පෝෂණය කරන ගිහි ශ්‍රාවකයින් ඉන්නවා. අන්න ඒ උදවියටත් මම වඳිනවා."

(මාතලී) :

"පින්වත් සක් දෙව්ඳුනි, ඔබ ඒ යම් කෙනෙකුන්ට වන්දනා කරනවා නම්, ඇත්තෙන්ම ඔවුන් ලෝකෙ ශ්‍රේෂ්ඨ තමයි. සක් දෙව්ඳුනි, ඔබ වඳින උතුමන්ට මමත් වන්දනා කරන්නම්."

(සංගායනා කළ රහතුන් වදාළ ගාථාවකි.)

"දෙවියන්ගේ රජු වූ, සුජාවගේ ස්වාමියා වූ, මඝ නම් වූ, සක්දෙව් රජ මේ ගාථාව කිව්වට පස්සෙ හැම දිශාවන්ටම වන්දනා කරලා රථයට නැග්ගා."

සාදු! සාදු!! සාදු!!!

11.2.9.
දුතිය සක්ක නමස්සන සූත්‍රය
ශක්‍රයාගේ නමස්කාර කිරීම ගැන වදාළ දෙවෙනි දෙසුම

265. සැවැත් නුවර ජේතවනාරාමයේදී ....

"පින්වත් මහණෙනි, මේක ඉස්සර සිදුවෙච්ච දෙයක්. ශක්‍ර දෙවියා මාතලී රථාචාර්යයා ඇමතුවා. 'ඒයි මිත්‍රයා මාතලී, දහසක් රෝද ඇති, ආජානීය අසුන් යෙදූ රථය සූදානම් කරන්න. යහපත් උයන් බිම දකින්න යමු."

එතකොට පින්වත් මහණෙනි, මාතලී රථාචාර්යයා "එසේය, ඔබට යහපතක් වේවා!" කියල ශක්‍ර දෙවියන්ට උත්තර දුන්නා. ඊට පස්සෙ රෝද දාහකින් යුතු, ආජානීය අසුන් යෙදූ රථය පිළියෙළ කරලා, ශක්‍ර දේවේන්ද්‍රයාට දැනුම් දුන්නා. 'නිදුකාණෙනි, රෝද දාහකින් යුතු ආජානීය අසුන් යෙදූ රථය පිළියෙළ කළා. ගමනට කල් දැනගත මැනව.'

ඉතින් පින්වත් මහණෙනි, ශක්‍ර දේවේන්ද්‍රයා වෛජයන්ත නම් දිව්‍ය ප්‍රාසාදයෙන් බහිද්දි, දෙඅත් එකතු කොට, හැම දිශාවකටම නමස්කාර කළා. එතකොට පින්වත් මහණෙනි, මාතලී රථාචාර්යයා සක් දෙව්ඳුට ගාථාවකින් පැවසුවා."

"සක් දෙවිඳුනි, දෙවියොත්, මිනිස්සුත් ඔබට වඳිනවා. ඉතින් සක් දෙවිඳුනි, ඔබ මේ වඳින්නේ කවර නම් දෙවි කෙනෙකුටද?"

(ශක්‍ර දෙවි) :

"පින්වත් මාතලී, මේ දෙවියන් සහිත, ලෝකයේ යම් සම්මා සම්බුදු රජාණන් වහන්සේ නමක් වැඩසිටීද, අලාමක නම් ඇති ඒ ශාස්තෘන් වහන්සේටයි මං මේ වඳින්නේ.

පින්වත් මාතලී, රාග, ද්වේෂ දුරු කරගෙන, අවිද්‍යාව ඉක්මවා ගිහින්, වත්පිළිවෙතේ යෙදෙමින්, අප්‍රමාදව ධර්මයේ හැසිරෙන ශ්‍රාවකයන් වහන්සේලා වෙත් නම්, උන්වහන්සේලාටයි මං මේ වඳින්නේ."

(මාතලී) :

"සක් දෙවිඳුනි, ඔබ වඳින්නේ යම් කෙනෙකුටද, ඇත්තෙන්ම උන්වහන්සේලා ශ්‍රේෂ්ඨ තමයි. සක් දෙවිඳුනි, ඔබ වන්දනා කරන උන්වහන්සේලාට මමත් වන්දනා කරන්නම්.

(සංගායනා කළ රහතුන් වදාළ ගාථාවකි.)

"දෙවියන්ගේ රජු වූ, සුජාව ගේ ස්වාමියා වූ, මඝ නම් වූ සක්දෙව් රජ මේ ගාථාව කිව්වට පස්සෙ, භාග්‍යවතුන් වහන්සේට නමස්කාර කරලා රථයට නැග්ගා."

සාදු! සාදු!! සාදු!!!

11.2.10.
තතිය සක්ක නමස්සන සූත්‍රය
ශක්‍රයාගේ නමස්කාර කිරීම ගැන වදාළ තුන්වෙනි දෙසුම

266. මා හට අසන්නට ලැබුනේ මේ විදිහටයි. ඒ දිනවල භාග්‍යවතුන් වහන්සේ වැඩසිටියේ සැවැත් නුවර ජේතවනය නම් වූ අනේපිඬු සිටුතුමාගේ ආරාමයේ. එදා භාග්‍යවතුන් වහන්සේ "පින්වත් මහණෙනි" කියල භික්ෂූන් වහන්සේලා ඇමතුවා. "පින්වතුන් වහන්ස" කියල ඒ භික්ෂූන් වහන්සේලා භාග්‍යවතුන් වහන්සේට පිළිතුරු දුන්නා. භාග්‍යවතුන් වහන්සේ මෙය වදාළා.

"පින්වත් මහණෙනි, මේක ඉස්සර සිදුවෙච්ච දෙයක්. ශක්‍ර දෙවියා මාතලී

රථාචාර්යා ඇමතුවා. 'ඒයි මිත්‍රයා මාතලී, දහසක් රෝද ඇති, ආජානීය අසුන් යෙදූ රථය සූදානම් කරන්න. යහපත් උයන් බිම දකින්න යමු.'"

එතකොට පින්වත් මහණෙනි, මාතලී රථාචාර්යා "එසේය, ඔබට යහපතක් වේවා!" කියල ශක්‍ර දෙවියන්ට උත්තර දුන්නා. ඊට පස්සෙ ආජානීය අසුන් යෙදූ, රෝද දාහකින් යුතු රථය සූදානම් කරලා, ශක්‍ර දේවේන්ද්‍රයාට දැනුම් දුන්නා. නිදුකාණෙනි, ආජානීය අසුන් යෙදූ රෝද දාහකින් යුතු රථය පිළියෙළ කළා. ගමනට කල් දැනගත මැනව."

ඉතින් පින්වත් මහණෙනි, ශක්‍ර දේවේන්ද්‍රයා වෛජයන්ත නම් දිව්‍ය ප්‍රාසාදයෙන් බහිද්දි, දෙඅත් එක්කොට හැම දිශාවකටම නමස්කාර කළා. එතකොට පින්වත් මහණෙනි, මාතලී රථාචාර්යා සක් දෙවිඳුට ගාථාවකින් පැවසුවා.

"මේ කුණු ශරීර ඇති මිනිස්සු ඔබවහන්සේට වඳිනවා. මොවුන් ගැලී සිටින්නේ කුණු ශරීරයේම යි. සා පිපාසා දෙකෙන් ඔවුන් පීඩා විඳිනවා.

සක් දෙවිඳුනි, ඔවුන්ට ගෙවල් නෑ. ඔවුන් තවුසෝ. ඒ ඉසිවරුන්ගේ මොන වගේ හැසිරීමකටද ඔබවහන්සේ කැමති. ඒ ගැන ඔබේ අදහස දැනග න්න කැමතියි."

(ශක්‍ර දෙවි) :

"පින්වත් මාතලී, ඒ අනගාරික ඉසිවරුන්න මං කැමති මේ නිසයි. ඔවුන් ගමක් අත්හැරලා යන කොට කිසිම අපේක්ෂාවක් නැතුවයි යන්නෙ.

ඔවුන් අටුකොටුවල වස්තුව රැස් කරන්නෙ නෑ. මුට්ටිවල හංගන්නෙ නෑ. භාජනවල හංගන්නෙ නෑ. අනුන් දෙන බත් ටිකකින් යැපෙනවා. ඔවුන් සිල්වත්. යහපත් දේ කතාබස් කරනවා. ප්‍රඥාවන්තයි. නිශ්ශබ්දයි. යහපත් ලෙස ජීවත් වෙනවා.

පින්වත් මාතලී දෙවියෝ අසුරයන් එක්ක විරුද්ධයි. බොහෝ මිනිස්සුත් ඒ වගේම යි. එකිනෙකා විරුද්ධයි. නමුත් මේ ඉසිවරු විරුද්ධවාදීන් අතර විරුද්ධකමක් නැතුව ඉන්නව. දඬුමුගුරු ගත්තු අය අතර නිවිලා ඉන්නවා. ලෝකෙට බැඳිලා ගිය උදවිය අතර නොබැඳී ඉන්නවා. අන්න ඒ උදවියටයි මං වඳින්නෙ."

(මාතලී) :

"සක් දෙවිඳුනි, ඔබ යම් කෙනෙකුට වඳිනවා නම්, ඇත්තෙන්ම ඔවුන්

ලෝකයේ ශ්‍රේෂ්ඨයි. සක් දෙවිඳුනි, ඔබ යමෙකුට වඳිනවා නම්, මමත් ඔවුන්ට වඳිනවා."

(සංගායනා කළ රහතුන් වදාළ ගාථාවකි) :

"දෙවියන්ගේ රජු වූ, සුජාවගේ ස්වාමියා වූ, මඝ නම් වූ සක්දෙව් රජ මේ ගාථාව කිව්වට භික්ෂුසංඝයාට වන්දනා කරලා, රථයට නැග්ගා."

සාදු! සාදු!! සාදු!!!

දෙවෙනි සත්තපද වර්ගය අවසන් විය.

3. සක්ක පඤ්චකය

11.3.1.
ඣත්වා සූත්‍රය
පුළුස්සා දැමීම ගැන වදාළ දෙසුම

267. මා හට අසන්නට ලැබුනේ මේ විදිහටයි. ඒ දිනවල භාග්‍යවතුන් වහන්සේ වැඩසිටියේ සැවැත් නුවර ජේතවනය නම් වූ අනේපිඬු සිටුතුමාගේ ආරාමයේ. එදා ශක්‍ර දේවේන්ද්‍රයා භාග්‍යවතුන් වහන්සේ ළඟට ගියා. ගිහින් භාග්‍යවතුන් වහන්සේට වන්දනා කළා. පැත්තකින් හිටගත්තා. පැත්තකින් හිටගත් ශක්‍ර දේවේන්ද්‍රයා භාග්‍යවතුන් වහන්සේගෙන් ගාථාවකින් මෙකරුණ විමසුවා.

"පින්වත් ගෞතමයන් වහන්ස, කුමක් පුළුස්සා දැම්මොත්ද සුවසේ නිදන්නෙ? කුමක් පුළුස්සා දැමුවොත්ද ශෝක නොකරන්නෙ? වනසා දමන්න කැමති එකම එක දේ කුමක්ද?"

(භාග්‍යවතුන් වහන්සේ) :

සක් දෙවිඳුනි, ක්‍රෝධය පුළුස්සා දැමුවොත් සුවසේ නිදන්න පුළුවනි. ක්‍රෝධය පුළුස්සා දමලයි ශෝක නොකරන්නෙ. විෂ මුල් තියෙන (පළිගැනීම නමැති) මිහිරි අග තියෙන ක්‍රෝධය නැසීම ගැන ආර්යයන් වහන්සේලා ප්‍රශංසා කරනවා. ඇත්තෙන්ම ක්‍රෝධය පිළිස්සීමෙන්මයි ශෝක නොකරන්නෙ."

සාදු! සාදු!! සාදු!!!

11.3.2.
දුබ්බණ්ණිය සූත්‍රය
අවලස්සන වීම ගැන වදාළ දෙසුම

268. සැවැත් නුවර ජේතවනාරාමයේදී ....

"පින්වත් මහණෙනි, මේක ඉස්සර සිද්ධ වෙච්ච දෙයක්. ඉතා අවලස්සන කුදු ගැහිච්ච එක්තරා යක්ෂයෙක් ශක්‍ර දේවේන්ද්‍රයාගේ ආසනේ වාඩිවෙලා හිටියා. එතකොට පින්වත් මහණෙනි, තව්තිසාවැසි දෙවියෝ ඒ ගැන නින්දා කරන්න පටන් ගත්තා. දොස් කියන්න පටන් ගත්තා. අවමන් කරන්න පටන් ගත්තා. 'භවත්නි, මේක හරි ආශ්චර්යවත් වැඩක් නෙව. භවත්නි, මේක හරි අද්භූත වැඩක් නෙව. මේ අවලස්සන, කුදු ගැහිච්ච යකෙක් ශක්‍ර දේවේන්ද්‍රයාගේ ආසනේ වාඩිවෙලා ඉන්නවා නෙව' කියලා.

පින්වත් මහණෙනි, ඒ තව්තිසාවැසි දෙව්වරු ඒ යක්ෂයාට නින්දා කරන්නෙ, දොස් කියන්නෙ, අවමන් කරන්නෙ යම් විදිහකින්ද, ඒ යක්ෂයාත් එන්න එන්නම ඉතාමත් ලස්සන වෙන්න පටන් ගත්තා. දැකුම්කලු වෙන්න පටන් ගත්තා. වඩාත් පැහැපත් වෙන්න පටන් ගත්තා.

එතකොට පින්වත් මහණෙනි, තව්තිසාවැසි දෙව්වරු ශක්‍ර දේවේන්ද්‍රයා ළඟට ගියා. ගිහින් ශක්‍ර දෙවියන්ට මෙහෙම කිව්වා.

'නිදුකාණෙනි, ඉතා අවලස්සන, කුදු ගැහිච්ච එක්තරා යක්ෂයෙක් ඔබවහන්සේගේ ආසනේ වාඩිවෙලා ඉන්නවා. ඉතින් නිදුකාණෙනි, තව්තිසාවැසි දෙව්වරු ඒ ගැන නින්දා කරන්න පටන් ගත්තා. දොස් කියන්න පටන් ගත්තා. අවමන් කරන්න පටන් ගත්තා.'

'භවත්නි, මේක හරි ආශ්චර්යවත් වැඩක් නෙව. භවත්නි, මේක හරි අද්භූත වැඩක් නෙව. මේ අවලස්සන, කුදු ගැහිච්ච යකෙක් ශක්‍ර දේවේන්ද්‍රයාගේ ආසනේ වාඩිවෙලා ඉන්නවා නෙව' කියලා.

ඉතින් නිදුකාණෙනි, තව්තිසාවැසි දෙව්වරු ඒ යක්ෂයාට නින්දා කරන්නෙ, දොස් කියන්නෙ, අවමන් කරන්නෙ යම් විදිහකින්ද, ඒ යක්ෂයාත් එන්න එන්නම ඉතාමත් ලස්සන වෙන්න පටන් ගත්තා. දැකුම්කලු වෙන්න පටන් ගත්තා. වඩාත් පැහැපත් වෙන්න පටන් ගත්තා.

"හා! පින්වත්නි, එහෙම නම් ඔය යක්ෂයා ඒකාන්තයෙන්ම ක්‍රෝධය අනුභව කරන කෙනෙක් වෙන්න ඕන."

එතකොට පින්වත් මහණෙනි, ශක්‍ර දේවේන්ද්‍රයා ඒ ක්‍රෝධය අනුභව කරන යක්ෂයා ළඟට ගියා. ගිහින් උතුරු සළුව ඒකාංශ කරගෙන පොරෝල, දකුණු දණමඬල බිම තබා ගෙන, ඒ ක්‍රෝධය අනුභව කරන යක්ෂයාට වැඳ ගෙන තුන්වරක් තමන්ගේ නම කිව්වා. 'නිදුකාණෙනි, මම ශක්‍ර දේවේන්ද්‍රයා වෙමි. නිදුකාණෙනි, මම ශක්‍ර දේවේන්ද්‍රයා වෙමි' කියලා.

පින්වත් මහණෙනි, ශක්‍ර දේවේන්ද්‍රයා තමන්ගේ නම ඒ යක්ෂයාට කියන්නේ යම් ආකරයකින්ද, ඒ ආකාරයෙන්ම ඒ යක්ෂයාත් ඉතාම අවලස්සන වෙලා ගියා. තවත් කුදු ගැහිල ගියා. තව තවත් අවලස්සන වෙලා, තව තවත් කුදු ගැහිල ගිහින් අන්තිමේදි එතනම නොපෙනී ගියා.

එතකොට පින්වත් මහණෙනි, ශක්‍ර දේවේන්ද්‍රයා තමන්ගේ ආසනේ වාඩිවෙලා තව්තිසාවැසි දෙවියන් සතුටු කරවමින් ඒ වෙලාවේ මේ ගාථාවන් පැවසුවා."

"මම් ගැටුණු සිත් ඇති කෙනෙක් නොවේ. මාව ලේසියෙන් කෝප ගන්වන්න බැහැ. මම් බොහෝ කලක් තිස්සෙ කේන්ති ගන්නෙ නැතිව ඉන්න කෙනෙක්. ඒ නිසා මං තුළ ක්‍රෝධය පිහිටන්නෙ නෑ.

මට කේන්ති ගියත් දරුණු වචන කියන්නෙ නෑ. ධාර්මික වචන විතරයි මං කියන්නෙ. තමන්ට එයින් වන යහපත දැකල, මං තමන්ටමයි නිග්‍රහ කරගන්නෙ."

සාදු! සාදු!! සාදු!!!

11.3.3.
මායා සූත්‍රය
මැජික් ගැන වදාළ දෙසුම

269. සැවැත් නුවර ජේතවනාරාමයේදී ....

පින්වත් මහණෙනි, වේපචිත්ති අසුරේන්ද්‍රයා අසනීප වුනා. දුකට පත් වුනා. ගොඩාක් ලෙඩ වුනා. ඉතින් පින්වත් මහණෙනි, ශක්‍ර දේවේන්ද්‍රයා ලෙඩ දුක් විමසීම පිණිස වේපචිත්ති අසුරේන්ද්‍රයා ළඟට ගියා.

"පින්වත් මහණෙනි, ඉතින් වේපචිත්ති අසුරේන්ද්‍රයා දුරින්ම පැමිණෙන ශක්‍ර දේවේන්ද්‍රයාව දැක්කා. දැකල ශක්‍ර දේවේන්ද්‍රයාට මෙහෙම කිව්වා. 'ප්‍රිය දේවේන්ද්‍රය, මට ප්‍රතිකාර කළ මැනව' කියලා.

"ප්‍රිය වේපචිත්ති, (එහෙම බෑ) සම්බරී කියන මැජික් එක මට උගන්වන්න ඕන."

"නිදුකාණනි, නෑ, මං අසුරයන්ගෙන් අහල බලනකම් ඒක උගන්වන්න බෑ."

ඊට පස්සෙ පින්වත් මහණෙනි, වේපචිත්ති අසුරේන්ද්‍රයා අනිත් අසුරයන් ගෙන් ඇහැව්වා. 'නිදුකාණෙනි, මං ශක්‍ර දේවේන්ද්‍රයාට සම්බරී මැජික් එක උගන්වන්නද?' කියලා. එපා! නිදුකාණෙනි, ඔබ ශක්‍ර දේවේන්ද්‍රයාට සම්බරී මැජික් එක උගන්වන්න එපා!

එතකොට පින්වත් මහණෙනි, වේපචිත්ති අසුරේන්ද්‍රයා ශක්‍ර දෙවියන්ට ගාථාවකින් මෙහෙම කිව්වා.

"මඝ නම් ඇති ශක්‍ර දෙව් රජුනි, සුජාවගේ සැමියාණෙනි, ඔය මායාවලින් යුතු පුද්ගලයාට උපදින්න සිද්ධ වෙන්නෙ සම්බර නම් අසුරයාට වගේ සියක් වසරක් පැහෙන භයානක නරකාදියේයි."

සාදු! සාදු!! සාදු!!!

11.3.4.
අච්චය සූත්‍රය
වරද ගැන වදාළ දෙසුම

270. සැවැත් නුවර ජේතවනාරාමයේදී ....

ඒ දිනවල භාග්‍යවතුන් වහන්සේ වැඩසිටියේ සැවැත් නුවර ජේතවනය නම් වූ අනේපිඬු සිටුතුමාගේ ආරාමයේ. එදා භික්ෂූන් වහන්සේලා දෙනමක් රණ්ඩු දබර කරගත්තා. එතකොට එක් භික්ෂුවක් මහ හඬින් බැණ වැදුනා. අන්තිමේදී ඒ භික්ෂුව අනිත් භික්ෂුව ළඟ තමන්ගේ වරද වරදක් හැටියට පිළිගන්න කිව්වා. ඒත් ඒ භික්ෂුව (සමාව දීම පිණිස) ඒක පිළිගන්නෙ නෑ.

ඉතින් බොහෝ භික්ෂූන් වහන්සේලා භාග්‍යවතුන් වහන්සේ ළඟට ගියා. ගිහින් භාග්‍යවතුන් වහන්සේට වන්දනා කළා. පැත්තකින් වාඩිවුනා. පැත්තකින් වාඩිවුන ඒ භික්ෂූන් වහන්සේලා භාග්‍යවතුන් වහන්සේට මේ කරුණ සැළකළා. "ස්වාමීනි, මෙහි භික්ෂූන් දෙනමක් රණ්ඩු දබර කරගත්තා. එතකොට එක් භික්ෂුවක් මහ හඩින් බැණ වැදුනා. අන්තිමේදී ඒ භික්ෂුව අනිත් භික්ෂුව ළඟ තමන්ගේ වරද වරදක් හැටියට පිළිගන්න කිව්වා. ඒත් ඒ භික්ෂුව (සමාව දීම පිණිස) ඒක පිළිගන්නෙ නෑ."

"පින්වත් මහණෙනි, මෝඩයෝ දෙන්නෙක් ඉන්නවා. එක් කෙනෙක් තමන්ගේ වරද වරදක් හැටියට දකින්නෙ නෑ. අනිත් එක් කෙනා අනුන්ගේ වරද ගැන තමන්ට කියද්දි (සමාව දීම පිණිස) ඒක පිළිගන්නෙ නෑ. පින්වත් මහණෙනි, මේ දෙන්නම මෝඩයෝ.

පින්වත් මහණෙනි, ඤාණවන්තයොත් දෙන්නෙක් ඉන්නවා. එක්කෙනෙක් තමන්ගේ වරද වරදක් හැටියට දකිනවා. අනිත් කෙනා අනුන්ගේ වරද ගැන තමන්ට කියද්දි (සමාව දීම පිණිස) ඒක පිළිගන්නවා. පින්වත් මහණෙනි, මේ දෙන්නම ඤාණවන්තයෝ.

පින්වත් මහණෙනි, මේක ඉස්සර සිද්ධ වෙච්ච දෙයක්. ශක්‍ර දේවේන්ද්‍රයා සුධර්මා නම් වූ දිව්‍ය සභාව් ඉඳගෙන තව්තිසාවැසි දෙවියන් සතුටු කරවමින් ඒ වෙලාවේ මේ ගාථාව පැවසුවා.

"ක්‍රෝධය විසින් ඔබව වසඟ නොකෙරේවා! ඔබගේ මිතුරු දම නොබිඳේවා! ගර්හා නොකළ යුතු උතුමන්ට ගර්හා කරන්න එපා! කේළාම් කියන්න එපා! පාපී මිනිසුන්ව ක්‍රෝධය විසින් යටපත් කරන්නෙ පර්වතයකින් යට කරනවා වගේ."

සාදු! සාදු!! සාදු!!!

11.3.5.
අක්කෝධ සූත්‍රය
'ක්‍රෝධ නොකිරීම' ගැන වදාළ දෙසුම

271. මා හට අසන්නට ලැබුනේ මේ විදිහටයි. ඒ දිනවල භාග්‍යවතුන් වහන්සේ වැඩසිටියේ සැවැත් නුවර ජේතවනය නම් වූ අනේපිඬු සිටුතුමාගේ ආරාමයේ. එදා භික්ෂූන් වහන්සේලා දෙනමක් රණ්ඩු දබර කරගත්තා ....(පෙ)....

"පින්වත් මහණෙනි, මේක ඉස්සර සිද්ධ වෙච්ච දෙයක්. ශක්‍ර දේවේන්ද්‍රයා සුධර්මා නම් වූ දිව්‍ය සභාවේ ඉඳගෙන තව්තිසාවැසි දෙවියන් සතුටු කරවමින් ඒ වෙලාවේ මේ ගාථාව පැවසුවා."

"ක්‍රෝධය විසින් ඔබව යටකර දමන්න නම් එපා! කේන්ති ගිය කෙනෙක් එක්ක කේන්ති ගන්න එපා! ආර්යයන් වහන්සේලා තුළ හැම තිස්සෙම ක්‍රෝධ නොකිරීමත් අහිංසාවත් තියෙනවා. ඒ වුනාට පාපී මිනිසුන්ව ක්‍රෝධය විසින් යටපත් කරන්නෙ පර්වතයකින් යට කරනවා වගේ."

සාදු! සාදු!! සාදු!!!

සක්ක පඤ්චකය අවසන් විය.
සක්ක සංයුත්තය අවසන් විය.

සංයුත්ත නිකායේ මුල් කොටස වූ සගාථ වර්ගය නිමා විය.

දසබලසේලප්පභවා නිබ්බානමහාසමුද්දපරියන්තා
අට්ඨංග මග්ගසලිලා ජිනවචනනදී චිරං වහතූති

දසබලයන් වහන්සේ නමැති ශෛලමය පර්වතයෙන් පැන නැගී
අමා මහා නිවන නම් වූ මහා සාගරය අවසන් කොට ඇති
ආර්ය අෂ්ටාංගික මාර්ගය නම් වූ සිහිල් දිය දහරින් හෙබි
උතුම් ශ්‍රී මුඛ බුද්ධ වචන ගංගාව (ලෝ සතුන්ගේ සසර දුක නිවාලමින්)
බොහෝ කල් ගලාබස්නා සේක්වා !

(සළායතන සංයුත්තය - උද්දාන ගාථා)

සාදු! සාදු!! සාදු!!!

නමෝ තස්ස භගවතෝ අරහතෝ සම්මාසම්බුද්ධස්ස
ඒ භාග්‍යවත් අරහත් සම්මා සම්බුදුරජාණන් වහන්සේට නමස්කාර වේවා!

මේ උතුම් ගෞතම බුදු සසුනේදීම මේ ආශ්චර්යවත් ශ්‍රී සද්ධර්මය මැනැවින් උගෙන තම තමන්ගේ නුවණ මෙහෙයවා ධර්මයෙහි හැසිරීමෙන් ආර්ය ශ්‍රාවකයන් බවට පත්ව සතර අපා දුකෙන් සදහටම මිදෙනු කැමැති ලංකාවාසී සැදැහැවත් නුවණැතියන් හට වඩාත් හොඳින් තේරුම් ගැනීම පිණිස මහත් ශ්‍රද්ධාවෙන් යුතුව සංයුත්ත නිකායෙහි පළමුවෙනි කොටස සිංහල භාෂාවට පරිවර්තනය කිරීමෙන් ලත් සකල විපුල පුණ්‍ය සම්භාර ධර්මයන් පින් කැමැති සියල්ලෝම සතුටින් අනුමෝදන් වෙත්වා! අප සියලු දෙනාටම වහ වහා උතුම් චතුරාර්ය සත්‍ය ධර්මය සත්‍ය ඤාණ වශයෙන්ද, කෘත්‍ය ඤාණ වශයෙන්ද, කෘත ඤාණ වශයෙන්ද අවබෝධ වීම පිණිස ඒකාන්තයෙන්ම මේ පුණ්‍ය වාසනාව උපකාර වේවා!

සාදු! සාදු!! සාදු!!!

www.ingramcontent.com/pod-product-compliance
Lightning Source LLC
LaVergne TN
LVHW081352060426
835510LV00013B/1781